高职高专交通土建类系列规划教材

道路建筑材料试验检测技术

DAOLU JIANZHU CAILIAO SHIYAN JIANCE JISHU

（第2版）

主　编　王林攀　王佳宾

副主编　李　峰　丁　伟

　　　　朱加圣

主　审　肖玉德

合肥工业大学出版社

图书在版编目(CIP)数据

道路建筑材料试验检测技术/王林攀，王佳宾主编．—2版．—合肥：合肥工业大学出版社，2018.7

ISBN 978-7-5650-4055-9

Ⅰ.①道…　Ⅱ.①王…②王…　Ⅲ.①道路工程—工程材料—材料试验②道路工程—工程材料—检测　Ⅳ.①U414.03

中国版本图书馆CIP数据核字(2018)第148364号

道路建筑材料试验检测技术(第2版)

主　编　王林攀　王佳宾　　　　责任编辑　张择瑞

出　版	合肥工业大学出版社	版　次	2015年7月第1版
地　址	合肥市屯溪路193号		2018年7月第2版
邮　编	230009	印　次	2018年8月第2次印刷
电　话	理工编辑部：0551-62903204	开　本	787毫米×1092毫米　1/16
	市场营销部：0551-62903198	印　张	24　　字　数　550千字
网　址	www.hfutpress.com.cn	印　刷	安徽昶颉包装印务有限责任公司
E-mail	hfutpress@163.com	发　行	全国新华书店

主编热线　13855148540　　　责编信箱/热线　zrsg2020@163.com　13965102038

ISBN 978-7-5650-4055-9　　　　定价：48.00元

前　言

《道路建筑材料试验检测技术》教材建设为安徽交通职业技术学院土木工程检测技术省级特色专业建设和“大交通概念下土木工程检测专业模块化教学的研究”的重要任务之一。2010年，安徽交通职业技术学院被教育部财政部列为100所“国家示范性高等职业院校建设计划”骨干高职院校项目建设单位，本教材又作为省级规划教材进行了申报。

本教材以道路建筑材料现行技术规范、标准、试验规程为依据，介绍道路建筑材料试验检测的基本理论和方法。全书共分六章，较为系统且贴合实际地介绍了石料与集料、沥青材料、无机胶凝材料、沥青混合料、水泥混凝土、建筑钢材的各项技术性能、测试方法及工程应用，以及水泥混凝土和沥青混合料的配合比设计方法。通过本课程的学习，可以为公路设计与施工、桥涵设计与施工、公路工程试验检测技术等专业课程的学习打下坚实的基础。

本教材自2015年出版以来得到了广泛使用，但限于编者水平的有限及时间的仓促，在实际教学使用过程中发现书中有疏漏、赘述、规范标准陈旧甚至是错误之处，因此再版之前编者组织人员进行了广泛征集并研讨，尤其引入企业人员参与，对教材内容进行了增删、调整、更新，使之更为完善、系统、科学、适用。

再版教材由安徽交通职业技术学院王林攀、王佳宾主编并统稿，安徽立质工程试验检测有限公司董事长兼总经理李峰、安徽省中盛建设工程试验检测有限公司副总经理丁伟、徽立质工程试验检测有限公司总工程师朱加圣担任副主编，安徽交通职业技术学院肖玉德教授担任主审。参加再版教材编写的人员有安徽交通职业技术学院王林攀、王佳宾、王青霞、杨琴、刘玉玲，安徽立质工程试验检测有限公司董事长兼总经理李峰，安徽省中盛建设工程试验检测有限公司副总经理丁伟，安徽立质工程试验检测有限公司总工程师朱加圣。

本书再版修订过程中，得到了安徽立质工程试验检测有限公司董事长兼总经理李峰的大力支持，以及合肥工业大学詹炳根教授的大力帮助。我们在此致以诚挚的谢意！

由于编者的学术水平和实践经验有限，教材中难免仍有疏漏和错误之处，恳请赐教。

编　者

2018年5月

目　录

绪 论

随着现代人类社会生产力和科学技术水平的提高，交通运输基础设施建设规模迅速发展起来，交通量和车辆荷载与日俱增，因此对道路工程与桥梁结构工程建设中所使用的材料性能要求也在不断提高。为了保证和提高路桥工程结构的使用质量，降低工程建设造价，使道路建筑材料的选择更趋于合理、耐用和经济，从事相关专业的工程技术人员应该全面了解和掌握道路建筑材料的基本概念与理论、技术性能与质量要求、检测手段方面的系统知识。

一、道路建筑材料的主要类型

1. 石料与集料

石料与集料包括人工开采的岩石或轧制的碎石、天然砂砾石及各种性能稳定的工业冶金矿渣如煤渣、高炉渣和钢渣等。这类材料是道路桥梁工程结构中使用量最大的一类材料。其中尺寸较大的块状石料经加工后，可以直接用于砌筑道路、桥梁工程结构及附属构造物；性能稳定的岩石集料可制成沥青混合料或水泥混凝土，用于铺筑沥青路面或水泥路面，也可直接用于铺筑道路基层、垫层或低级道路面层；一些具有活性的矿质材料或工业废渣，如粒化高炉矿渣、粉煤灰等经加工后可作为水泥原料，也可以作为水泥混凝土和沥青混合料中的掺合料使用。

2. 结合料和聚合物类

沥青、水泥和石灰等是道路建筑材料中常用的结合料，它们的作用是将松散的集料颗粒胶结成具有一定强度和稳定性的整体材料。此外，塑料（合成树脂）、橡胶和纤维等聚合物材料，除了可用作混凝土路面的填缝料外，也可以作为结合料配制改性沥青、制作聚合物水泥混凝土等，用于改善道路建筑材料的技术性能。

3. 沥青混合料

沥青混合料是由矿质集料和沥青材料组成的复合材料，具有较高的强度、柔韧性和耐久性，所铺筑的沥青路面连续、平整，具有弹性和柔韧性，适合于车辆的高速行驶，是高等级道路特别是高速公路和城市快速路面层结构及桥梁桥面铺装层的重要材料。

4. 水泥混凝土与砂浆

水泥混凝土是由水泥与矿质集料组成的复合材料，它具有较高的强度和刚度，能承受较繁重的车辆荷载，故主要用于桥梁结构和高等级道路面层结构。水泥砂浆主要由水泥和细集料组成，用于砌筑和抹面结构物中。

5. 无机结合料稳定类混合料

无机结合料稳定类混合料是以石灰（粉煤灰）、少量水泥（石灰）或土壤固化剂作为稳定材料，将松散的土、碎砾石集料稳定、固化形成的复合材料，具有一定的强度、板体性和扩散应力的能力，但耐磨性和耐久性略差，通常用于高等级道路路面基层结构或低级道路面层结构。

6. **其他道路建筑材料**

在道路或桥梁工程结构中，其他常用材料包括钢材、填缝料等。钢材主要应用于桥梁结构及钢筋混凝土结构中；填缝料则主要应用于水泥混凝土路面接缝构造中。

二、道路建筑材料的研究内容

1. **道路建筑材料的基本组成与结构**

材料的矿物组成或化学成分及其组成结构决定了材料的基本特性。如石料的矿物组成、水泥的矿物组成、沥青的化学组分等，对这些材料的技术性能有着显著的影响。在各类混合料中，其组成材料的质量与相对比例决定了材料的组成结构状态，这种组成结构状态直接影响着混合料的物理力学性能，如沥青混合料的组成结构对其强度、稳定性和耐久性有着显著影响。

充分地了解和认识材料的基本组成结构及其与材料技术性能的关系，是合理地选择材料以及正确地使用材料、改善材料性能、研发新材料的基础。

2. **道路建筑材料的基本技术性能**

材料的基本技术性质包括：物理性质、力学性质、耐久性和工艺性等。只有全面地掌握这些性能的主要影响因素、变化规律，正确评价材料性能，才能合理地选择和使用材料，这也是保证工程中所用材料的综合力学强度和稳定性，满足设计、施工和使用要求的关键所在。

(1)基本物理性质

道路建筑材料常用的物理性能指标有：物理常数（密度、孔隙率、空隙率）及吸水率等。材料的物理常数可用于混合料配合比设计、材料体积与质量之间的换算等。材料的物理常数取决于材料的基本组成及其构造，既与材料的吸水性、抗冻性及抗渗性有关，也与材料的力学性质及耐久性之间有着显著的关系。

(2)基本力学性质

在行车荷载作用下，材料将承受较大的竖向力、水平力、冲击力以及车轮的磨损作用，所以道路建筑材料应具备足够的强度、刚度、变形特征、抗冲击能力和柔韧性等力学性能。材料的各项力学性能指标也是选择材料、进行组成设计和结构分析的重要参数。

(3)耐久性

裸露于自然环境中的路桥工程结构物，将受到各种自然因素如温度变化、冻融循环、氧化作用、酸碱腐蚀等的侵蚀作用。为此应根据材料所处的结构部位及环境条件，综合考虑引起材料性质衰变的外界条件和材料自身的内在原因，从而全面了解材料抵抗破坏的能力，保证材料的使用性能。

(4)工艺性

工艺性是指材料适合于按一定工艺要求加工的性能。能否在现行的施工条件下，通过必要的操作工序，使所选择材料或混合料的技术性能达到预期的目标，并满足使用要求，这是选择材料和确定设计参数时必须考虑的重要因素。

3. **混合料的组成设计方法**

混合料的组成设计包括选择原材料并确定原材料用量比例。首先应根据工程要求、使用条件、当地材料供应情况、材料的质量规格和技术要求，选择并确定出混合料中各种组成材料品种；然后根据工程的结构特征与技术要求，确定各种材料在混合料中的比例。通过组成设计，从质量与数量两个方面保证混合料具备所要求的体积特征、力学性质和稳定性，从而满足结构的使用要求。

三、道路建筑材料的性能检测与技术标准

1. **材料的性能检测**

道路建筑材料的基本技术性质需要通过适当的检测手段来确定，材料性能的检测方法应能够反映实际结构中材料的受力状态，所得到的试验数据和技术参数应能够表达材料的技术特性，并具有重复性与可比性。为此，材料性能检测应按照当前技术标准中规定的标准程序进行，以保证试验结果的科学性、公正性和权威性。

根据工程重要性与材料试验规模，材料的检测层次分为：

试验室原材料与混合料的性能测定；

试验室模拟结构物的性能测定；

现场足尺寸结构物的性能测定。

2. **技术标准**

材料的技术标准是有关部门根据材料自身固有特性，结合研究条件和工程特点，对材料的规格、质量标准、技术指标及相关的试验方法所做出的详尽而明确的规定。科研、生产、设计与施工单位，应以这些标准为依据进行道路材料的性能评价、生产、设计和施工。

目前我国的建筑材料标准分为：国家标准、行业标准、地方标准和企业标准等四类。国家标准是由国家标准化管理委员会颁布的全国性指导技术文件，简称“国标”，代号GB。行业标准由国务院有关行政主管部门制定和颁布，也为全国性指导技术文件。在国家标准颁布之后，相关的行业标准即行作废，推荐性行业标准，在行业标准后加“T”。在标准后加“J”，表示基本建设方面；企业标准适用于本企业，凡没有制定国家标准或行业标准的材料或制品，均应制定企业标准。

现将常用的我国国家标准以及与道路材料有关的几个行业标准代号示例列于表0-1，国际标准及国外几个主要国家标准的代号列于表0-2中。

表0-1 国家标准在及道路材料有关的行业标准代号

标准名称	代号(汉语拼音)	示 例
国家标准	国标 GB(Guo Biao)	GB 175—2007 通用硅酸盐水泥
交通行业标准	交通 JT(Jiao Tong)	JTG E20—2011 公路工程沥青及沥青混合料试验规程
建材行业标准	建材 JC(Jian Cai)	JC/T 479—92 建筑生石灰
石油化工行业标准	石化 SH(Shi Hua)	SH 0522—2010 道路石油沥青
黑色冶金行业标准	冶标 YB(Ye Biao)	YB/T 030—2012 煤沥青筑路油

表 0-2 国际及国外几个国家的标准代号

标准名称	缩写(全名)
国际标准	ISO(International Standard Organization)
美国国家标准	ANS(American National Standard)
美国材料与试验学会标准	ASTM(American Society for Testing and Materials)
英国标准	BS(British Standard)
德国工业标准	DIN(Deutsche Industrie Normen)
日本工业标准	JIS(Japanese Industrial Standard)
法国标准	NF(Norme Francaise)

随着材料测试手段和测试设备功能的提高,基础理论研究与实验工作的深入,以及工程实践与应用技术的成熟,对各种道路建筑材料的认识将不断完善,有关技术标准中的具体条款和技术参数将会被不断地修订和补充。

第一章　石料与集料

【内容提要】

本章介绍石料岩石学特征、石料与集料主要技术性能(物理性能、力学性能)及其主要评价方法与评价指标;介绍集料的级配概念和级配理论,在此基础上介绍矿质混合料的配合比设计方法,包括数解法和图解法;最后介绍石料与集料在道路工程中的应用。

通常将石料和集料(亦称骨料)统称为砂石材料,它们是道路与桥梁建筑工程中使用量最大的一宗材料。准确地认识、合理地选择以及正确地使用石料和集料,对于保证建筑结构工程质量有着不可忽视的重要意义。

第一节　石　料

在建筑结构工程中,所使用的石料通常指由天然岩石经机械加工制成的,或者由直接开采得到的具有一定形状和尺寸的石料制品。

一、石料的岩石学特性

不同造岩矿物和成岩条件使得各类天然岩石具有不同的结构和构造特征。石料的物理力学性质在很大程度上取决于天然岩石的矿物成分,以及这些矿物在岩石中的结构与构造。在工程实践中,为了更好地选用天然石料,需要了解和掌握一些石料岩石学特性的基本知识。

1. 造岩矿物

岩石是组成地壳的基本物质,是由造岩矿物在地质作用下按一定的规律聚集而成的自然体。造岩矿物是具有一定化学成分和结构特征的天然化合物或单质,简称矿物。主要的造岩矿物有:石英、长石、云母、角闪石、方解石、白云石、黄铁矿、石膏、菱镁矿、磁铁矿和赤铁矿等。岩石可由单种矿物组成,例如纯质的大理石是由方解石组成的。而大多数岩石则是由两种以上的矿物组成,例如花岗岩的主要矿物为石英、长石和云母等。

各种矿物由于化学成分和结构特征不同,具有各不相同的特性。石英为结晶的二氧化硅,常见的颜色有白色、乳白色和浅灰色,是最坚硬、稳定的矿物之一。长石为结晶的铝硅酸盐,颜色为白、浅灰、桃红、红、青和暗灰色,其强度和稳定性较石英略低,且易风化成高岭土。云母为结晶的、片状的含水铝硅酸盐,呈无色透明至黑色。白云母的耐久性较黑云母好。云母易于分裂成薄片,当岩石中含有大量云母时,会降低岩石的耐久性和强度。角闪石、辉石、橄榄石均为结晶的铁、镁硅酸盐,颜色为暗绿、棕色或黑色,又称为暗色矿物。这几种造岩矿物强度高、坚固、耐久、韧性大。方解石为结晶碳酸钙,呈白色,强度中等,易被酸类物质分解,微溶于水,易溶于含二氧化碳的水。白云石是结晶碳酸钙镁复盐,呈白色或黑色,物理性质与方解石相近,强度略高。黄铁矿是结晶的二硫化铁,呈金黄色,遇水及氧化作用后生成游离的硫酸,污染并破坏岩石,在结构工程中属于有害杂质。

由于各种矿物具有确定的化学组成与特有的结构构造,对石料的物理力学特性有着不同的影响。如石英与长石是比较坚硬的矿物,抗磨光性能好,含石英或长石的花岗岩和砂岩具有优良的抗磨光性能。而方解石、白云石等软质矿物含量较高的石灰岩则很容易被磨光。

2. 岩石的分类

岩石的性能除决定于岩石所含矿物成分外,还取决于成岩条件。按岩石的形成条件可将岩石分为岩浆岩、沉积岩、变质岩三大类,它们具有显著不同的矿物结构与构造。

(1)岩浆岩

岩浆岩是岩浆冷凝而形成的岩石。根据冷却条件不同又分为深成岩、喷出岩及火山岩三类。深成岩是岩浆在地表深处,受上部覆盖层的压力作用,缓慢冷却而成的岩石。深成岩大多形成粗颗粒的结晶和块状构造,构造致密,在近地表处,由于冷却较快,晶粒较细。深成岩的共同特性是:密度大,抗压强度高,吸水性小,抗冻性好。工程上常用的深成岩有花岗岩、正长岩、辉长岩等。

喷出岩是岩浆喷出地表时,在压力急剧降低和迅速冷却的条件下形成的,多呈隐晶质或玻璃质结构。当喷出岩形成较厚的岩层时,其矿物结构与构造接近深成岩。当形成较薄的岩层时,常呈多孔构造,接近火山岩。工程上常用的喷出岩有玄武岩、安山岩、辉绿岩等。

火山岩是火山爆发时,岩浆被喷到空中急速冷却后形成的岩石,如火山灰、火山砂、浮石等,为玻璃体结构且呈多孔构造。火山灰、火山砂可作为混合材料,浮石可作为轻混凝土骨料。火山灰、火山砂经覆盖层压力作用胶结而成的岩石,称为火山凝灰岩。火山凝灰岩多孔、质轻、易于加工,可作保温建筑材料,磨细后可作为水泥的混合材料。

(2)沉积岩

沉积岩是由母岩(岩浆岩、变质岩和早已形成的沉积岩)在地表经风化剥蚀而产生的物质,经过搬运、沉积和硬结成岩作用而形成的岩石,因其多数是经水流搬运、沉积而成,又称水成岩。沉积岩由颗粒物质和胶结物质组成。颗粒物质是指不同形状及大小的岩屑及某些矿物,胶结物质的主要成分为碳酸钙、氧化硅、氧化铁及黏土质等。沉积岩的物理力学性质不仅与矿物和岩屑的成分有关,而且与胶结物质的性能有很大的关系,以碳酸钙、氧化硅质胶结的沉积岩强度较大,而以黏土质胶结的沉积岩强度较小。

与岩浆岩相比,沉积岩的成岩过程压力不大,温度不高,大都呈层理构造。而且各层的成分、结构、颜色、厚度都有差异,这就使得沉积岩沿不同方向表现出不同的力学性能。与深成岩相比,沉积岩的密度小,孔隙率和吸水率大,强度较低,耐久性略差。常见沉积岩有石灰岩、页岩、砂岩、砾岩、石膏、白垩、硅藻土等,散粒状的有黏土、砂、卵石等。

(3)变质岩

变质岩是原生的岩浆岩或沉积岩经过地质上的变质作用而形成的岩石。变质作用是指在地壳内部高温、高压、赤热气体和渗入岩石中水溶液的综合作用下，岩石矿物重新再结晶，有时还可能生成新矿物，使原生岩石的矿物成分和构造发生显著变化而成为一种新的岩石。变质岩在矿物成分与结构构造上既有变质过程中所产生的特征，也会残留部分原岩的某些特点。因此，变质岩的物理力学性能不仅与原岩的性质有关，而且与变质作用条件及变质程度有关。

在变质过程中受到高压和重结晶的作用，由沉积岩得到的变质岩更为紧密。如由石灰岩或白云岩变质而成的大理石岩，由砂岩变质而成的石英岩，它们均较原来的岩石坚固耐久。而原为深成岩的岩石，经过变质作用后，常因产生了片状构造，使岩石的性能变差，如由花岗岩变质而成的片麻岩，较原花岗岩易于分层剥落，耐久性降低。

3. 常用岩石类型

(1)花岗岩

花岗岩是岩浆岩中分布最广的一种岩石，其主要矿物成分为石英、长石及少量暗色矿物和云母。花岗岩的颜色由造岩矿物决定，通常有深青、浅灰、黄、紫红等。优质花岗岩晶粒细，构造密实，没有风化迹象。花岗岩的技术特性是：密度大（1.5～2.8g/cm^3），抗压强度高（120～250MPa），孔隙率小，吸水率低，耐磨性强，耐久性好。

(2)玄武岩

玄武岩属于喷出岩，主要造岩矿物是暗色矿物，属玻璃质或隐晶质斑状结构，气孔状或杏仁状构造。玄武岩的抗压强度随其结构和构造的不同而变化较大（100～500MPa），表观密度为2.9～3.5g/cm^3，硬度高，脆性大，耐久性好。

(3)辉长岩

辉长岩的主要矿物为斜长石、辉石及少量橄榄石，为等粒结晶质结构和块状构造，常呈黑绿色。辉长岩表观密度大（2.9～3.3g/cm^3），抗压强度高（200～350MPa），韧性及抗风化性好，易于琢磨抛光，既可用作承重材料，也可用作饰面材料。

(4)石灰岩

石灰岩的主要矿物组成为方解石，常含有少量黏土、白云石、氧化铁、氧化硅和碳酸镁及有机物质等。石灰岩的颜色随所含杂质而不同，含黏土或氧化铁等杂质的石灰岩呈灰色、浅黄色或浅红色，当有机质含量多时呈深灰色或黑色。

石灰岩的构造有散粒、多孔和致密等类型。松散土状的称作白垩，其组成几乎完全是碳酸钙，是制造玻璃、石灰、水泥的原料。多孔构造的如贝壳石灰岩可作保温建筑的墙体。致密构造的为普通石灰岩，各种致密石灰岩表观密度为2.0～2.6g/cm^3，抗压强度为20～120MPa，质地细密、坚硬、抗风化能力较强。硅质石灰岩强度高、硬度大、耐久性好。当石灰岩中黏土等杂质的含量超过3%时，石灰岩的抗冻性和耐水性显著降低。当杂质含量高时，则成为其他岩石，如黏土含量25%～60%时为泥灰岩，碳酸镁含量40%～60%时为白云岩。石灰岩分布极广，开采加工容易，常作为地方材料，广泛用于基础、墙体、桥墩、台阶及一般砌石工程。石灰岩加工成碎石，可用作水泥混凝土、沥青混合料集料或道路基层用集料。由于方解石易被溶解侵蚀，石灰岩不能用于酸性或含游离二氧化碳较多的水中。

(5)砂岩

砂岩属于沉积岩，为碎屑结构，层状构造，主要矿物为石英、少量长石、方解石、白云石及云母等。根据胶结物的不同，砂岩可分为由氧化硅胶结而成的硅质砂岩，常呈淡灰色；由碳酸钙胶结而成的钙质砂岩，呈白色或灰色；由氧化铁胶结而成的铁质砂岩，常呈红色；由黏土胶结而成的黏土质砂岩，呈灰黄色。

砂岩的性能与其中的胶结物种类及胶结的密实程度有关。硅质砂岩密实，坚硬耐久，耐酸，性能接近于花岗岩；钙质砂岩有一定的强度，容易加工，是砂岩中最常用的一种，但质地较软，不耐酸；铁质砂岩的性能稍差，其中密实铁质砂岩仍可用于一般建筑工程；黏土质砂岩的性能较差，易风化，长期受水作用会软化，甚至松散，在建筑工程中一般不用。

由于砂岩的胶结物和构造的不同，其性能波动很大，即使是同一产地的砂岩，性能也有很大差异。砂岩的抗压强度为5～200MPa，表观密度为1.5～2.2g/cm^3。

(6)石英岩

石英岩由硅质砂岩变质而成，结构均匀致密，矿物成分主要是结晶氧化硅。在几种主要岩石中，石英岩的强度较高(250～400MPa)，十分耐久，但由于硬度较大，加工困难。

(7)片麻岩

片麻岩是由花岗岩变质而成的，其矿物成分与花岗岩类似。片麻岩结晶大多是等粒或斑状的，外表美观，因呈片状构造，各向性质不同。垂直于片理方向的抗压强度大(120～250MPa)，沿片麻岩的片理易于开采加工，但在冻融循环作用下，易成层剥落。通常制成碎石、片石及料石等，用于地方性的一般建筑工程。

4. 矿物的主要化学组成

石料的化学组成通常根据氧化物给出，见表1-1所列，其主要化学成分为氧化硅、氧化钙、氧化铁、氧化铝、氧化镁，以及少量的氧化锰、三氧化硫等。

表1-1　三种岩石的化学成分含量　　单位：%

岩石名称	氧化硅 SiO_2	氧化钙 CaO	氧化铁 Fe_2O_3	氧化铝 Al_2O_3	氧化镁 MgO	氧化锰 MnO	三氧化硫 SO_3	磷酸酐 P_2O_5
石灰石	1.01	56.27	0.27	0.27	0.057	0.0065	0.009	—
花岗石	69.62	1.81	2.60	15.69	0.022	0.022	0.14	0.02
石英石	98.43	0.21	1.23	0.09	—	0.006	0.21	0

在大多数情况下，这些氧化物的化学稳定性较好，所以就石料本身来说，它是一种惰性材料。然而，当与水接触时，石料的化学成分比例直接将影响集料的亲水性以及集料与沥青的黏附性。在道路工程中，通常按照氧化硅SiO_2含量小于52%、52%～65%和大于65%，将石料分为酸性集料(硅质石料)、中性集料和碱性集料(钙质石料)。大部分硅质石料，如花岗岩、石英岩等在水中带有负电荷，亲水性较大，而石灰岩等钙质石料在水中带正电荷，亲水性较弱，见表1-2所列。由于石料对水的亲和力大于对沥青结合料的亲和力，水可能将集料上的沥青膜剥落，导致沥青混合料强度的降低。石料的亲水系数越大，水对沥青混合料水稳定性的影响就越大，详见本书第二章与第三章相关内容。

表 1-2　不同岩石的化学组成比例与亲水系数

岩石名称	氧化硅含量范围(%)	亲水系数
石英岩	80～100	1.06
花岗岩	64～80	0.98
石灰岩	0～50	0.79

此外，在道路路面和机场道面工程实践中发现，当石料以集料的形式应用于水泥混凝土中时，某些含有活性二氧化硅或活性碳酸盐成分的集料会与水泥中的碱性氧化物发生化学反应，称“碱-集料反应”。这种反应会对混凝土结构强度和稳定性产生非常不利的影响，详见第四章和第五章相关内容。

二、石料的物理性质

1. 物理常数

石料最常用的物理常数是密度和孔隙率。这些物理常数与石料的物理、力学性质有着密切的关系，在选用石料、进行混凝土配合比计算时，这些物理常数也是重要的设计参数。石料的物理常数是反映材料矿物组成、结构状态和特征的参数。虽然石料中不同的矿物可以不同的排列方式形成各种结构，但是从质量和体积的物理观点出发，其组成结构主要是由矿物质实体和孔隙（包括与外界连通的开口孔隙和内部的闭口孔隙）所组成，如图1-1所示。

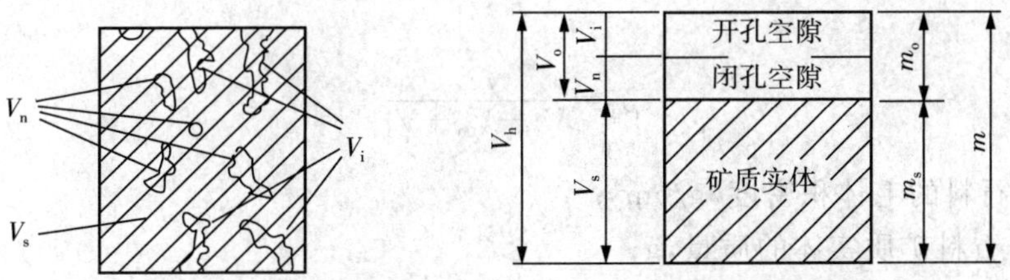

(a) 石料结构剖面　　(b) 石料的体积与质量的关系

图 1-1　石料组成部分的质量与体积关系示意图

(1)密度

密度是指在规定条件下，石料矿质实体单位体积的质量。根据体积的定义不同，石料的密度包括真实密度、表观密度和毛体积密度等。

① 真实密度

真实密度是指在规定条件（105℃±5℃下烘干至恒重，试验温度 20℃±2℃）下，烘干石料矿质实体单位真实体积的质量，按照式(1-1)计算。计算石料真实密度，需要测定石料矿质实体的真实体积。试验时，将已知质量的干燥石料磨成细粉，全部通过 0.25mm 的筛孔后，用“密度瓶法”测定其真实体积 V_s。

$$\rho_t = \frac{m_s}{V_s} \tag{1-1}$$

式中：ρ_t——石料的真实密度，g/cm³；

m_s——石料矿质实体的质量，g；

V_s——石料矿质实体的体积，cm³。

② 表观密度

表观密度是指在规定条件（105℃±5℃下烘干至恒重，试验温度20℃±2℃）下，烘干石料矿质实体包括闭口孔隙在内的单位表观体积的质量，由式（1－2）计算。测定石料表观体积时，需将已知质量的干燥石料浸水，使其开口孔隙吸饱水，然后称出饱水后石料在水中的质量，两者之差即为石料的包括闭口孔隙在内的石料表观体积（V_s+V_n）。

$$\rho_a=\frac{m_s}{V_s+V_n} \tag{1-2}$$

式中：ρ_a——石料的表观密度，g/cm³；

m_s——石料矿质实体的质量，g；

V_s——石料矿质实体的体积，cm³；

V_n——石料矿质实体中闭口孔隙的体积，cm³。

③ 毛体积密度

毛体积密度是指在规定条件（105℃±5℃下烘干至恒重，试验温度20℃±2℃）下，烘干石料矿质实体包括孔隙（闭口、开口孔隙）体积在内的单位毛体积的质量，由式（1－3）计算。砂石材料毛体积密度的测定方法是将已知质量的干燥试样，经饱水后，将试样表面擦干测得饱和面干质量，再用排水法测得试样在水中的质量，两者之差为试样的毛体积 $V_h=V_s+V_n+V_i$。

$$\rho_h=\frac{m_s}{V_s+V_n+V_i} \tag{1-3}$$

式中：ρ_h——石料的毛体积密度，g/cm³；

m_s——石料矿质实体的质量，g；

V_s——石料矿质实体的体积，cm³；

V_n——石料矿质实体中闭口孔隙的体积，cm³；

V_i——石料矿质实体中开口孔隙的体积，cm³。

(2)孔隙率

孔隙率是指石料孔隙体积占石料总体积（包括开口孔隙和闭口孔隙体积）的百分率，由式（1－4）计算。

$$n=\frac{V_n+V_i}{V_h}\times 100\% \tag{1-4}$$

式中：n——石料的孔隙率，%；

V_n——石料矿质实体中闭口孔隙的体积，cm³；

V_i——石料矿质实体中开口孔隙的体积，cm³；

V_h——石料的毛体积（含矿质实体、开口孔隙和闭口孔隙体积），cm³。

将式（1－1）和式（1－3）代入式（1－4）可得式（1－5），即采用石料的真实密度和毛体积密度计算其孔隙率。

$$n=\left(1-\frac{\rho_h}{\rho_t}\right)\times 100\% \quad (1-5)$$

式中：n——石料的孔隙率，%；

ρ_t——石料的真实密度，g/cm³；

ρ_h——石料的毛体积密度，g/cm³。

石料技术性能不仅受孔隙率总量的影响，还取决于孔隙的构造。孔隙构造可分为连通的与封闭的两种，前者彼此贯通且与外界相通，后者相互独立且与外界隔绝。孔隙按尺寸大小又分为极细微孔隙、细小孔隙和较粗大孔隙。在孔隙率相同的条件下，连通且粗大孔隙对石料性能的影响显著。

2. 吸水性

石料吸入水分的能力称为吸水性，其大小可以用吸水率和饱和吸水率来表征。

吸水率是石料试样在常温、常压条件下最大的吸水质量占干燥试样质量的百分率。

饱和吸水率是石料在常温及真空抽气条件下，最大吸水质量占干燥试样质量的百分率。石料的吸水率或饱水吸水率可采用式(1-6)计算。

$$w_x=\frac{m_2-m_1}{m_1}\times 100\% \quad (1-6)$$

式中：w_x——石料试样的吸水率或饱水率，%；

m_1——烘至恒重时的试样质量，g；

m_2——吸水(或饱水)至恒重时试样质量，g。

石料吸水性的大小与其孔隙率的大小及孔隙构造特征有关。石料内部独立且封闭的孔隙实际上是不吸水的，只有那些开口且以毛细管连通的孔隙才是吸水的。孔隙构造相同的石料，孔隙越大，吸水率越大。表观密度大的石料，孔隙率小，吸水率小，如花岗岩石料的吸水率通常小于0.5%，而多孔贝类石灰岩石料的吸水率可高达15%。表1-3为几种常用岩石的密度和吸水率的测试值。石料的吸水性能够有效地反映岩石裂隙的发育程度，并用于判断岩石的抗冻性和抗风化能力。

表1-3 几种常用岩石密度和吸水率的测试值

岩石名称		密度(g/cm³)	吸水率(%)	岩石名称		密度(g/cm³)	吸水率(%)
岩浆岩	花岗岩	2.30～2.80	0.10～0.92	沉积岩	砂岩	2.20～2.71	0.20～12.19
	辉长岩	2.55～2.98	—		石灰岩	2.30～2.77	0.10～4.55
	辉绿岩	2.53～2.97	0.22～5.00	变质岩	片麻岩	2.30～3.05	0.10～3.15
	安山岩	2.30～2.70	0.29以下		石英岩	2.40～2.80	0.10～1.45
	玄武岩	2.50～3.10	0.30～2.69				

3. 抗冻性

抗冻性是指石料在饱水状态下，能够经受反复冻结和融化而不破坏，并不严重降低强度的能力。

石料抗冻性的室内测定方法有直接冻融法和硫酸钠坚固性法。两种方法均需要将石料制成直径和高均为 50mm 的圆柱体试件，或边长为 50mm 的正立方体试件，在 105℃±5℃的烘箱中烘至恒重，并称重。

(1)直接冻融法

直接冻融法是测定石料在饱水状态下，抵抗反复冻融性能的直接方法。试验时首先使试件吸水达到饱和状态，然后置于－15℃烘箱中。冻结 4h 后取出试件，放入 20℃±5℃的水中融解 4h，如此为一个冻融循环过程。经历规定的冻融循环次数(如 10 次、15 次、25 次及 50 次)后，详细检查石料试件有无剥落、裂缝、分层及掉角现象，并记录检查情况。将冻融试验后的试件再烘至恒重，称其质量，然后测定石料的抗压强度，并按式(1－7)和式(1－8)分别计算石料的冻融质量损失率和冻融系数。

$$Q_{冻}=\frac{m_1-m_2}{m_1}\times 100\% \tag{1-7}$$

$$K=\frac{R_2}{R_1}\times 100\% \tag{1-8}$$

式中：$Q_{冻}$，K——经历冻融循环作用后，石料的质量损失率和耐冻系数，%；

m_1——试验前烘干石料试件的质量，g；

m_2——经历若干次冻融循环作用后，烘干石料试件的质量，g；

R_1——试验前石料试件的饱水抗压强度，MPa；

R_2——经历若干次冻融循环作用后，石料试件的饱水抗压强度，MPa。

(2)坚固性试验

坚固性试验是评定石料试样经饱和硫酸钠溶液多次浸泡与烘干循环后，不发生显著破坏或强度降低的性能。由于硫酸钠结晶后体积膨胀，产生犹如水结冰的作用，使石料孔隙壁受到压力，也是测定石料抗冻性的方法。试验时将烘干石料试件置入饱和硫酸钠溶液中浸泡 20h 后，将试件取出置于 105℃～110℃的烘箱中烘烤 4h，至此完成第 1 个循环。待试样冷却至室温后，即开始第 2 个循环。从第 2 个循环起，浸泡和烘烤时间均为 4h。完成 5 次循环后，仔细观察试件有无破坏现象，将试件洗净烘至恒重；准确称出其质量，按式(1－7)计算坚固性试验质量损失率。

当水在石料孔隙内结冰时，体积膨胀约 9%。如果孔隙处于吸水饱和状态下，水的结冰就给孔隙壁以很大的内压力，严重时导致石料的边角崩裂。石料的抗冻性与其孔隙构造、吸水性密切相关，当石料的吸水率大于 0.5%时，其抗冻性通常较差。

三、石料的力学性质

在结构工程中，石料应具备一定的抗压、抗剪、抗弯强度，以及抵抗荷载冲击、剪切和摩擦作用。本节中主要介绍石料的抗压强度和磨耗率，这两项指标用于评价石料技术等级。

1. 石料的抗压强度

(1)测试方法

我国现行《公路工程石料试验规程》(JTG E41—2005)中，采用单轴加载的方法对规则形状的石料试样进行抗压强度试验。路面工程用的石料试件尺寸为边长(50±2)mm 的正方体或直径与高均为(50±2)mm 的圆柱体。桥梁工程用的石料试件为边长(70±2)mm 的立方体。按标准方法对试件进行饱水处理后施加荷载,直至破坏,石料的抗压强度按式(1-9)计算。

$$R=\frac{P}{A} \tag{1-9}$$

式中:R——石料的抗压强度,MPa;

P——试验时石料试件破坏时的极限荷载,N;

A——石料试件的受力截面积,mm^2。

(2)影响抗压强度的因素

石料抗压强度主要取决于其矿物组成、结构及其孔隙构造。结构疏松及孔隙率较大的石料,其质点间的联系较弱,有效面积较小,故强度值较低。

石料试件的尺寸和形状会影响抗压强度试验结果的真实性。为了取得真实稳定的抗压强度测试值,应避免承压板邻近局部应力集中的影响,且试件的尺寸直径应不小于 10 倍的岩石矿物及岩屑直径,并应不小于 5cm。为了减少试件断面的摩擦造成的影响,试件上下端面应平整光滑,并与承压板严格平行,以保证受力均匀。

石料的吸水率对其强度有着显著的影响,特别是当岩石的孔隙率较大、含较多亲水矿物或较多可溶矿物时,这种影响更为显著。表 1-4 所列为几种岩石石料在饱水状态强度 R_w 与干燥状态强度 R_D 的比值 K_n(冻融系数)。

表 1-4 几种常用岩石的吸水前后强度比值

岩石名称		$K_n=R_w/R_D$	岩石名称		$K_n=R_w/R_D$
岩浆岩	花岗岩	0.72～0.97	沉积岩	砂岩	0.65～0.97
	辉绿岩	0.33～0.90		石灰岩	0.70～0.94
	安山岩	0.81～0.91	变质岩	片麻岩	0.75～0.95
	玄武岩	0.30～0.95		石英岩	0.94～0.96

2. 磨耗率

岩石材料磨耗性是指其抵抗撞击、剪切、摩擦的联合作用的能力,用磨耗率表示。石料的磨耗率可采用洛杉矶磨耗试验或狄法尔式磨耗试验进行测定。

(1)洛杉矶磨耗试验

洛杉矶磨耗试验又称搁板式试验法。将一定质量且有一定级配的石料试样和钢球置于搁板式试验机中,以 30～33r/min 的转速转动至要求次数停止,取出试样过筛并称量,石料的磨耗率 $Q_{磨}$ 采用式(1-10)计算。

$$Q_{磨}=\frac{m_1-m_2}{m_1}\times 100\% \tag{1-10}$$

式中:$Q_{磨}$——石料的磨耗率,%;

m_1——装入试验机圆筒中的石料试样质量,g;

m_2——试验后在 1.7mm 筛上洗净烘干的试样质量,g。

(2)狄法尔式磨耗试验

狄法尔式磨耗试验又称为双筒式磨耗试验。在磨耗机的两个圆筒中，分别放入单一粒径碎石或砾石试样，磨耗机以 30～33r/min 转速转动 10000 转后停机，取出试样过筛并称量，用式(1-10)计算出石料的磨耗率。

狄法尔磨耗率与洛杉矶磨耗率的试验结果是不一样的。由于狄法尔式试验采用单一粒径试样，与实际使用情况不符，等级级差较小且费时。此外，上述两种方法对石料施加的作用效果与石料在道路结构中实际经受的磨耗作用有着较大的差别，在第二节中介绍的道瑞磨耗值试验，可以较好地模拟车轮荷载对石料材料的磨耗作用。

四、石料的技术标准

按照我国《公路工程石料试验规程》(JTJ 054 M0201—94)的规定，路用石料按其所属岩石类型分为四类，每一类石料又按其饱水极限抗压强度及磨耗率指标分为四个等级，一级为最坚强的岩石，二级为坚强的岩石，三级为中等强度的岩石，四级为较软的岩石。石料的技术标准见表 1-5 所列，在工程实践中，可根据工程结构特点、设计要求及当地石料资源，选用合适的石料。

表 1-5　公路工程石料技术标准(JTJ 054 M0201—94)

岩石类别	岩石品种	技术等级	技术标准		
			饱水极限抗压强度(MPa)	磨耗率(洛杉矶法)(%)	磨耗率(狄法尔法)(%)
岩浆岩类	花岗岩 玄武岩 安山岩 辉绿岩	1	＞120	＜25	＜4
		2	100～200	25～30	4～5
		3	80～100	30～45	5～7
		4	—	45～60	7～10
石灰岩类	石灰岩 白云岩	1	＞100	＜30	＜5
		2	80～100	30～35	5～6
		3	60～80	35～50	6～12
		4	30～60	50～60	12～20
砂岩与片麻岩类	石英岩 砂岩 片麻岩 石英片麻岩	1	＞100	＜30	＜5
		2	80～100	30～35	5～7
		3	50～80	35～45	7～10
		4	30～50	45～60	10～15
砾岩		1	—	＜20	＜5
		2	—	20～30	4～7
		3	—	30～50	7～12
		4	—	50～60	12～20

第二节　集　料

集料是指在混合料中起骨架或填充作用的松散粒料，它包括各种天然砂、人工砂、卵石和碎石，以及各类工业冶金矿渣。

天然砂是指由经自然风化、水流搬运和分选、堆积形成的粒径小于 4.75mm 的岩石颗粒，包括河砂、湖砂、山砂和淡化海砂等。

人工砂是指经除土处理的机制砂、混合砂的统称。机制砂是由机械破碎、筛分制成的粒径小于 4.75mm 的岩石颗粒，但不包括软质岩石、风化岩石的颗粒。混合砂是由机制砂和天然砂混合制成的砂。

卵石是由自然风化、水流搬运和分选、堆积形成的粒径大于 4.75mm 的岩石颗粒。

碎石是将天然岩石或卵石经机械破碎、筛分制成的粒径大于 4.75mm 的岩石颗粒。

工业冶金矿渣一般指金属冶炼过程中排出的非金属溶渣，常指高炉矿渣和钢渣。

集料按其粒径范围分为粗集料和细集料。在水泥混凝土中，粗、细集料的分界尺寸为 4.75mm，但在沥青混合料中，该尺寸界限通常为 2.36mm。粗、细集料在混合料中分别起骨架和填充作用，由于所起的作用不同，对它们的技术要求也有所不同。

一、集料的物理性质

1. 物理常数

(1)密度

集料是矿质颗粒的散状混合物，其体积组成除了包括矿物及矿物间孔隙外，还包括矿质颗粒之间的空间，称为空隙，图 1-2 所示为集料体积与质量关系的示意图。在工程中，常用的集料密度包括：表观密度、毛体积密度、表干密度及堆积密度等。

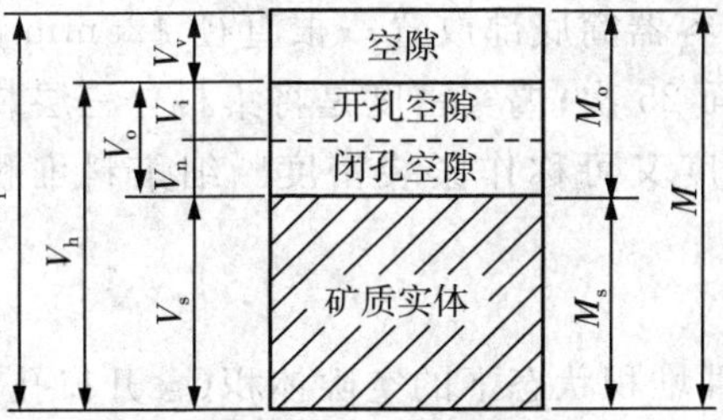

图 1-2　集料组成的质量与体积关系示意图

① 表观密度、毛体积密度、表干密度

集料颗粒的表观密度、毛体积密度定义与石料相同，此处不再叙述。由于石料与集料尺寸和形状上的差异，测试方法有所不同。

集料的表干密度又称作饱和面干毛体积密度，它的计算体积与计算毛体积密度时相同，但计算质量为集料颗粒的表干质量(饱和面干状态，包括了吸入开口孔隙中的水)，由式(1-11)计算。测试集料表干质量时，需要将干燥集料试样饱水后，将试样表面自由水擦干，但保留吸入开口孔隙中的水，称取饱和面干试样在空气中的质量，即集料的表干质量。

$$\rho_s=\frac{m_a}{V_s+V_n+V_i} \tag{1-11}$$

式中：ρ_s——集料的表干密度，g/cm³；

m_a——集料颗粒的表干质量(矿质实体质量与吸入开口孔隙水的质量之和)，g；

V_s——集料颗粒矿质实体的体积，cm³；

V_n，V_i——集料颗粒矿质实体中闭口孔隙和开口孔隙的体积，cm³。

② 堆积密度

集料是没有固定形状的混合物，其体积和形状取决于装填容器。堆积密度是指烘干集料颗粒矿质实体的单位装填体积(包括集料颗粒间空隙体积、集料矿质实体及其闭口、开口孔隙体积)的质量，按式(1-12)计算。

$$\rho=\frac{m_s}{V_s+V_n+V_i+V_v} \tag{1-12}$$

式中：ρ——矿质集料的堆积密度，g/cm³；

m_s——集料颗粒矿质实体的质量，g；

V_s——集料颗粒矿质实体的体积，cm³；

V_n，V_i——分别为集料颗粒矿质实体中闭口孔隙和开口孔隙的体积，cm³；

V_v——集料颗粒间的空隙体积，cm³。

集料的堆积体积 $V_f(=V_s+V_n+V_i+V_v)$ 是将干燥的散粒集料试样装入规定尺寸的容器来测定的，堆积密度的大小取决于颗粒排列的松紧程度，即取决于装样方式。

根据装样方法的不同，粗集料的堆积密度分为自然堆积密度、振实密度和捣实密度。自然堆积密度是指以自由落入方式装填集料，所测的密度又称松装密度；振实密度是将集料分三层装入容器筒中，在容器筒底部放置一根直径 ϕ25mm 的圆钢筋，每装一层集料后，将容器筒左右交替颠击地面 25 次；捣实密度是将集料分三层装入容器中，每层用捣棒捣实 25 次。振实密度和捣实密度又可称作紧装密度。细集料堆积密度分为松装密度和紧装密度。

(2)空隙率

空隙率是指集料在某种堆积状态下的空隙体积(含开口孔隙)占堆积体积的百分率，按式(1-13)计算。

$$n=\frac{V_v+V_i}{V_f}\times 100\% \tag{1-13}$$

式中：n——集料的空隙率，%；

V_f——集料颗粒的堆积体积，$V_f=V_s+V_n+V_i+V_v$，cm³；

V_v，V_i——集料颗粒间空隙与矿质实体中开口孔隙的体积，cm³。

将式(1-2)和式(1-12)代入式(1-13)，则空隙率可用式(1-14)计算：

$$n=\left(1-\frac{\rho}{\rho_a}\right)\times 100\% \tag{1-14}$$

式中：ρ——集料的堆积密度，g/cm³；

ρ_a——集料的表观密度，g/cm³。

空隙率反映了集料颗粒间相互填充的致密程度。试验结果表明，在松装和紧装状态下，粗集料的空隙率范围分别为43%～48%和37%～42%；细集料空隙率范围分别为35%～50%和30%～40%。

(3)粗集料骨架间隙率

粗集料骨架间隙率通常指4.75mm或2.36mm以上粗集料在捣实状态下颗粒间的空隙体积的百分含量，由式(1-15)计算。粗集料骨架间隙率的大小用于确定混合料中细集料和结合料的数量，并评价集料的骨架结构。

$$\text{VCA}=\left(1-\frac{\rho_c}{\rho_b}\right)\times 100\% \tag{1-15}$$

式中：VCA——粗集料骨架间隙率，%；

ρ_c——粗集料的装填密度，在水泥混凝土中用粗集料的振实密度，在沥青混合料中用粗集料的捣实密度，g/cm³；

ρ_b——粗集料的表观密度或毛体积密度，g/cm³。

(4)细集料的棱角性

细集料的棱角性由在一定条件下测定的空隙率表征，按式(1-16)计算。天然砂、人工砂和石屑等细集料的棱角性对沥青混合料的内摩擦角和抗流动性变形能力及对水泥混凝土的和易性有着显著的影响。当空隙率较大时，意味着细集料有着较大的内摩阻角。

$$U=\left(1-\frac{\rho_C}{\rho_S}\right)\times 100\% \tag{1-16}$$

式中：U——细集料的空隙率，即棱角性，%；

ρ_C——细集料的堆积密度，g/cm³；

ρ_S——细集料的毛体积密度，g/cm³。

2. 集料的级配

级配是指集料中各种粒径颗粒的搭配比例或分布情况。级配对水泥混凝土及沥青混合料的强度、稳定性及施工和易性有着显著的影响，级配设计也是水泥混凝土和沥青混合料配合比设计的重要组成部分。关于集料的级配分析、级配理论和级配设计方法的有关内容见本章第三节。

3. 集料的颗粒形状与表面特征

集料特别是粗集料的颗粒形状和表面特征对集料颗粒间的内摩阻力、集料颗粒与结合料间的黏结性及吸附性等有着显著的影响。

(1)颗粒形状

从实用角度出发，集料中的颗粒形状可按表1-6所列分为四种类型，比较理想的形状是接近球体或立方体。当集料中扁平、薄片、细长状的颗粒含量较高时，会使集料的空隙率增加，不仅有损于集料的施工和易性，而且会不同程度地危害混凝土的强度及耐久性。《公路工程集料试验规程》(JTG E42—2005)定义集料的针片状颗粒为粗集料中细长的针状颗粒与片状颗粒。当颗粒形状的诸方向中的最小厚度(或直径)与最大长度(或宽度)的尺寸之比小于规定比值时，属于针片状颗粒。

表 1-6 集料的颗粒形状分类

类 型	颗粒形状的特点	集料品种
蛋圆形	具有较光滑的表面，无明显棱角，颗粒浑圆	天然砂及各种砾石、陶粒
棱角形	具有粗糙的表面及明显的棱边	碎石、石屑、破碎矿渣
针状	长度方向尺寸远大于其他方向尺寸而呈细条形	砾石、碎石中均存在
片状	厚度方向尺寸远小于其他方向而呈薄片形	厚度方向尺寸远小于其他方向而呈薄片形

(2)表面特征

集料的表面特征主要是指集料表面的粗糙程度及孔隙特征等，它与集料的材质、岩石结构、矿物组成及其受冲刷、受腐蚀程度有关。一般来说，集料的表面特征主要影响集料与结合料之间的黏附性能，从而影响混合料的强度，尤其是抗折强度。在外力作用下，表面粗糙的集料颗粒间的位移较为困难，其摩阻力较表面光滑，无棱角颗粒要大些，但是会影响集料的施工和易性。此外，表面粗糙、具有吸收水泥浆或沥青中轻质组分的孔隙特征的集料，与结合料间的黏结能力较强；而表面光滑的集料与结合料间的黏结能力一般较差。

4. 含泥量和泥块含量

存在于集料中或包裹在集料颗粒表面的泥土会降低水泥的水化反应速度，也会妨碍集料与水泥(或沥青)间的黏结能力，显著影响混合料的整体强度与耐久性，应对其含量加以限制。

(1)含泥量与石粉含量

含泥量是指集料中粒径小于 0.075mm 的颗粒含量，石粉含量是指人工砂中小于 0.075mm 的颗粒含量，两者均按照式(1-17)计算：

$$Q_a=\frac{m_0-m_1}{m_0}\times 100\% \tag{1-17}$$

式中：Q_a——集料的含泥量和石粉含量，%；

m_0——试验前烘干集料试样的质量，g；

m_1——经筛洗后，0.075mm 筛上烘干试样的质量，g。

严格地讲，含泥量应是集料中的泥土含量，而采用筛洗法得到的粒径小于 0.075mm 的颗粒中实际上包含了矿粉、细砂与黏土成分，而筛洗法很难将这些成分加以区别。将通过 0.075mm 颗粒部分全都当作“泥土”的做法欠妥，因此，在《公路沥青路面施工技术规范》(JTG F40—2004)中，以“砂当量”代替含泥量指标，将筛洗法测定的结果称为小于 0.075mm 颗粒含量；在《建筑用砂》(GB/T 14684—2011)中，增加了“亚甲蓝 MB 值”指标。

① 砂当量 SE

砂当量用于测定细集料中所含黏性土和杂质含量，判定集料的洁净程度，对集料中小于 0.075mm 的矿粉、细砂与“泥土”加以区别，砂当量值越大表明在小于 0.075mm 部分所含的矿粉和细砂比例越高。在《公路工程集料试验规程》(JTG E42—2005)中规定了砂当量的测试方(T0334—1994)。

② 亚甲蓝 MB 值

亚甲蓝 MB 值用于判别人工砂中小于 0.075mm 颗粒含量主要是泥土还是与被加工母岩化学成分相同的石粉。按照《建筑用砂》(GB/T 14684—2011)的方法，“亚甲蓝 MB 值”的测定是将不大于 2.36mm 的人工砂试样 200g 与 500mL 水持续搅拌形成悬浮液。在悬浮液中加入 5mL 亚甲蓝溶液，搅拌 1min 后，用玻璃棒蘸取一滴悬浮液，滴于滤纸上，观察沉淀物周围是否出现色晕，重复这个过程，直至沉淀物周围出现约 1mm 直径的稳定浅蓝色色晕，然后继续进行搅拌和沾染试验，至色晕可以持续 5min。亚甲蓝 MB 值按式(1-18)计算，精确至 0.1。亚甲蓝 MB 值较小时表明粒径 0.075mm 及以下颗粒主要是与母岩化学成分相同的石粉。

$$MB=\frac{V}{G}\times 10 \tag{1-18}$$

式中：MB——亚甲蓝值，g/kg，表示 1kg 人工砂试样(0～2.36mm)所消耗的亚甲蓝克数；

G——试样质量，g；

V——所加入的甲基蓝溶液的总量，mL。

为了缩短试验时间，可以采用甲基蓝快速试验。在悬浮液中一次加入 30mL 亚甲蓝溶液后持续搅拌 8min 后，用玻璃棒蘸取一滴悬浮液，滴于滤纸上，观察沉淀物周围是否出现明显色晕。若沉淀物周围出现明显色晕，则判定亚甲蓝快速试验为合格；若沉淀物周围未出现明显色晕，则判定亚甲蓝快速试验为不合格。

(2)泥块含量

泥块含量是指粗集料中原尺寸大于 4.75mm(细集料中 1.18mm)，但经水浸洗、手捏后小于 2.36mm(细集料中 0.6mm)的颗粒含量，按照式(1-19)计算。集料中的泥块主要以三种类型存在：由纯泥组成的团块；由砂、石屑与泥组成的团块；包裹在集料颗粒表面的泥。

$$Q_b=\frac{G_1-G_2}{G_2}\times 100\% \tag{1-19}$$

式中：Q_b——集料的泥块含量，%；

G_1——粗集料为 4.75mm(细集料为 1.18mm)筛上试样的质量，g；

G_2——粗集料为 4.75mm(细集料为 1.18mm)筛上试样经水洗后，粗集料为 2.36mm(细集料为 0.6mm)筛上烘干试样的质量，g。

二、粗集料的力学性质

在结构层或混合料中，粗集料起骨架作用，应具备一定的强度、耐磨、抗磨耗和抗冲击性能等，这些性能用压碎值、磨光值、磨耗值和冲击值等指标表示。

1. 压碎值

压碎值是指按规定的方法测得石料抵抗压碎的能力，也是集料强度的相对指标，用以鉴定集料品质。《公路工程集料试验规程》(JTG E42—2005)中规定了压碎值的测试方法,压碎值是对石料的标准试样在标准条件下进行加荷,测试石料被压碎后,标准筛上通过质量的百分率,集料压碎值 Q'_a,按式(1-20)计算:

$$Q'_a = \frac{m_1}{m_0} \times 100\% \tag{1-20}$$

式中:Q'_a——集料的压碎值,%;

m_0——试验前试样的质量,g;

m_1——试验后通过 2.36mm 筛孔的细料质量,g。

2. 磨光值

磨光值是反映石料抵抗轮胎磨光作用能力的指标,它是采用加速磨光机磨光石料,并用摆式摩擦系数测定仪测得的磨光后集料的摩擦系数。用高磨光值的石料来铺筑道路路面表层,可以提高路表的抗滑能力,保障车辆的安全行驶。

磨光值试验的基本方法是将 9.5~13.2mm 干净石料颗粒单层紧密地排列在试模之中,并用环氧树脂砂浆固定,制成试件,经养护后拆模。同种石料,顺序安装在道路轮上。按照规定的试验顺序先用 30 号金刚砂对试件磨蚀,再用 280 号金刚砂磨蚀。停机后取出试件后,用摆式摩擦系数测定仪测定试件的摩擦系数 PSV_{ra}。

石料的磨光值 PSV 按式(1-21)计算。

$$PSV = PSV_{ra} + 49 - PSV_{bra} \tag{1-21}$$

式中:PSV_{bra}——标准试件的摩擦系数。

3. 冲击值

冲击值反映石料抵抗冲击荷载的能力。由于路表集料直接承受车轮荷载的冲击作用,这一指标对道路表层用集料非常重要。

按《公路工程集料试验规程》(JTG E42—2005)中规定的试验方法,集料的冲击值试验采用尺寸为 9.5~13.2mm 的干燥集料颗粒,按标准方法分三层装入量筒中,称取集料试样质量。将称好质量的集料装入圆形钢筒中后置于冲击试验仪上,用捣实杆单独捣实 25 次。调整锤击高度,让锤从(380±5)mm 处自由落下,连续锤击集料 15 次,每次间隔不少于 1s。将击实试验后的集料用 2.36mm 筛筛分,称取通过 2.36mm 筛的石屑质量。集料冲击值按式(1-22)计算:

$$LSV = \frac{m_1}{m_0} \times 100\% \tag{1-22}$$

式中:LSV——集料的冲击值,%;

m_0——试样的总质量,g;

m_1——冲击试验后,通过 2.36mm 筛的石屑质量,g。

4. 磨耗值

磨耗值用于确定石料抵抗表面磨损的能力,适用于对路面抗滑表层所用集料抵抗车轮撞击及磨耗能力的评定。

按《公路工程集料试验规程》(JTG E42—2005),采用道瑞磨耗试验机测试石料的磨耗值。试验时将 9.5～13.2mm 的石料颗粒以单层紧密排列在试模中,用环氧树脂砂浆填模成型,经养护后脱模制成试件。同种石料 2 个试件为一组。试件用金属托盘固定于道瑞机的圆平板上,按 28～30r/min。转速旋转 100 转,旋转的同时连续不断地向磨盘上均匀地撒布规定细度的石英砂。停机后取下试件,观察有无异常现象,然后按相同方法再磨 400 转,可分为 4 个 100 转重复 4 次磨完,也可连续 1 次磨完,停机后,称取试件质量,集料的磨耗值按式(1-23)计算。

$$AAV=\frac{3(m_1-m_2)}{\rho_s} \tag{1-23}$$

式中:AAV——集料的道瑞磨耗率;

m_1——磨耗前试样的质量,g;

m_2——磨耗后试样的质量,g;

ρ_s——集料的表干密度,g/cm^3。

三、岩石集料的技术要求

1. 粗集料的技术要求

根据《建筑用卵石、碎石》(GB/T 14685—2011),将卵石和碎石等粗集料按技术要求分为Ⅰ、Ⅱ和Ⅲ类,见表 1-7 所列。

表 1-7 碎石和卵石技术要求

<table>
<tr><th colspan="2" rowspan="2">项 目</th><th colspan="3">技 术 要 求</th></tr>
<tr><th>Ⅰ类</th><th>Ⅱ类</th><th>Ⅲ类</th></tr>
<tr><td colspan="2">碎石压碎指标(%)</td><td>≤10</td><td>≤20</td><td>≤30</td></tr>
<tr><td colspan="2">卵石压碎指标(%)</td><td>≤12</td><td>≤14</td><td>≤16</td></tr>
<tr><td colspan="2">坚固性(质量损失,%)</td><td>≤5</td><td>≤8</td><td>≤12</td></tr>
<tr><td colspan="2">针、片状颗粒总含量(按质量损失,%)</td><td>≤5</td><td>≤10</td><td>≤15</td></tr>
<tr><td rowspan="4">有害物质含量</td><td>含泥量(按质量损失,%)</td><td>≤0.5</td><td>≤1.0</td><td>≤1.5</td></tr>
<tr><td>泥块含量(按质量损失,%)</td><td>0</td><td>≤0.2</td><td>≤0.2</td></tr>
<tr><td>有机物含量(比色法)</td><td>合格</td><td>合格</td><td>合格</td></tr>
<tr><td>硫化物及硫酸盐含量
(按 SO_3 质量计,%)</td><td>≤0.5</td><td>≤1.0</td><td>≤1.0</td></tr>
<tr><td colspan="2">吸水率(%)</td><td>≤1.0</td><td>≤2.0</td><td>≤2.0</td></tr>
<tr><td colspan="2">空隙率(%)</td><td>≤43</td><td>≤45</td><td>≤47</td></tr>
<tr><td colspan="2">表观密度(kg/m^3)</td><td colspan="3">≥2600</td></tr>
<tr><td colspan="2">松散堆积密度(kg/m^3)</td><td colspan="3">报告其实测值≥1400</td></tr>
</table>

（续表）

项　目	技　术　要　求		
	Ⅰ类	Ⅱ类	Ⅲ类
岩石抗压强度(水饱和状态,MPa)	火成岩应不小于80； 变质岩应不小于60； 水成岩应不小于30		
碱集料反应	经碱集料反应试验后，试件无裂缝、酥裂、胶体外溢等现象，在规定的试验龄期的膨胀率应小于0.10％		

注：Ⅰ类宜用于强度等级大于C60的混凝土；

Ⅱ类宜用于强度等级为C30～C60及抗冻、抗渗或有其他要求的混凝土；

Ⅲ类宜用于强度等级小于C30的混凝土。

2. 细集料的技术要求

根据我国标准《建筑用砂》(GB/T 14684—2011)，按照表1-8所列的技术要求将砂分成Ⅰ、Ⅱ和Ⅲ类。

表1-8　细集料技术要求

项　目		技　术　要　求		
		Ⅰ类	Ⅱ类	Ⅲ类
有害物质含量	云母含量(按质量损失,％)	≤1.0	≤2.0	≤2.0
	轻物质含量(按质量损失,％)	≤1.0	≤1.0	≤1.0
	有机物含量(比色法)	合格	合格	合格
	硫化物及硫酸盐含量(按SO_3质量计,％)	≤0.5	≤0.5	≤0.5
	氯化物含量(按氯离子质量损失,％)	≤0.01	≤0.02	≤0.06
天然砂含泥量(按质量损失,％)		≤1.0	≤3.0	≤5.0
天然砂、机制砂泥块含量(按质量损失,％)		0	≤1.0	≤2.0
机制砂的石粉含量(按质量损失,％)	MB值≤1.4或快速法度验合格	≤10.0	≤10.0	≤10.0
	MB值≤1.4或快速法度验合格	≤1.0	≤3.0	≤5.0
坚固性(质量损失,％)		≤8	≤8	≤10
机制砂单级最大压碎指标(％)		≤20	≤25	≤30
表观密度(kg/m^3)		≥2500		
松散堆积密度(kg/m^3)		≥1400		
空隙率(％)		≤44		

（续表）

项　目	技　术　要　求		
	Ⅰ类	Ⅱ类	Ⅲ类
碱集料反应	经碱集料反应试验后，由砂配制的试件无裂缝、酥裂、胶体外溢等现象，在规定的试验龄期的膨胀率应小于 0.10%		

注：(1) Ⅰ类宜用于强度等级大于 C60 的混凝土。

(2) Ⅱ类宜用于强度等级为 C30～C60 及抗冻、抗渗或有其他要求的混凝土。

(3) Ⅲ类宜用于强度等级小于 C30 的混凝土。

四、工业冶金矿渣集料的技术特性

工业冶金矿渣一般是指炼铁或炼钢过程中得到的高炉矿渣或钢渣。高炉炼铁时形成的熔渣称为高炉矿渣，是在炼钢过程中得到的氧化物。高炉渣及钢渣经自然冷却或经一定工艺处理，可用于修筑道路基层，也可作为水泥混凝土或沥青混凝土路面用的集料，其中粒化高炉矿渣还可以用作水泥混合材料。与天然岩石集料的主要不同之处，在于这类材料含有较多的活性矿物，且质量不够稳定。在使用这类集料时，为了保证结构物的质量和耐久性，必须充分了解它们的技术特性。

1. 矿渣的主要化学成分及活性

高炉矿渣中的主要化学成分有：酸性氧化物 SiO_2、Fe_2O_3、P_2O_5、TiO_2；碱性氧化物 CaO、MgO、MnO、BaO；中性氧化物 Al_2O_3；硫化物 CaS、MnS、FeS 等。酸、碱氧化物含量比例对矿渣的性能影响较大。

矿渣的活性是指其与水或与某些碱性溶液或与硫酸盐溶液发生化学反应的性质。通常采用式(1-24)及式(1-25)计算的碱性系数 M_o 及质量系数 K 反映高炉渣的活性。碱性系数 M_o 或质量系数 K 的数值越大，矿渣的活性越高。

$$M_o=\frac{CaO+MgO}{SiO_2+Al_2O_3} \tag{1-24}$$

$$K=\frac{CaO+MgO+Al_2O_3}{SiO_2+MnO} \tag{1-25}$$

矿渣的活性取决于其化学成分和处理工艺。一般来说，当矿渣中的 CaO、Al_2O_3 含量高而 SiO_2 含量低时，矿渣活性较高。采用自然冷却得到的高炉矿渣稳定性较好，而采用水淬处理的粒化高炉矿渣的活性较高。通常活性高的矿渣适宜于作为水泥混合材料，而在混凝土结构或道路结构中应使用低活性的矿渣。

钢渣与高炉渣虽然都是冶金矿渣，但它们的化学成分及矿物组成有着明显的区别，所以采用不同的方式判断它们的活性。钢渣的活性可用式(1-26)计算的碱度 M 反映。碱度大的钢渣活性大，宜作为水泥原料。

$$M=\frac{CaO}{SiO_2+MnO} \tag{1-26}$$

2. **矿渣集料的技术特性**

(1)物理力学特性

由于热熔矿渣的冷却加工方式的不同,矿渣集料的矿物成分和组织的致密程度有着很大的差别,其物理力学性能变化范围和分散性较大。如高炉矿渣集料中密实体的抗压强度可达120~250MPa,孔隙率为7%~16%;而多孔体的抗压强度仅为10~20MPa,孔隙率高达50%以上。由于矿渣集料含铁量较高,其密度一般高于石料。

(2)化学稳定性

在自然条件下,工业冶金矿渣中的某些成分会与水产生化学反应,发生体积变化。

① 游离氧化钙(f-CaO)消解

矿渣中f-CaO遇水后发生化学反应,生成氢氧化钙 $Ca(OH)_2$,体积将增大1~2倍,在矿渣颗粒中产生内应力,导致矿渣的崩裂破坏。这种破坏现象在道路结构中较为多见。

② 铁和锰分解

矿渣中硫化物,如硫化亚铁FeS和硫化亚锰MnS可以与水生成氢氧化亚铁 $Fe(OH)_2$ 及氢氧化锰 $Mn(OH)_2$,体积分别增加38%和24%,引起矿渣体积安定性不良,这种现象称为铁或锰分解。

矿渣集料用于制作混凝土或路面基层材料时,必须具备良好的化学稳定性,否则就会由于某些化合物的分解、膨胀而破坏混凝土结构或路面结构。要使这类集料稳定的关键是降低活性成分含量,一般f-CaO含量小于3%的矿渣集料方可用于路面结构中。对于f-CaO含量较高的矿渣,应该通过水解消化处理,如堆存渣场使其自然消化,有条件时可采用浇水消化、利用余热分解等方法使f-CaO分解。

第三节　矿质混合料的组成设计

在水泥混凝土或沥青混合料中,所用集料颗粒的粒径尺寸范围较大,而天然或人工轧制的一种集料往往仅由几种粒径尺寸的颗粒组成,难以满足工程对某一混合料的目标设计级配范围的要求,因此需要将两种或两种以上的集料配合使用,构成所谓的矿质混合料,简称矿料。矿质混合料组成设计的目的就是根据目标级配范围要求,确定各种集料在矿质混合料中的合理比例,进行矿质混合料组成设计,必须首先明确目标级配范围,为此首先应掌握级配组成对矿料技术性能的影响。

一、矿质混合料的级配

1. **集料级配的表示方法**

(1)筛分试验

① 标准筛

矿质集料的级配采用筛分试验确定。其方法是取一定数量的集料试样,在标准筛上进行筛分试验(标准筛是指形状和尺寸规格符合要求的系列样品筛)。集料颗粒的尺寸用粒径表示,亦称为粒度。通常集料的粒径以方孔筛为准,标准筛尺寸依次为70mm、63mm、53mm、37.5mm、31.5mm、26.5mm、19mm、16mm、13.2mm、9.5mm、4.75mm、2.36mm、

1.18mm、0.6mm、0.3mm、0.15mm 和 0.075mm。

② 级配参数

在筛分试验中，分别称量集料试样存留在各筛上的筛余质量，然后计算出反映该集料试样级配的有关参数：分计筛余百分率 a_i、累计筛余百分率 A_i 和通过百分率 p_i。

分计筛余百分率 a_i 是指某号筛上的筛余质量占试样总质量百分率，按式(1-27)计算：

$$a_i=\frac{m_i}{M}\times 100\% \tag{1-27}$$

式中：m_i——存留住某号筛上的试样质量，g；

M——集料风干试样的总质量，g。

累计筛余百分率 A_i 是指某号筛的分计筛余百分率和大于该号筛的各筛分计筛余百分率之总和，可按式(1-28)求得：

$$A_i=a_1+a_2+\cdots+a_i \tag{1-28}$$

式中：$a_1,a_2,\cdots,a_i$——各筛的分计筛余百分率，%。

通过百分率 p_i 是指通过某号筛的试样质量占试样总质量的百分率，即 100 与某号筛累计筛余百分率之差，按式(1-29)求得：

$$p_i=100-A_i \tag{1-29}$$

式中：A_i——某号筛累计筛余百分率，%。

由于粗、细集料的粒径范围不同，筛分试验中采用的标准套筛尺寸范围及试样质量有所不同。

(2)细集料的细度模数

细度模数是用于评价细集料粗细程度的指标，为细集料筛分试验中各号筛上的累计筛余百分率之和，按式(1-30)计算：

$$M_{\mathrm{f}}=\frac{(A_{2.36}+A_{1.18}+A_{0.60}+A_{0.30}+A_{0.15})-5A_{4.75}}{100-A_{4.75}} \tag{1-30}$$

式中：M_{f}——砂的细度模数；

$A_{4.75}, A_{2.36}, \cdots, A_{0.15}$——4.75mm，2.36mm，…，0.15mm 各筛的累计筛余百分率，%。

细度模数愈大，表示细集料愈粗。砂按细度模数分为粗、中、细三种规格，相应的细度模数：粗砂 M_{f} 为 3.7～3.1；中砂 M_{f} 为 3.0～2.3；细砂 M_{f} 为 2.2～1.6。

【例题 1-1】 分析某细集料的级配组成并计算其细度模数。

解：取集料试样 500g，进行筛分试验，各号筛上的筛余质量见表 1-9 所列。

按照式(1-27)～式(1-29)分别计算该集料的分计筛余百分率、累计筛余百分率和通过百分率，将结果列入表 1-9。

将 0.15～4.75mm 筛的累计筛余百分率代入式(1-30)得该集料的细度模数为：

$$M_{\mathrm{f}}=\frac{(15.6+35.4+56.4+79.4+94.4)-5\times 3}{100-3}=2.74$$

该集料属于中砂。

表 1-9　某细集料筛分试验的计算示例

筛孔尺寸(mm)	9.5	4.75	2.36	1.18	0.6	0.3	0.15	0.075.	筛底	总计
筛余质量(g)	0	15	63	99	105	115	75	22	6	500
分级筛余百分率 a_i(%)	0	3	12.6	19.8	21	23	15	4.4	1.2	100
累计筛余百分率 A_i(%)	0	3	15.6	35.4	56.4	79.4	94.4	98.8	100	—
通过百分率 p_i(%)	100	97	84.4	64.6	43.6	20.6	5.6	1.2	0	—

(3)集料的级配曲线

① 级配曲线的绘制

集料的筛分试验结果不仅可以用表 1-9 的形式表示,还可以用级配曲线反映。在级配曲线图中,通常用纵坐标表示通过百分率(或累计筛余百分率),横坐标表示某号筛的筛孔尺寸。在标准套筛中,筛孔尺寸大致是以 1/2 递减的,如果级配曲线的纵、横坐标均以常数坐标表示,横坐标上的筛孔尺寸位置将前疏后密[如图 1-3(a)所示]。为了便于绘制和查阅,横坐标通常采用对数坐标,这样可使大部分筛孔尺寸在横坐标上以等距排列[如图 1-3(b)所示]。绘制级配曲线时,首先在横坐标上标明筛孔尺寸的对数坐标位置,在纵坐标上标出通过百分率(或累计筛余百分率)的常数坐标位置,然后将筛分试验计算结果点绘于坐标图上,最后将各点连成级配曲线。在同一张图中可以同时绘制 2 条以上级配曲线,但需注明每条曲线所代表的集料品种。

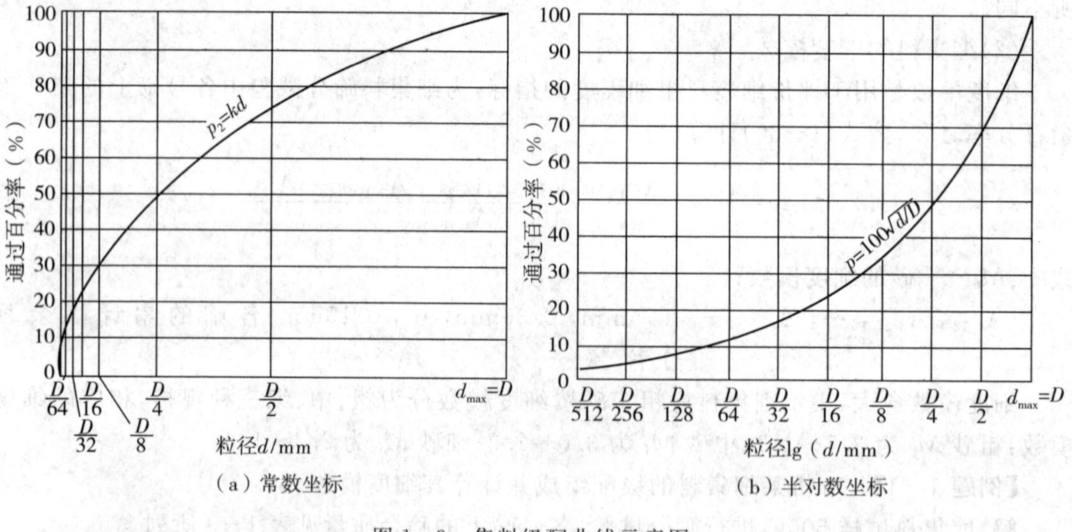

(a）常数坐标　　(b）半对数坐标

图 1-3　集料级配曲线示意图

② 级配曲线类型

根据矿质集料级配曲线的形状,将其划分为连续级配和间断级配。在连续级配类型的集料中,由大到小且各级粒径的颗粒都有,各级颗粒按照一定的比例搭配,绘制出的级配曲线平顺圆滑不间断,如图 1-4 中曲线 A。在间断级配集料中,缺少一级或几个粒级的颗粒，大颗粒与小颗粒之间有较大的“空档”，作出的级配曲线是非连续的、中间间断的曲线，如图 1-4 中曲线 B。通常，连续级配集料的空隙率随着粗集料的增加而显著增加；间断级配集料能较好地发挥粗集料的骨架作用，但在施工过程中易于离析。

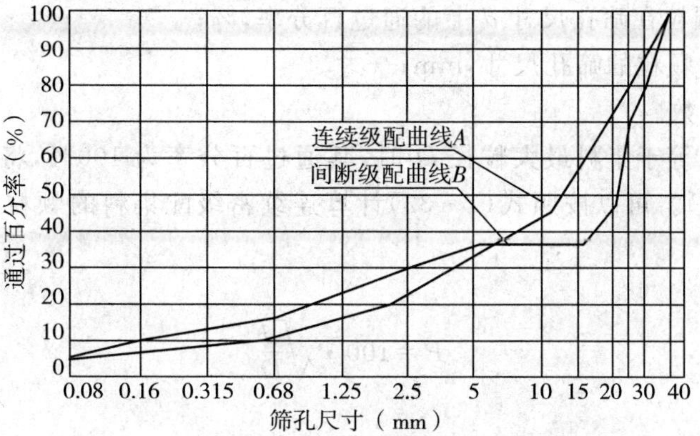

图 1-4　连续级配与间断级配曲线示意图

2. 级配组成对矿料性能的影响

矿质混合料的级配组成与其密实度及颗粒间内摩阻力之间关系密切，从而对水泥混凝土或沥青混合料的强度、耐久性及施工和易性有着显著的影响。表 1-10 为不同级配细集料的级配组成与空隙率的关系。由表 1-10 可见，当级配组成变化时，在松装状态下空隙率的变化范围是 37.4%～42.0%。

表 1-10　不同级配细集料的级配组成与空隙率的关系　　单位：%

筛孔尺寸 / 级配编号	<0.075	0.075～0.15	0.15～0.3	0.3～0.6	0.6～1.18	1.18～2.36	空隙率
1	6.7	14.7	12.0	15.6	20	31.1	38.7
2	7.9	10.5	13.2	15.8	23.7	28.9	39.4
3	3.1	6.5	9.7	25.8	22.6	32.3	42.0
4	9.8	17.1	22	19.5	17.1	14.6	37.4
5	7.3	16.1	13.2	17.1	22.0	24.4	39.0
6	4.9	7.3	9.8	14.6	24.4	39.0	41.5

在水泥混凝土或沥青混合料中，以结合料（水泥或沥青）填充集料空隙并包裹集料。所以，集料空隙越大，填充集料颗粒空隙所需的结合料越多；集料的总表面积越大，包裹集料颗粒所需的结合料越多。从节约结合料的角度考虑，最好采用空隙较小，总表面积也较小的集料。此外，若各粒级集料颗粒在相互排列时，能够互相嵌锁又不互相干涉，形成紧密多级嵌挤的空间骨架结构，则集料颗粒间将具有较大的内摩阻力。

3. 连续级配的计算

(1)最大密度级配计算公式

W. B. 富勒在大量试验的基础上提出，集料在某筛孔上的通过百分率和筛孔尺寸的关系越接近抛物线，该集料的密实度越大，空隙率越小，这个结果可以由式(1-31)表示。

$$P^2 = kd \tag{1-31}$$

式中：P——集料颗粒在筛孔尺寸 d 上的通过百分率，%；

d——集料中颗粒的筛孔尺寸，mm；

k——统计参数。

当筛孔尺寸 d 等于集料最大粒径 D 时，其通过百分率为 100%，将此关系代入式(1-31)，得到式(1-32)。可以按照式(1-32)计算连续密级配集料的颗粒在任何一级筛孔上的通过百分率。

$$P = 100 \cdot \sqrt{\frac{d}{D}} \tag{1-32}$$

式中：D——集料的最大粒径，mm。

(2)级配曲线范围公式

式(1-32)所给出的是一种理想的、密实度最大的级配曲线，而在工程实践中所使用的集料级配通常是在一定的范围中波动的，为此，A. N. 泰波在式(1-32)的基础上进行了修正，给出了级配曲线范围的计算公式(1-33)。当级配指数为 0.5 时，式(1-33)就是式(1-32)。

$$P = \left(\frac{d}{D}\right)^n \times 100 \tag{1-33}$$

式中：n——级配指数。

在工程实践中，集料的最大理论密度曲线为级配指数 $n=0.45$ 的级配曲线，如图 1-5 中曲线 A 所示。常用矿质混合料的级配指数一般为 0.3～0.7，将级配指数 0.3 和 0.7 代入式(1-33)进行计算，并可绘制相应的级配曲线，如图 1-5 中的曲线范围 B 所示。

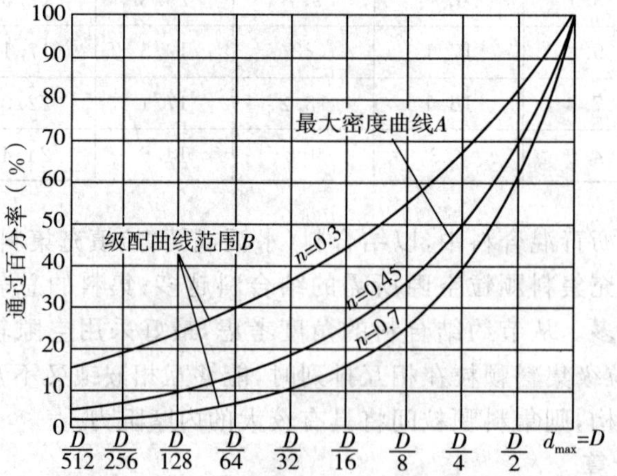

图 1-5 常用矿质混合料的级配曲线

二、矿质混合料的配合比设计方法

矿质混合料的配合比设计方法有数解法和图解法两大类，两类设计方法均需要在两个已知条件的基础上进行：第一个条件是各种集料的级配参数；第二个条件是根据设计要求、技术规范或理论计算，确定矿质混合料目标级配范围。本节介绍数解法中的试算法、规划求解法，以及图解法中的修正平衡面积法。

1. 数解法

数解法的基本原理是将几种已知级配的集料，配制成满足目标级配要求的矿质混合料M，混合料 M 在某一筛孔 i 上的颗粒是由这几种集料提供的。混合料的级配参数由式(1－34) 或式(1－35) 确定。

$$a_{M(i)} = \sum a_{j(i)} \times X_{j(i)} \tag{1-34}$$

$$P_{M(i)} = \sum P_{j(i)} \times X_{j(i)} \tag{1-35}$$

式中：$a_{M(i)}$—— 矿质混合料在筛孔 i 上的分计筛余百分率，%；

$a_{j(i)}$—— 某一集料 j 在筛孔 i 上的分计筛余百分率，%；

$P_{M(i)}$—— 矿质混合料在筛孔 i 上的通过百分率，%；

$P_{j(i)}$—— 某一集料 j 在筛孔 i 上的通过百分率，%；

$X_{j(i)}$—— 某一集料 j 在矿质混合料中的质量百分率，%。

将已知集料的级配参数和矿质混合料的目标级配参数代入式(1－34) 或式(1－35)，可以建立数个方程，方程的个数等于标准筛的个数，然后可以用正则方程法求解，也可以用试算法或规划求解法确定各个集料的用量。

(1) 试算法设计步骤

采用试算法求解，需要已知各个集料和矿质混合料的分计筛余百分率。下面以三种集料为例，介绍试算法的求解步骤。

① 基本计算方程的建立

设有 A、B、C 的三种集料在某一筛孔 i 上的分计筛余百分率分别为 $a_{A(i)}$、$a_{B(i)}$、$a_{C(i)}$，欲配制成矿质混合料时，混合料 M 中在相应筛孔 i 上的分计筛余百分率设计值为 $a_{M(i)}$。假设A、B、C 三种集料在混合料中的比例分别为 X、Y、Z，由此得式(1－36) 和式(1－37)：

$$X + Y + Z = 100 \tag{1-36}$$

$$X \cdot a_{A(i)} + Y \cdot a_{B(i)} + Z \cdot a_{C(i)} = a_{M(i)} \tag{1-37}$$

② 基本假定

在矿质混合料中，某一粒径的颗粒是由一种集料提供的，在其他集料中不含这一粒径的颗粒。在具体计算时，所选择的粒径应在该集料中占有较大的优势。将这一假定作为补充条件，可以简化式(1－37)，从而求出 A、B、C 三种集料在矿质混合料中的用量。

③ 计算各个集料在矿质混合料中的用量

首先确定在某种集料中占优势含量的某一粒径，忽略其他集料在此粒径的含量。

例如，若在集料A中所选择的粒径为 i，该粒径的分计筛余为 $a_{A(i)}$，并令集料B和集料C

在此粒径的 $a_{B(i)}$、$a_{C(i)}$ 含量均等于零，代入式(1－37)计算出集料 A 在混合料中用量 X。

同理，在计算集料 C 或集料 B 的用量时，先确定这种集料中占优势的某一粒径，而忽略另两种集料中同一粒径的含量，根据上述相同方法，计算集料 C 或集料 B 的用量。可以根据集料的级配情况，选择先求解集料 B 的用量，还是先求解集料 C 的用量。

当集料超过三种时，方程(1－37)中的未知数将增加，可按照上述原理重复进行计算。

④ 合成级配的计算、校核和调整

由于试算法中各种集料用量比例是根据几个筛孔确定的，不能控制所有筛孔，所以应对合成级配进行校核。先按照式(1－34)或式(1－35)计算矿质混合料的合成级配 $a_{M(i)}$ 或 $P_{M(i)}$。矿质混合料的合成级配应在设计要求级配范围内，并尽可能接近设计级配范围的中值。当合成级配不满足要求时，应调整各集料的比例。调整配合比后还应重新进行校核，直至符合要求为止。如经计算后确不能满足级配要求时，可掺加单粒级集料或调换其他集料。试算法的具体计算步骤见例题 1－2。

(2)规划求解法设计步骤

规划求解法采用 Microsoft Office 软件 Excel 电子表格中的规划求解分析工具进行，通过设置规划求解中的约束条件，较为准确地计算出各种集料的用量。采用规划求解法确定矿质混合料配合比的具体步骤见例题 1－3。

2. 图解法设计步骤

通常采用修正平衡面积法确定矿质混合料的合成级配。在修正平衡面积法中，将设计要求的级配中值曲线绘制成一条直线，纵坐标和横坐标分别代表通过百分率和筛孔尺寸，这样，当纵坐标仍为算术坐标时，横坐标的位置将由设计级配中值所确定。

(1)绘制级配曲线坐标图

按照一定的尺寸绘制矩形图框，连接对角线 OO' 作为设计级配中值曲线(如图 1－6 所示)按常数标尺在纵坐标上标出通过量百分率位置；然后将设计级配中值(见表 1－11 中数据)要求的各筛孔通过百分率标于纵坐标上，并从纵坐标引水平线与对角线相交，再从交点作垂线与横坐标相交，该交点即各相应筛孔尺寸的位置。

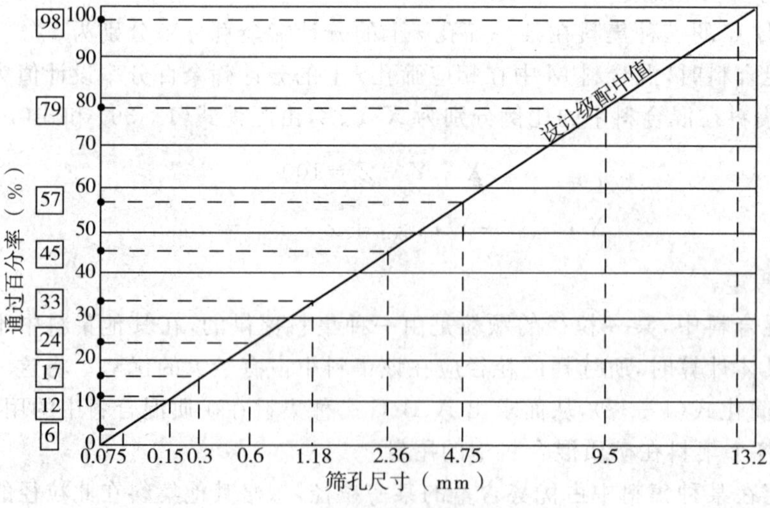

图 1－6 设计级配范围中值曲线

表 1－11　AC－13 沥青混合料用矿料级配范围

筛孔尺寸(mm)	16.0	13.2	9.5	4.75	2.36	1.18	0.6	0.3	0.15	0.075
级配范围(mm)	100	95～100	70～88	48～68	36～53	24～41	18～30	12～22	8～16	4～8
级配中值(mm)	100	98	79	57	45	33	24	17	12	6

(2)确定各种集料用量

以图 1－6 为基础，将各种集料的级配曲线绘制于图上，结果如图 1－7 所示，然后根据两条级配曲线之间的关系确定各种集料的用量。

由图 1－7 可见，任意两条相邻集料级配曲线之间的关系只可能是下列三种情况之一。

① 曲线重叠

两条相邻级配曲线相互重叠，在图 1－7 中表现为集料 A 的级配曲线下部与集料 B 的级配曲线上部搭接。此时，在两级配曲线之间引一根垂线 AA' 使其与集料 A、B 的级配曲线截距相等，即 $n=n'$。垂线 AA' 与对角线 OO' 交于点 M，通过 M 作一水平线与纵坐标交于 P 点，OP 即集料 A 的用量。

② 曲线相接

两条相邻级配曲线相接，在图 1－7 中表现为集料 B 的级配曲线末端与集料 C 的级配曲线首端正好在同一垂直线上。对于这种情况仅需将集料 B 的级配曲线末端与集料 C 的级配曲线首端直接相连，得垂线 BB' 与对角线 OO' 交于点 N，过点 N 作一水平线与纵坐标交于 Q 点，PQ 即集料 B 的用量。

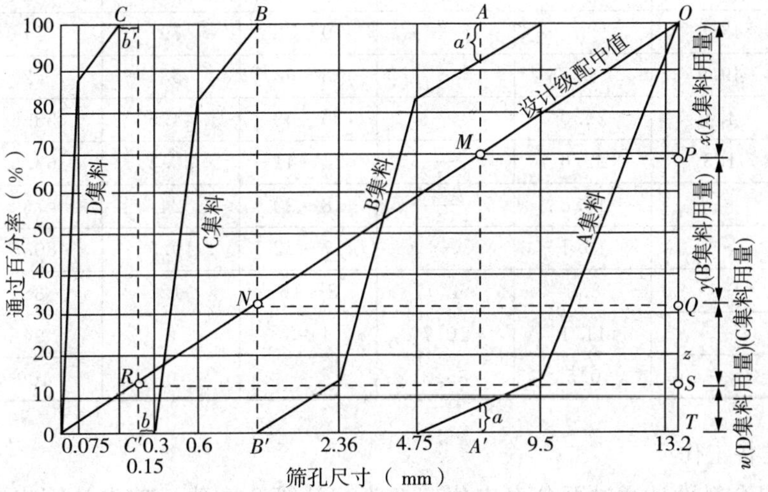

图 1－7　图解法用图

③ 曲线相离

两相邻级配曲线相离，表现为集料 C 的级配曲线末端与集料 D 的级配曲线首端在水平方向彼此分离。此时，作一条垂线 CC' 平分这段水平距离，使 $b=b'$，得垂线 CC'。CC' 与对角线 OO' 交于点 R，通过 R 作一水平线与纵坐标交于 S 点，QS 即集料 C 的用量，剩余 ST 即集料 D 的用量。

(3)合成级配的计算与校核

与试算法相同,在图解法求解过程中,各种集料用量比例也是根据部分筛孔确定的,所以需要对矿料的合成级配进行校核,当超出级配范围时,应调整各集料的用量。合成级配的计算与校核方法与试算法相同。

图解法确定矿质混合料配合比的具体步骤见本书第三章例题 3-1。

三、矿质混合料配合比设计例题

【例题 1-2】 采用试算法计算某矿质混合料的配合比。

(1)已知条件

碎石、石屑和矿粉的筛分试验结果列于表 1-12 中第 2～4 列;设计级配范围列于表 1-12中第 5 列。

(2)计算要求

按试算法确定碎石、石屑和矿粉在矿质混合料中所占的比例;校核矿质混合料合成级配计算结果是否符合规范要求的级配范围。

表 1-12 集料的分计筛余和矿质混合料规定的级配范围

筛孔尺寸 d_i(mm)	原材料筛分析试验结果			设计级配范围及中值			
	碎石分计筛余 $a_{A(i)}$ (%)	石屑分计筛余 $a_{B(i)}$ (%)	矿石分计筛余 $a_{C(i)}$ (%)	通过百分率范围 $P_{(i)}$ (%)	通过百分率中值 $P_{M(i)}$ (%)	累计筛余中值 $A_{M(i)}$ (%)	分计筛余中值 $a_{M(i)}$ (%)
13.2	0.8	—	—	95～100	97.5	2.5	2.5
9.5	43.6	—	—	70～88	79	21	18.5
4.75	49.9	—	—	48～68	58	42	21
2.36	4.4	25.0	—	36～53	44.5	55.5	13.5
1.18	1.3	22.6	—	24～41	32.5	67.5	12
0.6	—	15.8	—	18～30	24	76	8.5
0.3	—	16.1	—	17～22	19.5	80.5	4.5
0.15	—	8.9	4.0	8～16	12	88	7.5
0.075	—	11.1	10.7	4～8	6	94	6
<0.075	—	0.5	85.3	—	0	100	6

解:① 准备工作

将矿质混合料设计通过百分率中值转换为分计筛余中值。首先计算出表 1-12 中矿质混合料设计级配范围的通过百分率中值,然后转换为累计筛余百分率,再计算为各筛孔的分计筛余百分率,计算结果列于表 1-12 第 6～8 列。

② 计算碎石在矿质混合料中用量 X

由表 1-12 可知,碎石中占优势含量粒径为 4.75mm。故计算碎石用量时,假设混合料中 4.75mm 粒径全部由碎石组成,即 $a_{B(4.75)}$ 和 $a_{C(4.75)}$ 均等于零。将 $a_{M(4.75)}=21.0\%$ 和 $a_{A(4.75)}=49.9\%$ 代入式(1-43)可得:

$$X=\frac{a_{M(4.75)}}{a_{A(4.75)}}\times 100\%=\frac{21.0}{49.9}\times 100\%=42.1\%$$

③ 计算矿粉在矿质混合料中的用量 Z

根据表 1－12，矿粉中粒径小于 0.075mm 的颗粒占优势，此时，假设 $a_{A(<0.075)}$ 和 $a_{B(<0.075)}$ 均等于零，将 $a_{M(<0.075)}=6.0\%$ 和 $a_{C(<0.075)}=85.3\%$ 代入式(1－37)得：

$$Z=\frac{a_{M(<0.075)}}{a_{C(<0.075)}}\times 100\%=\frac{6.0}{85.3}\times 100\%=7.0\%$$

④ 计算石屑在混合料中用量 Y

将已求得的 $X=42.1\%$ 和 $Z=7.0\%$ 代入式(1－36)得：

$$Y=100-(X+Z)=100-(42.1+7.0)=50.9\%$$

⑤ 合成级配的计算与校核

根据以上计算，矿质混合料中各种集料的比例为碎石：石屑：矿粉＝$X:Y:Z$＝42.1：50.9：7.0。按式(1－34)计算矿质混合料的合成级配，结果列入表 1－13 的第 11 列。将矿质混合料的通过百分率(表 1－13 中第 13 列)与要求级配范围比较可知，该合成级配符合设计级配范围的要求。

表 1－13　矿质混合料组成计算校核表

筛孔尺寸 d_i (mm)	筛孔级配(%)			砂级配(%)			矿粉级配(%)			矿粉混合料合成级配			要求级配范围 $P_{(i)}$ (%)
	碎石分计筛余 $a_{A(i)}$	采用百分率 X	占混合料百分率 $a_{A(i)}$	砂分计筛余 $a_{B(i)}$	采用百分率 Y	占混合料百分率 $a_{B(i)}$	矿粉分计筛余 $a_{C(i)}$	采用百分率 Z	占混合料百分率 $a_{C(i)}$	分计筛余 $a_{M(i)}$ (%)	累计筛余 $A_{M(i)}$ (%)	通过率 $P_{M(i)}$ (%)	
13.2	0.8		0.3							0.3	0.3	99.7	95～100
9.5	4.36		18.4							18.4	18.7	81.3	70～88
4.75	49.9	×42.1	21.0							21.0	39.7	60.3	48～68
2.36	4.4		1.9	25.0		12.7				14.6	54.3	45.7	36～53
1.18	1.3		0.5	22.6		11.5				12.1	66.3	33.7	24～41
0.6	—			15.8		8.0				8.0	74.4	25.6	18～30
0.3	—			16.1	×50.9	8.2				8.2	82.6	17.4	17～22
0.15	—			8.9		4.5	4.0		0.3	4.8	87.4	12.6	8～16
0.075	—			11.1		5.6	10.7	×7.0	0.7	6.4	93.8	6.2	4～8
<0.075	—			0.5		0.3	85.3		6.0	6.2	100	0.0	—
合计	100		42.1	100		50.9	100		7.0	100			

【例题 1-3】 采用规划求解方法设计某矿质混合料中各种集料的用量比例。

(1)已知条件

矿质混合料的设计级配范围见表 1-14 所列,可供选择的集料分为五个档次,各自的筛分结果分别列于表 1-14 第 5~9 列。

(2)设计要求

根据原材料的筛分级配,确定符合设计级配范围要求的各档原材料用量。

表 1-14 级配范围和集料筛分的通过率 单位:%

筛孔尺寸(mm)	设计级配			原材料				
	上限	下限	中值	15~25	5~15	3~5	0~3	矿粉
26.5	100	100	100	100.0	100.0	100.0	100.0	100
19	100	90	95	91.9	100.0	100.0	100.0	100
16	90.0	80.0	85	40.1	100.0	100.0	100.0	100
13.2	81.0	68.0	74.5	9.6	97.3	100.0	100.0	100
9.5	70.0	57.0	63.5	0.0	55.1	100.0	100.0	100
4.75	49.0	36.0	42.5	0.0	6.2	98.2	100.0	100
2.36	35.0	23.0	29	0.0	0.0	12.3	82.1	100
1.18	22.0	14.0	18	0.0	0.0	0.0	43.1	100
0.6	17	7.0	12	0.0	0.0	0.0	18.8	100
0.3	14.0	5.0	9.5	0.0	0.0	0.0	10.3	100
0.15	10.0	3.0	6.5	0.0	0.0	0.0	5.5	100
0.075	5.0	2.0	3.5	0.0	0.0	0.0	3.7	85.9

解:① 输入已知数据并输入合成级配计算式

打开 Microsoft Excel 软件,按照图 1-8 所示的形式建立数据工作表。

在 Excel 工作表的 B 和 C 列中输入表 1-14 中设计级配的上限和下限值,级配中值在 D 列生成。在工作表的第 E~I 列中输入表 1-14 中五个档次集料的级配。

在单元格 E15、F15、G15、H15 和 I15 中存储各档集料用量。

在第 J 列中输入矿料的合成级配,在单元 J3~J14 分别输入矿料在 0.075~26.5mm 筛孔尺寸上的通过百分率,合成级配按照式(1-34)计算。在 Excel 工作表中输入方式为:

在 J3 单元格中输入"=E15 * E3+F15 * F3+G15 * G3+H15 * H3+I15 * I3";

在 J4 单元格中输入"=E15 * E4+F15 * F4+G15 * G4+H15 * H4+I15 * I4";

……

在 J14 单元格中输入计算公式"=E15 * E14+F15 * F14+G15 * G14+H15 * H14+I15 * I14"。

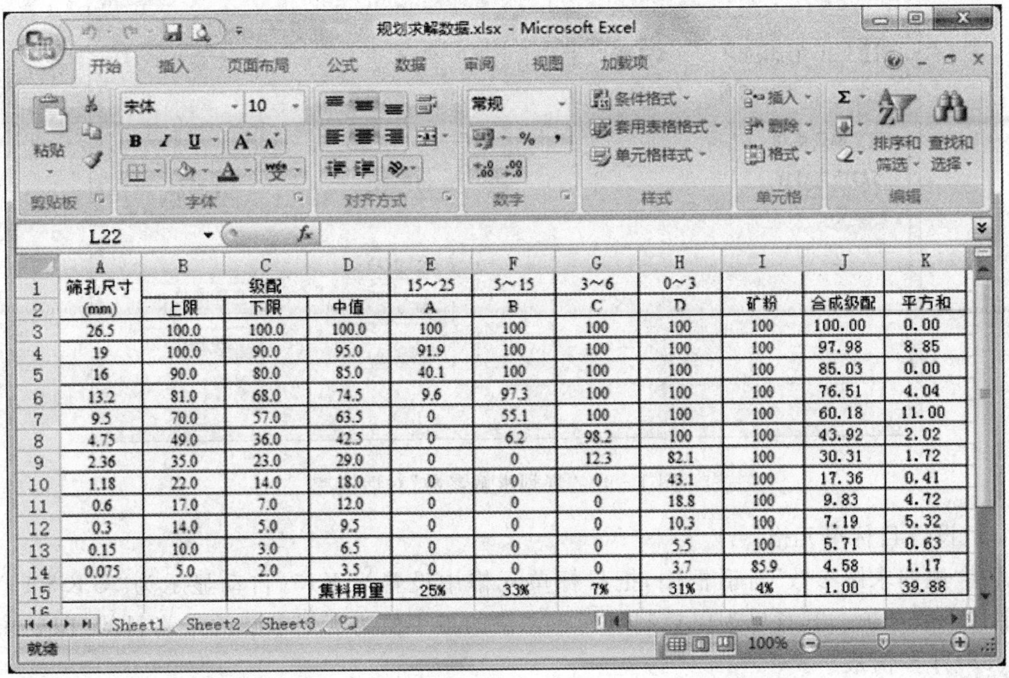

	A	B	C	D	E	F	G	H	I	J	K
1	筛孔尺寸	级配			15~25	5~15	3~6	0~3			
2	(mm)	上限	下限	中值	A	B	C	D	矿粉	合成级配	平方和
3	26.5	100.0	100.0	100.0	100	100	100	100	100	100.00	0.00
4	19	100.0	90.0	95.0	91.9	100	100	100	100	97.98	8.85
5	16	90.0	80.0	85.0	40.1	100	100	100	100	85.03	0.00
6	13.2	81.0	68.0	74.5	9.6	97.3	100	100	100	76.51	4.04
7	9.5	70.0	57.0	63.5	0	55.1	100	100	100	60.18	11.00
8	4.75	49.0	36.0	42.5	0	6.2	98.2	100	100	43.92	2.02
9	2.36	35.0	23.0	29.0	0	0	12.3	82.1	100	30.31	1.72
10	1.18	22.0	14.0	18.0	0	0	0	43.1	100	17.36	0.41
11	0.6	17.0	7.0	12.0	0	0	0	18.8	100	9.83	4.72
12	0.3	14.0	5.0	9.5	0	0	0	10.3	100	7.19	5.32
13	0.15	10.0	3.0	6.5	0	0	0	5.5	100	5.71	0.63
14	0.075	5.0	2.0	3.5	0	0	0	3.7	85.9	4.58	1.17
15				集料用量	25%	33%	7%	31%	4%	1.00	39.88

图 1－8　规划求解输入后的 Excel 工作表

② 建立目标控制条件

为了获得合理的级配，要求矿质混合料的合成级配落在设计级配范围之内，并且尽量地接近中值。因此，可以要求以合成级配中值与设计级配中值之差的平方和最小作为目标控制条件，即式(1－38)计算 Q 最小。

$$Q=\sum\left[P_{\mathrm{M}}(i)-P_{\text{设计}}(i)\right]^{2} \tag{1-38}$$

式中：$P_{\mathrm{M}}(i)$——矿质混合料合成级配通过百分率，%；

$P_{\text{设计}}(i)$——设计级配范围中值，%。

式(1－38)在表格中的输入形式为：在单元格 K3 中输入“＝(D3－J3)^2”，K4 中输入“＝(D4－J4)^2”，……，K14 中输入“＝(D14－J14)^2”。最后在单元格 K15 中输入公式“sum(K3:K14)”，表示对 K3 到 K14 单元格求和。

③ 设置规划求解参数值

上述步骤完成了规划求解前的准备，根据设计目标，集料用量比例应在保证矿料合成级配不超出设计级配范围的前提下，使式(1－38)最小。所以问题的求解可以描述为，寻求合适的 E15、F15、G15、H15 和 I15 的值(可变值)，在保证所有 C3≤J3≤B3，C4≤J4≤B4，…，C14≤J14≤B14 成立的前提下(约束条件)，使得 K15 的值最小(差的平方和最小，控制值)。

在 Excel 工具栏中点击“规划求解”，出现如图 1－9 所示的“规划求解参数”对话框。

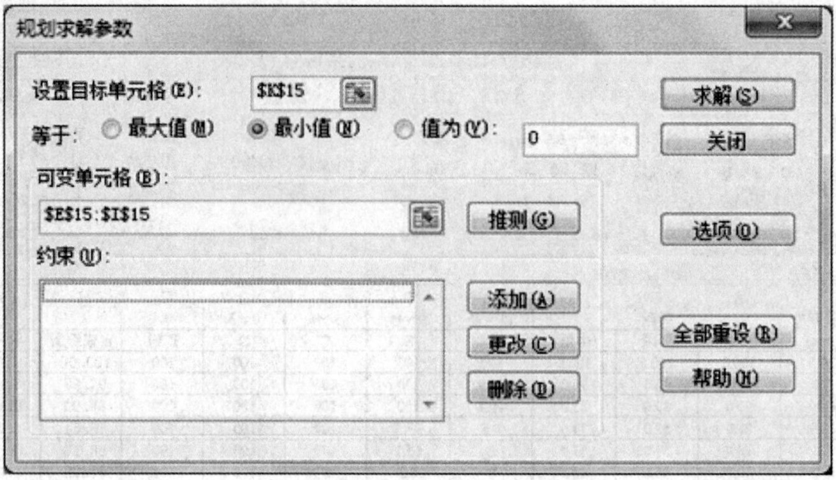

图 1-9 “规划求解参数”对话框

a. 设置目标单元格

在“规划求解参数”对话框中，把目标单元格中设置为 K15(自动显示为“＄K＄15”)，选中最小值选项。其意思为以控制目标单元格的最小值为规划求解的最终目的，即要求式(1-38)计算值最小。

b. 设置可变单元格

选中各种档次集料用量单元格 E15、F15、G15、H15 和 I15 作为可变单元格(显示为“＄E＄15：＄I＄15”)。

单击如图 1-9 所示对话框中的“添加”按钮来增加约束条件，当单击“添加”后，弹出“添加约束”对话框如图 1-10 所示，在该对话框中依次输入各条约束条件。所输入的约束条件应满足式(1-39)的要求，即合成级配不得超出设计级配的控制范围。

$$P_{设计}(i)_{下限}<P_{M}(i)<P_{设计}(i)_{上限} \tag{1-39}$$

式中：$P_{M}(i)$——矿质混合料合成级配通过百分率，%；

$P_{设计}(i)$——设计级配范围，%。

例如，要增加“J3≤B3”这样的约束条件，则可在“添加约束”对话框的左侧输入或选取单元格“J3”作为引用单元格(显示为“＄J＄3”)，在中间的组合框中选择“<=”，在对话框的右侧输入或选取单元格“B3”作为约束值单元格，如图 1-10 所示，单击“添加”按钮后就完成一个约束条件的设置。继续在对话框中左侧输入“J3”，右侧输入“C3”，中间选择“>=”，单击“添加”，则完成了约束条件“J3≥C3”的添加。这样就完成了约束条件 C3≤J3≤B3 的设置。依照相同的方法完成所有约束条件的输入。

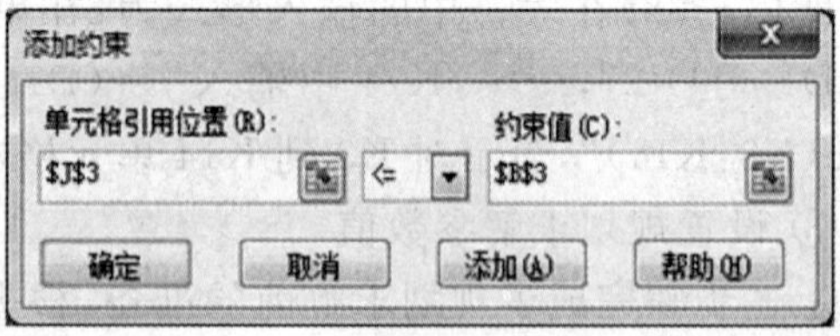

图 1-10 “添加约束”对话框

除了对级配范围的约束之外还可以设置任何其他的约束条件。比如在本例中事先确定了矿粉的用量为 4%，则可以增加约束条件“I15＝0.04”。

在添加完所有的约束条件后，单击“添加约束”对话框中的“取消”键后，将重新弹出“规划求解参数”对话框，图 1－11 所示为完成所有约束条件设置后的规划求解参数对话框。

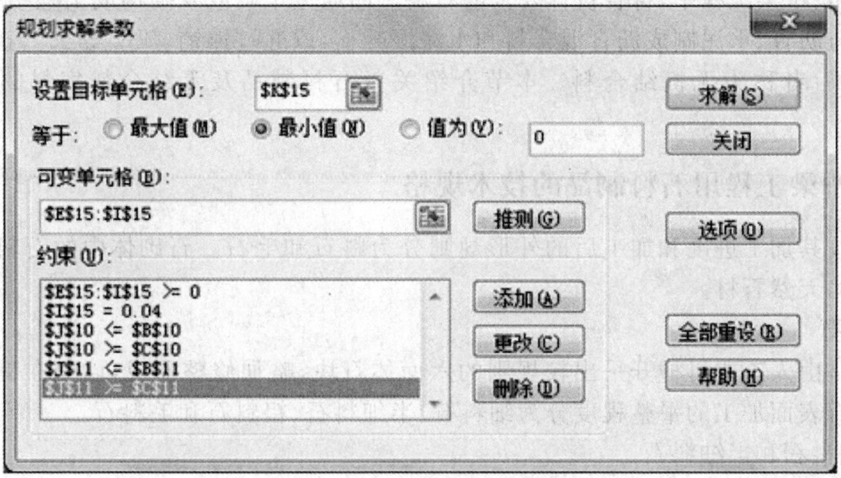

图 1－11　完成添加约束条件后的对话框

④ 规划求解计算各种集料用量

单击“规划求解参数”对话框中的“求解”键，规划求解过程开始，求解运算后将跳出如图 1－12 所示的对话框。

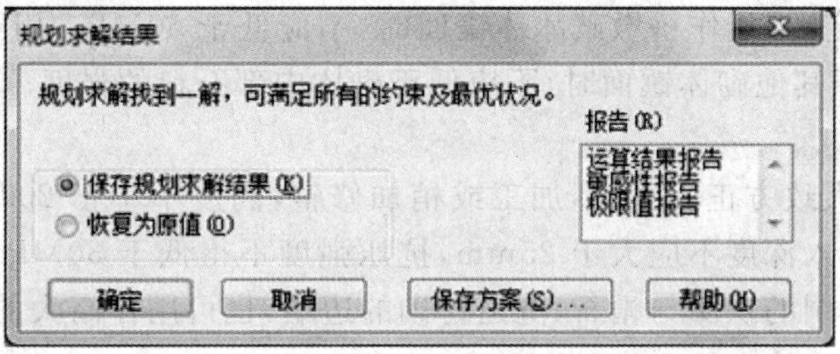

图 1－12　“规划求解结果”对话框

如果有解（如本例中有一个解），选“保存规划求解结果”，单击“确定”按钮保存结果，结束求解。在可变单元格中保存所求得的各种档次集料用量，如果提示没有找到解，则意味着用这种原材料级配求不出符合要求的级配，应改变原材料重新计算。本例题求解结果见表1－15所列。

表 1－15　可变单元格中显示的结果

集料用量	25%	33%	7%	31%	4%	1.00	39.88

⑤ 绘制合成级配曲线

利用 Excel 中图表导向，可以绘制合成级配曲线（略）。

第四节　石料与集料的工程应用

在道路、桥梁工程中，符合设计要求的石料制品通过干砌或浆砌构成工程结构物，矿质混合料可与沥青、水泥制成沥青混合料和水泥混凝土，或通过摊铺、压实等工艺直接形成道路结构层，后者称为无机结合料。本节介绍关于石料制品及无结合料集料的工程应用要点。

一、道路桥梁工程用石料制品的技术规格

石料按其加工进度和加工后的外形规则分为料石和毛石。石砌体中的石料应选用无明显风化的天然石材。

1. 料石

料石是由人工或机械开采出较规则的六面体石块，略加修整而成，以便在铺砌时相合缝。按料石表面加工的平整程度分为细料石、半细料石、粗料石和毛料石。

(1)细料石和半细料石

细料石是通过细加工，外观规则，叠砌面凹入深度不大于 10mm，截面的宽度和高度不小于 200mm，且不小于长度的 1/4 的石料。半细料石的规格尺寸与细料石相同，但叠砌面凹入深度不大于 15mm。细料石和半细料石主要作为镶面石料。

(2)粗料石

粗料石形体方正，规格同细料石，但叠砌面凹入深度不应大于 20mm。粗料石的抗压强度要求视用途而定，当用作桥墩破冰体镶面时，不应低于 60MPa；用于桥墩分水体时，不应低于 40MPa；用于其他砌体镶面时，不应低于砌体内部石料的强度。

(3)毛料石

毛料石的外形大致方正，一般不加工或稍加修整，高度不小于 200mm，宽度和长度不小于宽度，叠砌面凹入深度不应大丁 25mm，抗压强度不得低于 30MPa。毛料石可用于桥墩台的镶面工程、涵洞的拱圈与帽石、隧道衬砌的边墙，也可用作高大的或受力较大的桥墩的填腹材料等。

2. 毛石

岩石经爆破后所得不规则的石块，中部厚度应大于 200mm。根据外形，毛石有乱毛石(片石)和平毛石(块石)两种，前者是形状不规则的石块，后者则是具有两个大致平行面的石块。一般要求每块毛石中部厚度不小于 15cm，长度为 30～40cm，质量为 15～30kg。用于主体工程的毛石，其抗压强度应不小于 30MPa，用于附属工程的则不应小于 20MPa。

毛石多用于砌筑基础、挡土墙、沟渠，也可用来干砌或浆砌护坡，浇筑片石混凝土，砌筑桥墩与桥台、涵洞的边墙、端墙和翼墙等结构物。

二、用于道路结构层的碎(砾)石集料

碎(砾)石集料主要用于道路结构的基层或垫层，其作用是承受面层传递的荷载，并将

荷载分布于路基或垫层。所以碎(砾)石集料应具备的性能为:较大的刚度,以提供良好的荷载分布性质;较高的抗剪强度,以减轻车辆(包括施工车辆)作用下的辙槽;较高的透水性,以使进入的自由水能快速排出。砂(砾)石集料中的细土应没有塑性,以保证良好的水稳性和冰冻稳定性。根据碎(砾)石集料材料的组成特点和施工方式,常用的形式为级配型集料和填隙碎石。

1. 级配型集料

粗、中、细集料各占一定比例组成的密实级配的矿质混合料称作级配型集料。级配型集料包括级配碎石、级配砾石(或称级配砂砾)和级配碎砾石(碎石和砾石的混合料),可以用于铺筑沥青路面和水泥混凝土路面的基层和底基层,也可用作路基改善层。在排水设施系统完善的前提下,级配型集料可适用于不同气候、不同交通等级的道路结构中。在潮湿多雨地区级配型集料的使用特别有利。

(1)级配型集料力学性能的影响因素

① 集料

级配型集料强度形成和抗变形能力主要取决于集料颗粒间的摩擦作用、嵌锁作用和黏结作用。集料颗粒间的摩擦作用与结构层中所产生的内应力,以及颗粒接触面上的摩阻力有关,结构层中的内应力与集料层所处位置有关,摩阻力则取决于集料层的压实密度、集料强度、级配组成和颗粒形状。所以,表面粗糙、级配良好、形状规则且经过充分压实的级配型集料具有较高的承载能力和力学性质。根据这种观点,级配碎石是级配型集料中强度及稳定性最好的材料,级配砾石是级配型集料中最差的集料,级配碎砾石则介于两者之间。

② 细土

级配型集料中的细土是指粒径小于 0.5mm 的颗粒。细土中常含有一定数量的粉粒(粒径小于 0.05mm 的颗粒)和黏粒(粒径小于 0.002mm 的颗粒),并具有一定的塑性。

细土对级配型集料的性能有两个方面的作用。第一是细土的含量,细土含量少或不合细土的级配型集料的稳定性主要依靠集料颗粒间的摩阻力获得,其透水性好,不易冰冻。此时,若有适量的细土填充于集料颗粒间的空隙时,集料的稳定性仍然由颗粒间的摩阻力获取,且施工时易于压实,密实度提高,但透水性降低。随着细土含量的增加,使集料悬浮于细土之中,彼此失去接触,虽然施工时易于压实,但稳定性降低,而且不透水。

第二方面是细土的性质,细土的液限和塑性指数对级配型集料的水稳性和冰冻稳定性有很大影响。试验证明,在级配型集料中加入少量塑性细土,不仅会降低级配型集料的承载能力,而且降低级配型集料的刚性和抗变形能力,使得级配型集料在相同荷载作用下产生较大的变形。所掺细土的液限指数和塑性指数愈大,集料的水稳定性愈差。因此,使级配型集料的塑性指数降到 0,可以明显减少结构层的塑性变形或辙槽。

为此,除了控制细土含量外,还应严格限制级配集料中细土的液限和塑性指数。实践证明,若所使用的级配型集料的塑性指数偏大,可以采用控制集料中细土含量与塑性指数的乘积不超过一定数值的方法,来保证级配型集料的稳定性。一般来说,在不同水温区域,同样用作基层的级配型集料，这一乘积的规定可以有所不同。如在年降雨量小于 600mm 的中干和干旱地区，地下水位对土基没有影响时，乘积不应大于 120，而在潮湿地区，乘积不应大于 100。

③ 其他

级配集料结构层的强度和稳定性还与施工条件如集料的含水量、加工和摊铺的均匀性、碾压密实度等有关。集料应在最佳含水量时进行碾压，压实达到规定的压实度。每层的压实厚度与压路机功率有关，一般为 15～20cm。

(2)级配型集料的材料组成和质量要求

级配碎石可由未筛分碎石和石屑组配而成，也可以由预先筛分成几个(如四个)大小不同粒级的碎石组配而成。级配砾石是由有一定比例的天然砂砾石和砂组配而成，级配碎砾石是由颗粒组成合适的天然砂砾与部分未筛分碎石配合而成。未筛分碎石是指控制最大粒径 D(仅过一个规定筛孔 D 的筛)后，由碎石机轧制的未经筛分的碎石料，具有良好的级配。石屑是指碎石场筛下的孔径小于 5mm 的筛余料，实际颗粒尺寸范围一般为 0～10mm，并具有一定的级配。

① 集料强度及颗粒形状的要求

轧制碎石的原料是坚硬岩石或已崩解稳定且质量均匀的矿渣，各种碎石或砾石的压碎值应满足表 1－16 所列的要求。粗集料中的针片状颗粒含量不应超过 20%。当砾石中形状不合格的颗粒含量超过 20%时，应掺入部分符合规格要求的石料。此外，碎石或砾石中不应有黏土块、植物等有害物质。

表 1－16　级配型集料的压碎值要求

道路及结构类型			压碎值(%)
一级公路和高速公路	基层	极重、特重交通	≤22
		重、中、轻交通	≤26
	底基层	极重、特重交通	≤26
		重、中、轻交通	≤26
二级及二级以下公路	基层		≤30
	底基层		≤35

② 级配组成的要求

在实际工程中，主要应控制级配型集料的级配组成，特别是其中最大粒径 4.75mm 以下、0.6mm 以下及 0.075mm 以下颗粒含量及其塑性指数。级配碎石的最大粒径应控制在 31.5mm(高速和一级公路基层以及半刚性路面的中间层)和 37.5mm(二级和二级以下公路基层)；级配砾石的最大粒径不应超过 37.5mm(基层)和 53mm(底基层)。在我国规范《公路路面基层技术细则》(JTG/T F20—2015)中对用于基层的级配型集料组成及其适用性有规定，见表 1－17 所列。当未筛分碎石或天然砂砾级配符合表 1－17 所列的要求时，可以直接用作底基层。

表 1-17　级配型集料的颗粒组成范围及适用性(JTG/T F20－2015)

集料类型		通过下列筛孔(mm)的质量百分率(%)															液限(%)	塑性指数	适用性
		53	37.5	31.5	26.5	19	16	13.2	9.5	4.75	2.36	1.8	0.6	0.3	0.15	0.075			
级配碎石	G-A-1	—	100	100~90	93~80	81~64	75~57	69~50	60~40	45~25	31~16	22~11	15~7	—	—	5~2	≤28	<6或<9	二级及二级以下公路基层、底基层
	G-A-2	—	—	100	100~90	86~70	79~62	72~54	62~42	45~25	31~16	22~11	15~7	—	—	5~2			
	G-A-3	—	—	100	95~90	84~72	79~65	72~57	62~47	40~30	28~19	20~12	14~8	10~5	7~3	5~2			高速公路和一级公路底基层
	G-A-4	—	—	—	100	88~79	82~70	76~61	64~49	40~30	28~19	20~12	14~8	10~5	7~3	5~2			高速公路和一级公路基层、底基层
	G-A-5	—	—	—	100	100~95	89~92	79~70	63~53	40~30	28~19	20~12	14~8	10~5	7~3	5~2			高速公路和一级公路基层
未筛分碎砾石	G-B-1	100	85~100	69~88	—	40~65	—	—	19~43	10~30	8~25	—	6~18	—	—	0~10	≤28	<6或<9	二级及二级以下公路底基层
	G-B-2	—	100	83~100	—	54~84	—	—	29~59	17~45	11~35	—	6~21	—	—	0~10			
天然砾石		100	80~100	—	—	—	—	—	40~100	25~85	—	—	8~45	—	—	0~15	≤28	<6或<9	二级及二级以下公路底基层

注:1. 对无塑性的混合料,小于0.075mm的颗粒含量宜接近高限;

2. 在潮湿多雨地区塑性指数宜小于6,其他地区宜小于9。

2. 填隙碎石

用单一尺寸的粗碎石作主骨料形成嵌锁结构，起承受及传递荷载作用，以石屑作为填隙料填满粗碎石间的空隙，增加密实度和稳定性，这种材料称作填隙碎石。缺乏石屑时，也可以添加细砾砂或粗砂等细集料，但其技术性能不如石屑。填隙碎石可适用于各等级公路的底基层和二级以下公路的基层，压实厚度为粗碎石最大粒径的1.5～2.0倍。

(1)填隙碎石结构层强度的影响因素

① 粗碎石的嵌锁作用

填隙碎石结构强度的形成主要靠粗碎石颗粒之间的嵌锁作用。用石屑或相当的天然砂砾或粗砂填塞粗碎石间的空隙，使其变成一种密实结构，进一步增加其强度和稳定性。嵌锁作用的大小，主要取决于粗碎石的尺寸、强度和形状以及集料的压实度。因此，粗碎石应具有棱角，接近立方体，并具有较高的强度和韧性。石屑、天然砂砾或粗砂等填缝料在粗碎石结构中可产生一定的黏结作用，进一步增加填隙碎石结构的强度和稳定性。

② 施工质量

填隙碎石层质量好坏有两个关键。第一，从上到下粗碎石间的空隙一定要填满，达到规定的密实度，这一点非常重要。经充分压实的填隙碎石层的密实度、强度和稳定性与优质级配碎石层相当。第二，填隙料不能覆盖于粗碎石表面而自成一层，在结构层的表面应看得见粗碎石，其棱角可外露3～5mm。这一点对于薄沥青面层非常重要，它可以保证薄沥青面层与基层黏结良好，避免薄沥青面层在基层顶面产生推移破坏。

按照施工方法的不同，填隙碎石有干压碎石和水结碎石之分。干压碎石是指将材料撒铺后直接压实而成，特别适宜于干旱缺水地区施工。水结碎石是在压实前适量洒水，以降低碎石颗粒间的摩擦力，水结碎石在压实过程中会产生部分磨碎石粉，它可起到黏结作用。

(2)填隙碎石组成材料的质量要求

粗碎石可以用具有一定强度的各种岩石或漂石轧制，最好使用石灰岩轧制，也可用稳定的矿渣轧制。矿渣的干密度和质量应比较均匀，干密度不小于960kg/m^3。粗碎石的最大粒径不应超过53mm(基层)或63mm(底基层)。粗碎石的颗粒组成范围应符合表1-18所列的规定。粗碎石的压碎值不应大于26%(基层)或30%(底基层)，材料中的针片状颗粒含量不应超过15%。

轧制碎石时得到的4.75mm以下的筛余料(即石屑)是最好的填隙料。填隙料应满足表1-18所列的颗粒组成及塑性指数要求。

表1-18 填隙碎石粗碎石的颗粒组成(JTG/T F20—2015)

项 次	工程粒径(mm)	下列筛孔(mm)的通过百分率(%)							
		63	53	37.5	31.5	26.5	19	16	9.5
1	30～60	100	25～60	—	0～15	—	0～5	—	—
2	25～50	—	100	—	25～50	0～15	—	0～5	—
3	20～40	—	—	100	35～37	—	0～15	—	0～5

表 1-19 填隙料的颗粒组成及塑性指数要求(JTG/T F20-2015)

筛孔尺寸(mm)	9.5	4.75	2.36	0.6	0.075	塑性指数
通过百分率(%)	100	85～100	50～70	30～50	0～10	<6

第五节 公路工程用砂石材料试验实训

第一部分 石 料

一、试验项目依据

试验项目依据有:《公路路基施工技术规范》(JTG F10—2006);《公路桥涵施工技术规范》(JTJ 041—2000);《公路隧道施工技术规范》(JTG/T F50—2011);工程项目设计文件。

二、检测参数及方法

1. 物理性能

物理性能方面的检测参数有:①含水率;②密度;③毛体积密度;④吸水率;⑤膨胀性;⑥耐崩解性。

2. 力学性能

力学性能方面的检测参数有:①单轴抗压强度;②单轴压缩变形;③劈裂强度;④抗剪强度;⑤点荷载强度;⑥抗折强度。

3. 耐久性

耐久性方面的检测参数有:①抗冻性能;②坚固性。

以上参数均按《公路工程岩石试验规程》(JTG E41—2005)进行检测。

三、常用参数的试验细则

(一)天然含水率试验(烘干法)

1. 目的和适用范围

本试验适用于测定岩石在天然状态下的含水率。岩石的含水率可间接地反映岩石中空隙的多少、岩石的致密程度等特性。

本试验采用烘干法。对于不含结晶水矿物的岩石烘干温度为105℃～110℃;对于含结晶水矿物的岩石温度宜控制在60℃±5℃下进行测定。

2. 仪器设备

(1)烘箱:能使温度控制在105℃～110℃范围,最低控温能满足60℃±5℃。

(2)干燥器:内装有氯化钙或硅胶等干燥剂。

(3)天平:感量0.01g。

(4)称量盒

3. 试样制备

(1)保持天然含水率的试件应在现场采取,不得采用爆破或湿钻法。试件在采样、运输、储存和制备过程中，含水率的变化不应超过 1%。

(2)每个试件尺寸应大于组成岩石最大颗粒尺寸的 10 倍。每个试件的质量不得小于 40g，不大于 200g。每组试验试件的数量不宜少于 5 个。

(3)应记录描述岩石名称、颜色、矿物成分、结构、构造、风化程度、胶结物性质及为保持试样含水状态所采取的措施等。

4. 试验步骤

(1)将试件放置在已烘干的称量盒内，称取试件和称量盒的合质量 m_1，精确至 0.01g。

(2)将称量盒连同试件一起置于烘箱内。对于不含结晶水的岩石，在 105～110℃的恒温下烘干至恒重，烘干时间为 12～14h。对于含结晶水的岩石，在(60±5)℃的恒温下烘干至恒重，烘干时间为 24～48h。

(3)将称量盒从烘箱中取出，放入干燥器中冷却至室温，称取烘干后的试件和称量盒的合质量 m_2。

5. 结果整理

(1)按式(1-40)计算岩石含水率：

$$\omega=\frac{m_1-m_2}{m_2-m_0}\times 100 \tag{1-40}$$

式中：ω——岩石含水率，%；

m_0——称量盒烘干质量，g；

m_1——岩石和称量盒烘干前的合质量，g；

m_2——岩石和称量盒烘干后的合质量，g。

(2)以 5 个试件的算术平均值作为试验结果，计算精确至 0.1%。

(二)岩石的密度试验

1. 目的和适用范围

岩石的密度(颗粒密度)是选择建筑材料、研究岩石风化、评价地基基础工程岩体稳定性及确定围岩压力等必需的计算指标。

本方法用洁净水做试液时适用于不含水溶性矿物成分的岩石的密度测定，对含水溶性矿物成分的岩石应使用中性液体如煤油做试验。

2. 仪器设备

(1)密度瓶：短颈量瓶，容积 100mL。

(2)天平：感量 0.001g。

(3)粉碎机、瓷研钵、磁铁块和孔径为 0.3mm 的筛子。

(4)真空抽气设备和煮沸设备。

(5)烘箱和干燥器。

(6)恒温水浴箱。

(7)温度计。

3. 试样制备

取代表性岩石试样在小型轧石机上初碎(或手工用钢锤捣碎)，再置于球磨机中进一步磨碎，然后用研钵研细，使之全部粉碎成能通过 0.315mm 筛孔的岩粉。

4. **试验步骤**

(1)将制备好的岩粉放在瓷皿中，置于温度为105℃～110℃的烘箱中烘干至恒重，烘干时间一般为6～12h，然后放入干燥器内冷却至室温(20℃±2℃)备用。

(2)用四分法取两份岩粉，每份岩粉质量15g(m_1)，精确至0.001g(本试验称量精度皆同)，用漏斗灌入洗净烘干的密度瓶中，并注入试液至瓶的一半处，摇动密度瓶使岩粉分散。

(3)当使用洁净水作试液时，应采用煮沸法或真空抽气法排除气体；当使用煤油作试液时，应采用真空抽气法排除气体。采用煮沸法排除气体时，煮沸时间自悬液沸腾时算起不得少于1h；采用真空抽气法排除气体时，真空压力表读数宜为100kPa，抽气时间维持1～2h，直至无气泡逸出为止。

(4)将经过排除气体的密度瓶取出擦干，冷却至室温，再向密度瓶中注入排除气体且同温条件的试液，使接近满瓶，然后置于恒温水槽(20℃±2℃)内，待瓶内温度稳定，上部悬浮液澄清后，塞好瓶塞，使多余试液溢出。从恒温水槽内取出密度瓶，擦干瓶外水分，立即称其质量(m_3)。

(5)倒出悬液，洗净密度瓶，注入经排除气体并与试验同温度的试液至密度瓶内，再置于恒温水槽内。带瓶内试液的温度稳定后，塞好瓶塞，将逸出瓶外试液擦干，立即称其质量(m_2)。

5. **结果整理**

(1)按式(1-41)计算岩石的颗粒密度(精确至0.01g/cm³)：

$$\rho_t=\frac{m_1}{m_1+m_2-m_3}\times\rho_{wt} \tag{1-41}$$

式中：ρ_t——岩石的密度，g/cm³；

m_1——干岩粉质量，g；

m_2——密度瓶与试液的台质量，g；

m_3——密度瓶、试液与岩粉的总质星，g；

ρ_{wt}——与试验同温度的试液密度，g/cm³。

洁净水的密度由表1-20查得，煤油的密度按式(1-42)计算：

$$\rho_{wt}=\frac{m_5-m_4}{m_6-m_4}\times\rho_w \tag{1-42}$$

式中：m_4——密度瓶的质量，g,；

m_5——密度瓶与煤油的合质量，g,；

m_6——密度瓶与经排除气泡的洁净水的合质量，g；

ρ_w——经排除气泡的洁净水的密度，由表1-20查得，g/cm³。

(2)颗粒密度试验进行两次试验，两次测定值差值不得大于0.02g/cm³，取两次平均值作为最终结果。计算精确至0.01g/cm³。

(三)单轴抗压强度试验

1. **目的和适用范围**

单轴抗压强度试验是测定规则形状岩石试件单轴抗压强度的方法，主要用于岩石的强度分级和岩性描述。

本方法采用饱和状态下的岩石立方体(或圆柱体)试件的抗压强度来评定岩石强度(包括碎石或卵石的原始岩石强度)。

在某些情况下,试件含水状态还可根据需要选择天然状态、烘干状态或冻融循环后状态。试件的含水状态要在试验报告中注明。

2. 仪器设备

(1)压力试验机:其精度为±1%;试件破坏荷载应大于压力机全程的20%,且小于压力机全程的80%;应具有加荷速度指示装置或加荷速度控制装置,并应能均匀、连续加荷。

(2)钻芯机、切石机、磨石机等岩石试件加工设备。

(3)烘箱、游标卡尺、角尺及水池等。

(4)小球座(直径不大于150mm):钢质坚硬,面部平整度要求在100mm距离内高低差值不超过0.05mm,球面及球窝粗糙度 $R_4=0.321\mu m$,研磨、转动灵活。

3. 试件制备

(1)建筑地基的岩石试验,采用圆柱体作为标准试件,直径为(50±2)mm、高径比为2∶1。每组试件共6个。

(2)桥梁工程用的石料试验,采用立方体试件,边长(70±2)mm。每组试件共6个。

(3)路面工程用石料试验.采用圆柱体或立方体试件,其直径或边长和高均为(50±2)mm。每组试件共6个。

有显著层理的岩石,分别沿平行和垂直层理方向各取试件6个。试件上、下端面应平行和磨平,试件端面的平面度公差应小于0.05mm,端面对于试件轴线垂直度偏差不应超过0.25°。对于非标准圆柱体试件,试验后抗压强度试验值需要进行换算。

4. 试验步骤

(1)用游标卡尺量取试件尺寸(精确到0.1mm)。对立方体试件在顶面和底面上各量取其边长,以各个面上相互平行的两个边长的算术平均值计算其承压面积;对于圆柱体试件在顶面和底面分别测量两个相互正交的直径,并以其各自的算术平均值分别计算底面和顶面的面积,取其顶面和底面面积的算术平均值作为计算抗压强度所用的截面积。

(2)试件的含水状态可根据工程应用部位选择烘干状态、天然状态、饱和状态和冻融循环后状态。

(3)按岩石强度性质,选定合适的压力机。将试件置于压力机的承压板中央,对正上、下承压板,不得偏心。

(4)以0.5~1.0MPa/s的速率进行加荷直至破坏,记录破坏荷载及加载过程中出现的现象。抗压试件试验的最大荷载记录以N为单位,精度至1%。

5. 结果整理

(1)岩石的抗压强度按式(1-43)计算,精确至0.01MPa。

$$R=\frac{P}{A} \tag{1-43}$$

式中:R——岩石单轴抗压强度,MPa;

P——试件破坏时的荷载,N;

A——试件的截面积，mm^2。

(2)软化系数按式(1-44)计算，精确至0.01。

$$k_p = \frac{R_w}{R_d} \tag{1-44}$$

式中：k_p——岩石软化系数，无量纲；

R_w——岩石饱和状态下的单轴抗压强度，MPa；

R_d——岩石烘干状态下的单轴抗压强度，MPa。

(3)单轴抗压强度试验结果应同时列出每个试件的试验值及同组岩石单轴抗压强度的平均值；有显著层理的岩石，分别报告垂直与平行层埋方向的试件强度的平均值。计算值精确至0.1MPa。

(4)软化系数计算值精确至0.01，3个试件平行测定，取算术平均值；3个值中最大值与最小值之差不应超过平均值的20%，否则，应另取第4个试件，并在4个试件中取接近的3个值的平均值作为试验结果，同时在报告中将4个值全部给出。

(四)吸水性试验

1. 目的和适用范围

岩石的吸水性用吸水率和饱和吸水率表示。岩石的吸水率和饱和吸水率能有效地反映岩石的微裂隙的发育程度，可用来判断岩石的抗冻和抗风化等性能。

岩石的吸水率采用自由吸水法测定，饱和吸水率采用煮沸法或真空抽气法测定。。

本试验适用于遇水不崩解、不溶解或不干缩湿胀的岩石。

2. 仪器设备

(1)切石机、钻石机、磨石机等岩石加工设备。

(2)天平：感量0.01g，称量大于500g。

(3)烘箱：能使温度控制在105℃～110℃。

(4)抽气设备：抽气机、水银压力计、真空干燥器、净气瓶。

(5)煮沸水槽

3. 试件制备

试件尺寸应符合单轴抗压强度试件要求，每组试件至少3个，岩石组织不均匀者，每组试件不少于5个。

4. 试验步骤

(1)将试件放入温度105℃～110℃的烘箱内烘至恒重，烘干时间一般为12～24h，取出置于干燥器内冷却至室温(20±2)℃，称其质量，精确至0.01g(后同)。

(2)将称量后的试件置于盛水容器内，先注水至试件的1/4处，以后每隔2h分别注水至试件高度的1/2和3/4处，6h后将水加至高出试件顶面20mm，以利于试件内空气逸出。试件全部被水淹没后再自由吸水48h。

(3)取出浸水试件，用湿纱布擦去试件表面水分，立即称其质量。

(4)试件强制饱和，任选如下一种方法：

用煮沸法饱和试件：将称量好的试件放入水槽，注水至试件高度的一半，静置2h。再加水使试件浸没，煮沸6h以上，并保持水的深度不变。煮沸停止后静置水槽，待其冷却，取出试件，用湿纱布擦去表面水分，立即称其质量。

用真空抽气法饱和试件：将称量好的试件置于真空干燥器中，注于洁净水，水面高于试件顶面20mm，开动抽气机，抽气时真空压力需达到100kPa，保持此真空状态直至无气泡发生为止(不少于4h)。经真空抽气的试件应放置在原容器中，在大气压力下静置4h，取出试件，用湿纱布擦去表面水分，立即称其质量。

5. 数据处理

(1)按式(1-45)计算吸水率，试验结果精确至0.01%。

$$\omega_a = \frac{m_1 - m}{m} \tag{1-45}$$

式中：ω_a——岩石吸水率，%；

m——烘干至恒量时的试件质量，g；

m_1——吸水至恒量时试件质量，g。

(2)组织均匀的试件，取3个试件试验结果的平均值作为测定值；组织不均匀的，则取5个试件试验结果的平均值作为测定值。并同时列出每一个试件的试验结果。

(五)岩石毛体积密度试验

1. 目的和适用范围

岩石的毛体积密度(块体密度)是一个间接反映岩石致密程度、孔隙发育程度的参数，也是评价工程岩体稳定性及确定围岩压力等必需的计算指标。根据岩石含水状态，毛体积密度可分为干密度、饱和密度和天然密度。

岩石毛体积密度试验分为量积法、水中称量法和蜡封法。

量积法适用于能制备成规则试件的各类岩石；水中称量法适用于除遇水崩解、溶解和干缩湿胀外的其他各类岩石；蜡封法适用于不能用量积法或直接在水中称量进行试验的岩石。

2. 试验仪具

(1)切石机、磨平机、钻芯机等岩石加工设备。

(2)天平：感量0.01g，称量大于500g。

(3)烘箱；石蜡及熔蜡设备。

(4)水中称量装置。

(5)游标卡尺。

3. 试样制备

(1)量积法试件制备，试件尺寸符合单轴抗压强度试件要求。

(2)水中称量法试件制备，试件尺寸应符合下列规定：试件可采用规则或不规则形状，试件尺寸应大于组成岩石最大颗粒粒径的10倍，每个试件质量不宜小于150g。

(3)蜡封法试件制备，将岩块制成40～60mm的立方体试件，用砂轮打磨尖锐棱角，使其成浑圆状块体；或采用直径为48～52mm圆柱体试件。同一含水状况的试件不少于3个。

(4)试样数量，同一含水状态，每组不得少于3个。

4. **量积法试验步骤**

(1)量测试件的直径或边长:用游标卡尺量测试件两端和中间 3 个断面上互相垂直的两个直径和边长,按截面积计算平均值。

(2)量测试件的高:用游标卡尺量测端面周边对称 4 个点(圆柱体试件为互相垂直的直径与圆周交点处;立方体试件为边长的中点)和中心点的 5 个高度,计算平均值。

(3)测定天然密度:应在岩石开封后,在保持天然湿度的条件下,立即加工试件和称量。测定后的试件,可作为天然状态的单轴抗压强度试验用的试件。

(4)测定饱和密度:试件的饱和过程和称量,应按照吸水性试验方法进行,测定后的试件,可作为饱和状态的单轴抗压强度试验用的试件。

(5)测定干密度:将试件置于烘箱中,在 105℃～110℃的恒温下烘 12～24h,然后放入干燥器内冷却至室温,称干试件质量。测定后的试件,可作为干燥状态的单轴抗压强度试验用的试件。

(6)长度测量精确至 0.01mm,称量精确至 0.01g。

5. **水中称量法步骤**

(1)测定天然密度时,应取有代表性的岩石制备试件并称量;测干密度时,将试件放入烘箱,在 105%～110%的恒温下烘 12～24h,然后放入干燥器内冷却至室温,称试件质量。

(2)将干试件浸入水中进行饱和,饱和方法可依据岩石性质选用煮沸法或真空抽气法。饱和过程和称量,应符合岩石吸水率试验中的规定。

(3)取出饱和浸水试件,用湿纱布擦去试件表面水分,立即称量其质量。

(4)将试样放在水中称量装置的丝网上,称取试样在水中的质量(丝网在水中质量可事先用砝码平衡)。在称量过程中,称量装置的液面应始终保持同一高度,并记下水温。

(5)本试验称量精确至 0.01g。

6. **蜡封法试验步骤**

(1)测定天然密度时,应取有代表性的岩石制备试件并称量;测定干密度时,将试件置于烘箱中,在 105℃～110℃的恒温下烘 12～24h,然后放入干燥器内冷却至室温称试件质量。

(2)从干燥器中取出试件,放在天平上称量,精确至 0.01g。

(3)把石蜡装在干净的铁盆中加热熔化,至稍高于熔点(一般石蜡熔点在 55℃～58℃)。岩石试件可通过滚涂或刷涂的方法使其表面涂上一层厚度 1mm 左右的石蜡层,冷却后准确称出蜡封试件的质量。

(4)将蜡封试件系于天平上,称出其在洁净水中的质量。

(5)擦干试件表面的水分,在空气中重新称取蜡封试件的质量,检查此时蜡封试件的质量是否大于浸水前的质量。如果超过 0.05g 时,说明试件蜡封不好,洁净水已浸入试件,应取试件重新测定。

7. **结果整理**

(1)量积法岩石毛体积密度按式(1-46)～式(1-48)计算:

$$\rho_0=\frac{m_0}{V} \tag{1-46}$$

$$\rho_s=\frac{m_s}{V} \tag{1-47}$$

$$\rho_d=\frac{m_d}{V} \tag{1-48}$$

式中：ρ_0——天然密度，g/cm^3；

ρ_s——饱和密度，g/cm^3；

ρ_0——干密度，g/cm^3；

m_0——试件烘干前的质量，g；

m_s——试件强制饱和后的质量，g；

m_d——试件烘干后的质量，g；

V——岩石的体积，cm^3。

(2)水中称量法岩石毛体积密度按式(1-49)～式(1-51)计算：

$$\rho_0=\frac{m_0}{m_s-m_w}\times\rho_w \tag{1-49}$$

$$\rho_s=\frac{m_s}{m_s-m_w}\times\rho_w \tag{1-50}$$

$$\rho_d=\frac{m_d}{m_s-m_w}\times\rho_w \tag{1-51}$$

式中：m_w——试件强制饱和后在洁净水中的质量，g；

ρ_w——洁净水的密度由表1-20查得，g/cm^3。

(3)蜡封法岩石毛体积密度按式(1-52)、(1-53)计算：

$$\rho_0=\frac{m_0}{\dfrac{m_1-m_2}{\rho_w}-\dfrac{m_1-m_d}{\rho_N}} \tag{1-52}$$

$$\rho_d=\frac{m_d}{\dfrac{m_1-m_2}{\rho_w}-\dfrac{m_1-m_d}{\rho_N}} \tag{1-53}$$

式中：m_1——蜡封试件质量，g；

m_2——蜡封试件在洁净水中的质量，g；

ρ_N——石蜡的密度，g/cm^3。

(4)毛体积密度试验结果精确至0.01g/cm^3，3个试件平行试验，取平均值作为最终结果。

(5)孔隙率计算。

求得岩石的毛体积密度及密度后，用公式(1-54)计算总孔隙率n，试验结果精确至0.1%：

$$n=\left(1-\frac{\rho_d}{\rho_t}\right)\times100 \tag{1-54}$$

式中：n——岩石总孔隙率，%；

ρ_t——岩石的密度，g/cm^3。

(六)常用参数试验记录表格

本部分常用参数记录表格分别见表 1－20、表 1－21 所列。

表 1－20 ________公路石料密度、毛体积密度、含水率试验记录表

承包单位：　　　　　　　　　　　　　　　　　　　　　　　　　　　　合同号：

监理单位：　　　　　　　　　　　　　　　　　　　　　　　　　　　　编　号：

<table>
<tr><td colspan="3">样品名称</td><td colspan="3"></td><td colspan="2">试验日期</td><td colspan="2"></td></tr>
<tr><td colspan="3">样品来源</td><td colspan="3"></td><td colspan="2">用途</td><td colspan="2"></td></tr>
<tr><td rowspan="4">相对密度</td><td rowspan="2">试验前石粉＋瓷器的质量(g)</td><td rowspan="2">试验后剩余石粉＋瓷器的质量(g)</td><td rowspan="2">装入李氏比重瓶的石粉质量(g)</td><td colspan="2">李氏比重瓶液面读数</td><td rowspan="2">石粉体积(cm^3)</td><td rowspan="2">相对密度(比重)(g/cm^3)</td><td rowspan="2" colspan="2">平均值(g/cm^3)</td></tr>
<tr><td>装入石粉前(cm^3)</td><td>装入石粉后(cm^3)</td></tr>
<tr><td></td><td></td><td></td><td></td><td></td><td></td><td></td><td rowspan="2" colspan="2"></td></tr>
<tr><td></td><td></td><td></td><td></td><td></td><td></td><td></td></tr>
<tr><td rowspan="5">毛体积密度</td><td rowspan="2">烘干试件的质量(g)</td><td rowspan="2">涂蜡试件在空气中的质量(g)</td><td rowspan="2">涂蜡试件在水中的质量(g)</td><td rowspan="2">石料体积(cm^3)</td><td colspan="2">毛体积密度</td><td rowspan="2" colspan="3">孔隙率(%)</td></tr>
<tr><td>个别值(g/cm^3)</td><td>平均值(g/cm^3)</td></tr>
<tr><td></td><td></td><td></td><td></td><td></td><td rowspan="3"></td><td rowspan="3" colspan="3"></td></tr>
<tr><td></td><td></td><td></td><td></td><td></td></tr>
<tr><td></td><td></td><td></td><td></td><td></td></tr>
<tr><td rowspan="4">天然含水率</td><td colspan="2">称量盒质量(g)</td><td colspan="2">烘干前样＋盒质量(g)</td><td colspan="2">烘干后样＋盒质量(g)</td><td>单个值(%)</td><td colspan="2">平均值(%)</td></tr>
<tr><td></td><td></td><td></td><td></td><td></td><td></td><td></td><td rowspan="3" colspan="2"></td></tr>
<tr><td></td><td></td><td></td><td></td><td></td><td></td><td></td></tr>
<tr><td></td><td></td><td></td><td></td><td></td><td></td><td></td></tr>
<tr><td colspan="5">结论：

试验工程师：　　　　　年　月　日</td><td colspan="5">监理意见：

监理人员：　　　　　年　月　日</td></tr>
</table>

试验人员：　　　　　　　　　　　　　　　　　　　　　　　　　　　　校核：

表 1-21 ________公路石料吸水率、抗压强度试验记录表

承包单位： 合同号：

监理单位： 编 号：

<table>
<tr><td colspan="3">样品名称</td><td colspan="4"></td><td colspan="3">试验日期</td><td></td></tr>
<tr><td colspan="3">样品来源</td><td colspan="4"></td><td colspan="3">试验用途</td><td></td></tr>
<tr><td colspan="2">名称</td><td colspan="2"></td><td colspan="2">产地</td><td colspan="2"></td><td>用途</td><td colspan="2"></td></tr>
<tr><td rowspan="4">吸水率</td><td>试件编号</td><td colspan="5">烘至恒重的试件质量(g)</td><td colspan="2">试件吸水后的质量(g)</td><td>吸水率(%)</td><td>代表值(%)</td></tr>
<tr><td></td><td colspan="5"></td><td colspan="2"></td><td></td><td rowspan="3"></td></tr>
<tr><td></td><td colspan="5"></td><td colspan="2"></td><td></td></tr>
<tr><td></td><td colspan="5"></td><td colspan="2"></td><td></td></tr>
<tr><td rowspan="8">抗压强度</td><td rowspan="2">试件编号</td><td rowspan="2">试件
有无缺陷</td><td colspan="4">试件尺寸(cm)</td><td rowspan="2">试件面积
(cm^2)</td><td rowspan="2">破坏荷载
(kN)</td><td rowspan="2">抗压强度
(MPa)</td><td rowspan="2">平均值
(MPa)</td></tr>
<tr><td>长</td><td>宽</td><td>高</td><td>直径</td></tr>
<tr><td></td><td></td><td></td><td></td><td></td><td></td><td></td><td></td><td></td><td rowspan="6"></td></tr>
<tr><td></td><td></td><td></td><td></td><td></td><td></td><td></td><td></td><td></td></tr>
<tr><td></td><td></td><td></td><td></td><td></td><td></td><td></td><td></td><td></td></tr>
<tr><td></td><td></td><td></td><td></td><td></td><td></td><td></td><td></td><td></td></tr>
<tr><td></td><td></td><td></td><td></td><td></td><td></td><td></td><td></td><td></td></tr>
<tr><td></td><td></td><td></td><td></td><td></td><td></td><td></td><td></td><td></td></tr>
<tr><td colspan="7">尺寸换算系数</td><td colspan="4">经换算后抗压强度(MPa)</td></tr>
<tr><td colspan="7">结论：

试验工程师： 年 月 日</td><td colspan="4">监理意见：

监理人员： 年 月 日</td></tr>
<tr><td colspan="11">备注：</td></tr>
</table>

试验人员： 校核：

第二部分　粗集料

一、试验项目依据

公路工程用粗集料试验项目依据包括:《公路桥涵施工技术规范》(JTG/T F50—2011);《公路隧道施工技术规范》(JTG F60—2009);《公路水泥混凝土施工技术细则》(JTG/T F30—2014);《公路沥青路面施工技术规范》(JTG F40—2004);《公路路面基层施工技术细则》(JTG/T F20—2015)。

二、检测参数及方法

检测参数包括:①筛分试验;②密度及吸水率试验(网篮法);③含水率快速试验(酒精燃烧法);④堆积密度及空隙率;⑤含泥量及泥块含量;⑥针片状颗粒含量(规准仪法);⑦针片状颗粒含量(游标卡尺法);⑧有机物含量;⑨坚固性;⑩压碎值;⑪磨耗(洛杉矶法);⑫软弱颗粒;⑬磨光值;⑭碱活性检验(砂浆长度法)。

以上参数均按《公路工程集料试验规程》(JTG E42—2005)进行检测。

三、常用参数的试验细则

(一)粗集料筛分试验

1. 目的及适用范围

(1)测定粗集料(碎石、砾石、矿渣等)的颗粒组成。对水泥混凝土用粗集料可采用干筛法筛分,对沥青混合料及基层用粗集料必须采用水洗法试验。

(2)本方法也适用于同时含有粗集料、细集料、矿粉的集料混合料筛分试验,如未筛碎石、级配碎石、天然砂砾、级配砂砾、无机结合料稳定基层材料、沥青拌合楼的冷料混合料、热仓混合料、沥青混合料经溶剂抽提后的矿料等。

2. 仪具设备

(1)试验筛(标准筛)

(2)震摆摇筛机

(3)电子天平(感量不大于试样质量的 0.1%)

(4)其他:盘子、铲子、毛刷等。

3. 试样准备

按规定将来料用四分法缩分至不少于表 1-22 要求的试样数量,风干后备用。根据需要可按要求的集料最大粒径的筛孔尺寸过筛,除去超粒径部分颗粒,再进行筛分。

表 1-22 筛分用的试样质量

公称最大粒径(mm)	63	37.5	26.5	19	16	9.5	4.75
试样质量不少于(kg)	8	5	4	2.5	1	1	0.5

4. **干筛法步骤**

(1)取试样一份置(105±5)℃烘箱中烘干至恒重,称取干燥集料试样的总质量 m_0,准确至0.1%。

(2)用搪瓷盘做筛分容器,按筛孔大小排列顺序逐个将集料过筛。人工筛分时,需使集料在筛面上同时有水平方向及上下方向的不停顿运动,使小于筛孔的集料通过筛孔,直至在1min内通过筛孔的质量小于筛上残余量的0.1%为止;当采用摇筛机筛分时,应在摇筛机筛分后再逐个由人工补筛。将筛出的颗粒并入下一号筛,和下一号筛中的试样一起过筛,顺序进行,直至各号筛全部筛完为止。应确认1min内通过筛孔的质量确实小于筛上残余量的0.1%。

(3)如果某个筛上的集料过多,影响筛分作业时,可以分两次筛分。当筛余颗粒的粒径大于19mm时,筛分过程中允许用手指轻轻拨动颗粒,但不得逐个塞过筛孔。

(4)称取每个筛上的筛余量,准确至总质量的0.1%。各筛分计筛余量 m_i 及筛底存量 $m_{底}$ 的总和与筛分前试样 m_0 相比,差值为筛分损耗 m_5,其值不得超 m_0 的0.5%。

5. **水洗法步骤**

(1)取试样一份试样,将试样置(105±5)℃烘箱中烘干至恒重,称取干燥集料试样的总质量 m_3,准确至0.1%。

(2)将试样置一洁净容器中,加人足够数量的洁净水,将集料全部淹没,但不得使用任何洗涤剂、分散剂或表面活性剂。

(3)用搅棒充分搅动集料,使集料表面洗涤干净,使细粉悬浮在水中,但不得破碎集料或有集料从水中溅出。

(4)根据集料粒径大小选择组成一组套筛,其底部为0.075mm标准筛,上部位2.36mm或4.75mm筛。仔细将容器中混有细粉的悬浮液倒出,经过套筛流人另一容器中,尽量不将粗集料倒出,以免损坏标准筛面。

(5)重复步骤(2)~步骤(4),直至倒出的水洁净为止,必要时可采用水流缓慢冲洗。

(6)将套筛每个筛子上的集料及容器中的集料全部回收在一个搪瓷盘中,容器上不得有黏附的集料颗粒。

(7)在确保细粉不散失的情况下,小心泌去搪瓷盘中积水,将搪瓷盘连同集料一起置(105±5)℃烘箱中烘干至恒重,称取干燥集料试样的总质量 m_4,准确至0.1%。以 m_3 与 m_4 之差作为0.075mm的筛下部分 $m_{0.075}$。

(8)将回收的干燥集料按干筛方法筛分出0.075mm筛以上各筛的筛余量,此时0.075mm筛下部分应为0,如果尚能筛出,则应将其并入水洗得到的0.075mm的筛下部分,且表示水洗得不干净。

6. **干筛法结果整理**

(1)计算各筛分计筛余量 m_i 及筛底存量 $m_{0.075}$ 总和与筛分前试样干质量 m_0 之差,作为筛分时的损耗 m_5,按式(1-55)计算。并计算损耗率,若损耗率大于0.3%,应重新试验。

$$m_5 = m_0 - \left(\sum m_i + m_{0.075}\right) \tag{1-55}$$

式中:m_5—— 由于筛分造成的损耗,g;

m_0—— 用于干筛的干燥集料总质量,g;

m_i—— 各号筛上的分计筛余,g;

i——0.075mm,0.15mm,… 至集料最大粒径的排序;

$m_{0.075}$—— 筛底(0.075mm 以下部分) 集料总质量 g。

(2)干筛后各号筛上的分计筛余百分率按式(1-56)计算,精确至 0.1%。各号筛累计筛余百分率 p_i 为该号筛以上各号筛的分计筛余百分率之和,精确至 0.1%。各号筛的质量通过百分率 P_i 等于 100 减去该号筛累计筛余百分率 p_i,精确至 0.1%。

$$p'_i=\frac{m_i}{m_0-m_5}\times100 \tag{1-56}$$

式中:p'_i——各号筛上的分计筛余百分率,%;

其他符号意义同前。

(3)同一种集料进行两次试验,取平均值作为试验结果。当两次试验结果 $P_{0.075}$ 的差值超过 1%时,试验应重新进行。

7. 水筛法结果整理

(1)按式(1-57)、式(1-58)计算粗集料中 0.075mm 筛下部分质量 $m_{0.075}$ 和 $P_{0.075}$,精确至 0.1%。当两次试验结果 $P_{0.075}$ 的差值超过 1%时,试验应重新进行。

$$m_{0.075}=m_3-m_4 \tag{1-57}$$

$$P_{0.075}=\frac{m_{0.075}}{m_3}\times100=\frac{m_3-m_4}{m_3}\times100 \tag{1-58}$$

式中:$P_{0.075}$——粗集料中小于 0,075mm 部分的含量(通过率),%;

$m_{0.075}$——粗集料中水洗后得到的小于 0,075mm 部分的质量,g;

m_3——用于水洗的干燥集料总质量,g;

m_4——水洗后的干燥集料总质量,g。

(2)计算各筛分计筛余量及筛底存量的总和与筛分前试样干质量 m_4 之差,作为筛分时的损耗,按式(1-59)计算。并计算损耗率,若损耗率大于 0.3%,应重新试验。

$$m_5=m_3-(\sum m_i+m_{0.075}) \tag{1-59}$$

式中:m_5——由于筛分造成的损耗,g;

m_3——用于水筛的干燥集料总质量,g;

m_i——各号筛上的分计筛余,g;

i——0.075mm,0.15mm…至寂寥最大粒径的排序;

$m_{0.075}$——水洗后得到的 0.075mm 以下部分集料总质量,g。

(3)按 $P_{0.075}=\frac{m_{0.075}}{m_3}\times100$ 计算小于 0.075mm 的含量,当两次试验结果差值超过 1%时,应重新试验;按干筛法同样方法计算各筛号分计筛余百分率,再计算累计筛余百分率和通过率,精确至 0.1%。

8. 记录表格式

(1)筛分结果以各筛孔质量通过百分率表示。

(2)结果应绘制筛分曲线；

(二)含泥量及泥块含量试验

1. 目的与适用范围

测定碎石或砾石中小于 0.075mm 的尘屑、淤泥和黏土的总含量及 4.75mm 以上泥块颗粒含量。

2. 仪器与试样准备

(1)天平(感量不大于称量的 0.1%)；

(2)标准筛[1.18mm,0.075mm(含泥量用)；2.36mm,4.75mm(泥块含量用)]；

(3)烘箱、搪瓷盘、浅盘、毛刷等。

3. 试样准备

将来样用四分法缩分至不少于表 1-23 要求的试样数量(防止细粉丢失并防止所含黏土块被压碎)，置于(105±5)℃烘箱中烘干至恒重，冷却至室温后分成两份备用。

表 1-23　含泥量及泥块含量试验用的试样质量

公称最大粒径(mm)	37.5	31.5	26.5	19	16	9.5	4.75
试样质量不少于(kg)	10	10	6	6	2	2	1.5

4. 含泥量试验步骤

(1)称取一份试样 m_0 装入容器中，加水，浸泡 24h，用手在水中淘洗颗粒(或用毛刷刷洗)，使尘屑、黏土与较粗颗粒分开，并使之悬浮于水中；缓慢地将浑浊液倒入 1.18mm 及 0.075mm 的套筛上，滤去 0.075mm 以下的颗粒。试验前筛子的两面应先用水湿润，在整个试验过程中，应注意避免大于 0.075mm 的颗粒丢失。

(2)再次加水于容器中，重复上述步骤，直至洗出的水清澈为止。

(3)用水冲洗余留在筛上的细粒，并将 0.075mm 筛放在水中(使水面略高于筛内颗粒)来回摇动，以充分洗除小于 0.075mm 以下的颗粒，而后将两只筛上余留的颗粒和容器中已经洗净的试样一并装入浅盘，置于温度为(105±5)℃烘箱中烘干至恒重，冷却至室温后，称取试样的质量 m_1。

5. 含泥量计算

按式(1-60)计算含泥量，精确至 0.1%。以两次试验的算术平均值作为测定值，两次结果的差值不得超过 0.2%。

$$Q_n=\frac{m_0-m_1}{m_0}\times 100 \tag{1-60}$$

式中：Q_n——粗集料含泥量，%；

m_0——试验前烘干试样质量，g；

m_1——试验后烘干试样质量，g。

6. 泥块含量试验步骤

(1)取试样 1 份，用 4.75mm 筛将试样过筛，称出筛去 4.75mm 以下颗粒后的试样质

量 m_2。

(2)将试样在容器中摊平,加水使水面高出试样表面,24h 后将水放掉,用手捻压泥块,然后将试样放在 2.36mm 筛上用水冲洗,直至洗出的水清澈为止。

(3)小心地取出 2.36mm 筛上试样,置于温度为(105±5)℃烘箱中烘干至恒重,冷却至室温后,称取试样的质量 m_3。

7. 泥块含量计算

按式(1-61)计算泥块含量,精确至 0.1%。以两次试验的算术平均值作为测定值,两次结果的差值不得超过 0.1%。

$$Q_k=\frac{m_2-m_3}{m_2}\times 100 \tag{1-61}$$

式中:Q_k——粗集料泥块含量,%;

m_2——4.75mm 筛的筛余量,g;

m_3——试验后烘干试样质量,g。

(三)粗集料密度及吸水率试验(网篮法)

1. 目的与适用范围

本方法适用于测定各种粗集料的表观相对密度、表干相对密度、毛体积相关密度、表观密度、表干密度、毛体积密度,以及粗集料的吸水率。

2. 试验仪具

(1)浸水天平:可悬挂吊篮测定集料的水中重量,感量不大于最大称量的 0.05%。

(2)吊篮:耐腐蚀材料制成,直径和高度均为 150mm,四周及底部用 1~2mm 的筛网编制或具有密集的孔眼。

(3)溢流水槽:在称量水中质量时能保持水面高度一定。

(4)其他:烘箱、温度计、毛巾、标准筛、盛水容器等。

3. 试样准备

(1)将试样用标准筛过筛除去其中的细集料,对较粗集料,用 4.75mm 标准筛对样品进行过筛,对 2.36~4.75mm 集料,或者混在 4.75mm 以下石屑中的粗集料,用 2.36mm 标准筛过筛。用四分法或分料器法缩分至要求的质量,分两份备用,对沥青路面用粗集料,应对不同规格的集料分别测定,不得混杂,所取的每一份集料试样应基本保持原有的级配。在测定 2.36~4.75mm 的粗集料时,试验过程中应特别小心,不得丢失集料。

(2)经缩分后供测定密度和吸水率的粗集料质量应符合表 1-24 规定。

表 1-24 测定密度所需要的试样最小质量

公称最大粒径(mm)	63	37.5	31.5	26.5	19	16	9.5	4.75
试样质量不少于(kg)	3	2	1.5	1.5	1	1	1	0.8

(3)将每一份集料试样浸泡在水中,并适当搅动,仔细洗去附在集料表面的尘土和石粉,经多次漂洗干净至水完全清澈为止,清洗过程中不得散失集料颗粒。

4. 试验步骤

(1)将试样一份装入干净的搪瓷盘中,注入洁净的水,水面至少应高出试样 20mm,轻轻搅动石料，使附着于石料上的气泡完全逸出。在室温下保持浸水 24h。

(2)将吊篮挂在天平的吊钩上，浸入溢流水槽中，向溢流水槽中注水，水面高度至水槽的溢流孔，将天平调零。吊篮的筛网应保证集料不会通过筛孔流失，对 2.36～4.75mm 粗集料应更换小筛孔网，或在网篮中加放入一个浅盘。

(3)调节水温在 15℃～25℃范围内。将试样移入吊篮中。溢流水槽中的水面高度由水槽的溢流孔控制，维持不变。称取试样的水中质量 m_w。

(4)提起吊篮，稍稍滴水后，可以直接将较粗的粗集料倒在拧干的湿毛巾上，将较细的粗集料(2.36～4.75mm)连同浅盘一起取出，稍稍倾斜搪瓷盘，仔细倒出余水，将粗集料倒在拧干的湿毛巾上，用毛巾吸走从集料中漏出的自由水。注意不得有颗粒丢失，或有小颗粒附在吊篮上。再用拧干的湿毛巾轻轻擦干集料颗粒表面水，至表面看不到发亮的水迹即为饱和面干状态。当粗集料尺寸较大时，宜逐颗擦干。注意对较粗的粗集料，拧湿毛巾时要防止拧得太干，对较细的含水较多的粗集料，毛巾可以拧的稍干些。擦颗粒的表面水时，既要将表面水擦掉，又不能将颗粒内部的水吸出。整个过程不得有集料丢失，且已擦干的集料不得继续在空气中放置，以防止集料干燥。

(5)在保持表干状态下，称取集料的表干质量 m_f。

(6)将集料试样放入浅盘中，置于(105±5)℃烘箱中烘干至恒重，取出浅盘，放在带盖的容器中冷却至室温，称取试样的质量 m_a。

(7)对同一规格的集料应平行试验两次，取平均值作为试验结果。

5. 结果整理

(1)表观相对密度 γ_a、表干相对密度 γ_s、毛体积相对密度 γ_b 分别按式(1-62)～式(1-64)计算，精确至小数点后 3 位。

$$\gamma_a=\frac{m_a}{m_a-m_w} \tag{1-62}$$

$$\gamma_s=\frac{m_f}{m_f-m_w} \tag{1-63}$$

$$\gamma_b=\frac{m_a}{m_f-m_w} \tag{1-64}$$

式中：γ_a——集料表观相对密度，无量纲；

γ_s——集料表干相对密度，无量纲；

γ_b——集料毛体积相对密度，无量纲；

m_a——集料的烘干质量，g；

m_f——集料的表干质量，g；

m_w——集料的水中质量，g。

(2)集料吸水率以烘干试样为基准，按式(1-65)计算。精确至 0.01%。

$$w_x=\frac{m_f-m_a}{m_a}\times 100 \tag{1-65}$$

式中：w_x——粗集料吸水率，%。

(3)粗集料表观密度 ρ_a、表干密度 ρ_s、毛体积密度 ρ_b 分别按式(1-66)～式(1-68)计算，精确至小数点后3位。不同水温条件下测量的粗集料密度需进行水温修正，不同试验温度下水的密度 ρ_T 所按表1-25选用。

$$\rho_a = \gamma_a \times \rho_T \tag{1-66}$$

$$\rho_s = \gamma_s \times \rho_T \tag{1-67}$$

$$\rho_b = \gamma_b \times \rho_T \tag{1-68}$$

式中：ρ_a——粗集料的表观密度，g/cm^3；

ρ_s——粗集料的表干密度，g/cm^3；

ρ_b——粗集料的毛体积密度，g/cm^3。

表1-25　不同水温时水密度 ρ_T

水温(℃)	15	16	17	18	19	20
水的密度 ρ_T(g/cm^3)	0.99913	0.99897	0.99880	0.99862	0.99843	0.99882
水温(℃)	21	22	23	24	25	—
水的密度 ρ_T(g/cm^3)	0.99802	0.99779	0.99756	0.99733	0.99702	—

(4)应进行两次平行试验，以试验结果的算术平均值作为测定值。如两次试验相对密度结果之差大于0.02g/cm^3，吸水率相差0.2%，应重新进行试验。

(四)粗集料堆积密度及空隙率试验

1. 目的与适用范围

测定粗集料的堆积密度，包括自然堆积状态、振实状态、捣实状态下的堆积密度，以及堆积状态下的间隙率。

2. 仪具与材料

(1)容量筒(规格见表1-26要求)；

(2)电子秤：感量不大于称量的0.1%；

(3)烘箱；捣棒(直径16mm，长600mm，一端为圆头的钢棒)。

表1-26　容量筒规格要求

公称最大粒径(mm)	容积(L)	规格(mm)			筒壁厚度(mm)
		内径	净高	底厚	
≤4.75	3	155±2	160±2	5.0	2.5
9.5～26.5	10	205±2	305±2	5.0	2.5
31.5～37.5	15	205±2	295±2	5.0	3.0

3. 试验准备

按本节粗集料取样方法取样、缩分，质量满足试验要求，将试样摊在洁净地面上风干，拌匀后分成两份备用。

4. 试验步骤

(1)自然堆积密度

取试样 1 份,置于平整干净的水泥地上,用平头锹铲起试样,使集料自由落入容量筒内。此时,从铁锹的齐口至容量筒上口的距离应保持为 50mm 左右,装满容量筒并除去凸出筒口表面的颗粒,并以合适的颗粒填入凹陷空隙,使表面稍凸起部分和凹陷部分的体积大致相等,称取试样和容量筒总质量 m_2。

(2)振实密度

将装满试样的容量筒放在振动台上,振动 3min,或者将试样分三层装入容量筒:装完一层后,在筒底垫放一根直径为 25mm 的钢筋,将筒按住,左右交替颠击地面 25 下;然后装入第二层,用同样方法垫实(但筒底所垫钢筋的方向应与第一次放置的方向垂直);然后再装第三层,如法颠实。待三层试样装填完毕后,加料填到试样超出容量筒口,用钢筋沿筒口边缘滚转,刮下高出筒口的颗粒,用合适的颗粒填平凹处,使表面稍凸起部分和凹陷部分体积大致相等,称取试样和容量筒总质量 m_2。

(3)捣实密度

根据沥青混合料的类型和公称最大粒径,确定起骨架作用的关键性筛孔(通常为 4.75mm 或 2.36mm 等)。将矿料混合料中此筛孔以上颗粒筛出,作为试样装入符合要求规格的容器中达到 1/3 的高度,由边至中用捣棒均匀捣实 25 次。再向容器中装入 1/3 高度的试样,用捣棒均匀地捣实 25 次,捣实深度约至下层的表面。然后重复上一步骤,加最后一层,捣实 25 次,使集料与容器口齐平。用合适的集料充填表面的大空隙,用直尺大体刮平,目测估计表面稍凸起部分和凹陷部分体积大致相等,称取试样和容量筒总质量 m_2。

(4)容器容积的标定

用水装满容量筒,测量水温,擦干筒外壁的水分,称取容量筒与水的总质量 m_w,并按水的密度对容量筒的容积作校正。

5. 结果整理

(1)容量筒的容积按式(1-69)计算。

$$V=\frac{m_w-m_1}{\rho_T} \tag{1-69}$$

式中:V——容量筒的容积,L;

m_1——容量筒的质量,kg;

m_w——容量筒与水的总质量,kg;

ρ_T——不同试验温度下水的密度,按表 1-5 选用。

(2)堆积密度(包括自然堆积状态、振实状态、捣实状态)按式(1-70)计算至小数后 2 位。

$$\rho=\frac{m_2-m_1}{V} \tag{1-70}$$

式中:ρ——与各种状态相对应的堆积密度,t/m^3;

m_1——容量筒的质量,kg;

m_2——容量筒与试样的总质量,kg;

V——容量筒的容积,L。

(3)水泥混凝土用集料振实状态下空隙率按式(1-71)计算。

$$V_c=\left(1-\frac{\rho}{\rho_a}\right)\times 100 \tag{1-71}$$

式中:V_c——水泥混凝土用集料的空隙率,%;

ρ_a——集料的表观密度,t/m³;

ρ——按振实法测定的堆积密度,t/m³。

(4)沥青混合料用集料骨架捣实状态下间隙率按式(1-72)计算。

$$VCA_{DRC}=\left(1-\frac{\rho}{\rho_b}\right)\times 100 \tag{1-72}$$

式中:VCA_{DRC}——捣实状态下集料的骨架间隙率,%;

ρ_b——集料的毛体积密度,t/m³;

ρ——按捣实法测定的堆积密度,t/m³。

(5)以两次平行试验结果平均值作为测定值。

(五)针片状颗粒含量(规准仪法)

1. 目的与适用范围

(1)本方法适用于测定水泥混凝土适用的4.75mm以上的粗集料的针状及片状颗粒含量,以百分率计。

(2)本方法测定的针片状颗粒,是指使用专用规准仪测定的粗集料颗粒的最小厚度(或直径)方向与最大长度(或宽度)方向的尺寸之比小于一定比例的颗粒。

(3)本方法测定的粗集料中针片状颗粒的含量,可用于评价集料的形状及其在工程中的适用性。

2. 仪具与试样准备

(1)针状和片状规准仪;

(2)天平(感量不大于称量值的0.1%);

(3)标准筛。

3. 试样准备

将来样风干后用四分法缩分至不少于表1-27要求的试样数量,称量m_0,然后筛分成表1-27所规定的粒级备用。

表1-27　针片状颗粒试验用的试样质量

公称最大粒径(mm)	37.5	31.5	26.5	19	16	9.5
试样质量不少于(kg)	10	5	3	2	1	0.3

4. 试验步骤

(1)目测先挑出有可能属于针片状颗粒的试样，用规准仪逐个对可疑试样进行针状颗粒测定，挑出颗粒长度大于针状规准仪上相应间距而不能通过者，为针状颗粒

(2)将通过规准仪上相应间距的非针状颗粒逐粒对试样进行片状颗粒鉴定，挑出厚度小于片状规准仪上相应孔宽能通过者，为片状颗粒。

(3)称量由各粒级挑出的针片状颗粒的质量，其总质量为 m_1。

5. 结果整理

按式(1－73)计算针片状颗粒含量，精确至0.1%。如需要可以分别计算针状颗粒和片状颗粒的含量百分数。

$$Q_e=\frac{m_1}{m_0}\times100 \tag{1-73}$$

式中：Q_e——试样的针片状颗粒含量，%；

m_1——试样中所含针状与片状颗粒的总质量，g；

m_0——试样总质量，g。

6. 试验记录表格式

见本章"(十一)常用试验记录表格"。

(六)针片状颗粒含量试验(游标卡尺法)

1. 目的与适用范围

(1)本方法适用于测定粗集料的针状及片状颗粒含量，以百分率计。

(2)本方法测定的针片状颗粒，是指用游标卡尺测定的粗集料颗粒的最小厚度(或直径)方向与最大长度(或宽度)方向的尺寸之比大于3倍的颗粒。有特殊要求采用其他比例时，应在试验报告中注明。

(3)本方法测定的粗集料中针片状颗粒的含量，可用于评价集料的形状和抗压碎能力，以及评定石料厂的生产水平及该材料在工程中的适用性。

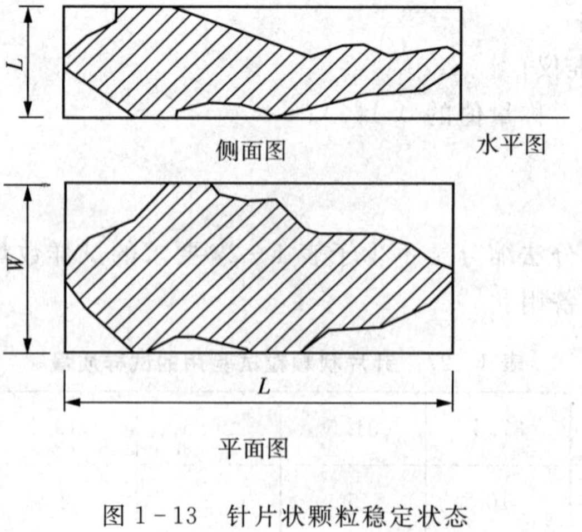

图1－13　针片状颗粒稳定状态

2. 仪具设备

(1)游标卡尺(精密度为 0.1mm);

(2)天平(感量不大于 1g)。

3. 试验步骤

(1)按四分法选取 1kg 左右的试样。对每种规格的粗集料,应按照不同的公称粒径,分别取样检验。

(2)用用 4.75mm 标准筛将试样过筛,取筛上部分供试验用,称取试样的总质量 m_0,准确至 1g,试样数量应不少于 800g,并不少于 100 颗。

(3)将试样平摊于桌面上,首先用目测挑出接近立方体的颗粒,剩下可能属于针片状颗粒。

(4)按图 1-13 所示的方法将欲测量的颗粒放在桌面上成一稳定的状态,图中颗粒平面方向的最大长度为 L,侧面厚度的最大尺寸为 t,颗粒最大宽度为 $w(t<w<L)$,用卡尺逐个测量 L 及 t,将 $\frac{L}{t}\geq 3$ 的颗粒分别挑出作为针片状颗粒。称取针片状颗粒的质量 m_1,准确至 1g。

4. 结果整理

(1)按公式(1-73)计算针片状颗粒含量。

(2)试验平行测定两次,计算两次结果平均值。如两次结果之差小于平均值的 20%,取平均值为试验值;如大于或等于 20%,应追加测定一次,取 3 次结果平均值为测定值。

(七)粗集料压碎值试验

1. 目的与适用范围

集料压碎值用于衡量石料在逐渐增加的荷载下抵抗压碎的能力,是衡量石料力学性质的指标,以评定其在公路工程中的适用性。

2. 仪具设备

(1)石料压碎值仪:由内径 150mm、两端开口的钢制圆形试筒、压柱和底板组成。试筒内壁、压柱的底面及底板的上表面等与石料接触的表面都应进行热处理,使其表面硬化,达到维氏硬度 65°并保持光滑状态。

(2)金属棒:直径 10mm,长 450~600mm,一端加工成半球形;

(3)天平:感量不大于 1g;

(4)标准筛:筛孔尺寸 13.2mm、9.5mm、2.36mm 各一个;

(5)压力机:至少 500kN 量程,能在 10min 中达到 400kN。

3. 试样准备:

(1)采用风干试样,用 13.2mm 和 9.5mm 标准筛过筛,取 9.5~13.2mm 的试样 3 组各约 3000g,供试验试用。如过于潮湿需加热烘干时,烘箱温度不得超过 100℃,烘干时间不超过 4h。试验前,石料应冷却至室温。

(2)每次试验的石料数量应满足按下述方法夯击后石料在试筒内的深度为100mm。

在金属筒内确定石料数量的方法如下：

将试样分3次(每次数量大体相同)均匀装入试模中，每次均将表面整平，用金属棒半球面端从石料表面上均匀捣实25次。最后用金属棒作为直刮刀将表面仔细整平。称取金属筒内的试样质量m_0。以相同质量的试样进行压碎值的平行试验。

4. 试验步骤

(1)将试筒安放在底板上。

(2)将质量为m_0的试样分3次(每次数量大体相同)均匀装入压碎值仪试筒内，每次均将试样表面整平，用金属棒半球面端从石料表面上均匀捣实25次。最后用金属棒作为直刮刀将表面仔细整平。

(3)将装有试样的压碎值仪放到压力机上，同时加压头放入试筒内石料面上，注意压头摆平，勿楔挤试模侧壁。

(4)开动压力机，均匀施加荷载，在10min左右时间内达到总荷载400kN，稳压5s，然后卸载。

(5)将试模从压力机上取下，取出试样。

(6)用2.36mm标准筛筛分经压碎的全部试样，可分几次筛分，均需筛到1min时间内无明显筛出物为止。

(7)称取通过2.36mm筛孔的全部细料质量m_1，准确至1g。

5. 结果整理

石料压碎值按式(1-74)计算，精确至0.1%。以3个试样试验结果的算术平均值作为测定值。

$$Q'_n=\frac{m_1}{m_0}\times 100 \tag{1-74}$$

式中：Q'_n——石料压碎值，%；

m_1——试验后通过2.36mm筛孔的细料质量，g；

m_0——试验前试样质量，g。

(八)粗集料磨耗试验(洛杉矶法)

1. 目的与适用范围

(1)测定标准条件下粗集料抵抗摩擦、撞击的能力，以磨耗损失(%)表示。

(2)本方法适用于各种等级规格集料的磨耗试验。

2. 试验仪具

(1)洛杉矶磨耗试验机：圆筒内径(710±5)mm，内侧长(510±5)mm，两端封闭，投料口的钢盖通过紧固螺栓和橡胶垫与钢筒紧密封闭。钢筒的回转速率为30～33r/min。

(2)钢球：直径约46.8mm，质量为390～445g，大小稍有不同，以便按要求组合成符合要求的总质量。

(3)其他：台秤(感量5g)，标准筛(符合要求标准筛系列，以及1.7mm方孔筛一个)，烘箱，容器等。

3. **试样步骤**

(1)将不同规格的集料用水冲洗干净,置烘箱中烘干至恒重。

(2)对所使用的集料,根据实际情况按表 1－20－13 选择最接近的粒级类别,确定相应的试验条件,按规定的粒级组成备料、筛分。其中水泥混凝土用集料宜采用 A 级粒度;沥青路面及各种基层、底基层的粗集料,表中的 16mm 筛孔也可用 13.2mm 筛孔代替。对非规格材料,应根据材料的实际粒度,从表 1－28 中选择最接近的粒级类别及试验条件。

表 1－28　粗集料洛杉矶试验条件

粒度类型	粒度组成(mm)	试样质量(g)	试样总质量(g)	钢球数量(个)	钢球总质量(g)	转动次数(转)	规格	公称粒径
A	26.5～37.5 19.0～26.5 16.0～19.0 9.5～16.0	1250±25 1250±25 1250±10 1250±10	5000±10	12	5000±25	500		
B	19.0～26.5 16.0～19.0	2500±10 2500±10	5000±10	11	4850±25	500	S6 S7 S8	15～30 10～30 10～25
C	9.5～16.0 4.75～9.5	2500±10 2500±10	5000±10	8	3330±25	500	S9 S10 S11 S12	10～20 10～15 5～15 5～10
D	2.36～4.75	5000±10	5000±10	6	2500±15	500	S13 S14	3～10 3～5
E	63～75 53～63 37.5～53	2500±10 2500±10 5000±10	10000±100	12	5000±25	1000	S1 S2	40～75 40～60
F	37.5～53 26.5～37.5	5000±10 5000±10	10000±75	12	5000±25	1000	S3 S4	30～60 25～50
G	26.5～37.5 19.0～26.5	5000±10 5000±10	10000＋50	12	5000±25	1000	S5	20～40

注:1. 表中 16mm 可用 13.2mm 代替。
2. A 级适用于未筛分碎石混合料及水泥混凝土用料。
3. C 级中 S12 可全部采用 4.74～9.5mm 颗粒 5000g;S9 及 S10 可全部采用 95～16.0mm 颗粒 5000g。
4. E 级中缺 63～75mm 颗粒时,可用 53～63mm 颗粒代替。

(3)分级称量(准确至 5g),称取总质量 m_1,装入磨耗机圆筒中。

(4)选择钢球,使钢球的数量及总质量符合表 1－28 中规定。将钢球加入钢筒中,盖好筒盖,紧固密封。

(5)将计数器调整到零位,设定要求的回转次数。开动磨耗机,以 30～33r/min 转速转动至要求的回转次数为止。

(6)取出钢球，将经过磨耗后的试样从投料口倒入接收容器(搪瓷盘)中。

(7)将试样用1.7mm的方孔筛过筛，筛去试样中被撞击磨碎的细屑。

(8)用水冲洗干净留在筛上的碎石，置(105±5)℃烘箱中烘干至恒重，冷却至室温后，称取试样的质量 m_2。

4. 结果整理

按式(1-75)计算磨耗损失，精确至0.1%。取两次平行试验结果的算术平均值作为测定值，两次试验的差值应不大于2%，否则须重新做试验。

$$Q=\frac{m_1-m_2}{m_1}\times 100 \qquad (1-75)$$

式中：Q——洛杉矶磨耗损失，%；

m_1——装人圆筒试样质量，g；

m_2——试验后在1.7mm筛上洗净烘干的试样质量，g。

(九)粗集料对沥青黏附性试验

1. 目的和适用范围

(1)沥青与矿料黏附性试验是根据沥青黏附在粗集料表面的薄膜在一定温度下，受水的作用产生剥离的程度，以判断沥青与集料表面的黏附性能。

(2)本方法适用于测定沥青与矿料的粘附性及评定集料的抗水剥离能力。根据沥青混合料的最大集料粒径，对于大于13.2mm及小于(或等于)13.2mm的集料分别选用水煮法或水浸法进行试验，对同一种料源既有大于又有小于13.2mm不同粒径的集料时，取大于13.2mm水煮法试验为标准，对细粒式沥青混合料以水浸法试验为标准。

2. 仪具与材料

(1)天平：称量500g感量不大于0.01g。

(2)恒温水槽：能保持温度80℃±1℃。

(3)拌和用小型容器：5mL。

(4)烧杯：100mL。

(5)试验架。

(6)细线：尼龙线或棉线、铜丝线。

(7)铁丝网。

(8)标准筛9.5mm、13.2mm、19mm各1个(也可用圆孔筛：10mm、15mm、25mm代替)。

(9)烘箱：装有自动温度调节器。

(10)电炉、燃气炉。

(11)玻璃板：200mm×00mm左右。

(12)搪瓷盘：300mm×400mm左右。

(13)其他：拌和铲、石棉网、纱布、手套等。

3. 适用于大于 13.2mm 粗集料的试验方法(水煮法)

(1)准备工作

① 将集料用 13.2mm、19mm(或圆孔筛 15mm、25mm)过筛，取粒径 13.2～19mm(圆孔筛 15～25mm)形状接近立方体的规则集料 5 个，用洁净水洗净，置温度为(105±5)℃的烘箱中烘干，然后放在干燥器中备用。

② 将大烧杯中盛水，并置加热炉的石棉网上煮沸。

(2)试验步骤

① 将集料逐个用细线在中部系牢，再置于 105℃±5℃烘箱内 1h。准备沥青试样。

② 逐个取出加热的矿料颗粒用线提起，浸入预先加热的沥青(石油沥青 130℃～150℃、煤沥青 100℃～110℃)试样中 45s 后，轻轻拿出，使集料颗粒完全为沥青膜所裹覆。

③ 将裹覆沥青的集料颗粒悬挂于试验架上，下面垫一张废纸，使多余的沥青流掉，并在室温下冷却 15min。

④ 待集料颗粒冷却后，逐个用线提起，浸入盛有煮沸水的大烧杯中央，调整加热炉，使烧杯中的水保持微沸状态，但不允许有沸开的泡沫。

⑤ 浸煮 3min 后，将集料从水中取出，观察矿料颗粒上沥青膜的剥落程度，评定其粘附性等级。

③ 同一试样应平行试验 5 个集料颗粒，并由两名以上经验丰富的试验人员分别评定后，取平均等级作为试验结果。

4. 适用于小于 13.2mm 粗集料的试验方法(水浸法)

(1)准备工作

① 将集料用 9.5mm、13.2mm(或圆孔筛 10mm、15mm)过筛，取粒径 9.5～13.2mm(圆孔筛 10～15mm)形状规则的集料 200g 用洁净水洗净，并置温度为 105℃±5℃的烘箱烘干，然后放在干燥器中备用。

② 准备沥青试样功口热至与矿料的拌和温度。

③ 将煮沸过的热水注入恒温水浴中，维持 80℃±1℃恒温。

(2)试验步骤

① 按四分法称取集料颗粒(9.5～13.2mm)100g 置搪瓷盘中，连同搪瓷盘一起放入已升温至沥青拌和温度以上 5℃的烘箱中持续加热 1h。

② 按每 100g 矿料加入沥青(5.5±0.2)g 的比例称取沥青，准确至 0.1g。放入小型拌和容器中，一起置入同一烘箱中加热 15min。

③ 将搪瓷盘中的集料倒入拌和容器的沥青中后，从烘箱中取出拌和容器，立即用金属铲均匀拌和 1～1.5min，使集料完全被沥青膜裹覆，然后立即将裹有沥青的集料取 20 个，用小铲移至玻璃板上摊开，并置室温下冷却 1h。

④ 将放有集料的玻璃板浸入温度为(80±2)℃的恒温水槽中，保持 30min，并将剥离及浮于水面的沥青，用纸片捞出。

⑤ 由水中小心取出玻璃板，浸入水槽内的冷水中，仔细观察裹覆集料的沥青薄膜的剥落情况。由两名以上经验丰富的试验人员分别目测，评定剥离面积的百分率，评定后取平

均值表示。

⑥ 由剥离面积百分率评定沥青与集料黏附性的等级，见表1-29。

表1-29 沥青与集料的黏附性等级

试验后石料表面上沥青膜剥落情况	黏附性等级
沥青膜完全保存，剥落面积百分率接近0	5
沥青膜少部分为水所移动，剥落面积百分率少于10%	4
沥青膜局部明显为水所移动，基本上保留在石料表面，剥落面积百分率少于30%	3
沥青膜大部分为水所移动，基本上保留在石料表面，剥落面积百分率大于30%	2
沥青膜完全为水所移动，石料基本裸露，沥青全浮于水面上	1

（十）粗集料含水率快速试验（酒精燃烧法）

1. 目的与适用范围

快速测定碎石或砾石的含水率。

2. 仪具与材料

（1）天平：称量1000g，感量不大于1g。

（2）容器：铁或铝制浅盘。

（3）大于50mL的量筒或量杯。

（4）酒精：普通工业酒精。

3. 试验步骤

（1）取洁净容器，称其质量（m_0）。

（2）向干净的容器中加入约500g试样，称取试样与容器合质量m_1。

（3）向容器中的试样加入酒精约50mL，拌和均匀点火燃烧，并不断翻拌试样，待火焰熄灭后，过1min再加入酒精50mL，仍按上述步骤进行。

（4）待第二次火焰熄灭后，称取干试样与容器总质量m_2。

4. 结果整理

粗集料含水率按式（1-76）计算，精确至0.1%。以两次平行试验结果的算术平均值作为测定值。

$$\omega=\frac{m_1-m_2}{m_2-m_0}\times 100 \tag{1-76}$$

式中：ω——粗集料的含水率，%；

m_0——容器质量，g；

m_1——烧干前试样与容器总质量质量，g；

m_2——烧干后试样与容器总质量质量，g。

（十一）常用试验记录表格

本部分常用试验记录表格分别见表 1－30～表 1－34。

表 1－30 ________公路粗集料技术性能试验记录表

承包单位：　　　　　　　　　　　　　　　　　　　　　　　　合同号：

监理单位：　　　　　　　　　　　　　　　　　　　　　　　　编　号：

样品名称			试验日期				
样品来源			试验用途				
堆积密度 ρ（kg/m^3）	容器容积 V（L）	容器质量 m_1（kg）	容器＋石质量 m_2（kg）	$\frac{m_2-m_1}{V}\times100\%$	平均值②		
表观密度 ρ_a（kg/m^3）	石质量 m_a（g）	吊篮水中质量 m_1（g）	吊篮＋石水中质量 m_2（g）	$\frac{\rho_T m_a}{m_a-(m_2-m_1)}\times100\%$	平均值①		
空隙率 V_c（%）	表观密度（kg/m^3）	堆积密度（kg/m^3）	空隙率 $V_c=\left(1-\frac{\rho}{\rho_a}\right)\times100\%$		%		
吸水率 w_x（%）与毛体积密度 ρ_b（g/cm^3）	烘干试样质量 m_a（g）	晾干试样在空气中的质量 m_f（g）	饱和晾干试样在水中的质量 m_w（g）	$\rho_b=\frac{\rho_T m_a}{m_f-m_w}$	$w_x=\frac{m_f-m_a}{m_a}\times100\%$	平均吸水率（%）	平均毛体积密度（g/cm^3）
含泥量 Q_n（冲洗法）（%）	烘干前试样质量 m_0（g）	烘干后试样质量 m_1（g）	$Q_n=\frac{m_0-m_1}{m_0}\times100\%$			平均值（%）	
针片状颗粒含量	各粒级质量（g）			各粒级含量（%）			
	针片质量	片状质量	分级筛余质量	针状含量	片状含量	分级含量	
粒级（mm）							
4.75～9.5							
9.5～16							
16～20							
19～26.5							
26.5～31.5							
合计				针片状总含量＝（$\sum$①＋$\sum$②）/$\sum$③＝　　%			
结论： 试验工程师：　　　　年　月　日				监理意见： 监理人员：　　　　年　月　日			

试验人员：　　　　　　　　　　　　　　　　　　　　　　　　校核：

表 1-31 ________公路粗集料筛分试验记录表

承包单位：　　　　　　　　　　　　　　　　　　　　　　　　　　　合同号：

监理单位：　　　　　　　　　　　　　　　　　　　　　　　　　　　编　号：

样品名称					试验日期				
样品来源					取样日期				
试验用途									
干燥试样总质量(g)	第1组				第2组				平均值
水洗后筛上总质量(g)									
$m_{0.075}$(g)									
$\rho_{0.075}$(%)									
筛孔尺寸(mm)	筛余量(g)	分级筛余(%)	累计筛余(%)	通过率(%)	筛余量(g)	分计筛余(%)	累计筛余(%)	通过率(%)	平均通过率(%)
筛后总质量									
损耗(g)									
损耗率(%)									
扣除损耗后总质量(g)									
结论： 试验工程师：　　　　年　月　日					监理意见： 监理人员：　　　　年　月　日				

试验人员：　　　　　　　　　　　　　　　　　　　　　　　　　　　校核：

表 1-32 ________公路碎(砾)石压碎值、磨耗及软颗粒含量试验记录表

承包单位： 合同号：

监理单位： 编　号：

<table>
<tr><td>样品名称</td><td colspan="3"></td><td colspan="2">试验日期</td><td colspan="2"></td></tr>
<tr><td>样品来源</td><td colspan="3"></td><td colspan="2">试验用途</td><td colspan="2"></td></tr>
<tr><td rowspan="4">压碎值指标试验</td><td>试验前试样质量(g)</td><td colspan="3">试验后通过 2.36mm 筛的质量(g)</td><td>压碎值(%)</td><td>平均值(%)</td><td>换算值(%)</td></tr>
<tr><td></td><td colspan="3"></td><td></td><td rowspan="3"></td><td rowspan="3"></td></tr>
<tr><td></td><td colspan="3"></td><td></td></tr>
<tr><td></td><td colspan="3"></td><td></td></tr>
<tr><td rowspan="4">磨耗试验
（洛杉矶法）</td><td>试验前试样质量(g)</td><td colspan="4">试验后通过 1.7mm 筛洗净的试样质量(g)</td><td>磨耗率(%)</td><td>平均值(%)</td></tr>
<tr><td></td><td colspan="2"></td><td colspan="2"></td><td></td><td rowspan="3"></td></tr>
<tr><td></td><td colspan="2"></td><td colspan="2"></td><td></td></tr>
<tr><td></td><td colspan="2"></td><td colspan="2"></td><td></td></tr>
<tr><td rowspan="5">软颗粒含量试验</td><td>试样质量(g)</td><td colspan="4">软颗粒质量(g)</td><td>软颗粒含量(%)</td><td>平均值(%)</td></tr>
<tr><td></td><td>4.75～9.5</td><td>9.5～16</td><td>>16</td><td>总量</td><td></td><td rowspan="4"></td></tr>
<tr><td></td><td></td><td></td><td></td><td></td><td></td></tr>
<tr><td></td><td></td><td></td><td></td><td></td><td></td></tr>
<tr><td></td><td></td><td></td><td></td><td></td><td></td></tr>
<tr><td colspan="4">结论：

试验工程师：　　　　年　月　日</td><td colspan="4">监理意见：

监理人员：　　　　年　月　日</td></tr>
</table>

试验人员： 校核：

表 1－33 ________公路沥青与矿料的黏附性试验记录表

承包单位： 合同号：

监理单位： 编　号：

沥青名称			试验日期		
沥青来源			集料名称		
集料来源					
试样编号	试验方法	集料粒径(mm)	沥青剥落面积及程度描述		黏附性等级
结论： 试验工程师：　　　　年　月　日			监理意见： 监理人员：　　　　年　月　日		

试验人员： 校核：

表 1－34 ________公路含水率试验记录表

承包单位： 合同号：

监理单位： 编　号：

样品名称				试验日期				
样品来源				试验用途				
盒　号								
盒＋湿土质量(g)								
盒＋干土质量(g)								
盒质量(g)								
水分质量(g)								
干土质量(g)								
含水率(％)								
平均含水率(％)								

结论：

试验工程师：　　　年　月　日

监理意见：

监理人员：　　　年　月　日

试验人员： 校核：

第三部分　细集料

一、试验项目依据

公路工程用细集料试验项目依据包括：《公路桥涵施工技术规范》(JTG/TF50—2011)；《公路隧道施工技术规范》(JTG60—2009)；《公路水泥混凝土路面施工技术细则》(JTG/T F30—2014)；《公路沥青路面施工技术规范》(JTG F40—2004)；《公路路面基层施工技术细则》(JTG/T F20—2015)。

二、检测参数及方法

检测参数包括：(1)颗粒分析(筛分法)；(2)表观密度(容量瓶法)；(3)堆积密度及紧装密度；(4)含水率快速试验(酒精燃烧法)；(5)含泥量(筛洗法)；(6)砂含量；(7)泥块含量；(8)有机质含量；(9)云母含量；(10)轻物质含量；(11)坚固性；(12)硫化物含量；(13)亚甲蓝试验；(14)压碎值指标。以上参数均按《公路工程集料试验规则》(JTG E42—2005)进行检测。

三、常用参数的试验细则

(一)细集料筛分试验

1. 目的与适用范围

测定细集料(天然砂、人工砂、石屑)的颗粒级配及粗细程度。对水泥混凝土用细集料可采用干筛法，如果需要也可以采用水洗法筛分。对沥青混合料及基层用细集料必须采用水洗法筛分。

2. 仪具与试样准备

(1)仪具：标准筛；天平(感量不大于 0.5g)；摇筛机；烘箱；浅盘和毛刷等。

(2)试样准备：用 9.5mm 或 4.75mm 标准筛对样品进行过筛，筛除其中超粒径的材料。然后将样品在潮湿状态下充分拌匀，用四分法缩分至每份不少于 550g 的试样两份，在(105±5)℃烘箱中烘干至恒重，冷却至室温后备用。

3. 干筛法试验步骤

(1)准确称取烘干试样约 500g(m_1)，准确至 0.5g，置于套筛的最上面一只(即 4.75mm 筛)，将套筛装入摇筛机，摇筛约 10min，然后取出套筛，再按筛孔大小顺序，从最大的筛号开始，在清洁的浅盘上逐个进行手筛，直到每分钟的筛出量不超过筛上剩余量的 0.1%时为止，将筛出通过的颗粒并入下一号筛，和下一号筛中的试样一起过筛，以此顺序进行至各号筛全部筛完为止。

(2)称量各筛筛余试样的质量，精确至 0.5g。所有各筛的分计筛余量和底盘中剩余量的总量与筛分前的试样总量，相差不得超过后者的 1%。

4. 水洗法试验步骤

(1)准确称取烘干试样约 500g(m_1)，准确至 0.5g，将试样置一洁净容器中，加入足够数量的洁净水，将集料全部淹没。

(2)用搅棒充分搅动集料，将集料表面洗涤干净，使细粉悬浮在水中，但不得有集料从水中溅出。

(3)用 1.18mm 筛及 0.075mm 筛组成套筛。仔细将容器中混有细粉的悬浮液徐徐倒出，经过套筛流入另一容器中，但不得将集料倒出。

(4)重复步骤(1)～步骤(3)，直到倒出的水洁净且小于 0.075mm 的颗粒全部倒出。

(5)将容器中的集料倒入搪瓷盘中，用少量水冲洗，使容器上黏附的集料颗粒全部进入搪瓷盘中。将筛子反扣过来，用少量的水将筛上的集料冲人搪瓷盘中。操作过程中不得有集料散失。

(6)将搪瓷盘连同集料一起置(105±5)℃烘箱中烘干至恒重，冷却至室温后，称取试样的质量 m_2，准确至 0.1%。m_1 与 m_2 之差即为通过 0.075mm 筛的部分。

(7)将全部要求筛孔组成套筛(但不需 0.075mm 筛)，将已经洗去小于 0.075mm 部分的干燥集料置于套筛上(通常为 4.75mm 筛)，将套筛装入摇筛机，摇筛约 10min，然后取出套筛，再按筛孔大小顺序，从最大的筛号开始，在清洁的浅盘上逐个进行手筛，直至每分钟的筛出量不超过筛上剩余量的 0.1%时为止，将筛出通过的颗粒并入下一号筛，和下一号筛中的试样一起过筛，这样顺序进行，直至各号筛全部筛完为止。

(8)称量各筛筛余试样的质量，精确至 0.5g。所有各筛的分计筛余量和底盘中剩余量的总量与筛分前的试样总量 m_2 的差值，相差不得超过后者的 1%。

5. 结果整理

(1)计算分计筛余百分率：各号筛的分计筛余百分率为各号筛上的筛余量除以试样总量 m_1 的百分率，精确至 0.1%。

(2)计算累计筛余百分率各号筛的累计筛余百分率为该号筛及大于该号筛的各号筛的分计筛余百分率之和，准确至 0.1%。

(3)计算质量通过百分率：各号筛的质量通过百分率等于 100 减去该号筛的累计筛余百分率，准确至 0.1%。

(4)根据各筛的累计筛余百分率或通过百分率，绘制级配曲线。

(5)天然砂的细度模数按式(1-77)计算，精确至 0.01。

$$M_x=\frac{A_{0.15}+A_{0.3}+A_{0.6}+A_{1.18}+A_{2.36}-5A_{4.75}}{100-A_{4.75}} \tag{1-77}$$

式中：M_x——砂的细度模数；

$A_{0.15}$，$A_{0.3}$，…，$A_{4.75}$——0.15mm，…，4.75mm 各筛上累计筛余百分率，%。

(6)应进行两次平行试验，以试验结果的算术平均值作为测定值。如两次试验所得的细度模数之差大于 0.2，应重新进行试验。

(二)细集料表观密度试验(容量瓶法)

1. 目的和适用范围

用容量瓶测定细集料(天然砂、石屑、机制砂)在 23℃时对水的表观相对密度和表观密度。本方法适用于含有少量大于 2.36mm 部分的细集料。

2. 仪具及试样准备

(1)天平：感量不大于 1g；

(2)容量瓶：500mL；

(3)其他仪具：烘箱、浅盘、温度计等。

3. 试样准备

将缩分至 650g 左右的试样在温度为(105±5)℃烘箱中烘干至恒重，冷却至室温后分成两份备用。

4. 试验步骤

(1)称取试样约 300g(m_0)，装入盛有半瓶洁净水的容量瓶中。

(2)摇转容量瓶，使试样在已保温至(23±1.7)℃的水中充分搅动以排除气泡，塞紧瓶塞，在恒温条件下静置 24h 左右，然后用滴管添水，使水面与瓶颈刻度线齐平，再塞紧瓶塞，擦干瓶外水分，称其总质量 m_2。

(3)倒出瓶中的水和试样，将瓶的内外表面洗净，再向瓶内注入同样温度的洁净水(温差不超过 2℃)至瓶颈刻度线，塞紧瓶塞，擦干瓶外水分，称其总质量 m_1。

4. 结果整理

(1)细集料的表观相对密度按式(1-78)计算，结果保留至小数点后 3 位。

$$\gamma_a=\frac{m_0}{m_0+m_1-m_2} \tag{1-78}$$

式中：γ_a——细集料的表观相对密度，无量纲；

m_0——试样的烘干质量，g；

m_1——水和容量瓶的总质量，g；

m_2——试样、水和容量瓶的总质量，g。

(2)表观密度按式(1-79)计算，结果保留至小数点后 3 位。

$$\rho_a=\gamma_a\times\rho_T \tag{1-79}$$

式中：ρ_a——粗集料的表观密度，g/cm³；

ρ_T——试验温度 T 下水的密度，按表 1-5 选用，g/cm³。

(3)应进行两次平行试验，以试验结果的算术平均值作为测定值。如两次试验结果之差大于 0.01g/cm³，应重新进行试验。

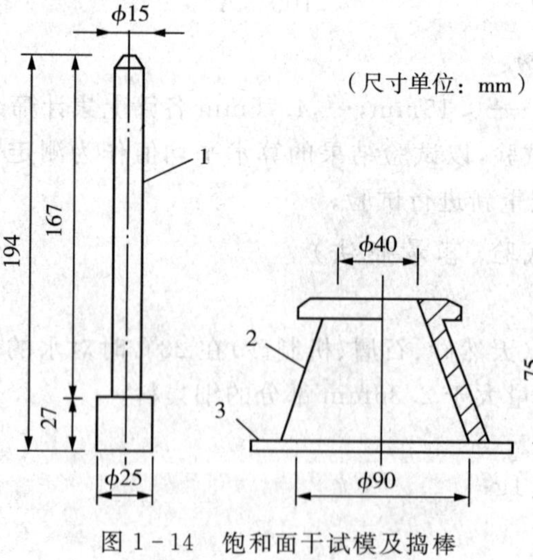

图 1-14 饱和面干试模及捣棒

1—捣棒；2—试模；3—玻璃板

(三)细集料密度及吸水率试验(坍落筒法)

1. 目的和适用范围

(1)用坍落筒测定细集料(天然砂、石屑、机制砂)在23℃时对水的毛体积相对密度、表观相对密度、表干相对密度(饱和面干相对密度)。

(2)用坍落筒测定细集料(天然砂、石屑、机制砂)处于饱和面干状态时的吸水率。

(3)用坍落筒测定细集料(天然砂、石屑、机制砂)的毛体积密度、表观密度、表干密度(饱和面干密度)。

2. 试验仪具

(1)天平:称量1kg,感量不大于0.1g。

(2)饱和面干试模:上口径(40±3)mm,下口径(90±3)mm,高(75±3)mm的坍落度筒。

(3)捣棒:金属棒,直径(25±3)mm,质量(340±15)g。

(4)烧杯、容量瓶:500mL。

(5)洁净水:温度(23±1.7)℃。

(6)其他:烘箱,吹风机(手提式),浅盘,温度计等。

3. 试样准备

(1)将来样用2.36mm标准筛过筛,除去大于2.36mm的部分。在潮湿状态下用四分法缩分细集料至每份1000g,拌匀后分成两份,分别装入浅盘或其他合适的容器中。

(2)注入洁净水,使水面高出试样表面20mm左右[测量水温并控制在(23±1.7)℃],用玻璃棒连续搅拌5min,以排除气泡,静置24h。

(3)细心地倒去试样上部的水,但不得将细粉部分倒走,并用吸管吸去余水。

(4)将试样在盘中摊开,用手提吹风机缓缓吹入暖风,并不断翻拌试样,使集料表面的水在各部分均匀蒸发,达到估计的饱和面干状态。注意吹风过程中不得使细粉损失。

(5)然后将试样松散地一次装入饱和面干试模中,用捣棒轻捣25次,捣棒端面距试样表面距离不超过10mm,使之自由落下,捣完后刮平模口,如留有空隙亦不必再装满。

(6)从垂直方向徐徐提起试模,如试样保留锥形没有坍落,则说明集料中尚含有表面水,应继续按上述方法用暖风干燥、试验,直至试模提起后试样开始出现坍落为止。如试模提起后试样坍落过多,则说明试样已干燥过分,此时应将试样均匀洒水约5mL,经充分拌匀,并置于加盖的容器中30min后,再按上述方法进行试验,至达到饱和面干状态为止。判断饱和面干状态的标准,对天然砂,宜以“在试样中心部分上部成为2/3左右的圆锥体,即大致坍落1/3左右”作为标准状态;对机制砂和石屑,宜以“当移去坍落度筒第一次出现坍落时的含水率即最大含水率”作为试样的饱和面干状态。

4. 试验步骤

(1)立即称取饱和面干试样约300g(m_3)。

(2)将试样迅速放入容量瓶中,勿使水分蒸发和集料散失,而后加洁净水至约450mL刻度处,转动容量瓶排除气泡后,再仔细加水至500mL刻度处,塞紧瓶塞,擦干瓶外水分,称其总量(m_2)。

(3)全部倒出集料试样,洗净瓶内外,用同样的水[每次需测量水温,宜为(23±1.7)℃,

两次水温相差不大于 2℃],加至 500mL 刻度处,塞紧瓶塞,擦干瓶外水分,称其总质量(m_1)。将倒出的集料试样烘干至恒重,冷却至室温,称取干样的质量(m_0)。

5. 结果整理

(1)细集料的表观相对密度 γ_a、表干相对密度 γ_s 以及毛体积密度 γ_b 分别按式(1-80)~式(1-82)计算,精确至小数点后 3 位。

$$\gamma_a=\frac{m_0}{m_0+m_1-m_2} \tag{1-80}$$

$$\gamma_s=\frac{m_3}{m_3+m_1-m_2} \tag{1-81}$$

$$\gamma_b=\frac{m_0}{m_3+m_1-m_2} \tag{1-82}$$

式中:γ_a——细集料表观相对密度,无量纲;

γ_s——细集料表干相对密度,无量纲;

γ_b——细集料毛体积相对密度,无量纲;

m_1——水、瓶总质量,g;

m_2——饱和面干试样、水、瓶总质量,g;

m_3——饱和面干试样质量,g;

m_0——试样烘干后质量,g。

(2)细集料表观密度 ρ_a、表干密度 ρ_s、毛体积密度 ρ_b 分别按式(1-83)~式(1-85)计算,精确至小数点后 3 位。不同水温条件下测量的细集料密度需进行水温修正,不同试验温度下水的密度 ρ_T 按表 1-25 选用。

$$\rho_a=\gamma_a\times\rho_T \tag{1-83}$$

$$\rho_s=\gamma_s\times\rho_T \tag{1-84}$$

$$\rho_b=\gamma_b\times\rho_T \tag{1-85}$$

式中:ρ_a——细集料的表观密度,g/cm³;

ρ_s——细集料的表干密度,g/cm³;

ρ_b——细集料的毛体积密度,g/cm³。

(3)细集料吸水率以烘干试样为基准,按式(1-86)计算,精确至 0.01%。

$$w_x=\frac{m_3-m_0}{m_0}\times100 \tag{1-86}$$

式中:w_x——细集料吸水率,%;

其他意义同前。

(4)毛体积密度及饱和面干密度以两次平行试样结果的算术平均值为测定值,如两次平均值之差大于 0.01g/cm³时，应重新试验。

(5)吸水率以两次平行试样结果的算术平均值为测定值，如两次平均值之差大于 0.02%时，应重新试验。

(四)细集料堆积密度及紧装密度试验

1. 目的与适用范围

测定砂自然状态下的堆积密度、紧装密度及空隙率。

2. 试验仪具

(1)台秤：称量 5kg，感重 5g。

(2)容量筒：金属制，圆筒形，内径 108mm，净高 109mm，筒壁厚 5mm，容积 1L。

(3)标准漏斗(见图 1-15)。

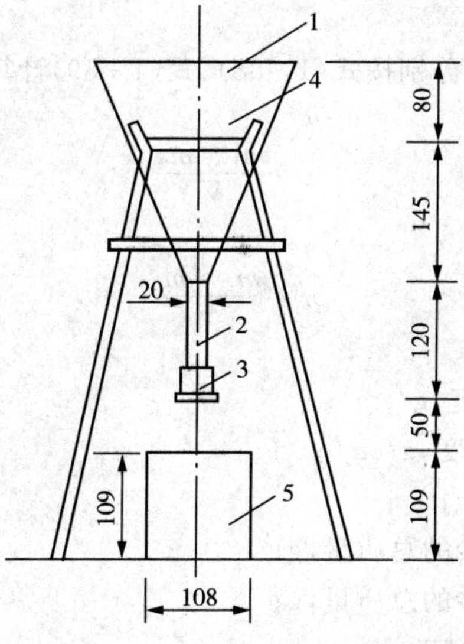

图 1-15　标准漏斗(尺寸单位：mm)

1—漏斗；2—ϕ20mm 管子；3—活动门；4—筛；5—金属量筒

(4)其他：烘箱、浅盘等。

3. 试样准备

(1)试样制备：用浅盘装来试样约 5kg，在烘箱中烘干至恒重，冷却至室温，分成大致相等的两等份备用。

(2)容量筒容积校正：以温度为 20℃±5℃的洁净水装满容量筒，用玻璃板沿筒口滑移，使其紧贴水面，玻璃板与水面之间不得有空隙。擦干筒外壁水分，然后称量，用式(1-87)计算筒的容积 V。

$$V=m'_2-m'_1 \tag{1-87}$$

式中：V——容量筒的容积，mL；

m'_2——容量筒和玻璃板的总质量，g；

m'_1——容量筒、玻璃板和水的总质量，g。

4. 试验步骤

(1)堆积密度：将试样装入漏斗中，打开底部的活动门，将砂流入容量筒中，也可直接用小勺向容量筒中装试样，但漏斗出料口或料勺距容量筒筒口均应为 50mm 左右，试样装满并超出容量筒口后，用直尺将多余的试样沿筒口中心线向两个相反方向刮平，称取质量 m_1。

(2)紧装密度：取试样 1 份，分两层装入容量筒。装完一层后，在筒底放一根 10mm 的钢筋，将筒按住，左右交替颠击地面各 25 下，然后装第二层。

第二层装满后用同样方法颠实(但筒底所垫钢筋的方向应与等一层方向垂直)，两层装完并颠实后，添加试样超出容量筒筒口，然后用直尺将多余试样沿筒口中心线向两个相反方向刮平，称其质量 m_2。

5. 结果整理

(1)堆积密度及紧装密度分别按式(1-88)、式(1-89)计算，精确至小数点后 3 位。

$$\rho=\frac{m_1-m_0}{V} \tag{1-88}$$

$$\rho'=\frac{m_2-m_0}{V} \tag{1-89}$$

式中：ρ——细集料的堆积密度，g/cm³；

ρ'——细集料的堆积密度，g/cm³；

m_0——容量筒的质量，g；

m_1——容量筒与堆积砂的总质量，g；

m_2——容量筒与紧装砂的总质量，g；

V——容量筒的容积，mL。

(2)细集料的空隙率按式(1-90)计算，精确至 0.1%。

$$n=\left(1-\frac{\rho}{\rho_a}\right)\times 100 \tag{1-90}$$

式中：n——细集料的空隙率，%；

ρ——细集料的堆积或紧装密度，g/cm³；

ρ_a——细集料的表观密度，g/cm³。

(3)以两次试验结果的平均值作为测定值。

(五)细集料含泥量试验(筛洗法)

1. 目的和适用范围

(1)本方法仅用于测定天然砂中粒径小于 0.075mm 的尘屑、淤泥和黏土的含量。

(2)本方法不适用于人工砂、石屑等矿粉含量较多的细集料。

2. 试验仪具

(1)天平:称量 1kg,感量不大于 1g;

(2)标准筛(0.075mm、1.18mm 方孔筛各一个);

(3)烘箱、浅盘等。

3. 试样准备:

将来样用四分法缩分至每份约 1000g,置于温度为(105±5℃)烘箱中烘干至恒重,冷却至室温后,称取约 400g(m_0)的试样两份备用。

4. 试验步骤

(1)取烘干的试样一份置于筒中,并注入洁净的水,使水面高出砂面约 200mm,充分拌和均匀后,浸泡 24h,然后用手在水中淘洗试样,使尘屑、淤泥和黏土与砂粒分离,并使之悬浮水中,缓缓地将浑浊液倒入 1.18mm 至 0.075mm 的套筛上,滤去小于 0.075mm 的颗粒。试验前筛子的两面应先用水湿润,在整个试验过程中应避免砂粒丢失。

(2)再次加水于筒中,重复上述过程,直至筒内砂样洗出的水清澈为止。

(3)用水冲洗剩留在筛上的细粒,并将 0.075mm 筛放在水中来回摇动,以充分洗除小于 0.075mm 的颗粒;然后将两筛上筛余的颗粒和筒中已经洗净的试样一并装入浅盘,置于温度为(105±5)℃烘箱中烘干至恒重,冷却至室温后,称取试样质量 m_1。

5. 结果整理

含泥量按式(1-91)计算,精确至 0.1%。以两次试样试验结果的算术平均值作为测定值。两次结果的差值超过 0.5%时,应重新取样进行试验。

$$Q_n=\frac{m_0-m_1}{m_0}\times 100 \tag{1-91}$$

式中:Q_n——细集料的含泥量,%;

m_0——试验前的烘干质量,g;

m_1——试验后的烘干质量,g。

6. 试验记录表格式

见本章“(九)常用参数试验记录表格”。

(六)细集料砂当量试验

1. 目的和适用范围

本方法适用于测定天然砂、人工砂、石屑等各种细集料中所含的黏性土或杂质的含量,以评定集料的洁净程度。砂当量用 SE 表示。

2. 试验仪具与试剂

(1)透明圆柱试筒:透明塑料制(图 1-16),外径 40mm±0.5mm,内径 32mm±0.25mm,高度 420mm±0.25mm。在距试筒底部 100mm、380mm 处刻画刻度线,试筒口配有橡胶瓶口塞。

(2)冲洗管：不锈钢制(图 1－17)，由一根弯曲的硬管组成，其外径为 6mm±0.5mm，内径为 4mm±0.2mm，管的上部有一个开关，下部有一个不锈钢两侧带孔尖头，孔径为 1mm±0.1mm。

(3)透明玻璃或塑料桶：容积 5L，有一根虹吸管放置桶中，桶底高出工作台约 1m。

(4)橡胶管(或塑料管)：长约 1.5m，内径 5mm 的橡胶管，同与冲洗管连在一起吸液用，配有金属夹，以控制冲洗液流量。

(5)配重活塞：由长 440mm±0.25mm 杆、直径 25mm±0.1mm 底座(下面平坦、光滑，垂直于杆轴)、套筒和配重组成。外形尺寸见图 1－18。且在活塞上有三个横向螺丝可保持活塞在试筒中间，并使活塞与试筒之间有一条小缝隙。

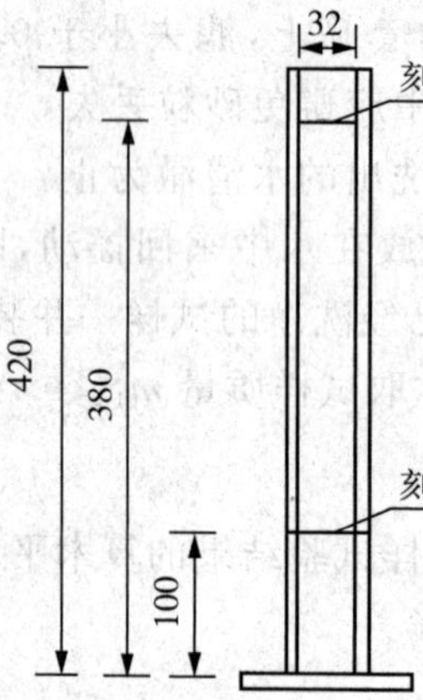

图 1－16　透明圆柱试筒(单位：mm)

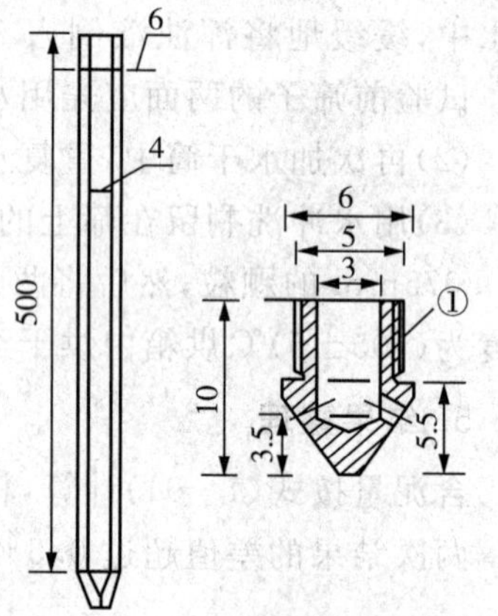

图 1－17　冲洗管(单位：mm)

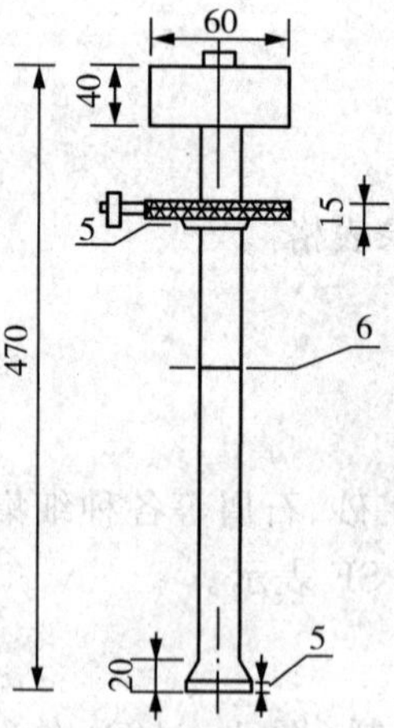

图 1－18　配重活塞(单位：mm)

套筒为黄铜或不锈钢制，厚 10mm±0.1mm，大小适合试筒并且引导活塞杆，能标记筒中活塞下沉的位置。套筒上有一个螺钉用以固定活塞杆。配重为 1kg±5g。

(6)机械振荡器：使试筒产生横向的直线运动振荡。

(7)其他仪具：天平(感量不大于 0.1g)；烘箱；秒表；温度计；钢板尺等。

(8)试剂：无水氯化钙、丙三醇、甲醛、洁净水等。

3. 样品准备

(1)将样品提前通过孔径 4.75mm 筛，去掉筛上的粗颗粒部分，试样数最不少于 1000g。如样品过分干燥，可在筛分之前加少量水分湿润(含水率为 3%左右)，用包橡胶的小锤打碎土块，然后再过筛，以防止将土块作为粗颗粒筛除。当粗颗粒部分在筛分时被不能分离的杂质裹覆时，应将筛上该部分的粗集料进行清洗，并回收其中的细粒放入试样中。

(2)按标准方法测定试样含水率，计算相当于 120g 干燥试样的样品湿重，准确至 0.1g。

(3)根据需要确定冲洗液的数量，通常一次性配制冲洗液 5L，约可进行 10 次试验。如试验次数较少，可按比例减少，但不宜少于 2L，以减少试验误差。冲洗液的浓度以每升冲洗液中的氯化钙、甘油、甲醛含量分别为 2.79g、12.12g、0.34g 控制。称取配制 5L 冲洗液的各种试剂的用量：氯化钙 14.0g；甘油 60.6g；甲醛 1.7g。

(4)称取无水氯化钙 14.0g 放入烧杯中，加洁净水 30mL 充分溶解，此时溶液温度会升高，待溶液冷却至室温，观察是否有不溶的杂质，若有杂质必须用滤纸将溶液过滤，除去不溶的杂质。

(5)然后倒入适量洁净水稀释，加入甘油 60.6g，用玻璃棒搅拌均匀后再加入甲醛 1.7g，用玻璃棒搅拌搅匀后全部倒入 1L 量筒中，并用少量洁净水分别对盛过 3 种试剂的器皿洗涤 3 次，每次洗涤的水均放入量筒中，最后加入洁净水至 1L 刻度线。

(6)将配制的 lL 溶液倒入塑料桶或其他容器中，再加入 4L 洁净水或纯净水稀释至(5±0.005)L。该冲洗液的使用期限不得超过 2 周，超过 2 周后必须废弃，其工作温度为(22±3)℃。

4. 试验步骤

(1)用冲洗管将冲洗液加入试筒，直到最下面的 100mm 刻度处(约需 80m 试验用冲洗液)。

(2)把相当于(120±1)g 干料重的湿样用漏斗仔细地倒入竖立的试筒中。

(3)用手掌反复敲打试筒下部，以除去气泡，使试样尽快湿润，然后放置 l0min。

(4)在试样静止(10±1)min 后，在试筒上塞上橡胶塞堵住试筒，将试筒水平固定在震荡机上。开动机械振荡器，在(30±1)s 的时间内振荡 90 次。用手振荡时，仅需手腕振荡，不必晃动手臂，以维持振幅 230mm±25mm，振荡时间和次数与机械振荡器相同，然后将试筒取下竖直放回试验台上，拧下橡胶塞。

(5)将冲洗管插入试筒中，用冲洗液冲洗附在试筒壁上的集料，然后迅速将冲洗管插到试筒底部，不断转动冲洗管，使附着在集料表面的土粒杂质浮游上来；

(6)缓慢匀速向上拔出冲洗管，当冲洗液抽出液面，且保持液面位于 380mm 刻度线时，切断冲洗管的液流，使液面保持在 380mm 刻度线处，然后开动秒表在没有扰动的情况下静置 20min±15s。

(7)如图 1－19 所示，在静置 20min 后，用尺量测从底部到絮状物上页面的高度 h_1。

(8)将配重活塞徐徐插入试筒里，直至碰到沉淀物时，立即拧紧套筒上的固定螺丝。将活塞取出，用直尺插入套筒开口中，量取套筒顶面至活塞底面的高度 h_2，准确至 1mm。同时记录试筒内的温度，准确至 1℃。

(9)按上述步骤进行 2 个平行试验。

5. 结果整理

试样砂当量按式(1－92)计算。一种集料应平行测定两次，取两次试样的平均值，并以活塞测得砂当量为准，并以整数表示。

$$SE=\frac{h_2}{h_1}\times 100 \qquad (1-92)$$

式中：SE——试样的砂当量，%；

h_2——试筒中用活塞测定的集料沉淀物的高度，mm；

h_1——试筒中絮状物和沉淀物的总高度，mm。

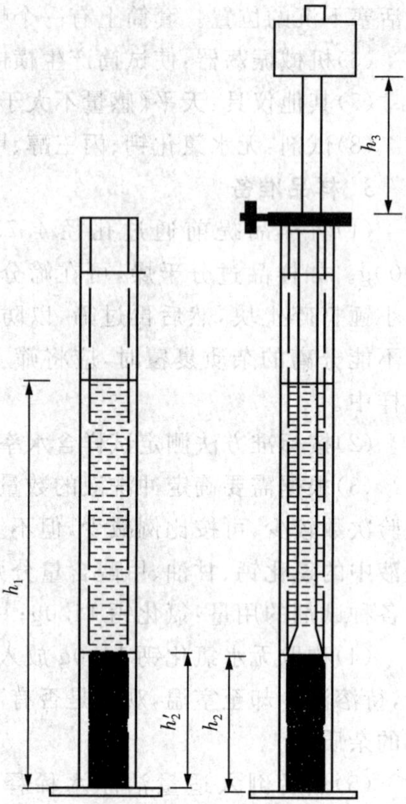

图 1－19　读数示意图

(七)细集料泥块含量试验

1. 目的和适用范围

测定水泥混凝土用砂中粒径大于 1.18mm 的泥块含量。

2. 仪具与材料

(1)天平：称量 2kg，感量不大于 2g。

(2)烘箱：能控温在 105℃±5℃。

(3)标准筛：孔径 0.6mm 及 1.18mm。

(4)其他：洗砂用的筒及烘干用的浅盘等。

3. 试验准备

将来样用四分法缩分至每份约 2500g，置于温度为(105±5)℃烘箱中烘干至恒重，冷却至室温后，用 1.18mm 筛筛分，取筛上的砂约 400g 分两份备用。

4. 试验步骤

(1)取试样 1 份 200g(m_1)置于容器中，并注入洁净的水，使水面至少超出砂面约 200mm，充分混均匀后，静置 24h，然后用手在水中捻碎泥块，再把试样放在 0.6mm 筛上，用水淘洗至水清澈为止。

(2)筛余下来的试样应小心地从筛里取出，并在(105±5)℃烘箱中烘干至恒重，冷却至室温后称量 m_2。

5. 计算

砂中泥块含量按式(1-93)计算，精确至0.1%。取两次平行试验结果的算术平均值作为测定值，两次结果的差值如超过0.4%，应重新取样试验。

$$Q_k=\frac{m_1-m_2}{m_1}\times100 \tag{1-93}$$

式中：Q_k——细集料中大于1.18mm泥块含量，%；

m_1——试验前存留于1.18mm筛上的烘干质量，g；

m_2——试验后的烘干质量，g。

(八)细集料含水率快速试验(酒精燃烧法)

1. 目的和适用范围

快速测定细集料(砂)的含水率。

2. 仪具与材料

(1)天平：称量200g，感量不大于0.2g。

(2)容器：铁或铝制浅盘。

(3)大于50mL的量筒或量杯。

(4)酒精：普通工业酒精。

3. 试样步骤

(1)取干净容器，称其质量 m_1。

(2)向干净的容器中加入约100g试样，称取试样与容器总质量 m_2。

(3)向容器中的试样加入约20mL酒精，拌和均匀点火燃烧，并不断翻拌试样，待火焰熄灭后，过1min，再加入酒精约20mL，仍按上述步骤进行。

(4)待第二次火焰熄灭后，称取试样与容器总质量 m_3。

4. 结果整理

细集料含水率按式(1-94)计算，精确至0.1%。以两次平行试验结果的算术平均值作为测定值。

$$\omega=\frac{m_2-m_3}{m_2-m_1} \tag{1-94}$$

式中：ω——砂的含水率，%；

m_1——容器质量，g；

m_2——燃烧前试样与容器总质量，g；

m_3——燃烧后试样与容器总质量，g。

(九)常用参数试验记录表格

本部分常用参数试验记录表格分别见表 1－35～表 1－38。

表 1－35 ________公路细集料技术性能试验记录表

承包单位：　　　　　　　　　　　　　　　　　　　　　　　　合同号：

监理单位：　　　　　　　　　　　　　　　　　　　　　　　　编　号：

样品名称			试验日期		
样品来源			试验用途		
堆积密度 ρ (g/cm^3)	容器容积 V(L)	容器质量 m_0(kg)	容器＋砂质量 m_1(kg)	$\rho=\frac{m_1-m_0}{V}$	平均值
表观密度 ρ_a (g/cm^3)	砂质量 m_0(g)	吊篮水中质量 m_1(g)	吊篮＋石水中质量 m_2(g)	$\rho_a=\frac{\rho_T m_0}{m_0+m_1-m_2}$	平均值
空隙率 n (%)	表观密度(g/cm^3)	堆积密度(g/cm^3)	空隙率 $n=\left(1-\frac{\rho}{\rho_a}\right)\times100\%$		%
毛体积密度 ρ_b(g/cm^3)	烘干试样质量 m_4(g)	饱和面干试样质量 m_1(g)	水＋瓶总质量 m_2(g)	饱和面干试样＋水质量 m_3(g)	$\frac{\rho_T m_4}{m_1+m_2-m_3}$ 平均毛体积密度(g/cm^3)
吸水率 w_x(%)	饱和面干试样质量 m_1(g)	烘干试样质量 m_4(g)	吸水率 $w_x=\frac{m_1-m_4}{m_4}\times100\%$		平均吸水率(%)
含泥量 Q_n (冲洗法) (%)	试样总质量 m_0(g)	烘干后试样质量 m_1(g)	含泥量 $Q_n=\frac{m_0-m_1}{m_0}\times100\%$		平均值(%)
云母含量 (%)	$\frac{挑出的云母质量(g)}{烘干试样质量(g)}\times100\%$				
SO_3 定性结果	试注入时间：　时　分　判定时间：　日　时 注：如有白色沉淀物产生，须另进行定量试验。				
结论： 试样工程师：　　　　年　月　日			监理意见： 监理人员：　　　　年　月　日		

试验人员：　　　　　　　　　　　　　　　　　　　　　　　　校核：

表 1－36 ______公路细集料筛分试验记录表

承包单位： 合同号：

监理单位： 编　号：

样品名称				试验日期						
样品来源				试验用途						
试样质量(g)	筛孔尺寸(mm)	筛余量(g)		分级筛余(%)		累计筛余(%)		通过百分率(%)		
试样Ⅰ质量(g)	9.5	Ⅰ	Ⅱ	Ⅰ	Ⅱ	Ⅰ	Ⅱ	Ⅰ	Ⅲ	平均
	4.75									
	2.36									
	1.18									
试样Ⅱ质量(g)	0.6									
	0.3									
	0.15									
	底筛									
天然砂的细度模数 M_x 计算										
试验次数	$M_x=\dfrac{A_{0.15}+A_{0.3}+A_{0.6}+A_{1.18}+A_{2.36}-5A_{4.75}}{100-A_{4.75}}$									平均值
Ⅰ										
Ⅱ										

砂子筛分级配图

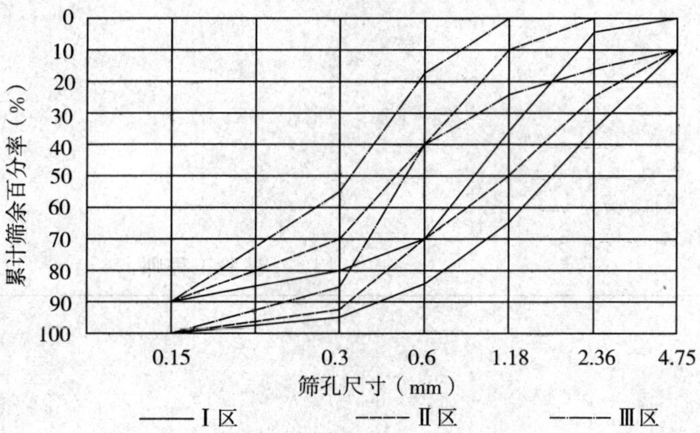

结论：	监理意见：
试验工程师：　　　年　月　日	监理人员：　　　年　月　日

试验人员： 校核：

表 1－37 ________公路砂当量试验记录表

承包单位：　　　　　　　　　　　　　　　　　　　　　　　　　　　　合同号：

监理单位：　　　　　　　　　　　　　　　　　　　　　　　　　　　　编　号：

样品名称		试验日期		
样品来源		试验用途		
级配范围				
项目	次数			
	1	2	3	
试筒中絮凝物和沉淀物的高度(h_1)				
试筒中用活塞测定的集料沉淀物的高度(h_2)				
砂当量(%)$=\left(\frac{h_2}{h_1}\times 100\right)$				
平均值(%)				
要求值(%)				

结论：

试验工程师：　　　　　　年　月　日

监理意见：

监理工程师：　　　　　　年　月　日

试验人员：　　　　　　　　　　　　　　　　　　　　　　　　　　　　校核：

表 1-38 ________公路含水率试验记录表(酒精燃烧法)

承包单位：　　　　　　　　　　　　　　　　　　　　合同号：

监理单位：　　　　　　　　　　　　　　　　　　　　编　号：

样品名称				试验日期				
样品来源				试验用途				
盒号								
盒＋湿土质量(g)								
盒＋干土质量(g)								
盒质量(g)								
水分质量(g)								
干土质量(g)								
含水率(%)								
平均含水率(%)								
结论： 试验工程师：　　　　年　月　日								
监理意见： 监理工程师：　　　　年　月　日								

试验人员：　　　　　　　　　　　　　　　　　　　　校核：

第四部分　沥青混合料用矿粉

一、试验项目依据

公路工程用矿粉项目依据为《公路沥青路面施工技术规范》(JTG F40—2004)。

二、检测参数及方法

公路工程用矿粉试验项目检测参数有：①筛分(水洗法)；②密度；③亲水系数；④塑性指数；⑤加热安定性。

以上参数均按《公路工程集料试验规程》(JTGE 42—2005)进行检测。

三、常用参数的试验细则

(一)矿粉筛分试验(水洗法)

1. 目的和适用范围

测定矿粉的颗粒级配。同时测定供拌制沥青混合料用的其他填料如水泥、石灰、粉煤灰的颗粒级配。

2. 仪具和材料

(1)标准筛:孔径分别为0.6mm、0.3mm、0.15mm、0.075mm;

(2)天平感量不大于0.1g;

(3)烘箱、搪瓷盘、橡皮头研杵。

3. 试验步骤

(1)将矿粉试样放入(105±5)℃烘箱中烘干至恒重,冷却,称取100g,准确至0.1g。如有矿粉团粒存在,可用橡皮头研杵轻轻研磨粉碎。

(2)将0.075mm筛装在筛底,仔细倒入矿粉,盖上筛盖。手工轻轻筛分,至大体上筛不下去为止。存留在筛底上的小于0.075mm部分可弃去。

(3)除去筛盖和筛底,按筛孔大小顺序套成套筛。将存留在0.075mm筛上的矿粉倒回0.6mm筛上,在自来水龙头下方接一胶管,打开自来水,用胶管的水轻轻冲洗矿粉过筛,0.075mm筛下部分任其流失,直至流出的水色清澈为止。水洗过程中,可以适当用手搅动试样,加速矿粉过筛,待上层筛冲干净后,取去0.6mm筛,接着从0.3mm筛或0.15mm筛上冲洗,但不得直接冲洗0.075mm筛。

(4)分别将各筛上的筛余反过来用小水流仔细冲洗入各个搪瓷盘中,待筛余沉淀后,稍稍倾斜搪瓷盘,仔细除去清水,放入(105±5)℃烘箱中烘至恒重。称取各号筛上的筛余量,准确至0.1g。

4. 结果整理

(1)各号筛上的筛余量除以试样总量的百分率,即为各号筛的分计筛余百分率,精确至0.1%。用100减去0.6mm、0.3mm、0.15mm、0.075mm各筛的分计筛余百分率,即为通过0.075mm的通过百分率,加上0.075mm的分计筛余百分率即为0.15mm筛的通过百分率,以此类推,计算出各号筛的通过百分率,精确至0.1%。

(2)以两次平行试验结果的平均值作为试验结果。各号筛的通过率相差不得大于2%。

(二)矿粉密度试验

1. 目的和适用范围

用于检验矿粉的质量,供沥青混合料配合比设计计算使用,同时适用于测定供拌制沥青混合料用的其他填料如水泥、石灰、粉煤灰的相对密度。

2. 仪具与材料

(1)李氏比重瓶:容量250mL;

(2)天平：感量不大于0.01g；

(3)烘箱；

(4)恒温水浴[能控制温度(20±0.5)℃]。

3. 试验步骤

(1)将代表性矿粉试样置器皿中，在105℃烘箱中烘干至恒重(一般不少于6h)，放入干燥器中冷却，连同小牛角匙、漏斗一起准确称量(m_1)，准确至0.01g，矿粉质量应不少于200g。

(2)向比重瓶中注入蒸馏水，至刻度0～1mL之间，将比重瓶放入20℃恒温水槽中，静放至比重瓶的水温不再变化为止(一般不少于2h)，读取比重瓶中水面刻度(下液面)V_1，准确至0.02mL。

(3)用小牛角匙将矿粉试样通过漏斗徐徐加入比重瓶中，待比重瓶中水的液面上升至接近比重瓶中的最大读数为止，轻轻摇晃比重瓶，使瓶中的空气充分逸出。再次将比重瓶放入恒温水槽中，待温度不再变化时，读取比重瓶的读数V_2，准确至0.02mL。整个试验过程中，比重瓶的水温变化不得超过1℃。

(4)准确称量牛角匙、瓷皿、漏斗及剩余矿粉的质量(m_2)，准确至0.01g。

4. 结果整理

(1)矿粉的密度和相对密度分别按式(1-95)、式(1-96)计算，精确至小数点后3位。

$$\rho_f = \frac{m_0}{V_2 - V_1} \tag{1-95}$$

$$\gamma_f = \frac{\rho_f}{\rho'_w} \tag{1-96}$$

式中：ρ_f——矿粉的密度(g/cm^3)；

γ_f——矿粉对水的相对密度，无量纲；

m_0——矿粉的干燥质量(g)；

V_1——加矿粉以前比重瓶得的初读数(mL)；

V_2——加矿粉以后比重瓶得的终读数(mL)；

ρ'_w——试验温度时水的密度，按表1-25取用。

(2)同一试样平行试验两次，取平均值作为试验结果。两次试验结果的差值不得大于0.01g/cm^3。

(三)矿粉亲水系数试验

1. 目的好适用范围

矿粉的亲水系数即矿粉试样在水(极性介质)中膨胀的体积与同一试样在煤油(非极性介质)中膨胀的体积之比，用于评价矿粉与沥青结合料的黏附性能。本方法也适用于测定供拌制沥青混合料用的其他填料如水泥、石灰、粉煤灰的亲水系数。

2. 仪具与材料

(1)量筒：50mL两个，刻度至0.5mL；

(2)天平：感量不大于0.01g；

(3)烘箱。

(4)煤油：在温度270℃分馏得到的煤油，并经杂黏土过滤而得到者(过滤用杂黏土应先经加热至250℃保持3h，等其冷却后使用)。

3. 试验步骤

(1)将矿粉放入(105±5)℃烘箱中不少于6h，称取烘干的矿粉5g(准确至0.01g)，将其放在研钵中，加入15～30mL蒸馏水，用橡皮研杵仔细磨5min，然后用洗瓶把研钵中的悬浮液洗入量筒中，使量筒中的液面恰为50mL。然后用玻璃棒搅和悬浮液。

(2)同上法将另一份同样重量的矿粉，用煤油仔细研磨后将悬浮液冲洗移入另一量筒中，液面亦为50mL。

(3)将上两量筒静置，使量筒内液体中颗粒沉淀。

(4)每天两次记录沉淀物的体积，直至体积不变为止。

4. 结果整理

(1)亲水系数按式(1-97)计算。

$$\eta=\frac{V_B}{V_H} \tag{1-97}$$

式中：η——亲水系数，无量纲；

V_B——水中沉淀物体积(mL)；

V_H——煤油中沉淀物体积(mL)。

(2)平行测定两次，以两次测定值的平均值作为试验结果。

(四)矿粉加热安定性试验

1. 目的和适用范围

(1)矿粉的加热安定性是矿粉在热拌过程中受热而不产生变质的性能。

(2)矿粉的加热安定性用于评价矿粉(除石灰石粉、磨细生石灰粉、水泥外)易受热变质的成分的含量。

2. 仪具和材料

(1)蒸发皿或坩埚：可存放100g矿粉。

(2)天平、电炉、温度计等。

3. 试验步骤

(1)称取矿粉100g，装入蒸发皿或坩埚中，摊开。

(2)将盛有矿粉的坩埚置于电炉火源加热，将温度计插入矿粉中，一边搅拌石粉，一边测量温度，加热到200℃，关闭火源。

(3)将矿粉在室温中放置冷却，观察石粉颜色的变化。

4. 结果报告

报告石粉在受热后颜色变化，判断石粉的变质情况。

5. **常用试验记录表格**

部分常用试验记录表格分别见表 1－39、表 1－40 所列。

表 1－39 ______公路矿粉、水泥技术性能试验记录表

承包单位：　　　　　　　　　　　　　　　　　　　　　　　　　　　　合同号：

监理单位：　　　　　　　　　　　　　　　　　　　　　　　　　　　　编　号：

样品名称			用途		试验日期	
样品来源					水温(℃)	
表观密度 (g/m³)	比重瓶和水的质量 m_1(g)	比重瓶、水和试样质量 m_2(g)	比重瓶＋试样前初读数 V_1(mL)	比重瓶＋试样后终读数 V_2(mL)	表观密度 ρ_1 (g/m³)	平均值 (g/m³)
1						
2						
含水率(%)	试样烘干前质量 m_3(g)		试样烘干后质量 m_4(g)		含水率 ω(%)	平均值
1						
2						
试样烘干前外观状态						
矿粉亲水系数试验记录						
试验次数	1		2		3	
记录次数	水中沉淀物体积 V_a(mL)	煤油中沉淀物体积 V_H(mL)	水中沉淀物体积 V_a(mL)	煤油中沉淀物体积 V_H(mL)	水中沉淀物体积 V_a(mL)	煤油中沉淀物体积 V_H(mL)
1						
2						
3						
4						
5						
6						
7						
8						
9						
10						
11						
12						
亲水系数						
平均值						
结论： 试验工程师：　　　年　月　日				监理意见： 监理人员：　　　年　月　日		

试验人员：　　　　　　　　　　　　　　　　　　　　　　　　　　　　校核：

表 1-40　公路矿粉、水泥筛分试验记录表

承包单位：　　　　　　　　　　　　　　　　　　　　　　　　　　合同号：

监理单位：　　　　　　　　　　　　　　　　　　　　　　　　　　编　号：

样品名称						试验日期				
样品来源						试验用途				
总质量	g(Ⅰ)＋g(Ⅱ)＝g									
筛孔直径(mm)	筛余量(g)		分级筛余(%)		累计筛余(%)		通过百分率(%)			
	Ⅰ	Ⅱ	Ⅰ	Ⅱ	Ⅰ	Ⅱ	Ⅰ	Ⅱ	平均	设计
1.18										
0.6										100
0.3										
0.15										90～100
0.075										75～100
＜0.075										

矿粉、水泥级配曲线

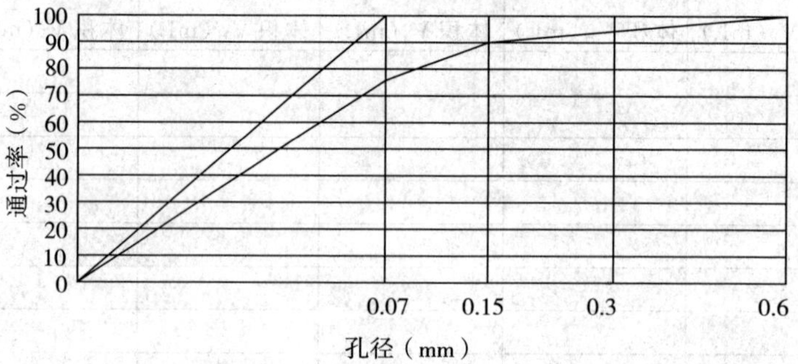

结论：	监理意见：
试验工程师：　　　　　年　月　日	监理人员：　　　　　年　月　日

试验人员：　　　　　　　　　　　　　　　　　　　　　　　　　　校核：

小 结

石料与集料(骨料)是道路与桥梁工程结构及其附属构造物中用量最大的一类材料。石料制品可直接用于砌筑结构物或用于道路铺面;集料可直接用于道路路面基层或垫层,但更多的是制成水泥混凝土或沥青混合料。

天然岩石石料的性质主要取决于其造岩矿物和成岩条件。在道路工程中常用石料品种为石灰岩、花岗岩、砂岩、玄武岩、辉绿岩等。石料的主要力学指标为无侧限单轴抗压强度和磨耗率,这两项指标用于评定石料技术等级。石料的主要物理常数为密度和孔隙率。

集料是不同粒径矿物颗粒的混合物,集料的物理常数如密度和空隙率等,对其力学性能和组成设计有着重要作用。集料的其他物理性能要求为颗粒形状与颗粒组成等。集料的颗粒组成用级配表示,集料的密实度各内摩阻力与其级配组成之间有着直接的关系。用于道路路面表层的粗集料应具有足够的抗压碎性、抗磨光性和抗冲击性,分别用压碎值、磨光值和冲击值表示。

矿质混合料是由两种或两种以上集料按一定比例组成的,矿质混合料的配合比设计方法有数解法和图解法,集料级配是进行矿质混合料组成设计的依据。在进行配合比设计时必须对矿质混合料的合成级配曲线进行校核,使其满足设计级配范围的要求。

石料与集料在道路工程和桥梁工程中,使用时必须满足强度、耐久性和级配组成的要求。

复习思考题

1-1　石料的主要物理常数与集料的主要物理常数有哪几项?它们之间有何异同?

1-2　石料应具备哪些力学性质,采用什么指标来反映这些性质?

1-3　简述道路工程用石料的分类和分级方法?

1-4　什么是集料的堆积密度?

1-5　压碎值、磨耗值、磨光值及冲击值分别表征粗集料的什么性质?对路面工程有何实际意义?

1-6　什么是集料的级配?如何确定集料的级配?用哪几项参数表示集料的级配?

1-7　为什么研究集料的级配?连续级配类型与间断级配类型有何差别?

1-8　简述最大密度级配范围计算公式的意义。

1-9　常用矿质混合料配合比设计方法有几种?简述设计过程的主要步骤。

1-10　级配型碎石与填隙碎石结构层的强度形成有何不同?这种差异对它们的路用性能会产生什么影响?

1-11　某道路工程沥青混合料用细集料的筛分试验结果见表1-41所列。请计算该细集料的“分计筛余百分率”“累计筛余百分率”“通过百分率”及其细度模数,绘制该细集料的级配曲线图,判断该细集料的粗细程度并分析其级配是否符合设计级配范围的要求。

表 1-41　某细集料的筛分结果

筛孔尺寸(mm)	9.5	4.75	2.36	1.18	0.6	0.3	0.15	0.075	筛底
筛余质量(g)	0	13	160	100	75	50	39	25	38
设计级配范围(%)	100	90～100	75～90	50～90	30～60	8～30	0～10	0～5	—

1-12　某工程用石灰岩石料，经饱水抗压强度检验，平均极限荷载分别为 179kN、182kN、174kN、178kN、189kN 和 185kN(50mm×50mm 圆柱体试件)；洛杉矶磨耗值为 33%。试确定该石料的技术等级。

1-13　按照级配计算公式(1-32)，取级配指数 n 为 0.3、0.5 和 0.7，计算最大粒径 D=16mm 集料的通过百分率，并将这些级配绘制在同一张图上。用贝雷级配分析法计算这些级配的控制粒径、第一、第二分界尺寸、粗集料比 CA、细集料比 FAC 和细集料比 FAF。

1-14　采用"试算法"确定某矿质混合料的配合比。

[设计资料]　碎石、石屑和矿粉的筛分析试验结果以通过百分率列于表 1-42 中第 2～4列；设计级配范围要求值列于表 1-42 中第 5 列。

表 1-42　复习题 1-14 用表

筛孔尺寸 d_i(mm)	原材料筛分析试验结果，通过百分率(%)			设计级配范围通过百分率(mm)
	碎石	石屑	矿粉	
26.5	100	100	100	100
19.0	97	100	100	95～100
16.0	61.5	100	100	75～90
13.2	34.5	100	100	62～80
9.5	19.8	93.8	100	52～72
4.75	4.6	77.9	100	38～58
2.36	—	58.7	100	28～46
1.18	—	36.0	100	20～34
0.6	—	23.0	97	15～27
0.3	—	11.0	94	10～20
0.15	—	—	92	6～14
0.075	—	—	70.5	4～8

[设计要求]　用试算法确定碎石、石屑和矿粉在混合料中的用量；计算出混合料的合成级配，并校核该合成级配是否在要求的级配范围中，若有超出应进行调整。

1-15　采用规划求解法确定矿质混合料的配合比，设计资料同复习题 1-14。

第二章　沥青材料

【内容提要】

本章重点介绍石油沥青的组成、技术性质和技术标准，在此基础上介绍了聚合物改性沥青和乳化沥青的技术性质和技术标准。

在建筑工程中，能够经过自身的一系列物理、化学作用，由液体、固体（或半固体泥膏状）变为坚硬的固体，并能把松散的材料胶结成为具有一定强度的整体结构的材料，统称为胶凝材料。

胶凝材料根据其化学组成，一般可分为有机胶凝材料（沥青、树脂等）和无机胶凝材料（石灰、水泥等）两大类。

沥青是由一些极其复杂的高分子碳氢化合物以及它们的一些非金属（氧、硫、氮的衍生物所组成的混合物。沥青在常温下是黑色或暗褐色固体、半固体或黏稠状物，由天然或人工制造而得，它们通常可以是气体、液体、半固体或固体，完全溶解于二硫化碳。

按其在自然界中获取的方式，沥青可以按图 2－1 所示进行分类：

- 沥青
  - 地沥青
    - 天然沥青
    - 石油沥青
  - 焦油沥青
    - 煤沥青（柏油）
    - 木沥青
    - 岩面沥青

图 2－1　沥青的分类

沥青具有良好的憎水性、黏结性和塑性，因而沥青材料在公路工程中，主要用于高等级公路的路面工程，是铺筑路面的主要材料，也是桥梁工程中常用的防水材料和嵌缝材料。

第一节　石油沥青

一、石油沥青的生产和分类

地壳中的原油，开采后经常压蒸馏、减压蒸馏后，采用溶剂脱沥青或氧化等工艺过程得到的暗褐色或黑色的半固体或固体物质，主要由烃类及其衍生物所组成，即石油沥青。石油沥青是应用最为广泛的沥青材料，呈暗褐或黑色。其工艺流程简况如图 2－1 所示。

根据生产方法，石油沥青可分为直馏沥青、溶剂脱沥青、氧化沥青、调和沥青、乳化沥青、改性沥青等。

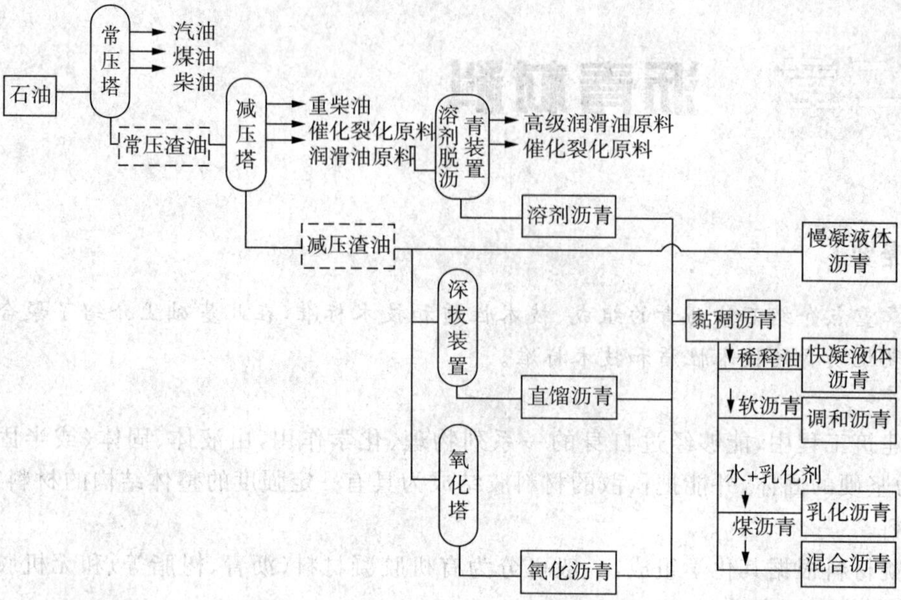

图 2-1　石油沥青生产工艺流程示意图

直馏沥青是由原油用常减压蒸馏方法直接得到的产品，在常温下是黏稠液体或半固体。

溶剂脱沥青是由减压渣油经溶剂沉淀法得到的脱油沥青产品或半成品，在常温下是半固体或固体。

氧化沥青是由减压渣油（或加入其他组分）为原料经吹风氧化得到的产品，在常温下是固体。

根据应用的需要，对沥青进行乳化可得乳化沥青；掺加改性剂可制得改性沥青。

二、石油沥青的组成和结构

1. 石油沥青的元素组成

石油沥青是十分复杂的烃类和非烃类的混合物，是石油中相对分子量最大、组成及结构最为复杂的部分，除碳和氢两种元素外，还有少量的硫、氮及氧，通常称为杂原子。杂原子的含量为5%左右，最多可达14%。此外，沥青中还富集了原油中的大部分微量金属元素，如钒、镍、铁以及钠、钙、铜等。

试验表明，沥青的元素组成基本与渣油相同。从表 2-1 中数据可以看出沥青中碳含量为83%～87%，而氢含量在10%左右，H/C 原子比为1.4～1.6。从中可以看出，不同产地的沥青中碳、氢元素的比例相近，难以从数量上分析沥青的性质，至于杂元素与沥青性质的关系，尚无明确的研究报道。因此，通常不对沥青进行所谓的“元素分析”。

表 2-1　渣油的元素组成

渣油名称	C(%)	H(%)	H/C	S(%)	N(%)
大庆渣油	86.43	12.27	1.70	0.17	0.29
胜利渣油	85.50	11.60	1.62	1.26	0.85

（续表）

渣油名称	C(%)	H(%)	H/C	S(%)	N(%)
沙中渣油	84.00	9.95	1.42	5.30	0.58
科威特渣油	83.97	10.12	1.45	5.05	0.31
伊朗重质渣油	85.04	10.24	1.44	3.60	0.70

2. 沥青的化学组分

由于沥青的元素组成很难与技术性质相关联，因此必须寻求其他的分析方法对沥青进行分离。由于沥青是十分复杂的烃类和非烃类的混合物，分子量大，化学结构复杂，用一般的化学分析方法难以将其分离，所以目前采用按物理和化学特性相近似的化合物集中为一个组分的分离方法将其分离为几个组分，即所谓的组分分析法，常用的为三组分分析法和四组分分析法。

(1)石油沥青的化学组成

沥青的化学成分极为复杂，对沥青的组分划分和分离分析非常繁琐。研究工作进行了近一个世纪，最常用于组分分离的基础是利用沥青各组分对不同溶剂的溶解度和不同吸附剂的吸附性能的差异，将其按分子的大小、分子极性或分子构型划分成不同组分，即沥青的化学组分。常用的方法为吸附法和色谱法。

(2)四组分的结构和特性

① 沥青质

沥青质是不溶于正庚烷而溶于苯（或甲苯）的黑色或棕色的无定形固体，除含有碳和氢外还有一些氮、硫、氧。一般认为沥青质是复杂的芳香物材料，极性很强，分子量相当大。大部分数据表明沥青质的分子量为1000～100000，颗粒粒径为5.30mm，氢/碳(H/C)原子比为1.28～1.6。沥青质含量对沥青的流变特性有很大影响。增加沥青质含量，便生产出较硬、针入度较小和软化点较高的沥青，因此黏度也较大。沥青中沥青质的含量为5%～25%，我国石蜡基原油生产的沥青中沥青质含量一般在1.0%左右，中东原油生产的沥青质含量在5.0%以上。

② 胶质

胶质溶于正庚烷。与沥青质一样也是大部分由碳和氢组成的，并含有少量的氧、硫和氮。它是深棕色固体或半固体，其极性很强。这突出的特征使胶质具有很好的黏附力。它是沥青质的扩散剂或胶溶剂，胶质对沥青质的比例在一定程度上决定了沥青的胶体结构的类型。

从沥青中分离出来的胶质分子量范围为1000～50000，颗粒直径为1～5mm，H/C原子比为1.3～1.4。

③ 芳香族

芳香族是由沥青中最低的分子量的环烷芳香化合物组成，是胶溶沥青质的分散介质的主要部分。芳香族占沥青总量的20%～50%，是呈深棕色的黏稠液体。平均分子量在300～2000范围内。芳香族由非极性碳链组成，其中非饱和环体系占优势，对其他高分子烃类具有很强的溶解能力。

④ 饱和分

饱和分是由直链和支链脂肪属烃以及烷基环烃和一些烷基芳香烃组成的，它们是非极性稠状油类，呈稻草色或白色。平均分子量范围类似于上述芳香族，其成分包括有蜡质及非蜡质的饱和物。此部分的含量占沥青的5%～20%。饱和分和芳香分在沥青中主要使胶质-沥青质软化(塑化)，使沥青胶体体系保持稳定。

⑤ 蜡分

沥青中的蜡分是指沥青在除去沥青质和胶质之后，在油分中含有的、经冷冻能结晶析出的，熔点在25℃以上的混合组分，其中主要是高熔点的烃类混合物。与沥青中的其他组分相比，其组成和结构相对简单，组成蜡的化合物主要以正构烷烃及熔点与正构烷烃接近的长烷基侧链的少环烃类为主。

沥青中的蜡可以是石蜡或地蜡。地蜡也称为微晶蜡，沥青中的蜡主要是地蜡。蜡在高温时融化，使沥青黏度降低，沥青的温度敏感性增大。蜡在低温时易结晶析出，分散在沥青之中，减少沥青分子之间的紧密联系，使沥青的低温延展能力降低。蜡使沥青与石料表面的亲和力变小，影响沥青与石料的黏附性。由于蜡对沥青的性能有一定的影响，而沥青中蜡的含量主要与原油的基属有关，因此应该对生产沥青的原油进行选择，使所生产的沥青的蜡含量低于限量。

研究认为：蜡对沥青路用性能的影响，主要是由于沥青中蜡的存在，高温时会使沥青容易发软，导致沥青路面的高温稳定性不足，出现车辙、推挤、波浪等现象；低温时它会使沥青变得脆硬，导致路面低温抗裂性降低，出现裂缝；而且蜡会使沥青与矿料间的黏附性降低，在水的作用下，会使路面石子与沥青产生剥落现象，造成路面坑槽等现象；更为严重的是，蜡的存在会使沥青路面的抗滑性降低，影响路面的行车安全。对沥青蜡含量的限制，世界各国测定的方法不同，所以限制也不一致，一般为3%左右。我国现行行业规范《公路沥青路面施工技术规范》(JTG F40—2004)对沥青含蜡量的规定详见表2-4。

二、沥青的胶体结构

胶体理论的研究认为，大多数沥青属于胶体体系，它是由相对分子量很大，芳香性很高的沥青质分散在分子质量较低的可溶性介质中形成的。沥青中不含沥青质，只有单纯的可溶质时，沥青则只具有黏性液体的特征而不成为胶体体系。沥青质分子由于对极性强大的胶质具有很强的吸附力，因而形成了以沥青质为中心的胶团核心，而极性相当的胶质吸附在沥青质周围形成中间相。由于胶团的胶溶作用，而使胶团弥散和溶解于分子量较低、极性较弱的芳香分和饱和分组成分散介质中，形成了稳固的胶体。

根据胶团粒子大小、数量及其在连续相中的分散状态，沥青的胶体结构可分为三种类型。

1. 溶胶型沥青

当沥青质的含量不多(小于10%)，相对分子量不很大，或分子尺寸较小，与胶质的相对分子质量相近时，饱和分和芳香分的溶解能力很强，分散相和分散介质的化学组成比较接近，这样的沥青分散度很高，胶团可以在连续相中自由移动，近似真溶液，具有牛顿流特性，黏度与应力成比例，称之为溶胶型沥青。这类沥青对温度的变化敏感，高温时黏度很小，低温时由于黏度增大而使流动性变差，冷却时变为脆性固体。溶胶型沥青结构示意图如图 2－2(a)所示。

2. 凝胶型沥青

当沥青质含量很大，达到或超过 25%～30%时，胶质的数量不足以包裹在沥青质周围使之胶溶，沥青质胶团会相互连接，形成三维网状结构，胶团在连续相中移动比较困难，此时就形成了凝胶型沥青，如图 2－2(c)所示。这类沥青在常温下呈现非牛顿流动特性，并具有黏弹性和较好的温度稳定性。随着温度的升高，连续相的溶解能力增强，沥青质胶团可逐渐解缔，或胶质从沥青质吸附中心脱附下来。当温度足够高时，沥青的分散度加大，沥青则又可近似真溶液而具有牛顿流动特性。

3. 溶-凝胶型沥青

当沥青或沥青质中含有较多的烷基侧链，生成的胶团结构比较松散，可能含有些开式网状结构，网状结构的形成与温度密切相关。在常温时，在变形的最初阶段表现出明显的弹性效应，但在变形增加至一定阶段时，则表现为牛顿液体状态。有的学者不采用胶体结构学说，而采用高分子溶液学说进行研究。该理论认为，沥青是以高分子量的沥青质为溶质，以低分子量的软沥青质(树脂和油分)为溶剂的高分子溶液。当沥青质含量很小，沥青质与软沥青质溶解度参数很小时能够形成稳定的真溶液。这种高分子溶液的特点是对电解质稳定性较大，而且是可逆的，也就是说，在沥青高分子溶液中，加入电解质并不能破坏沥青的结构。当软沥青质减少，沥青质增加时，为浓溶液，即凝胶型沥青；如果沥青质减少，软沥青质增加时，则为稀溶液，溶胶型沥青即可视为稀溶液。介乎二者之间的即溶-凝胶型沥青，如图 2－2(c)所示。

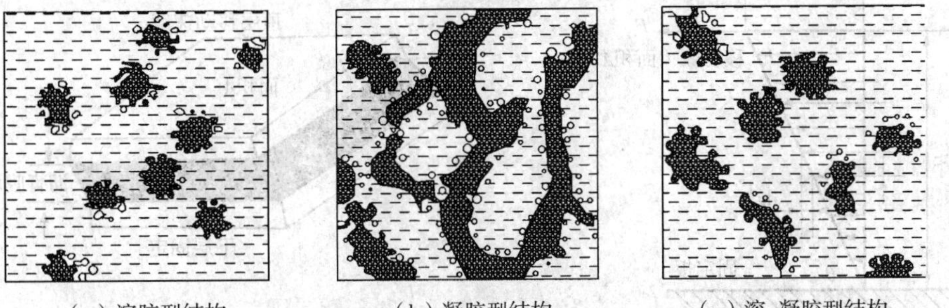

(a) 溶胶型结构　　(b) 凝胶型结构　　(c) 溶-凝胶型结构

图 2－2　胶体结构类型

沥青的胶体结构与沥青的技术性质有密切关系，但从化学角度来评价沥青的胶体结构是很困难的，常采用针入度指数法来评价胶体结构类型及其稳定性。

第二节　石油沥青的技术性质

由于石油沥青化学组成和结构的特点，使它具有一系列特性，而沥青的性质对沥青路面的使用性质有很大的影响，因此应该对它的基本性能进行研究。

一、沥青的路用性能

1. 黏滞性

(1)沥青黏滞性定义

黏滞性是指沥青材料在外力作用下沥青粒子产生相互位移的抵抗剪切变形的能力。沥青作为胶结材料,应将松散的矿质材料胶结为一整体而不产生位移。因此,黏滞性是沥青材料最为重要的性质。研究认为黏滞性与沥青路面的力学行为最为密切。在现代交通条件下,为防止路面出现车辙,沥青的黏度是首要考虑参数。沥青的黏滞性通常采用黏度表示,有绝对黏度(包括动力黏度、运动黏度等)和相对黏度(条件黏度)之分。沥青绝对黏度如图 2-3 所示,在金属板中夹一沥青层,当其受到简单剪切变形时,沥青在高温时表现为牛顿流状态,按牛顿黏度公式表征沥青层抵抗移动的抗力由式(2-1)表示。

$$F=\eta \cdot A\frac{\mathrm{d}v}{\mathrm{d}y} \tag{2-1}$$

式中:F——引起沥青层移动的力(亦即等于沥青抵抗移动的抗力),N;

A——沥青层的面积,m^2;

$\frac{\mathrm{d}v}{\mathrm{d}y}$——速度变化梯度(即剪变率),s;

η——沥青的内摩阻系数(即沥青的动力黏度),Pa·s。

由于绝对黏度的测定较为复杂,因此在实际应用中多测定沥青的相对黏度。

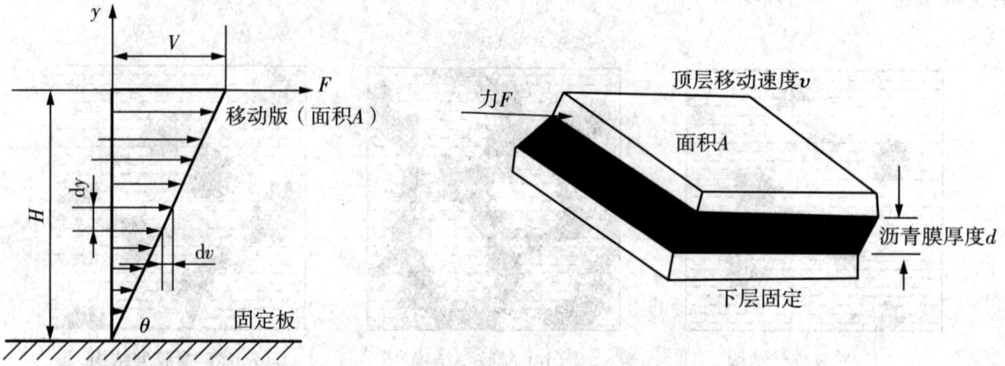

图 2-3　绝对黏度示意图

(2)沥青相对黏度的测定方法

① 沥青标准黏度试验

我国现行试验法《公路工程沥青及沥青混合料试验规程》(JTG E20—2011)规定:测定液体石油沥青、煤沥青和乳化沥青等的黏度,采用道路标准黏度计法,试验模式如图 2-4 所示。该试验方法是:液体状态的沥青材料,在标准黏度计中,于规定的温度条件下,通过规定的流孔直径,流出 50mL 体积,所需的时间,以 s 计。试验条件以 $C_{T,d}$ 表示,其中 C 表示黏度,脚标表示试验条件,其中 T 表示试验温度,d 为流孔直径。试验温度和流孔直径根据液体状态沥青的黏度选择,常用的孔径有 3mm、4mm、5mm、10mm 四种。按上述方法,在相同温度和相同流孔条件下，流出时间愈长，表示沥青黏度愈大。

其他国家多采用恩格拉黏度计法或赛波特黏度试验。

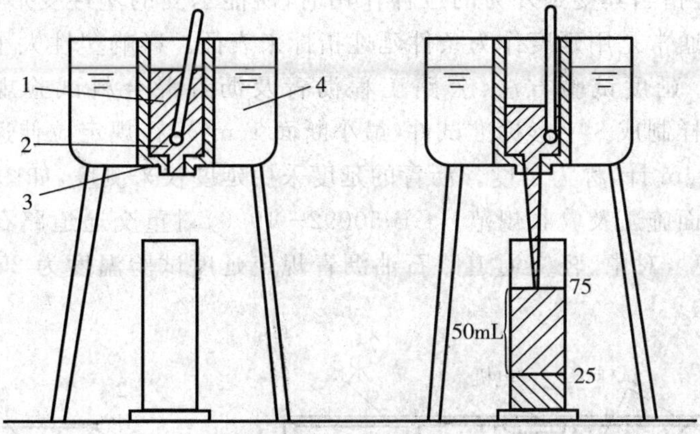

图 2-4 标准黏度计测定液体沥青示意图

1—沥青试样；2—活动球杆；3—流孔；4—水

② 针入度法

针入度试验是国际上普遍采用测定黏稠沥青稠度的一种方法，也是划分沥青标号采用的一项指标。针入度试验模式如图 2-5 所示。该法是沥青材料在规定的温度条件下，以规定质量的标准针经过规定时间贯入沥青试样的深度，以 0.1mm 计。针入度以 $P_{T,m,t}$ 表示，P 表示针入度，脚标表示试验条件，其中 T 为试验温度，m 为标准针（包括连杆及砝码）的质量，t 为贯入时间。我国现行试验法（T 0604—1993）规定：常用的试验条件为 $P_{25℃,100g,5s}$。此外，在计算针入度指数时，针入度试验温度常为 5℃、15℃、25℃、35℃等，但标准针质量和贯入时间仍为 100g 和 5s。

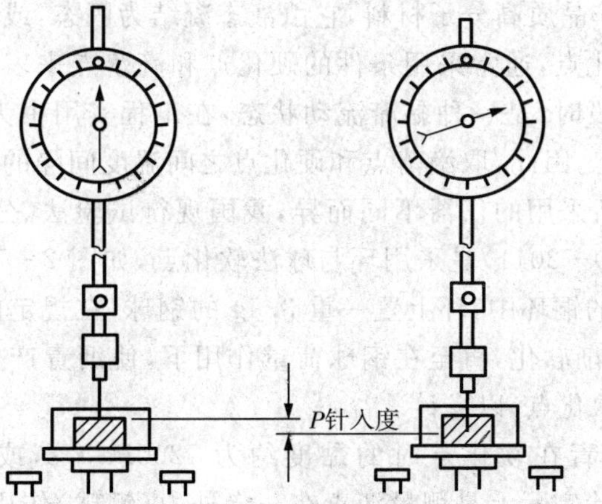

图 2-5 针入度法测定黏稠沥青针入度示意图

按上述方法测定的针入度值愈大，表示沥青愈软（稠度愈小）。实质上，针入度是测量沥青稠度的一种指标。通常稠度高的沥青，其黏度亦高。但是，由于沥青胶体结构的复杂性，将针入度换算为黏度的一些方法，均不能获得良好的相关关系。

二、塑性

沥青的延性是指当其受到外力的拉伸作用时，所能承受的塑性变形的总能力，是沥青的内聚力的衡量，通常是用延度作为条件延性指标来表征。影响塑性大小的因素与沥青的组分及温度有关。延度试验方法《公路工程沥青及沥青混合料试验规程》（JTG E20—2011）是将沥青试样制成8字形标准试件（最小断面1cm^2），在规定拉伸速度和规定温度下拉断时的长度，以cm计，称为延度。沥青的延度采用延度仪来测度，如图2-6所示。我国国家标准《沥青路面施工及验收规范》（GB 50092—1996）对重交通道路石油沥青规定延度试验温度采用15℃，对中、轻交通道路石油沥青规定延度试验温度为25℃，拉伸速度v=（5±0.25）cm/min。

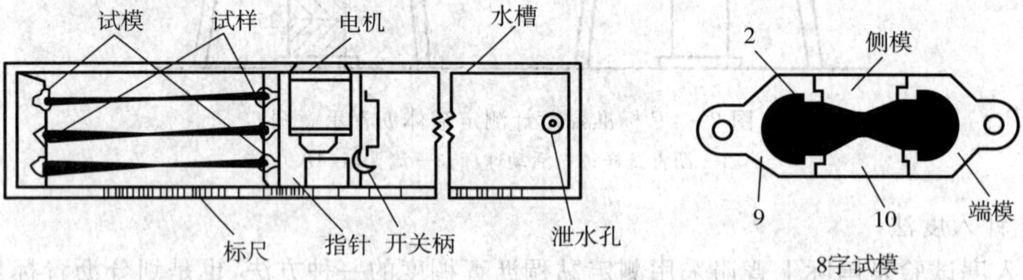

图2-6　沥青延度试验

沥青的延度与沥青的流变特性、胶体结构和化学组分等有密切的关系。研究表明：当沥青化学组分不协调，胶体结构不均匀，含蜡量增加时，都会使沥青的延度值相对降低。

三、温度稳定性（感温性）

1. 高温敏感性用软化点表示

沥青材料是一种非晶质高分子材料，它由液态凝结为固态，或由固态熔化为液态时，没有明确的固化点或液化点，通常采用条件的硬化点和滴落点来表示，沥青材料在硬化点至滴落点之间的温度阶段时，是一种黏滞流动状态，在工程实用中为保证沥青不致由于温度升高而产生流动的状态，因此，取滴落点和硬化点之间温度间隔的87.21%作为软化点。

软化点的数值随所采用的仪器不同而异，我国现行试验法《公路工程沥青及沥青混合料试验规程》（JTG E20—2011）是采用环与球法软化点，如图2-7所示。该法是沥青试样注于内径为18.9mm的铜环中，环上置一重3.5g的钢球，在规定的加热温度（5℃/min）下进行加热，沥青试样逐渐软化，直至在钢球荷重作用下，使沥青产生25.4mm垂度（即接触底板）时的温度，称为软化点，以℃计。

研究认为：多种沥青在软化点时的黏度约为1200Pa·s，或相当于针入度值为800（0.1mm）。软化点试验实际上是测量沥青在一定外力（钢球）作用下开始产生流动并达到一定变形时的温度，可以认为软化点是一种认为的"等黏温度"。

由此可见，针入度是在规定温度下测定沥青的条件黏度，而软化点则是沥青达到规定条件黏度时的温度。所以软化点既是反映沥青材料热稳定性的一个指标，也是沥青条件黏度的一种量度。

以上所论及的针入度、延度、软化点是评价黏稠石油沥青路用性能最常用的经验指标，即所谓的“三大指标”。

2. 沥青的低温性能

沥青的低温性能与沥青路面的低温抗裂性有密切的关系，用脆点表示。

沥青材料在低温下受到瞬时荷载作用时，常表现为脆性破坏。沥青脆性的测定极为复杂，通常采用A. 弗拉斯脆点试验方法可以求出沥青达到临界硬度发生开裂时的温度作为条件脆性指标。

脆点试验的方法《公路工程沥青及沥青混合料试验规程》(JTG E20—2011)(T0613—1993)是将沥青试样0.4g在 个标准的金属片上摊成薄层，如图2-8所示。此金属片置于有冷却设备的脆点仪内，摇动脆点仪的曲柄，能使涂有沥青薄膜的金属片产生弯曲。随着冷却设备中制冷剂温度以1℃/min的速度降低，沥青薄膜的温度亦逐渐降低，当降低至某一温度时，沥青薄膜在规定弯曲条件下产生断裂时的温度，即沥青的脆点。

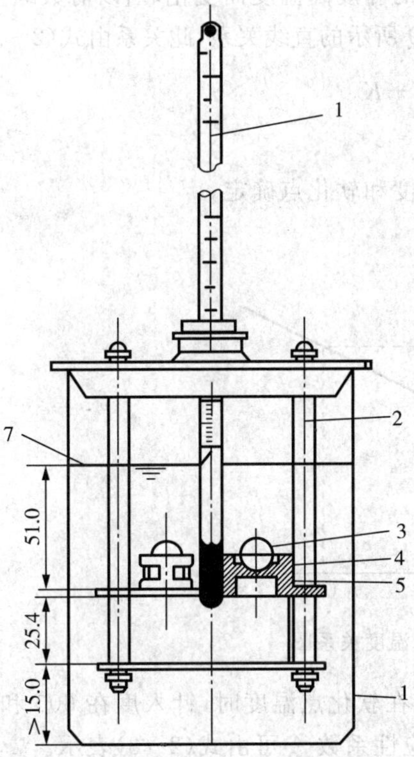

图2-7　软化点试验仪

1—温度计；2—立杆；3—钢球；
4—钢球定位环管；5—金属环；
6—烧杯；7—水面

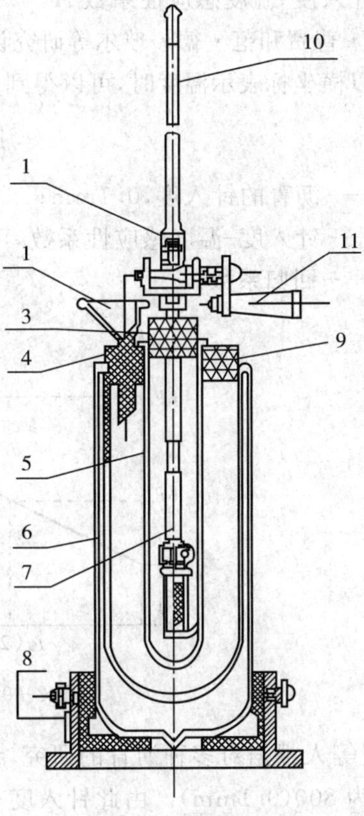

图2-8　弗拉斯脆点仪

1—外筒；2—夹钳；3—硬塑料；
4—真空玻璃管；5—试样管；
6—橡胶管；7—橡胶管；8—通冷却液管道；
9—橡胶管；10—温度计；11—摇把

脆点是测量沥青在低温不引起破坏时的温度。

脆点实质上反映沥青由黏弹性体转变为弹脆体即玻璃态的温度，即达到临界硬度时发生脆裂的温度，也意味着沥青达到等劲度时的温度，沥青出现脆裂时的劲度为2.1×10%。

3. **沥青的感温性**

沥青是复杂的胶体结构，黏度随温度的不同而产生明显变化，这种黏度随温度变化的感应性称为感温性。对于路用沥青，温度和黏度的关系是极其重要的性能。沥青混合料在施工过程中的拌和、摊铺和碾压以及铺筑后的使用期间，都要求沥青的黏度在适当的范围之内，否则将影响沥青路面的质量。

由于沥青的胶体结构的差异，沥青的黏度-温度曲线变化是很复杂的，人们采用不同的方法进行研究，常用的方法有针入度指数(PI)法、针入度-黏度指数(PVN)法等。在沥青的常规试验方法中，软化点试验也可以作为反映沥青温度敏感性的方法。

(1)针入度指数(PI)

针入度指数(PI)是应用针入度和软化点的试验结果来表征沥青感温性的一种指标。同时也可采用针入度指数值来判别沥青的胶体结构状态。

① 针入度-温度感应性系数 A

P.P·普费和范·德·玻尔等研究认为沥青的黏度随温度而变化，当以对数纵坐标表示针入度，以横坐标表示温度时，可以得到如图2-9所示的直线关系，此关系由式(2-2)表示。

$$\lg P = AT + K \tag{2-2}$$

式中：P——沥青的针入度，0.1mm；

A——针入度-温度感应性系数，可由针入度和软化点确定；

K——回归系数。

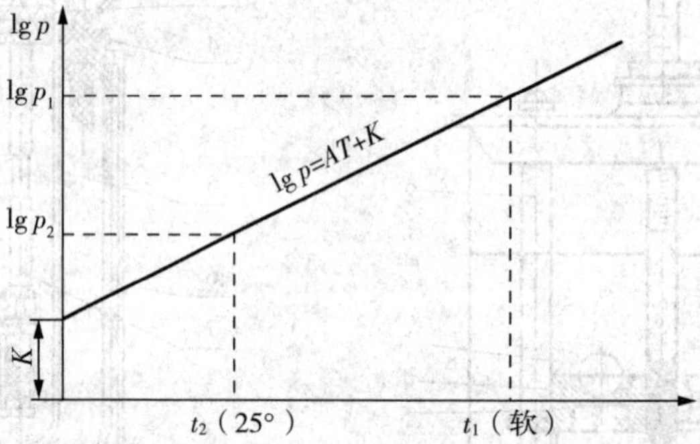

图2-9　针入度-温度关系图

普费等人根据对多种沥青的研究，认为沥青在软化点温度时，针入度在600和1000之间，假定为800(0.1mm)。由此针入度-温度感应性系数 A 可由式(2-3)表示。

$$A = \frac{\lg 800 - \lg P(25℃,100g,5s)}{T_{R\&B} - 25} \tag{2-3}$$

式中：$P(25℃,100g,5s)$——在25℃，100g，5s条件下测定的针入度值，0.1mm；

$T_{R\&B}$——环球法测定的软化点温度，℃。

由于软化点温度时的针入度常与800相距甚大，因此斜率 A 应根据不同温度的针入度值确定，常采用的温度为15℃、25℃及30℃(或5℃)，由式(2-4)计算。

$$A=\frac{\lg P_1-\lg P_2}{T_1-T_2} \tag{2-4}$$

通过回归求取针入度-温度感应性系数 A 值，由 3 个温度的针入度回归的相关系数 R 应在 0.997 以上，由 4 个温度的针入度回归的系数应不小于 0.995，否则说明试验误差过大，此试验结果不能采用。

② 针入度指数(PI)的确定

普费等人在制定针入度指数时，假定感温性最小的沥青其针入度指数(PI)为 20，感温性最大的沥青为－10，将软化点坐标 25 与针入度坐标 800 连成一线，将斜线划成 30 等分，软化点与针入度连线同斜率交点定为 PI 值。此 PI 值将斜线分为两段，根据上式长度比，即为斜率 A。由于 A 值很小，为使 PI 值为－10～＋20，A 值乘以 50，得式(2－5)，并由式(2－6)推导出针入度指数 PI 如下：

$$\frac{20-\mathrm{PI}}{10+\mathrm{PI}}=50A \tag{2-5}$$

$$\mathrm{PI}=\frac{30}{1+50A}-10 \tag{2-6}$$

按针入度指数 PI 可将沥青划分为三种胶体结构类型：

针入度指数值 PI 小于－2 者为溶胶型沥青；

针入度指数值 PI 大于＋2 者为凝胶型沥青；

针入度指数值 PI 在－2～＋2 之间者为溶凝胶型沥青。

当 PI 小于－2 时沥青的温度敏感性强，当 PI 大于＋2 时有明显的凝胶特征，耐久性差，一般认为选用－1～＋1 的溶凝胶型沥青适宜修筑沥青路面。

表 2－2 列出几种沥青采用 3 个温度针入度测定的 PI 的计算结果。

表 2－2　沥青感温性指标的试验结果

沥青品种	不同温度的针入度(0.1mm)			PI 值	A	K	针入度温度相关系数 R
	15℃	25℃	35℃				
克拉玛依	42	90	213	＋0.86	0.0535	1.0872	0.9994
胜利	28	96	298	－1.59	0.0514	0.6841	0.9997
兰炼	32	88	208	－0.11	0.0408	0.9064	0.9989
茂名	30	72	198	－0.16	0.0410	0.8526	0.9991

③ 当量软化点 T_{800} 与当量脆点 $T_{1.2}$

当量软化点 T_{800} 和当量脆点 $T_{1.2}$ 分别定义为与沥青针入度 800 和 1.2 对应的温度，它们可以代替软化点和脆点反映沥青高温性能和低温性能。当量软化点 T_{800} 和当量脆点 $T_{1.2}$ 分别由式(2－7)和式(2－8)计算：

$$T_{800}=\frac{\lg 800-K}{A} \tag{2-7}$$

$$T_{1.2}=\frac{\lg 1.2-K}{A} \tag{2-8}$$

式中：A, K——意义同式(2-2)。

当量软化点 T_{800} 与当量脆点 $T_{1.2}$ 以及针入度指数 PI 也可以由诺谟图 2-10 确定。

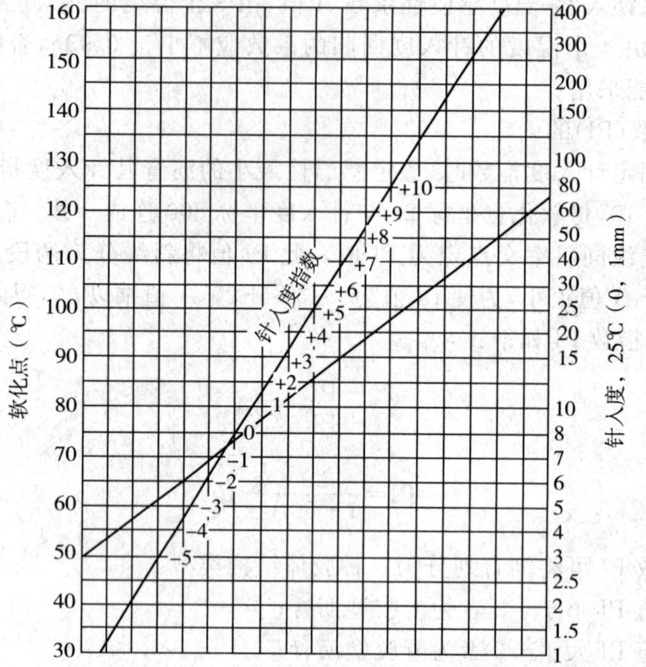

图 2-10　针入度指数用诺模图

具体方法为：测试沥青在 2 个温度 T_1 和 T_2 下的针入度 P_1 和 P_2，在图 2-10 中确定点 $A(T_1, P_1)$ 和 $B(T_2, P_2)$ 的位置，以直线连接 AB 两点并延长，延长线与针入度 800 对应的温度为当量软化点 T_{800}，与针入度 1.2 对应的温度为当量脆点 $T_{1.2}$。将直线平行移动至图中的 O 点，与针入度标尺的交点为沥青的针入度指数 PI。

4. 沥青的黏附性

黏附性是沥青材料的主要功能之一，沥青在沥青混合料中以薄膜的形式涂覆在集料颗粒表面，并将松散的矿质集料黏结为一个整体，除了沥青本身的黏结能力外，还需要沥青与石料之间的黏附能力，两者有一定的相关性。黏结能力较强的沥青，黏附性一般也较大。

(1)黏附机理

沥青与石料之间的黏附强度与其本身的成分有密切的关系。沥青中有极性组分和芳香分结构，特别是沥青中的表面活性物质，如沥青酸和酸酐等与碱性集料接触时，就会产生很强的化学吸附作用，黏附力很大，黏附牢固。而当沥青与酸性集料接触时较难产生化学吸附，分子间的作用力只是由于范德华力的物理吸附，这要比化学吸附力小得多。因此沥青中表面活性物质的存在及含量与黏附性有重要关系。

集料的性质对黏附性的影响也很大。集料的矿物组成、表面纹理、孔隙率、含尘量、表面积、吸收性能、含水量、形状和风化程度等都对黏附性产生不同程度的影响。

在沥青混合料中，沥青以薄膜形式包敷于集料的表面，在干燥的条件下，一般具有足够的黏附强度。但水分是黏附性产生问题的原因之一，另外由于交通荷载的反复作用使路面变形，沥青混合料空隙加大，集料松散，浸水使沥青膜与集料发生剥离，导致沥青路面的破坏。

(2)评价方法

在我国现行《公路工程沥青及沥青混合料试验规程》(JTG E20—2011)中，规定：根据沥青混合料的最大粒径决定，>13.2mm者采用水煮法；≤13.2mm者采用水浸法。水煮法是选取粒径为13.2～19mm形态接近立方体的规则集料5个，经沥青裹覆后，在蒸馏水中沸煮3min，按沥青膜剥落的情况分为五个等级来评价沥青与集料的黏附性。水浸法是选取粒径为9.5～13.2mm的集料100g与5.5g的沥青在规定温度条件下拌和成混合料，冷却后浸入80℃的蒸馏水中保持30min，然后按剥落面积百分率来评定沥青与集料的黏附性。

5. 沥青的耐久性

路用沥青在使用的过程中受到储运、加热、拌和、摊铺、碾压、交通荷载以及自然因素的作用，而使沥青发生一系列的物理化学变化。逐渐改变了其原有的性能(黏度、低温性能)而变硬变脆，这种变化称为沥青的老化。沥青路面应有较长的使用年限，因此要求沥青材料有较好的抗老化性，即耐久性。

(1)影响耐久性的因素

① 温度与氧化作用

沥青与空气接触会逐渐氧化，沥青中的极性含氧基团逐渐联结成高分子的胶团，促使沥青黏度提高，形成的极性羟基、羰基和羧基形成更大更复杂的分子使沥青硬化并降低柔韧性。影响氧化的因素主要是温度，氧和沥青的反应几乎可以在全温度范围内进行，但低温下其氧化速度缓慢，100℃以上氧化速度加快，每升高10℃氧化速度提高一倍，至135℃以上几分钟就会引起显著硬化。这是由于在高温环境蒸发损失和热缩和的结果。气温对沥青硬化的影响在短时间内是可逆的。但随着时间的推移，在氧、光照和其他因素综合作用下就成为永久的不可逆的硬化。

② 光和水的作用

光可以加速氧化，日光特别是紫外线的作用会使沥青的氧化作用加速，使沥青中的羰基和羧基团进一步加速形成更大的分子。水在光、氧和热共同作用时，能起催化剂的作用。

③ 自然硬化

沥青在隔绝空气、阳光的条件下，长期存放于常温下也会发生某种程度的硬化，为自然硬化，也称物理硬化或结构硬化。这是由于沥青分子相互作用倾向增强，分子重新定位，导致内部结构发生变化，这种变化多数是可逆的，当沥青重新加热后又可恢复原有的性能。

④ 渗流硬化

渗流硬化是指沥青中的油分渗流到矿料的孔隙中去而导致沥青的硬化。

从以上影响因素可以看出，在各因素的综合作用下，沥青的氧化、硬化是一个不可逆转的物理化学过程，是不可逆的，从而导致了沥青性能的劣化，也称为沥青的老化。

(2)评价方法

现行评价沥青老化性能的试验方法分为模拟沥青在拌和过程中热老化条件以及在使用过程的老化条件。

① 薄膜烘箱加热试验(T 0609—1993)

《公路工程沥青及沥青混合料试验规程》(JTG E20—2011)中规定的薄膜加热试验方

法是将50g沥青试样放入直径140mm、深9.5mm的不锈钢盛样皿中，沥青膜的厚度约为3.2mm，在163℃通风烘箱的条件下以5.5r/min的速率旋转，经过5h。然后计算沥青试样的质量损失，并测试针入度等指标的变化。

② 旋转薄膜加热试验(T 0610—1993)

旋转薄膜加热试验是将沥青试样35g装入高140mm、直径64mm的开口玻璃瓶中，盛样瓶插入旋转烘箱中，一边接受以4000mL/min流量吹入的热空气，一边在163℃的高温下以15r/min的速度旋转，经过75min的老化后，测定沥青的质量损失及针入度、黏度等各种性能指标的变化。

6. 沥青的黏弹性

路用沥青多为溶-凝胶型沥青，在低温时表现为弹性，高温时表现为黏性，在相当宽的温度范围内表现为黏性和弹性并存，是一种典型的黏弹性物体。在外力作用下产生形变，但形变滞后于作用力，作用力去除后形变并不完全消除，经过一段时间才逐渐恢复，表现为复杂的黏弹性性质，蠕变和松弛现象就是这种特性的表现。

黏弹性物体在应力保持不变的情况下，应变随时间的增加的现象，称为蠕变。例如公共汽车停靠站处，沥青路面因受汽车荷载长时间重压而产生凹陷就是蠕变的过程，这可能是由于沥青胶体结构内部的某些分子产生位移或分子构型发生变化的结果。沥青的结构、环境的温度和作用力的大小都对蠕变产生影响。

与蠕变的现象相反，在保持应变不变的条件下，应力随时间的增加而逐渐减小的现象为应力松弛，这也是由于沥青胶体结构的内部大分子在长时间力的作用下产生结构变形或位移，使原来的应力消失。

研究路面的黏弹性具有很重要的实用价值，在荷载作用下，应力和应变关系呈现非线型关系，为了描述沥青处于黏弹状态下的力学特性，采用了劲度模量的概念。劲度模量与弹性模量不同，它是取决于温度和荷载作用时间而变化的参数，是表现沥青黏性和弹性联合效应的指标。范·德·玻尔采用荷载时间 t 和温度 T 为函数的应力应变之比来表示黏弹性沥青抵抗变形的性能，劲度模量 S 由式(2-9)表示。

$$S=(\delta/\varepsilon)_{t,T} \tag{2-9}$$

式中：S——沥青的劲度模量，Pa；

δ——应力，Pa；

ε——应变，无量纲；

t——载荷时间，s；

T——温度，℃。

沥青材料的劲度模量 S 可以采用“微膜滑板黏度计”或“微弹性仪”等仪器来测定，也可通过图表确定。范·德·玻尔等根据：①荷重作用时间(t)或频率；②路面温度差；③沥青的胶体结构类型(PI)等参数绘制成实用沥青劲度模量诺谟图，如图2-11所示。

在应用诺谟图2-11时，荷重作用时间根据汽车交通作用时间而定，通常采用停车站的停车时间进行校核。路面温度差是指当地平均最低气温时，路面面层5cm深度的温度与软化点的差值(即软化点温度－路面温度)。

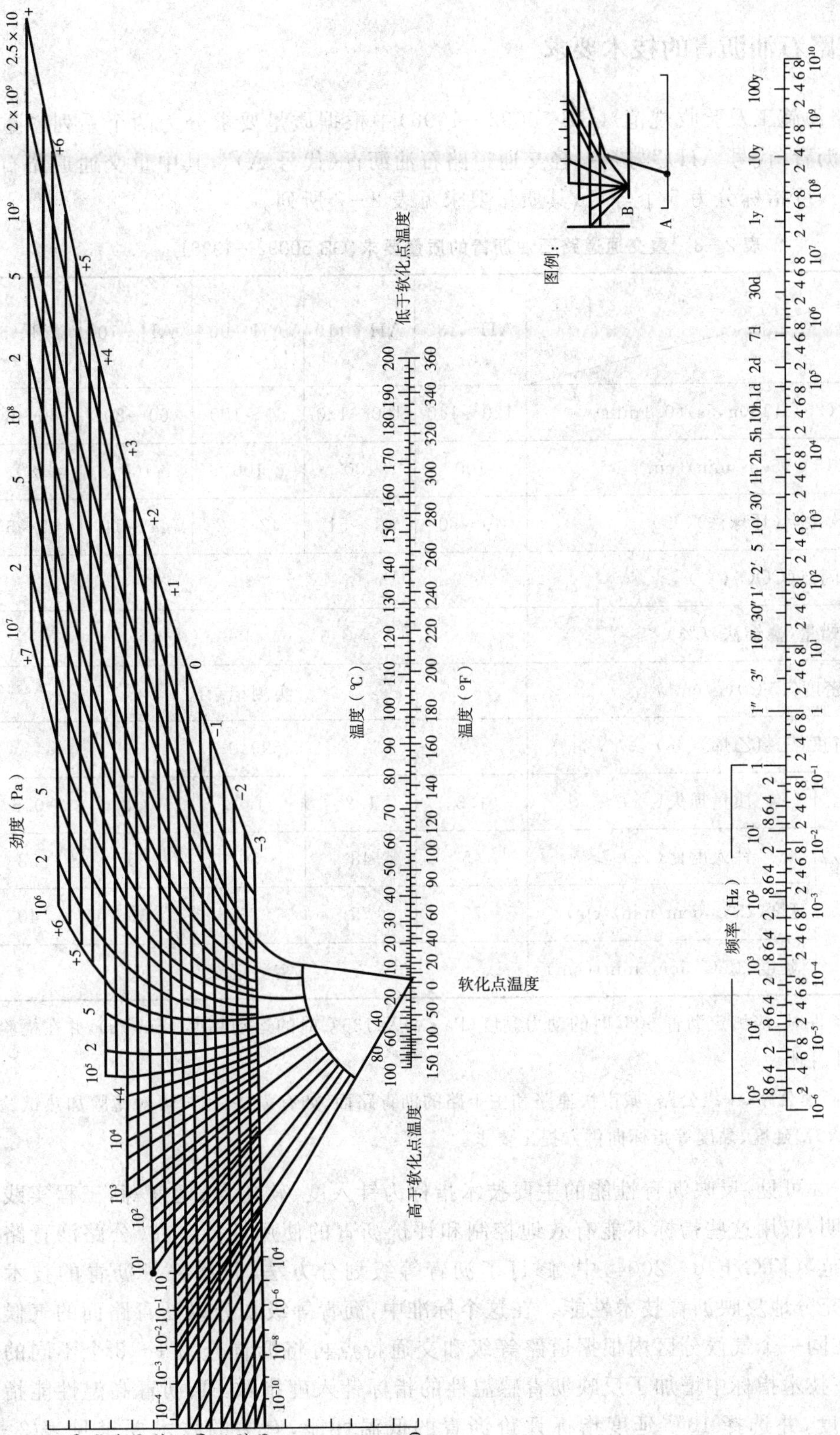

图2-11　沥青劲度模量诺模图

三、我国道路石油沥青的技术要求

《沥青路面施工及验收规范》(GB 50092—1996)中根据质量要求分为两个系列:“重交通道路石油沥青(代号 AH)”与“中、轻交通道路石油沥青(代号 A)”,其中重交通道路石油沥青按照针入度指标分为 5 个等级,其质量要求见表 2-3 所列。

表 2-3 重交通道路石油沥青的质量要求(GB 50092—1996)

试验项目 \ 标号		AH-130	AH-110	AH-90	AH-70	AH-50
针入度(25℃,100g,5s)(0.1mm)		120~140	100~120	80~100	60~80	40~60
延度(15℃,5cm/min)(cm) ≥		100	100	100	100	80
软化点(环球法)(℃)		40~50	41~51	42~52	44~54	45~55
闪点(COC)(℃) ≥		230				
含蜡量(蒸馏法)(%) ≤		3				
密度(15℃)(g/cm³)		实测记录				
溶解度(三氯乙烯)(%) ≥		99.0				
薄膜加热试验(163℃,5h)	质量损失(%) ≤	1.3	1.2	1.0	0.8	0.6
	针入度比(%) ≥	45	48	50	55	58
	延度(25℃,5cm/min)(cm) ≥	75	75	75	50	40
	延度(15℃,5cm/min)(cm)	实测记录				

注:①有条件时,应测定沥青 60℃时的动力黏度(Pa·s)及 135℃时的运动黏度(mm^2/s),并在检验报告中注明。

② 对高速公路、一级公路、城市快速路和主干路的沥青路面,如有需要,用户可对薄膜加热试验后的 15℃延度、黏度等指标向供方提出要求。

由表 2-3 可见,反映沥青性能的主要技术指标为针入度、软化点、延度等,工程实践与试验研究表明,仅用这些指标不能有效地控制和评价沥青的使用性能。在《公路沥青路面施工技术规范》(JTG F40—2004)中,修订了沥青等级划分方法,并增补了沥青的技术指标,以全面、充分地反映沥青技术性能。在这个标准中,沥青等级划分以沥青路面的气候条件为依据,在同一个气候分区内根据道路等级和交通特点再将沥青分为 1~3 个不同的针入度等级;在技术指标中增加了反映沥青感温性的指标针入度指数 PI、沥青高温性能指标 60℃动力黏度,并选择 10℃延度指标评价沥青的低温性能,有关的技术要求见表 2-4 所列。

表 2-4 道路石油沥青技术要求(JTG F40—2004)

指标	等级	160号	130号	110号			90号					70号					50号	30号
适用的气候分区[1]		注[4]	注[4]	2-1	2-2	2-3	1-1	1-2	1-3	2-2	2-3	1-3	1-4	2-2	2-3	2-4	1-4	注[6]
针入度(25℃,100g,5s)(0.1mm)		140～120	120～140	100～120			80～100					60～80					40～60	20～40
针入度指数PI	A	−1.5～+1.0																
	B	−1.8～+1.0																
软化点(R&B)(℃)≥	A	38	40	43			45			44		46		45			49	55
	B	36	39	42			43			42		44		43			46	53
	C	35	37	41			42					43					45	50
60℃动力黏度(Pa·S)≥	A	—	60	120			160			140		180		160			200	26
10℃延度(cm)≥	A	50	50	40			45	30	20	30	20	20	15	25	20	15	15	10
	B	30	30	30			30	20	15	20	15	15	10	20	15	10	20	8
15℃延度(cm)≥	A,B	100															80	50
	C	80	80	60			50					40					40	40
闪点(COC)(℃)≥		230					245					260						
含蜡量(蒸馏法)(%)≤	A	2.2																
	B	3.0																
	C	4.5																
溶解法(%)≥		99.5																
15℃密度(g/cm^3)		实测记录																
薄膜加热试验(或旋转薄膜加热试验)后																		
质量变化(%)≤		±0.8																
针入度比(%)≥	A	48	54	55			57					61					63	65
	B	45	50	52			54					58					60	62
	C	40	45	48			50					54					58	60
10℃延度(cm)≥	A	12	12	10			8					6					4	—
	B	10	10	8			6					4					2	—
15℃延度(cm)≥	C	40	35	30			20					15					10	—

注:① 沥青路面气候分区见第四章表 4-2 所列;

② 用于仲裁试验时,求取针入度指数 PI 的 5 个温度与针入度回归关系的相关系数不得小于 0.997;

③ 经建设部门同意,该表中的针入度指数 PI、60℃动力黏度及 10℃延度可作为选择性指标;

④ 160 号沥青和 130 号沥青除了寒冷地区可直接用于中低级公路外,通常用作乳化沥青、稀释沥青及改性沥青的基质沥青;

⑤ 可根据需要,要求供应商提供 70 号沥青的针入度范围 50～70 或 80～90 的沥青;或者要求提供针入度范围 40～50 或 50～60 的 50 号沥青;

⑥ 30 号沥青仅适用于沥青稳定基层。

道路石油沥青的质量等级根据当前沥青使用和生产水平,按技术性能将道路石油沥青分为 A 级、B 级、C 级三个等级,其各自的适用范围应符合表 2-5 的规定。

表 2-5　道路石油沥青的适用范围

沥青等级	适用范围
A 级沥青	适用于各等级公路任何场合和层次
B 级沥青	(1)适用于高速公路、一级公路沥青下面层及以下层次二级及二级以下各个层次； (2)用作改性沥青、乳化沥青、改性乳化沥青、稀释沥青的基质沥青
C 级沥青	适用于三级及三级以下公路的各个层次

道路石油沥青标号根据现行标准《公路沥青路面施工技术规范》(JTG F40—2004)的规定，道路石油沥青按沥青针入度指标划分为 160 号、130 号、110 号、90 号、70 号、50 号、30 号七个标号，同时对各标号沥青的延度、软化点、闪点、含蜡量、薄膜加热试验等技术指标同时提出相应的要求。具体要求见表 2-2 所列。

第三节　改性沥青

一、概述

由于现代道路交通流量的迅猛增长，货车的轴载大大增加和交通渠化行驶等因素影响，要求沥青路面的高温抗车辙能力、低温抗裂能力、抗水损害能力进一步加强，因此，对沥青路面材料沥青的性能提出更高的要求。

通过对沥青材料的改性，可以改善以下几方面的性能：提高高温抗变形能力，可以增强沥青路面的抗车辙性能；提高沥青的弹性性能，可以增强沥青的抗低温和抗疲劳开裂性能；改善沥青与石料的黏附性；提高沥青的抗老化能力，延长沥青路面的寿命。

二、改性沥青的分类及特性

1. 改性沥青的分类

所谓改性沥青，是指掺加橡胶、塑料等高分子聚合物、磨细的橡胶粉或其他填料型外掺剂，与沥青均匀混合，从而使沥青的性质可以改善而制成的沥青混合物。

不同的改性剂可以在不同程度上改善沥青混合料的使用性能。由于聚合物的加入，可以有效地改善沥青的高温抗车辙能力、抗疲劳开裂能力以及抗低温开裂能力，提高路面使用寿命，所以在道路工程中被广泛应用。下面主要介绍聚合物改性沥青(Polymer Modified Asphalt，PMA 或 Polymer Modified Bitumen，PMB)。

2. 常用聚合物改性沥青的技术特性

(1)热塑性橡胶类改性沥青

热塑弹性体是由橡胶类弹性体热塑化和弹性体与树脂熔融共混热塑化技术而产生的

热塑性弹性体材料和弹性材料，品种牌号繁多，性能优异，其中苯乙烯-二烯烃嵌段共聚物广泛用于沥青改性。共聚物中二烯烃称为软段，苯乙烯称为硬段。当二烯烃采用丁二烯时，所得产品即 SBS。中国石化行业标准将 SBS 命名为热塑性丁苯橡胶。其他还有 SE/BS、SIS 等系列产品，都可用于沥青改性，使用最多的为 SBS。SBS 高分子链具有串联结构的不同嵌段，即塑性段和橡胶段，形成类似合金的组织结构，按聚合物的结构可分为线形和星形。SBS 的改性效果与 SBS 的品种、分子量密切相关，星形 SBS 对沥青的改性效果优于线形 SBS，SBS 的分子量越大，改性效果越明显，但难以加工为改性沥青。沥青中芳香分含量高则较易加工。各种型号的 SBS 中苯乙烯含量高的能显著提高改性沥青的黏度、韧度和韧性。

热塑性弹性体对沥青的改性机理除了一般的混合、溶解、溶胀等物理作用外，很重要的是通过一定条件下产生交联作用，形成不可逆的化学键，从而形成立体网状结构，使沥青获得弹性和强度。而在沥青拌和温度的条件下网状结构消失，具有塑性状态，便于施工，路面使用温度的条件下为固态，具有高抗拉强度。

(2)橡胶类改性沥青

橡胶类改性材料用得最多的是丁苯橡胶(SBR)和氯丁橡胶(CR)。这类改性剂常以胶乳的形式加入沥青之中，制成橡胶沥青，可以提高沥青的黏度、韧性、软化点，降低脆点，使沥青的延度和感温性得到改善，这是由于橡胶吸收沥青中的油分产生溶胀，改变了沥青的胶体结构，因而使沥青的胶体结构得到改善，黏度得以提高。

丁苯橡胶(SBR)是较早开发的沥青改性剂，SBR 的性能与结构随苯乙烯与丁二烯的比例和聚合工艺而变化，选择沥青改性剂时应通过试验加以确定。目前常采用 SBR 胶乳或 SBR 沥青母体作为改性剂，随着 SBR 掺量的增加，改性沥青的黏度和软化点升高，说明抗变形能力得到改善；25℃针入度下降，而低温针入度升高，说明感温性得到改善；低温延度得到大幅度提高，韧度和韧性增加，耐老化性能有很大改善，说明改性沥青的高温流动性、黏弹性、低温抗裂性、耐久性等使用性能都得到改善，此外，还用 SBR 胶乳与沥青乳液制成水乳型建筑用防水涂料和改性乳化沥青用于道路路面工程。

(3)热塑性树脂改性沥青

热塑性树脂是聚烯烃类高分子聚合物，多数是线状结晶物，加热时变软，冷却后变硬，因而能使沥青结合料的常温黏度增大，从而使高温稳定性增加，有利于提高沥青的强度和劲度；但与各种沥青调和时有一定的选择，热贮存时分层较快，分散了的聚合物在熔点以下容易成团，通过精心选择树脂的品种与沥青匹配，因而树脂在沥青改性中得到较多的应用。常采用的品种有低密度聚乙烯(LDPE)、乙烯-乙酸乙烯酯共聚物(EVA)，还有 APAO 等。

① 低密度聚乙烯(LDPE)改性沥青

低密度聚乙烯(LDPE)的柔软性、伸长率和耐冲击性都较高密度聚乙烯好，而且由于密度小，其熔点较低，结晶度小，溶解度参数较宽，在溶解分解区呈液态，使之易与沥青共混。聚乙烯改性沥青可提高沥青的黏度和软化点，使沥青的高温性能得到改善，沥青混合料的强度提高，抗流动变形和车辙的能力增强，抗永久变形能力有所改善，但低温延性较差。

② 乙烯-醋酸乙烯共聚物(EVA)改性沥青

乙烯-醋酸乙烯共聚物(EVA)是应用较普遍的热塑性树脂,在常温下为透明颗粒状,品种繁多,其性能取决于醋酸乙烯(VA)含量、相对分子质量和溶体指数(*MI*)。不同牌号EVA的改性效果是:随着MI和VA的降低,改性沥青的黏度和软化点上升,而低温延度下降;PE对黏度的提高最大,而低温延度比基质沥青还差;SBR对黏度的提高有限,而低温延度得到很大改善。因此EVA使沥青的高温强度、低温柔性和弹性以及耐老化性能得到比较全面的改善,而且有较好的施工性能,可以通过选用不同牌号的EVA对改性效果加以调整。

(4)热固性树脂改性沥青

热固性树脂品种有聚氨酯(PV)、环氧树脂(EP)、不饱和聚酯树脂(VP)等类,其中环氧树脂已应用于改性沥青。环氧树脂是指含有两个或两个以上环氧或环氧基团的醚或酚的齐聚物或聚合物。我国生产的环氧树脂大部分是双酚A类,配制环氧改性沥青的关键在于选择合适的混合沥青作基料,并需选择适合此类环氧树脂的固化剂,比较便宜的固化剂以芳香胺类为主。环氧树脂改性沥青的延伸性不好,但其强度很高,具有优越的抗永久变形能力,并具有特别高的耐燃料油和润滑油的能力,适用于公共汽车停靠站、加油站等。

3. 聚合物改性剂与基质沥青的相容性

相容性是改性沥青是否成功的首要条件,改性沥青的相容性是指沥青和改性剂在组成和性质上存在差别的组分,在一定的条件下能够相互兼容、并存,形成热力学相对稳定的具有混溶性的体系的能力。在相容性的改性沥青体系中,聚合物改性剂粒子很细,很均匀地分散在沥青当中,在相容性差时则改性剂粒子呈絮状、块状或与沥青发生相分离或分层现象,因此聚合物改性剂的相容性是极为重要的因素。聚合物改性粒子加入基质沥青中通过熔胀、增塑、分解或交联的复杂的物理、化学过程而与沥青混溶形成稳定的分散体系,相容性的差异取决于改性剂和沥青两种不同相的界面上的相互作用、两者溶解度参数的差异以及分子结构是否相近。溶解度参数差异愈小,分子结构愈相近则相容性愈好。

各类物质溶解度参数的大小实质上反映该类物质的分子构型和相对分子质量,也是定量反映物质极性的数据。极性越相近的物质,则溶解度参数差值越小,越容易互相混融。如苯乙烯含量较低的丁苯橡胶,其溶解度参数较低,与胜利沥青的溶解度参数比较接近,则形成稳定的胶体溶液。反之,若采用苯乙烯含量较高的丁苯橡胶,由于与沥青溶解度参数相差太大,则不易形成稳定的改性沥青。这可说明,基质沥青与聚合物改性剂基本上遵循化学组成和结构相似相容的原则。

沥青中的轻组分对聚合物溶胀作用是相容性好的一个前提。聚合物经溶胀后,由于聚合物低分子量的组分倾向于分布在聚合物与沥青的界面处,相当于表面活性剂作用,使聚合物沥青不易发生相分离,增强了两相的黏合力。当聚合物含量较高时,则可能形成网状结构而使沥青的流变性能和力学性能得到很大的改善。

改性沥青的分散度是指聚合物在沥青中的分布状态及聚合物粒子的大小,改性沥青的生产工艺就是要保证聚合物良好的分散度。聚合物的微细粒子均匀分布在沥青之中是保证相容性的前提,是改性作用得到实现的保证。

表 2-6 聚合物改性沥青技术要求(JTG F40—2004)

指标	单位	SBS 类(Ⅰ类)				SBR 类(Ⅱ类)			EVA、PE 类(Ⅲ类)			
		Ⅰ~A	Ⅰ~B	Ⅰ~C	Ⅰ~D	Ⅱ~A	Ⅱ~B	Ⅱ~C	Ⅲ~A	Ⅲ~B	Ⅲ~C	Ⅲ~D
针入度(25℃,5g,100g)	0.1mm	>100	80—100	60—80	40—60	>100	80—100	60—80	>80	60—80	40—60	30—40
针入度指数 ≥		−1.2	−0.8	−0.4	0	−1.0	−0.8	−0.6	−1.0	−0.8	−0.6	−0.4
延度(5℃,5cm/min) ≥	cm	50	40	30	20	60	50	40	—			
软化点(R&B) ≥	℃	45	50	55	60	45	48	50	48	52	56	60
运动粘度(135℃) ≤	Pa·s	3										
闪点 ≥	℃	230				230			230			
溶解度 ≥	%	99				99			—			
弹性恢复(25℃) ≥	%	55	60	65	75	—			—			
黏韧性 ≥	N·m	—				5			—			
韧性 ≥	N·m	—				2.5			—			
储存稳定性离析 48h 软化点差 ≤	℃	2.5							无改性剂明显离析、凝聚			
TFOT(或 RTFOT)后残留物												
质量变化 ≤	%	±1.0										
针入度比 25℃ ≥	%	50	55	60	65	50	55	60	50	55	58	60
延度 5℃ ≥	cm	30	25	20	15	30	20	10	—			

第四节 乳化沥青

乳化沥青是黏稠沥青经热融和机械作用以微滴状态分散于含有乳化剂-稳定剂的水中，形成水包油（O/W）型的沥青乳液。

乳化沥青的应用已有近百年历史，最早用于喷洒除尘，后逐渐用于道路建筑。由于阳离子乳化剂的采用，乳化沥青得到更为广泛的应用。乳化沥青不仅可用于路面的维修与养护，并可用于铺筑表面处治、贯入式、沥青碎石、乳化沥青混凝土等各种结构形式的路面，还可用于旧沥青路面的冷再生、防尘处理。

乳化沥青的优越性主要有以下几点：

① 可冷态施工，节约能源，减少环境污染；

② 常温下具有较好的流动性，能保证洒布的均匀性，可提高路面修筑质量；

③ 采用乳化沥青，扩展了沥青路面的类型，如稀浆封层等；

④ 乳化沥青与矿料表面具有良好的工作性和黏附性，可节约沥青并保证施工质量；

⑤ 可延长施工季节，低温多雨季节对乳化沥青施工影响较小。

一、乳化沥青的组成材料

1. 乳化沥青的基本组成材料

乳化沥青由沥青水和乳化剂组成，需要时可加入少量添加剂。

(1)沥青

生产乳化沥青用的沥青应适宜乳化。一般采用针入度大于100的较软的沥青；石油沥青是复杂的高分子碳氢化合物，由于油源和生产方法的不同，其组分的化学结构和特性有很大差异，乳化的难易程度不同，应通过试验加以选择，根据工程需要也采用改性沥青进行乳化。

(2)水

水是沥青分散的介质，水的硬度和离子对乳化沥青具有一定的影响，水中存在的镁、钙或碳酸氢根离子分别对阴离子乳化剂或阳离子乳化剂有不同影响。应根据乳化剂类型的不同确定对水质的要求。

(3)乳化剂

乳化剂在乳化沥青中用量很小，但对乳化沥青的形成、应用及贮存稳定性都有重大的影响，乳化剂一般是表面活性物质，称为表面活性剂。

(4)稳定剂

其主要采用无机盐类和高分子化合物，用以改善沥青乳液的稳定性。稳定效果最好的无机盐类是氯化铵和氯化钙，常与各类阳离子乳化剂配合使用，加入量常为0.2%～0.6%，可节省乳化剂用量20%～40%，高分子稳定剂如淀粉、明胶、聚乙二醇等，在沥青微粒表面可形成保护膜，有利于微粒的分散，可与各类阳离子和非离子乳化剂配合使用，加入量为 0.10%～0.15%。

2. 乳化剂分类和乳化能力

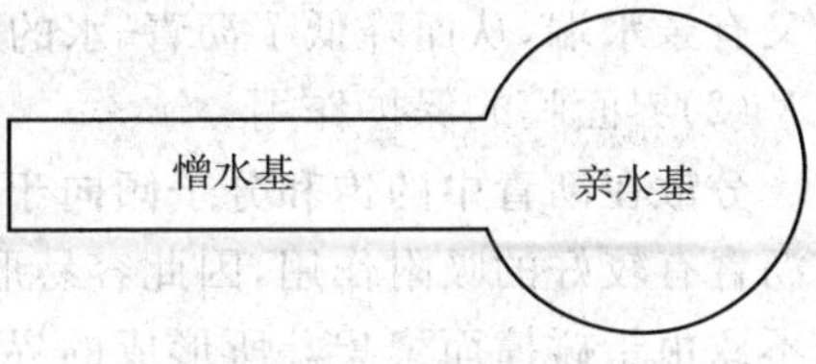

图 2-12 沥青乳化剂分子模型示意图

表面活性剂分子的化学结构具有不对称性，由极性部分和非极性部分组成。其极性部分（—COONa，—OSO_3Na，—SO_3Na）是亲水性的，非极性部分，如 C12～C16 的烷基链或碳氢基。极性的亲水基结构差异较大，因而乳化剂分类也是根据亲水基的结构而划分，各类乳化剂具有不同的特点。

(1)乳化剂分类

能在溶液中解离生成离子或离子胶束的称为离子型乳化剂，凡不能电离成离子胶束的称为非离子乳化剂，可分类如下。

① 阴离子乳化剂

阴离子乳化剂是水中溶解后其极性部分倾向解离成阴（负）离子的表面活性物质。其特征表现在它具有一个大的有机阴离子，能与碱作用形成盐。属于阴离子乳化剂的表面活性物质很多，常用的有有机羧酸盐（RCOONa）以及石油副产品环烷酸盐等；有机硫酸盐（或酯）；有机磺酸盐等。

② 阳离子乳化剂

阳离子乳化剂是在水中溶解后其极性部分倾向解离成阳（正）离子的表面活性物质。由于能较好地与带有负电荷的湿润集料表面吸附，因而得到广泛的应用。常用的有烷基胺或二胺类酰胺、季铵盐类、胺化木质素类等。

③ 两性离子型乳化剂

两性离子型乳化剂是在水中溶解后其极性部分（亲水基团）既带阴电荷又带有阳电荷的表面活性物质。

两性乳化剂可以吸附在带负电荷或正电荷的物质表面上，有良好的乳化性和分散性，但和非离子型表面活性剂在水介质中不会离解成水合离子。由于无电荷，当形成沥青乳液时与集料的结合力较弱，是靠水分蒸发破乳后，才能使沥青附着在集料表面上。其单独作为沥青乳化剂的应用不多，而主要是与阳离子、阴离子乳化剂配合用于制造乳化沥青，有以下作用：加入非离子可以延长乳液与石料接触时的破乳时间；用于稀浆封层时，可以改善混合料的和易性；可以提高乳化力。

二、乳化沥青的形成、分裂机理与生产工艺

1. 乳化沥青的形成机理

(1)乳化剂降低界面能的作用

沥青乳化液是通过机械作用将沥青颗粒分散在水中，形成以沥青作为分散相、水作为分散介质的分散系。由于沥青被分散为细微的液滴，高度分散在水中，使沥青的表面积大量增加，大大增加了体系的界面，必须对体系做功，才能保持体系的稳定，否则沥青将集聚，以缩小其界面，使体系的自由能降低，以保持体系的平衡。

为保证沥青乳液中沥青微滴的高度分散性和稳定性，如果不减少沥青的表面积则必须

降低沥青与水的界面张力，掺加表面活性剂是最有效的方法。乳化剂的化学结构既有亲油端又有亲水端，从而降低了沥青-水的界面张力。

(2)界面膜的保护作用

分散在沥青中的饱和分子倾向于聚集在沥青颗粒的表面。具有较长烷基链的乳化剂与沥青有较好的吸附作用，因此容易形成紧密排列，从而增强了界面膜的强度，保护沥青微粒不致由于碰撞而聚集。所形成的界面膜的强度和紧密程度取决于乳化剂的分子结构和浓度，沥青乳液中乳化剂达到一定浓度时，定向排列的分子密集排列组成界面膜，膜的强度较大，界面张力减小，乳液稳定。

(3)界面电荷的稳定作用

由于乳化剂的作用，沥青与水界面上形成双电层结构。这是由于沥青微粒带电荷的分子膜外层形成反向电荷的扩散层，分子膜和扩散层界面上存在电位差，电位差越大，微粒之间的排斥力越大。因此在沥青液滴相互碰撞时，由于排斥作用阻止了沥青液滴的聚集，保证了沥青乳液的稳定，双电层电位差的大小决定了扩散层的厚度，双电层厚度越大，乳液的稳定性越强。

2. 乳化沥青的分裂

为使沥青发挥其黏结功能，必须使沥青从乳液中分离出来，使沥青微滴相互聚结，在集料表面形成连续的覆盖薄膜，这就是乳化沥青的分裂。沥青乳液得以分裂的原因如下几点：

(1)电荷吸附作用

沥青乳液与集料接触后，乳液中沥青微粒所带电荷与集料表面所带电荷的相互吸附作用是乳液破乳的主要原因。阴离子沥青乳液与表面上带正电荷的碱性集料（如石灰石、白云石）有较好的吸附，阳离子沥青乳液与表面上带负电荷的酸性石料（如硅质岩石、花岗岩等）有较好的吸附。在潮湿状态下，集料表面普遍带负电荷，因此阳离子沥青乳液易与潮湿集料结合。

(2)水分蒸发

乳液中的水分由于蒸发或被石料吸收而产生分解，破乳、多孔、粗糙、干燥的集料易吸收水分，破坏乳液的平衡，加速破乳。

(3)酸碱中和

研究认为，阳离子沥青乳液有一定的游离酸，pH 值小，游离酸与碱性集料起作用，生成了氯化钙和带负电荷的碳酸离子。它与裹覆在沥青微粒周围的阳离子中和，因此沥青微粒能与集料表面紧密相连，形成牢固的沥青膜，乳液中的水分很快分离出来。

3. 乳液的贮存

乳液存放较长时间就会产生分层现象，为延缓分层的速度，应采用密封容器，减少水分蒸发，或在容器上加装搅拌设备，定期进行搅拌。长期储存的乳液应定期取样检验。

第五节　沥青材料试验实训

一、试验项目依据

道路石油沥青、乳化沥青、液体石油沥青、煤沥青、改性沥青的试验项目均依据《公路沥青路面施工技术规范》(JTG F40—2004)。

二、试验检测参数

试验检测参数有：沥青密度与相对密度；针入度；沥青延度；软化点；沥青溶解度；沥青蒸发损失；沥青薄膜加热试验；沥青旋转薄膜加热试验；沥青闪点/燃点试验；沥青蜡含量试验(蒸馏法)；沥青运动黏度试验(毛细管法)；沥青动力黏度试验(真空减压毛细管法)；沥青标准黏度试验(道路沥青标准黏度计法)；沥青恩格拉黏度试验(恩格拉黏度计法)；乳化沥青蒸发残留物含量试验；乳化沥青筛上剩余量试验；乳化沥青微粒离子电荷试验；乳化沥青破乳速度试验；聚合物改性沥青离析试验；沥青弹性恢复试验。以上参数均按《公路工程沥青及沥青混合料试验规程》(JTG E20—2011)进行检测。

三、常用参数的试验细则

(一)热沥青试样的制备方法

1. 目的和适用范围

(1)本方法规定了取样的沥青试样在试验前的试样准备方法。

(2)本方法适用于黏稠道路石油沥青、煤沥青、聚合物改性沥青等需要加热后才能进行试验的沥青试样，按此法准备的沥青供在试验室立即进行各项试验使用。

(3)本方法也适用于对乳化沥青试样进行各项性能测定。每个样品的数量根据需要决定，常规测定不宜少于600g。

2. 仪具与材料

(1)烘箱：200℃，装有温度控制调节器。

(2)加热炉具：电炉或燃气炉(丙烷石油气、天然气)。

(3)滤筛：筛孔孔径0.6mm。

(4)天平：称量2000g，感量不大于1g；称量100g，感量不大于0.1g。

(5)其他：石棉垫、烧杯、温度计、玻璃棒、溶剂、棉纱等。

3. 热沥青试样制备

(1)将装有试样的盛样器皿带盖放入恒温烘箱中，当石油沥青试样中含有水分时，烘箱温度80℃左右，加热至沥青全部熔化后供脱水用。当石油沥青中无水分时，烘箱温度宜为软化点温度以上90℃，通常为135℃左右，对取来的沥青试样不得直接采用电炉或燃气炉明火加热。

(2)当石油沥青试样中含有水分时，将盛样器皿放在可控的砂浴、油浴、电热套上加热脱水，不得已采用电炉、燃气炉加热脱水时必须加放石棉垫。加热时间不超过30min，并用玻璃棒轻轻搅拌，防止局部过热。在沥青温度不超过100℃的条件下，仔细脱水至无泡沫为止，最后的加热温度不宜超过软化点以上100℃(石油沥青)或50℃(煤沥青)。

(3)将盛样器皿中的沥青通过0.6mm的滤筛过滤，不等冷却立即一次灌入各项试验模具中。当温度下降太多时，宜适当加热再灌模。根据需要也可将试样分装入擦拭干净并干燥的一个或数个沥青盛样器皿中，数量应满足一批试验项目所需的沥青样品并有富余。

(4)在沥青灌模过程中，如沥青温度下降可放入烘箱中适当加热，试样冷却后反复加热的次数不得超过2次，以防止沥青老化影响试验结果。为避免混进气泡，在沥青灌模时不得反复搅动沥青。

(5)灌模剩余的沥青应立即清洗干净，不得重复使用。

(二)沥青密度与相对密度试验

1. 目的与适用范围

本方法适用于使用比重瓶测定沥青材料的密度与相对密度。非特殊要求，本方法宜在试验温度25℃及15℃下测定沥青密度与相对密度。

2. 仪具与材料

(1)比重瓶：玻璃制，瓶塞下部与瓶口须经仔细研磨。容积为20～30mL，质量不超过40g。

(2)恒温水槽。

(3)烘箱。

(4)天平：感量不大于1mg。

(5)滤筛：0.6mm、2.36mm各一个。

(6)其他：温度计、烧杯、真空干燥器、洗液、蒸馏水、表面活性剂等。

3. 操作前准备

(1)用洗液、水、蒸馏水先后仔细洗涤比重瓶，然后烘干称其质量m_1，准确至1mg。

(2)将盛有冷却蒸馏水的烧杯浸入恒温水槽中保温，在烧杯中插入温度计，水的深度必须超过比重瓶顶部40mm以上。

(3)使恒温水槽及烧杯中蒸馏水达至规定的试验温度±0.1℃。

4. 比重瓶水值测定步骤

(1)将比重瓶及瓶塞放入恒温水槽中的烧杯里，烧杯底浸没水中的深度应不少于100mm，烧杯口露出水面，并用夹具将其固牢。

(2)待烧杯中水温再次达到规定温度并保温30min后，将瓶塞塞入瓶口，使多余的水由瓶塞上的毛细孔中挤出。注意此时比重瓶内不得有气泡。

(3)将烧杯从水槽中取出，再从烧杯中取出比重瓶，立即用干净软布将瓶塞顶部擦拭一次，再迅速擦干比重瓶外面的水分，称其质量m_2，准确至1mg。瓶塞顶部只能擦一次，即使由于膨胀瓶塞上有小水滴也不能再擦拭。

(4)以m_2-m_1作为试验温度时比重瓶的水值。

注意：比重瓶的水值应经常校正，一般每年至少进行一次。

5. 液体沥青试样的操作步骤

(1)将试样通过筛(0.6mm)后注入干燥比重瓶中至满，不得混入气泡。

(2)将盛有试样的比重瓶及瓶塞移入恒温水槽(测定温度±0.1℃)内盛有水的烧杯中，水面应在瓶口下约40mm。不得使水浸入瓶内。

(3)待烧杯内的水温达到要求的温度后保温30min，然后将瓶塞塞上，使多余的试样由瓶塞的毛细孔挤出。用蘸有三氯乙烯的棉花擦净孔口挤出的试样，并保持孔中充满试样。

(4)从水中取出比重瓶，立即用干净软布仔细擦去瓶外的水分或黏附的试样(不得再擦孔口)后，称其质量m_3，准确至3位小数。

6. **黏稠沥青试样的操作步骤**

(1)准备沥青试样,沥青的加热温度宜不高于估计软化点以上 100℃(石油沥青或聚合物改性沥青),将沥青小心注入比重瓶中,约至 2/3 高度。不得使试样黏附在瓶口或上方瓶壁,并防止混入气泡。

(2)取出盛有试样的比重瓶,移入干燥器中,在室温下冷却不少于 1h,连同瓶塞称其质量 m_4,准确至 3 位小数。

(3)将盛有蒸馏水的烧杯放入已达试验温度的恒温水槽中,然后将称量后盛有试样的比重瓶放入烧杯中(瓶塞也放进烧杯中),等烧杯中的水温达到规定温度后保温 30min,使比重瓶中气泡上升到水面,待确认比重瓶已经恒温且无气泡后,再将比重瓶的瓶塞塞紧,使多余的水从塞孔中溢出,此时应不得带入气泡。

(4)取出比重瓶,按前述方法迅速擦干瓶外水分后称其质量 m_5,准确至 3 位小数。

7. **固体沥青试样的操作步骤**

(1)试验前,如试样表面潮湿,可在干燥、洁净的环境下自然吹干,或置 50℃烘箱中烘干。

(2)将 50～100g 试样打碎,过 0.6mm 及 2.36mm 筛。取 0.6～2.36mm 的粉碎试样不少于 5g 放入清洁、干燥的比重瓶中,塞紧瓶塞后称其质量 m_6,准确至 3 位小数。

(3)取下瓶塞,将恒温水槽内烧杯中的蒸馏水注入比重瓶,水面高于试样约 10mm,同时加入几滴表面活性剂溶液(如 1%的洗衣粉、洗涤灵),并摇动比重瓶使大部分试样沉入水底,必须使试样颗粒表面所吸附气泡逸出。摇动时勿使试样摇出瓶外。

(4)取下瓶塞,将盛有试样和蒸馏水的比重瓶置真空干燥箱(器)中抽真空,逐渐达到真空 98kPa(735mmHg)不少于 15min。如比重瓶试样表面仍有气泡时,可再加几滴表面活性剂溶液,摇动后再抽真空。必要时可反复几次操作,直至无气泡为止。

注:抽真空不宜过快,为防止样品被带出比重瓶。

(5)将保温烧杯中的蒸馏水再注入比重瓶中至满,轻轻塞好瓶塞,再将带塞的比重瓶放入盛有蒸馏水的烧杯中,并塞紧瓶塞。

(6)将装有比重瓶的盛水烧杯再置恒温水槽(试验温度±0.1℃)中保持至少 30min 后,取出比重瓶,迅速揩干瓶外水分后称其质量 m_7,准确至 3 位小数。

8. **数据处理**

(1)试验温度下液体沥青试样的密度和相对密度分别按式(2-10)、式(2-11)计算:

$$\rho_b = \frac{m_3 - m_1}{m_2 - m_1} \times \rho_w \tag{2-10}$$

$$\gamma_b = \frac{m_3 - m_1}{m_2 - m_1} \tag{2-11}$$

式中:ρ_b——试样在试验温度下的密度,g/cm³;

γ_b——试样在试验温度下的相对密度;

m_1——比重瓶的质量,g;

m_2——比重瓶与所盛满水的合计质量,g;

m_3——比重瓶与所盛满试样时的合计质量,g;

ρ_w——试验温度下水的密度，g/cm³，(15℃水的密度为0.9991g/cm³，25℃水的密度为0.9971g/cm³)。

(2)试验温度下黏稠沥青试件的密度和相对密度分别按式(2-12)、式(2-13)计算：

$$\rho_b=\frac{m_4-m_1}{(m_2-m_1)-(m_5-m_4)}\times\rho_w \tag{2-11}$$

$$\gamma_b=\frac{m_4-m_1}{(m_2-m_1)-(m_5-m_4)} \tag{2-13}$$

式中：m_4——比重瓶与沥青试样的合计质量，g；

m_5——比重瓶与试样和水的合计质量，g。

(3)试验温度下固体沥青试样的密度和相对密度分别按式(2-14)和式(2-15)计算：

$$\rho_b=\frac{m_6-m_1}{(m_2-m_1)-(m_7-m_6)}\times\rho_w \tag{2-14}$$

$$\gamma_b=\frac{m_6-m_1}{(m_2-m_1)-(m_7-m_6)} \tag{2-15}$$

式中：m_6——比重瓶与沥青试样的合计质量，g；

m_7——比重瓶与试样和水的合计质量，g。

9. 结果评定

(1)同一试样应平行试验两次，当两次试验结果的差值符合重复性试验的允许误差要求时，以平均值作为沥青的密度试验结果，并精确至3位小数。试验报告应注明试验温度。

(2)对黏稠石油沥青及液体沥青，重复性试验的允许差为0.003g/cm³。再现性试验的允许差为0.007g/cm³。

(3)对固体沥青，重复性试验的允许差为0.01g/cm³，再现性试验的允许差为0.02g/cm³。相对密度的允许误差要求与密度相同(无单位)。

(三)针入度试验

1. 目的与适用范围

本方法适用于测定道路石油沥青、聚合物改性沥青针入度以及液体石油沥青蒸馏或乳化沥青蒸发后残留物的针入度，以0.1mm计。其标准试验条件为温度25℃，荷重100g，贯入时间5s。

2. 试验仪器

(1)针入度仪：针和连杆组合件总质量为50g±0.05g，另附重50g±0.05g砝码一只，试验时总质量为100g±0.05g。

(2)标准针。

(3)盛样皿。

(4)恒温水槽。

(5)平底玻璃皿、温度计、计时器、盛样皿盖、三氯乙烯、电炉或沙浴、石棉网等。

3. 试验准备

(1)试样加热至软化点以上 90℃，过 0.6mm 筛，充分搅拌至气泡完全排除。

(2)按试验要求将恒温水槽调节到要求的试验温度 25℃或 15℃、30℃(5℃)，保持稳定。

(3)将试样注入盛样皿中，试样高度应超过预计针入度值 10mm，并盖上盛样皿，以防落入灰尘。盛有试样的盛样皿在 15℃～30℃室温中冷却不少于 1.5h(小盛样皿)、2h(大盛样皿)或 3h(特殊盛样皿)后，移入保持规定试验温度±0.1℃的恒温水槽中，并应保温不少于 1.5h(小盛样皿)、2h(大盛样皿)或 2.5h(特殊盛样皿)。

(4)调整针入度仪使之水平。检查针连杆和导轨。以确认无水和其他外来物，无明显摩擦。用三氯乙烯或其他溶剂清洗标准针，并擦干。将标准针插入针连杆，用螺丝固紧。按试验条件，加上附加砝码。

4. 操作步骤

(1)取出达到恒温的盛样皿，并移入水温控制在试验温度±0.1℃(可用恒温水槽中的水)的平底玻璃皿中的三脚支架上，试样表面以上的水层深度不小于 10mm。

(2)将盛有试样的平底玻璃皿置于针入度仪的平台上。慢慢放下针连杆，用适当位置的反光镜或灯光反射观察，使针尖恰好与试样表面接触，拉下刻度盘的拉杆，使之与针连杆顶端轻轻接触，将位移计或刻度盘指针复位为零。

(3)开始试验，按下释放键，这时计时与标准针落下贯入试样同时开始，至 5s 时自动停止。

(4)读取刻度盘指针或位移计的读数，准确至 0.1mm。

(5)同一试样平行试验至少 3 次，各测试点之间及与盛样皿边缘的距离不应少于 10mm。每次试验后应将盛有盛样皿的平底玻璃皿放入恒温水槽，使平底玻璃皿中水温保持试验温度。每次试验应换一根干净标准针或将标准针取下用蘸有三氯乙烯溶剂的棉花或布擦净，再用干棉花或布擦干。

(6)测定针入度大于 200 的沥青试样时，至少用 3 支标准针，每次试验后将针留在试样中，直至 3 次平行试验完成后，才能将标准针取出。

(7)测定针入度指数 PI 时，按同样的方法在 15℃、25℃、30℃(或 5℃)3 个或 3 个以上(必要时增加 10℃、20℃)温度条件下分别测定沥青的针入度，但用于仲裁试验的温度条件应为 5 个。

5. 数据处理

(1)同一试样 3 次平行试验结果的最大值和最小值之差在表 2-7 允许偏差范围内时，计算 3 次试验结果的平均值，取整数作为针入度试验结果，以 0.1mm 为单位。当试验值不符合此要求时，应重新进行。

表 2-7　针入度允许偏差

针入度(0.1)	0～49	50～149	150～249	250～500
允许差值(0.1mm)	2	4	12	20

(2)当试验结果小于 50(0.1mm)时，重复性试验的允许差为 2(0.1mm)，再现性试验的允许误差为 4(0.1mm)。

(3)当试验结果大于或等于 50(0.1mm)时，重复性试验的允许差为平均值的 4%，再现性试验的允许误差为平均值的8%。

(四)软化点(环球法)试验

1. 目的与适用范围

本方法适用于测定道路石油沥青、聚合物改性沥青、液体石油沥青蒸馏残留物和乳化沥青蒸发残留物等材料的软化点。

2. 试验设备

(1)软化点试验仪,部件包括钢球、试样环、金属支架、耐热玻璃烧杯、温度计;

(2)加热炉具;

(3)试样底板;

(4)恒温水槽;

(5)平直刮刀、甘油滑石粉隔离剂、蒸馏水或纯净水、石棉网等。

3. 试验准备

(1)将试样环置于涂有甘油滑石粉隔离剂(甘油与滑石粉的质量为2∶1)的试样底板上。将准备好的沥青试样徐徐注入试样环内至略高于环面为止。如估计试样软化点高于120℃,则试样环和试样底板(不用玻璃板)均应预热至80℃～100℃。

(2)试样在室温冷却30min后,用热刮刀刮除环面上的试样,应使其与环面齐平。

4. 操作步骤

(1)试样软化点在80℃以下者:

① 将装有试样的试样环连同试样底板置于装有(5±0.5)℃水的恒温水槽中至少15min;同时将金属支架、钢球、钢球定位环等亦置于相同水槽中。

② 烧杯内注入新煮沸并冷却至5℃的蒸馏水或纯净水,水面略低于立杆上的深度标记。

③ 从恒温水槽中取出盛有试样的试样环,并放置在支架中层板的圆孔中,套上定位环;然后将整个环架放人烧杯中,调整水面至深度标记,并保持水温为(5±0.5)℃。环架上任何部分不得附有气泡。将0℃～100℃的温度计由上层板中心孔垂直插入,使端部测温头底部与试样环下面齐平。

④ 将盛有水和环架的烧杯移至放有石棉网的加热炉具上,然后将钢球放在定位环中间的试样中央,立即开动电磁振荡搅拌器,使水微微振荡,并开始加热,使杯中水温在3min内调节至维持每分钟上升(5±0.5)℃。在加热过程中,应记录每分钟上升的温度值,如温度上升速度超出此范围时,则试验应重做。

⑤ 试样受热软化逐渐下坠,至与下层底板表面接触时,立即读取温度,准确至0.5℃。

(2)试样软化点在80℃以上者:

① 将装有试样的试样环连同试样底板置于装有(32±1)℃甘油的恒温水槽中至少15min;同时将金属支架、钢球、钢球定位环等亦置于甘油中。

② 在烧杯内注入预先加热至32℃的甘油,其液面略低于立杆上深度标记。

③ 从恒温水槽中取出装有试样的试样环,按上述③～⑤的方法进行测定,准确至1℃。

5. 结果评定

(1)同一试样平行试验两次,当两次测定值的差值符合重复性试验的允许误差要求时,取其平均值作为软化点试验结果，准确至0.5℃。

(2)当试样软化点小于80℃时，重复性试验的允许误差为1℃，再现性试验的允许误差为4℃。

(3)当试样软化点大于或等于80℃时，重复性试验的允许误差为2℃，再现性试验的允许误差为8℃。

(五)沥青延度试验

1. 目的与适用范围

(1)本方法适用于测定道路石油沥青、聚合物改性沥青、液体石油沥青蒸馏残留物和乳化沥青蒸发残留物等材料的延度。

(2)沥青延度的试验温度与拉伸速率可根据要求采用，通常采用的试验温度为25℃、15℃、10℃或5℃，拉伸速度为5cm/min。当低温采用(1±0.05)cm/min拉伸速度时，应在报告中注明。

2. 试验设备

(1)延度仪；

(2)试模、试模底板；

(3)恒温水槽；

(4)温度计、沙浴、其他加热炉具，以及甘油滑石粉隔离剂、平刮刀、石棉网、酒精等。

3. 试验准备

(1)将隔离剂(甘油与滑石粉的质量为2∶1)拌和均匀，涂在清洁干燥的试模底板和两个侧模的内侧表面，并将试模在试模底板上装妥。

(2)试样加热至软化点以上90℃，过0.6mm筛充分搅拌至气泡完全排出。

将试样仔细自试模的一端至另一端往返数次缓缓注入试模中，最后略高出试模。灌模时应注意勿使气泡混入。

(3)试件在室温中冷却不少于1.5h，然后用热刮刀刮除高出试模的沥青，使沥青与试模面齐平。沥青的刮法应自试模的中间刮向两端，且表面应刮得平滑。将试模连同底板再放入规定试验温度的水槽中保温1.5h。

(4)检查延度仪延伸速度是否符合规定要求，然后移动滑板使其指针正对标尺的零点。将延度仪注水，并保温达到试验温度±0.1℃。

4. 操作步骤

(1)将保温后的试件连同底板移入延度仪的水槽中。然后将盛有试样的试模自玻璃板或不锈钢板上取下，将试模两端的孔分别套在滑板及槽端固定板上，并取下侧模。水面距试件表面应不小于25mm。

(2)开动延度仪，并注意观察试样的延伸情况。此时应注意，在试验过程中，水温应始终保持在试验温度规定范围内，且仪器不得有振动，水面不得有晃动，当水槽采用循环水时，应暂时中断循环，停止水流。在试验中，当发现沥青细丝浮于水面或沉入槽底时，应在水中加入酒精或食盐，调整水的密度至与试样相近后，重新试验。

(3)试件拉断时，读取指针所指标尺上的读数，以cm计。在正常情况下，试件延伸时应成锥尖状，拉断时实际断面接近于零。如不能得到这种结果，则应在试验报告中注明。

5. **数据处理**

同一样品，每次平行试验不少于3个，如3个测定值均大于100cm，试验结果记作“>100cm”，特殊需要时也可分别记录实测值。如3个测定结果中，当有一个以上的测定值小于100cm时，若最大值或最小值与平均值之差满足重复性试验要求，则取3个测定结果的平均值的整数作为延度试验结果。若平均值大于100cm，记作“>100cm”；若最大值或最小值与平均值之差不符合重复性试验要求，试验应重新进行。

6. **结果评定**

当试验结果小于100cm时，重复性试验的允许误差为平均值的20％；再现性试验的允许误差为平均值的30％。

（六）沥青溶解度试验

1. **目的和适用范围**

本方法适用于测定道路石油沥青、聚合物改性沥青、液体石油沥青或乳化沥青蒸发后残留物的溶解度。非经注明，溶剂为三氯乙烯。

2. 仪具与材料

(1)分析天平：感量不大于0.1mg。

(2)锥形烧瓶：250mL。

(3)古式坩埚：50mL。

(4)其他：玻璃纤维滤纸、过滤瓶、洗瓶、烘箱、干燥器、水槽、三氯乙烯等。

3. **试验准备**

(1)按沥青试样准备方法准备沥青试样。

(2)将玻璃纤维滤纸置于洁净的古氏坩埚中的底部，用溶剂冲洗滤纸和古氏坩埚，使溶剂挥发后，置温度为(105±5)℃的烘箱内干燥至恒重(一般为15min)，然后移入干燥器中冷却，冷却时间不少于30min，称其质量m_1，准确至0.1mg。

(3)称取已烘干的锥形烧瓶和玻璃棒的质量m_2，准确至0.1mg。

4. **操作步骤**

(1)用预先干燥的锥形烧瓶称取沥青试样2g(m_3)，准确至0.1mg。

(2)在不断摇动下，分次加入三氯乙烯100mL，直至试样溶解后盖上瓶塞，并在室温下放置至少15min。

(3)将已称质量的滤纸及古氏坩埚，安装在过滤烧瓶上，用少量的三氯乙烯润湿玻璃纤维滤纸；然后，将沥青溶液沿玻璃棒倒入玻璃纤维滤纸中，并以连续滴状速度进行过滤，直至全部溶液滤完。用少量溶剂分次清洗锥形烧瓶，将全部不溶物移至坩埚中。再用溶剂洗涤古氏坩埚的玻璃纤维滤纸，直至滤液无色透明为止。

(4)取出古氏坩埚，置通风处，直至无溶剂气味为止；然后，将古氏坩埚移入温度为(105±5)℃的烘箱中至少20min；同时，将原锥形瓶、玻璃棒等也置于烘箱中烘至恒重。

(5)取出古氏坩埚及锥形瓶等置干燥器中冷却(30±5)min后，分别称其质量m_4、m_5，直至连续称量的差不大于0.3mg为止。

5. **数据处理**

沥青试样的可溶物含量按式(2-16)计算：

$$S_b=\left[1-\frac{(m_4-m_1)+(m_5-m_2)}{m_3-m_2}\right] \quad (2-16)$$

式中：S_b——沥青试样的溶解度，%；

m_1——古氏坩埚与玻璃纤维滤纸合计质量，g；

m_2——锥形瓶与玻璃棒的合计质量，g；

m_3——锥形瓶、玻璃棒与沥青试样的合计质量，g；

m_4——古氏坩埚、玻璃纤维滤纸与不溶物合计质量，g；

m_5——锥形瓶、玻璃棒与粘附不溶物的合计质量，g。

6. 结果评定

(1)同一试样至少平行试验两次，当两次结果之差不大于0.1%时，取其平均值作为试验结果。对于溶解度大于99.0%的试验结果，准确至0.01%；对于溶解度小于或等于99.0%的试验结果，准确至0.1%。

(2)当试验结果平均值大于99.0%时，重复性试验的允许误差为0.1%，再现性试验的允许误差为0.26%。

(七)沥青闪点与燃点试验(克利夫兰开口杯法)

1. 目的与适用范围

本方法适用于克利拉夫开口杯(简称COC)测定黏稠石油沥青、聚合物改性沥青及闪点在79℃以上的液体石油沥青的闪点和燃点，以评定施工的安全性。

2. 仪具与材料技术要求

(1)克利拉夫开口杯式闪点仪：用黄铜或铜合金制成，口内直径63.5mm±0.5mm，深33.6mm±0.5mm。

(2)加热板。

(3)温度计、点火器。

(4)铁支架、防风屏。

(5)加热源附有调节器的1kW电炉或燃气炉。

3. 操作前的准备

(1)试样杯用溶剂洗净、烘干，装置于支架上。加热板放在可调电炉上，如用燃气炉时，加热板距炉口约50mm。接好可燃气管道或电源。

(2)安装温度计，垂直插入试样杯中，温度计的水银球距杯底约6.5mm，位置在与点火器相对一侧距杯缘约16mm处。

(3)将准备好的沥青试样注入试样杯中至标线处，并使试样杯外部不粘有沥青。

注：试样加热温度不能超过闪点以下55℃。

(4)全部装置应置于室内光线较暗且无显著空气流通的地方，并用防风屏三面围护。

(5)将点火器转向一侧，试验点火，调节火苗成标准球的形状或成直径为(4±0.8)mm的小球形试焰。

4. 试验步骤

(1)开始加热试样，升温速度迅速达到14～17℃/min。待试样温度达到预期闪点前56℃时，调节加热器降低升温速度，以便在预期闪点前28℃时能使升温速度控制在(5.5±

0.5)℃/min。

(2)试样温度达到预期闪点前28℃时开始,每隔2℃将点火器的试焰沿试验杯口中心以150mm半径作弧水平扫过一次;从试验杯口的一边至另一边所经过的时间约1s。此时应确认点火器的试焰为直径(4±0.8)mm的火球,并位于坩埚口上方2~2.5mm处。

(3)当试样液面上最初出现一瞬即灭的蓝色火焰时,立即从温度计上读记温度,作为试样的闪点。

(4)继续加热,保持试样升温速度(5.5±0.5)℃/min,并按上述操作要求用点火器点火试验。

(5)当试样接触火焰立即着火,并能继续燃烧不少于5s,停止加热,并读记温度计上的温度,作为试样的燃点。

5. 数据处理

(1)同一试样至少平行试验两次,两次测定结果的差值不超过重复性试验允许误差8℃时,取其平均值的整数作为试验结果。

(2)当试验时大气压在95.3kPa以下时,应对闪点或燃点的试验结果进行修正,详见表2-8。

表2-8 沥青闪点/燃点修正表

大气压	闪点或燃点修正值
(95.3~84.5)kPa(715~634mmHg)	±2.8℃
(84.5~73.3)(kPa634~550mmHg)	±5.5℃

(八)沥青薄膜加热试验

1. 目的与适用范围

本方法适用于测定道路石油沥青、聚合物改性沥青薄膜加热后的质量变化,并根据需要,测定薄膜加热后残留物的针入度、延度、软化点、黏度等性质变化,以评定沥青的耐老化性。

2. 仪具与材料

(1)薄膜加热烘箱;

(2)盛样皿;

(3)温度计;

(4)分析天平、干燥器、计时器等。

3. 操作前准备

(1)将洁净、烘干、冷却后的盛样皿编号,称其质量m_0,准确至1mg。

(2)按沥青试样准备方法准备沥青试样,分别注入4个已称质量的盛样皿中(50±0.5)g,并形成沥青厚度均匀的薄膜,放入干燥器中冷却至室温后称取质量m_1,准确至1mg。同时按规定的方法,测定沥青试样薄膜加热前的针入度、黏度、软化点、脆点及延度等性质,当试验项目需要,预计沥青数量不够时,可增加盛样皿数目,但不允许将不同品种或不同标号的沥青同时放在一个烘箱中试验。

(3)将温度计垂直悬挂于转盘轴上,位于转盘中心,水银球应在转盘顶面上的6mm处,并将烘箱加热并保持至(163±1)℃。

4. 操作步骤

(1)把烘箱调整水平,使转盘在水平面上以(5.5±1)r/min的速度旋转,转盘与水平面倾斜角不大于 3°，温度计位置距转盘中心和边缘距离相等。

(2)在烘箱达到恒温 163℃后，迅速将盛样皿放入烘箱内的转盘上，并关闭烘箱门和开动转盘架；使烘箱内温度回升至 162℃时开始计时，并在(163±1)℃温度下保持 5h。但从放置试样开始至试验结束的总时间，不得超过 5.25h。

(3)试验结束后，从烘箱中取出盛样皿，如果不需要测定试样的质量变化，按步骤(5)进行；如果需要测定试验的质量变化，随机取其中两个盛样皿放入干燥器中冷却至室温后，分别称其质量 m_2，准确至 1mg。

(4)试样称量后，将盛样皿放回 163℃±1℃的烘箱中转动 15min；取出试样，立即按照步骤(5)进行工作。

(5)将每个盛样皿的试样，用刮刀或刮铲刮入一适当容器内，置于加热炉上加热，并适当搅拌使充分融化达流动状态，倒入针入度盛样皿或延度、软化点等试模内，并按规定方法进行针入度等各项薄膜加热试验后残留物的相应试验。如在当日不能进行试验，试样应在容器内，但全部试验必须在加热后 72h 内完成。

5. **数据处理**

(1)沥青薄膜加热后的质量变化按式(2-17)计算：

$$L_T=\frac{m_2-m_1}{m_1-m_0}\times 100 \tag{2-17}$$

式中：L_T——试样薄膜加热质量变化，%；

m_0——盛样皿质量，g；

m_1——薄膜烘箱加热前盛样皿与试样合计质量，g；

m_2——薄膜烘箱加热后盛样皿与试样合计质量，g。

(2)沥青薄膜烘箱试验后，残留物针入度比以残留物针入度占与原试样针入度的比值按式(2-18)计算：

$$K_p=\frac{P_2}{P_1}\times 100 \tag{2-18}$$

式中：K_p——试样薄膜加热后残留物针入度比，%；

P_1——薄膜加热试验前原试样的针入度，0.1mm；

P_2——薄膜烘箱加热后残留物的针入度，0.1mm。

(3)沥青薄膜加热试验的残留物软化点增值按式(2-19)计算

$$\Delta T=T_2-T_1 \tag{2-19}$$

式中：ΔT——薄膜加热试验后软化点增值，℃；

T_1——薄膜加热试验前软化点，℃；

T_2——薄膜加热试验后软化点℃。

(4)沥青薄膜加热试验黏度比按式(2-20)计算：

$$K_\eta=\frac{\eta_2}{\eta_1} \tag{2-20}$$

式中：K_η——薄膜加热试验前后60℃黏度比；

η_1——沥青薄膜加热前60℃黏度，Pa·s；

η_2——沥青薄膜加热后60℃黏度，Pa·s。

(5)沥青老化指数按式(2-21)计算：

$$C=\lg\lg(\eta_2\times10^3)-\lg\lg(\eta_1\times10^3) \tag{2-21}$$

式中：C——沥青薄膜加热试验的老化指数。

6. 结果评定

本试验的报告应注明下列结果：

(1)质量变化。当两个试样皿的质量损失符合重复性试验允许误差要求时，取其平均值作为试验结果，精确至3位小数。

(2)根据需要报告残留物的针入度及针入度比、软化点及软化点增值、黏度及黏度比、老化指数、延度、脆点等各项性质的变化。

(3)当薄膜加热后的质量变化小于或等于0.4%时，重复性试验的允许误差为0.04%，再现性试验的允许误差为0.16%。

(4)当薄膜加热后的质量变化大于0.4%时，重复性试验的允许误差为平均值的8%，再现性试验的允许误差为平均值的40%。

(5)残留物针入度、软化点、延度、黏度等性质试验的允许误差应符合相应的试验方法的规定。

(九)沥青弹性恢复试验

1. 目的与适用范围

本试验适用于评价热塑性橡胶类聚合物改性沥青的弹性恢复性能，即测定用延度试验仪拉长一定长度后的可恢复变形的百分率。非经注明，试验温度为25℃，拉伸速率为(5±0.25)cm/min

2. 仪具与材料技术要求

(1)试模：采用延度实验所用试模，但中间部分换为直线侧模。

(2)水槽：能保持规定的试验温度，变化不超过0.1℃，容积不小于10L。

(3)延度试验机。

(4)温度计、剪刀。

3. 操作步骤

(1)按沥青延度试验方法浇灌改性沥青试样、制模，最后将试样在25℃水槽中保温1.5h。

(2)将试样安装在板上，按延度试验方法以规定的5cm/min的速率拉伸试样达10cm±0.25cm时停止拉伸。

(3)拉伸一停止就立即用剪刀在中间将沥青试样剪断，保持试样在水中1h，并保持水温不变。注意在停止拉伸后至剪断试样之间不得有时间间歇，以免使拉伸应力松弛。

(4)取下两个半截的回缩的沥青试样轻轻捋直，但不得施加拉力，移动滑板使改性沥青试样的尖端刚好接触，测量试件的残留长度为X。

2. 数据处理和结果

按式(2-22)计算弹性恢复率：

$$D=\frac{10-X}{10}\times 100 \tag{2-22}$$

式中：D——试样的弹性恢复率，%；

X——试样的残留长度，cm。

(十)沥青含蜡量试验(蒸馏法)

1. 目的与适用范围

本方法适用于采用裂解蒸馏法测定道路石油沥青中的蜡含量。

2. 仪具与材料

(1)蒸馏烧瓶：耐热玻璃制成。

(2)自动制冷装置：冷浴槽可容纳3套蜡冷却过滤装置，冷却温度能达到−30℃，并且能控制在−30℃±0.1℃。冷却液介质可采用工业酒精或乙二醇的水溶液等。

(3)蜡冷却过滤装置：由砂芯过滤漏斗、吸滤瓶、试样冷却筒、柱杆塞等组成。砂芯过滤漏斗的孔径系数为10～16μm。

(4)蜡过滤瓶：类似锥形瓶，有一个分支，能够进行真空抽吸的玻璃瓶。

(5)立式可调高温炉：恒温550℃±10℃。

(6)分析天平：感据不大于0.1mg及不大于0.1g各一台。

(7)温度计：量程−30℃～+60℃，分度0.5℃。

(8)锥形烧瓶：150mL或250mL数个。

(9)玻璃漏斗：直径40mm。

(10)真空泵。

(11)无水乙醚、无水乙醇：分析纯。

(12)石油醚(60℃～90℃)：分析纯。

(13)工业酒精。

(14)烘箱：控制温度100℃±5℃。

(15)其他：电热套、干燥器、量筒、烧杯、冷凝管、蒸馏水、燃气灯等。

3. 准备工作

(1)将蒸馏烧瓶洗净、烘干后称其质量，准确至0.1g，然后置干燥箱中备用。

(2)将150mL或250mL锥形瓶洗净、烘干、编号后，称其质量，准确至0.1mg，然后置干燥器中备用。

(3)将冷却装置各部洗净、干燥，其中砂芯过滤漏斗用洗液浸泡后蒸馏水冲洗干净，然后烘干备用。

(4)准备沥青试样。

(5)将高温炉预加热并控制炉内恒温(550±10)℃。

(6)在烧杯内备好碎冰水。

4. 试验步骤

(1)向蒸馏瓶中装入沥青试样m_b(50±1)g，准确至0.1g。用软木塞盖严蒸馏瓶，用已知质量的锥形瓶作接收器，浸在装有碎冰的烧杯中。

(2)将盛有试样的蒸馏瓶置于已恒温(550±10)℃的高温电炉中，蒸馏瓶支管与置于冰水中的锥形瓶连接。随后蒸馏瓶底将渐渐烧红。如用燃气灯时，应调节火焰高度将蒸馏瓶周围包住。

(3)调节加热强度(即调节蒸馏瓶至高温炉间距或燃气灯火焰大小)，从加热开始起5～8min内开始初馏(支管端口流出第一滴馏分)。然后以每秒两滴(4～5mL/min)的流出速度继续蒸馏至无馏分油，瓶内残留蒸馏物完全形成焦炭为止。全部蒸馏过程中必须在25min内完成。蒸馏完后支管中残留的馏分不应流入接收器中。

(4)将盛有馏分油的锥形瓶从冰水中取出，拭干瓶外水分，在室温下冷却称其质量，得到馏分油总质量 m_1，准确至0.05g。

(5)将盛有馏分油的锥形瓶盖上盖，稍加热熔化，并摇晃锥形瓶使试样均匀。加热是温度不要太高，避免有蒸发损失；然后，将熔化的馏分油注入另一已知质量的锥形瓶(250mL)中，称取用于脱蜡的馏分油质量1～3g(m_2)，准确至0.1mg。估计蜡含量高的试样馏分油数量宜少取，反之需多取，使其冷冻过滤后能得到0.05～0.1g蜡，但取样量不得超过10g。

(6)准备好符合控制精度的自动制冷装置，向冷浴中注入适量的冷液(工业酒精)，其液面比试样冷却筒内液面(无水乙醚-乙醇)高100mm以上，设定制冷温度，使其冷浴温度保持在－20℃±0.5℃。把温度计浸没在冷浴150mm深处。

(7)将吸滤瓶、玻璃过滤漏斗、试样冷却筒和柱状塞组成冷冻过滤组件。将盛有馏出油的锥形瓶注入10mL无水乙醚，使其充分溶解；然后注入试样冷却筒中，再用15mL无水乙醚分两次清洗盛油的锥形瓶，并将清洗液倒入试样冷却筒中；再将25mL无水乙醇注入试样冷却筒内与无水乙醚充分混合均匀。

(8)将冷冻过滤组件放入已经预冷的冷浴中，冷却1h，使蜡充分结晶。在带有磨口塞的试管中装入30mL无水乙醚-无水乙醇(体积比1∶1)混合液(作洗液用)，并放入冷浴中冷却至－20℃±0.5℃，恒冷15min以后再使用。

(9)当试样冷却筒中溶液冷却结晶后，拔起柱杆塞，过滤结晶析出的蜡，并将柱杆塞用适当方法吊在试样冷却筒中，保持自然过滤30min。

(10)当砂芯过滤漏斗内看不到液体时，启动真空泵，使滤液的过滤速度为每秒1滴左右，抽滤至无液体滴落。再将已冷却的无水乙醚—无水乙醇(体积比1∶1)混合液一次加入30mL，洗涤蜡层、柱杆塞及试样冷却筒内壁；继续过滤，当溶剂在蜡层上看不见时，继续抽滤5min，将蜡中的溶剂抽干。

(11)从冷浴中取出试样冷却过滤组件，取下吸滤瓶，将其中溶液倾入一回收瓶中。吸滤瓶也用无水乙醚-无水乙醇混合液冲洗3次，每次用10～15mL，洗液并入回收瓶中。

(12)将冷冻过滤组件(不包括吸滤瓶)装在蜡过滤器上，用30mL已预热至30℃～40℃的石油醚将砂芯过滤漏斗、试样冷却筒及柱杆塞的蜡熔解；拔起柱杆塞，待漏斗中无溶液后，再用热石油醚溶解漏斗中的蜡两次，每次用量35mL；然后立即用真空泵吸滤，至无液体滴落。

(13)将吸滤瓶中蜡溶液倾入已知质量的锥形瓶中，并用常温石油醚分3次清洗吸滤瓶，每次用量5～10mL，洗液倒入锥形瓶的蜡溶液中。

(14)将盛有蜡溶液的锥形瓶放在适宜的热源上蒸馏到石油醚蒸发净尽后，将锥形瓶置温度为105℃±5℃烘箱中除去石油醚；然后放入真空干燥箱(条件105℃±5℃，残压21kPa～35kPa)中1h，再置于干燥器中冷却1h后称其质量，得到析出蜡的质量 m_w，准确至0.1mg。

(15)同一沥青试样蒸馏后，应从馏分油中取两个以上试样进行平行试验。当取两个试样试验的结果超出重复性试验允许误差要求时，需追加试验。当为仲裁试验时，平行试验数应为 3 个。

5. 试验结果处理

(1)平行试验各次试验结果中沥青蜡含量按式(2-23)计算：

$$P_{\mathrm{p}}=\frac{m_1 \times m_{\mathrm{w}}}{m_{\mathrm{b}} \times m_2}\times 100 \qquad (2-23)$$

式中：P_{p}——蜡含量，%；

m_{b}——沥青试样质量，g；

m_1——馏分油总质量，g；

m_2——用于测定蜡的馏分油质量，g；

m_{w}——析出蜡的质量，g。

(2)所进行的平行试验结果的最大值与最小值之差符合重复性试验误差要求时，取平均值作为蜡含量测定结果，精确至 1 位小数(%)。

(3)当超过重复性试验误差时，以分离得到的蜡的质量(g)为横轴，蜡的质量百分率为纵轴，画图。按直线关系回归求出蜡的质量为 0.075g 时蜡的质量百分率，作为蜡含量测定结果，精确至 1 位小数(%)。

注：关系直线的方向系数应为正值，否则应重新试验。

(4)蜡含量测定精度的允许差应符合表 2-9 的要求。

2-9 蜡含量测定精度表

蜡含量(%)	重复性(%)	再现性(%)
0～1.0	0.1	0.3
1.0～3.2	0.3	1.0
>3.2	0.5	1.5

(十一)沥青标准黏度试验

1. 目的与适用范围

本方法适用于采用道路沥青标准黏度计测定液体石油沥青、煤沥青、乳化沥青等材料流动状态时的黏度。本方法测定的黏度应注明温度及流孔孔径，以 $C_{t,d}$ 表示(t 为试验温度℃；d 为孔径，mm)。

2. 仪具与材料技术要求

(1)沥青标准黏度计；

(2)标准恒温水浴；

(3)肥皂水或矿物油、秒表、加热炉、大蒸发皿等。

3. 操作前准备

(1)按沥青试样方法准备沥青试样，根据沥青材料的种类和稠度，选择需要流孔孔径的盛样管，置水槽圆井中。用规定的球塞堵好流孔，流孔下放蒸发皿，以备接受不慎流出的试样。除 10mm 流孔采用直径 12.7mm 球塞外，其余流孔均采用 6.35mm 的球塞。

(2)根据试验温度需要，调整恒温水槽的水温为试验温度±0.1℃，并将其进出口与黏度计水槽的进出口用胶管接妥，使热水流进行正常循环。

4. 操作步骤

(1)将试样加热至比试验温度高 2℃～3℃(当试验温度低于室温时，试样需冷却至比试验温度低 2℃～3℃)时注入盛样管，其数量以液面到达球塞杆垂直时杆上的标记为准。

(2)试样在水槽中保持试验温度至少 30min，用温度计轻轻搅拌试样，测量试样温度为试验温度±0.1℃时，调整试样液面至球塞轩的标记处，再继续保温 1～3min。

(3)将流孔下蒸发皿移去，放置接受瓶或量筒，使其中心正对流孔。接受瓶或量筒可预先注入肥皂水或植物油 25mL，以利洗涤及读数准确。

(4)提起球塞，使标记悬挂在试样管边上，待试样流入接受瓶或量筒达 25mL(量筒刻度 50mL)时，按动秒表；待试样流出 75mL(量筒刻度 100mL)，时，按停秒表。

(5)记取试样流出 50mL 所经过的时间，准确至 s，即为试样的黏度。

4. 数据处理

(1)同一试样至少平行试验两次，当两次测定值的差值不大于平均值的 4%时，取平均值的整数作为试验结果。

(2)重复性试验的允许误差为平均值的 4%。

(十二)常用参数试验记录表格

其常用参数试验记录表格分别见表 2-10～表 2-14 所列。

表 2-10 ＿＿＿＿＿＿公路沥青密度与相对密谋试验记录表

承包单位：　　　　　　　　　　　　　　　合同号：

监理单位：　　　　　　　　　　　　　　　编　号：

沥青名称		取样日期		
沥青来源		试验日期		
试验用途		试验温度(℃)		
项　目		试样编号		
		Ⅰ	Ⅱ	Ⅲ
比重瓶质量 m_1(g)				
比重瓶盛水时合计质量 m_2(g)				
比重瓶与沥青试样合计质量 m_3(g)				
比重瓶与沥青和水合计质量 m_4(g)				
沥青的相对密度 γ_b				
相对密度平均值 γ_b				
沥青密度 ρ_b(g/cm^3)				
沥青密度平均值 ρ_b				

（续表）

结论：   试验工程师：　　　　年　　月　　日
监理意见：   监理人员：　　　　年　　月　　日

试验人员：　　　　　　　　　　　　校核：

表 2－11 ____________公路沥青针入度、延度、软化点试验记录表

承包单位： 合同号：

监理单位： 编 号：

样品名称			取样日期	
样品来源			试验日期	
试验用途				
沥青针入度试验记录				
试验结果 / 试验温度	针入度平行试验值(0.1mm)			试验结果(0.1mm)
	1	2	3	
15℃				
25℃				
30℃				
针入度指数	PI= ，相关系数 R=			
沥青延度试验记录				
试验结果 / 试验温度	延度平行试验值(cm)			试验结果(cm)
	1	2	3	
5℃				
10℃				
15℃				
25℃				
沥青软化点试验记录				
起始温度(℃)			升温速度(℃/min)	
软化点平行试验值(℃)				试验结果(℃)
1		2		
结论： 试验工程师： 年 月 日				
监理意见： 监理人员： 年 月 日				

试验人员： 校核：

表 2-12 ________公路沥青薄膜加热试验记录表

承包单位：　　　　　　　　　　　　　合同号：

监理单位：　　　　　　　　　　　　　编　号：

<table>
<tr><td>样品名称</td><td colspan="2"></td><td>试验日期</td><td></td></tr>
<tr><td>样品来源</td><td colspan="4"></td></tr>
<tr><td colspan="4">试样编号</td><td></td></tr>
<tr><td rowspan="4">试验后质量变化</td><td colspan="3">试样皿质量(g)</td><td></td></tr>
<tr><td colspan="3">加热前盛样皿与试样合计质量(g)</td><td></td></tr>
<tr><td colspan="3">加热后盛样皿与试样合计质量(g)</td><td></td></tr>
<tr><td colspan="3">加热变化质量(%)</td><td></td></tr>
<tr><td rowspan="3">残留针入度与
原试样针入度比值</td><td colspan="3">加热前原试样针入度(0.1mm)</td><td></td></tr>
<tr><td colspan="3">加热后残留物针入度(0.1mm)</td><td></td></tr>
<tr><td colspan="3">残留物针入度(%)</td><td></td></tr>
<tr><td rowspan="2">加热延度</td><td rowspan="2">延度(cm)</td><td colspan="2">25℃时</td><td></td></tr>
<tr><td colspan="2">15℃时</td><td></td></tr>
<tr><td rowspan="3">残留物软化点增值</td><td colspan="3">加热前软化点(℃)</td><td></td></tr>
<tr><td colspan="3">加热后软化点(℃)</td><td></td></tr>
<tr><td colspan="3">软化点增值(℃)</td><td></td></tr>
<tr><td rowspan="3">加热试验黏度比</td><td colspan="3">加热前 60℃黏度(Pa·s)</td><td></td></tr>
<tr><td colspan="3">加热后 60℃黏度(Pa·s)</td><td></td></tr>
<tr><td colspan="3">加热前后 60℃黏度比</td><td></td></tr>
<tr><td colspan="4">沥青老化指数</td><td></td></tr>
<tr><td colspan="5">结论：

试验工程师：　　　　　　　　年　　月　　日</td></tr>
<tr><td colspan="5">监理意见：

监理人员：　　　　　　　　年　　月　　日</td></tr>
</table>

试验人员：　　　　　　　　　　　　　校核：

表 2－13 ______公路沥青含蜡量试验记录表

承包单位：　　　　　　　　　　　　　　　　合同号：

监理单位：　　　　　　　　　　　　　　　　编　号：

试样名称				试验日期		
试样来源						
序号	试样质量 m_b(g)	溜出油总质量 m_1(g)	用于测定蜡的馏出油质量 m_2(g)	析出蜡的质量 m_w(g)	蜡含量 (%)	平均蜡含量 (%)

结论：

试验工程师：　　　　　　　　年　　月　　日

监理意见：

监理人员：　　　　　　　　年　　月　　日

试验人员：　　　　　　　　　　　　　　　　校核：

表 2-14 ____________公路沥青标准黏度试验记录表

承包单位：　　　　　　　　　　　　　　合同号：

监理单位：　　　　　　　　　　　　　　编　号：

样品名称			试验日期	
样品来源				
试样编号	试样流出初读数（mL）	试样流出 50mL 时读数（mL）	试样黏度（s）	平均值（s）

结论：

试验工程师：　　　　　　年　　月　　日

监理意见：

监理人员：　　　　　　年　　月　　日

试验人员：　　　　　　　　　　　　校核：

小　结

石油沥青是石油经炼制加工后获得的一种具有胶结性能的道路建筑材料，在道路路面结构工程中应用广泛。

石油沥青是复杂的高分子化合物，可分离为饱和分、芳香分、胶质和沥青质等几个组分。根据这些组分结构和含量的不同，可将沥青分为溶胶、溶凝胶和凝胶等三种胶体结构，沥青的胶体结构与沥青的路用性能有密切关系。

沥青具有黏滞性、黏弹性、感温性等一系列特性。通过学习应掌握这些特性及其测试方法，以便更好地应用沥青材料。

由于交通运输的发展，对沥青的性能提出了更高的要求，因此改性沥青得到较大的发展。本章介绍了几种常用的改性沥青的性能和测试方法。

乳化沥青也是沥青路面工程中广泛采用的材料，具有可冷态施工的特点，应掌握其组成形成机理和用途。改性乳化沥青在路面工程中也得到应用，应关注这些材料的发展。

复习思考题

2-1　采用沥青化学组分分析方法可将沥青分离为哪几个组分，与沥青的技术性质有何关系？

2-2　沥青可划分为几种胶体结构？与其技术性质有何关联？

2-3　沥青常用的技术指标有哪些？反映沥青的哪些性能？

2-4　表征沥青黏滞性的试验方法有哪些？

2-5　沥青针入度、延度、软化点试验反映沥青的哪些性能？简述主要试验条件。

2-6　沥青的低温性能可采用哪些方法来测试？

2-7　沥青的感温性最常采用哪些指标来表征？

2-8　什么是沥青的黏弹性？采用什么技术指标给以评价？

2-9　影响沥青与石料黏附性的因素有哪些？

2-10　为什么要对沥青进行改性？常用的聚合物改性沥青有哪几种？改性沥青的技术指标有何特点？

2-11　简述乳化沥青的形成和分裂机理。

第三章 无机胶凝材料

【内容提要】

本章介绍了石灰和硅酸盐水泥。本章重点叙述硅酸盐水泥的矿物组成及其特性、性能评价和技术标准。在此基础上介绍掺混合材料硅酸盐水泥的组成材料特点、技术特性和技术标准，并介绍其他品种水泥，如道路水泥、高铝水泥等的技术特性。

无机胶凝材料按照硬化条件，又可分为气硬性胶凝材料和水硬性胶凝材料。气硬性胶凝材料只能在空气中（干燥条件下）硬化，也只能在空气中保持或继续发展其强度，如石灰、石膏、菱苦土和水玻璃等。这类材料一般只适用于地上或干燥环境中，而不宜用于潮湿环境中，更不可用于水中。水硬性胶凝材料则不仅能在空气中，而且能更好地在水中硬化，且可在水中或适宜环境中保持并继续提高强度，如各品种水泥，它们既适用于地上，也适用于地下或水中工程。

第一节 石　灰

石灰是建筑工程中使用最早的一种气硬性无机胶凝材料，石灰的原料石灰石分布很广，生产工艺简单，成本低廉，所以在建筑工程中一直应用很广。

一、石灰的原材料及生产

1. 原材料

石灰的原材料主要有两个来源：一个是以 $CaCO_3$ 为主要成分的矿物、岩石（如方解石、石灰岩、大理石）或贝壳，经煅烧而得生石灰 CaO；另一个来源是化工副产品，如用碳化钙（电石）制取乙炔时产生的电石渣，其主要成分是 $Ca(OH)_2$，即熟石灰，或者用氨碱法制碱所得的残渣，其主要成分为碳酸钙。

2. 生产

石灰石原料在适当的温度下煅烧，碳酸钙将分解，释放出 CO_2，得到以 CaO 为主要成分的生石灰，反应式如下：

$$CaCO_3 \xrightarrow{900℃\sim1000℃} CaO + CO_2\uparrow \tag{3-1}$$

在实际生产中，为了加快石灰石的分解过程，使原材料充分煅烧，并考虑到热的损失，通常将煅烧温度提高至 1000℃～1200℃。若煅烧温度过低，煅烧时间不充分，则 $CaCO_3$ 不能完全分解，将生成欠火石灰。欠火石灰在使用时，产浆量较低，质量较差，降低了石灰的利用率；若煅烧温度过高，将生成颜色较深、密度较大的过火石灰。它表面常被黏土、杂质融化形成的玻璃釉状物包覆，熟化很慢，使得石灰硬化后仍继续熟化进而产生体积膨胀，引起局部隆起和开裂影响工程质量。所以，在生成过程中，应根据原材料的性质严格控制煅烧温度。

生石灰是一种白色或灰色的块状物质，因石灰原料中常含有一些碳酸镁成分，所以经煅烧生成的生石灰中，也相应地含有 MgO 的成分。按照我国行业标准《公路路面基层施工技术细则》(JTG F20—2015)的规定，MgO 含量小于 5％时，称为钙质生石灰；MgO 含量大于 5％时，称为镁质生石灰。若将块状生石灰磨细，则可得到生石灰粉。

二、石灰的熟化与硬化

1. 熟化(消化)

块状生石灰与水相遇，即迅速水化、崩解成高度分散的氢氧化钙 $Ca(OH)_2$ 细粒，并放出大量的热，这个过程称为石灰的熟化，又称水化或消化。经熟化后的石灰称为熟石灰。其化学反应式如下：

$$CaO + H_2O \longrightarrow Ca(OH)_2 + 64.9kJ \tag{3-2}$$

石灰的消化过程有两个特点：第一是水化反应进行速度快，放热量大，水化释热量约为 1160J/kg；第二是消化时体积急剧膨胀，成分较纯、煅烧适宜的块状生石灰，经消化成石灰粉后，体积可增大 1～2.5 倍。为了降低“过火石灰”危害，石灰消解后，应将其在水中继续“陈伏”15d 以上。石灰浆在陈伏期间，在表面应有一层水分，使之与空气隔绝，以防止碳化。

将块状生石灰研磨成粉状，得到的磨细生石灰在适宜的水灰比和消化温度下，可以控制其体积膨胀。生石灰研磨愈细，消化时体积膨胀愈小，从而达到直接使用生石灰的目的。此外，生石灰在加工磨细的过程中，石灰中的“过火石灰”被磨成细粉，既可以提高“过火石灰”的利用率，也克服了“过火石灰”对体积不安定的危害。

2. 石灰的硬化

(1)结晶作用

消石灰浆在使用的过程中，因游离水分逐渐蒸发，或为附着基面所吸收，浆体中的氢氧化钙溶液过饱和而析出结晶，产生“结晶强度”，并具有胶结性。其化学反应式如下：

$$Ca(OH)_2 + nH_2O \xrightarrow{\text{晶化}} Ca(OH)_2 \cdot nH_2O \tag{3-3}$$

(2)碳化作用

消石灰浆体中的氢氧化钙 $Ca(OH)_2$ 与空气中的二氧化碳 CO_2 作用，生成不溶于水的碳酸钙 $CaCO_3$ 晶体，析出的水分逐渐被蒸发，其反应如下：

$$Ca(OH)_2 + CO_2 + nH_2O \longrightarrow CaCO_3 + (n+1)H_2O \tag{3-4}$$

这个过程称为碳化或碳酸化，形成的碳酸钙晶体，使硬化石灰浆体结构致密，强度提高。由于空气中的CO_2含量较少，碳化作用主要发生在石灰浆体与空气接触的表面上。表面上生成的$CaCO_3$膜层会阻碍CO_2的进一步渗入，同时也阻碍内部水分的蒸发，使$Ca(OH)_2$的结晶作用也进行得比较缓慢。所以在相当长的时间里，石灰浆体仍然处于表层为$CaCO_3$、内部为$Ca(OH)_2$的状态，其硬化是一个相当缓慢的过程。

三、石灰的技术性质与技术标准要求

1. 石灰的技术性质

(1)石灰的化学品质

石灰中产生黏结性的有效成分是活性氧化钙 f－CaO 和氧化镁 f－MgO，它们的含量是评价石灰质量的主要指标。其含量越多，活性越高，质量也越好。生石灰在空气中存放时间过长，会吸收水分而消化成消石灰粉，再与空气中的CO_2作用形成失去胶凝作用的$CaCO_3$粉末，将降低石灰的使用质量。

石灰中的CO_2含量反映了石灰中“欠火石灰”数量，CO_2含量越高，表示石灰中未完全分解的碳酸钙比例越高，将影响石灰的胶结性能。

(2)石灰的物理性质

对建筑石灰或路用石灰的质量要求主要有以下几项：

① 未消化残渣含量

未消化残渣含量综合反映石灰中的“过火石灰”和“欠火石灰”数量，是将生石灰按标准方法消化后，过筛后存留在5mm圆孔筛上残渣占试样的百分率。

② 细度

细度与石灰的活性有关，石灰越细，石灰的活性越大。石灰粉中较大的颗粒包括：未消化的“过烧”石灰颗粒，含有大量钙盐的石灰颗粒以及“欠火石灰”或未燃尽的煤渣等。现行标准以0.9mm和0.125mm筛余百分率控制磨细石灰粉和消石灰粉的细度。

③ 游离水含量

游离水含量指消石灰粉中化学结合水以外的含水量。理论上，石灰中氧化钙消化用水量约是氧化钙质量的24%左右。而实际消化加水量一般是理论值的一倍左右，多加的水残留于氢氧化钙中。在石灰硬化过程中，这些水分的蒸发将引起体积显著收缩，易出现干缩裂缝，从而影响其使用质量。

2. 石灰的技术标准

《公路路面基层施工技术细则》(JTG/T F20—2015)中将生石灰和消石灰分别划分为三个等级，见表3－1、表3－2所列。

表3－1 生石灰的技术要求

指 标	钙质生石灰			镁质生石灰		
	Ⅰ	Ⅱ	Ⅲ	Ⅰ	Ⅱ	Ⅲ
有效氧化钙加氧化镁含量(%)	≥85	≥80	≥70	≥80	≥75	≥65
未消化残渣含量(%)	≤7	≤11	≤17	≤10	≤14	≤20
钙镁石灰的分类界限，氧化镁含量(%)	≤5			＞5		

表 3-2　消石灰的技术要求

指　　标		钙质消石灰			镁质消石灰		
		Ⅰ	Ⅱ	Ⅲ	Ⅰ	Ⅱ	Ⅲ
有效氧化钙加氧化镁含量(%)		≥65	≥60	≥55	≥60	≥55	≥50
含水率(%)		≤4	≤4	≤4	≤4	≤4	≤4
细度	0.60mm 方孔筛的筛余(%)	0	≤1	≤1	0	≤1	≤1
	0.15mm 方孔筛的筛余(%)	≤13	≤20	—	≤13	≤20	—
钙镁石灰的分类界限,氧化镁含量(%)			≤4			>4	

3. 石灰的特点及用途

(1)石灰的特点

石灰原料分布广,生产工艺简单,成本低廉,是土建工程中使用较早和较广的材料之一,主要用于配制建筑砂浆、抹面灰浆。在道路工程中,以石灰稳定土、石灰工业废渣稳定土的形式应用于路面基层或垫层结构中。石灰硬化后的强度不高,其硬化过程主要依靠水分蒸发促使 $Ca(OH)_2$ 的结晶以及碳化作用。但 $Ca(OH)_2$ 溶解度较高,在潮湿的环境中,石灰遇水会溶解溃散,强度会降低,因此石灰不宜在长期潮湿的环境中或有水环境中使用。

(2)石灰的应用

① 石灰砂浆。石灰砂浆主要用于地面以上部分的砌筑工程,并可用于抹面等装饰工程。

② 加固软土地基。在软土地基中打入石灰桩,可利用生石灰吸水产生膨胀对桩周围土壤起挤密作用,利用生石灰和黏土矿物间产生的胶凝反应使周围的土固结,从而达到提高地基承载力的目的。

③ 石灰和黏土按一定比例拌和制成石灰土,或与黏土、砂石、炉渣制成三合土,用于道路工程的垫层。

④ 在道路工程中,随着半刚性基层在高等级路面中的应用,石灰稳定土、石灰粉煤灰稳定土及石灰粉煤灰稳定碎石等广泛用于路面基层。在桥梁工程中,石灰砂浆、石灰水泥砂浆、石灰粉煤灰砂浆广泛用于圬工砌体。

第二节　水　泥

水泥是一种粉末状材料,当它与水或适当的盐溶液混合后,在常温下经过一定的物理化学作用,能由浆体状逐渐凝结硬化,并且具有强度,同时能将砂、石等散粒材料或砖、砌块等块状材料胶结为整体。水泥是一种良好的矿物胶凝材料,它与石灰、石膏、水玻璃等气硬性胶凝材料不同,不仅能在空气中硬化,而且在水中能更好地硬化,并保持和发展强度。因此,水泥材料既可用于地上工程,也可以用于水下工程。

水泥的种类很多,按照化学成分可分为硅酸盐类、铝酸盐类、无熟料类或少熟料类;按其用途和性能,分为通用水泥、专用水泥及特性水泥。专用水泥是指专门用途的水泥,如道路硅酸盐水泥；特性水泥是指某种性能比较突出的水泥，比如快硬硅酸盐水泥、低热水泥、抗硫酸盐水泥、膨胀水泥等；通用水泥是指用于一般土木工程中的水泥，主要为通用硅酸盐水泥。通用硅酸盐水泥是以硅酸盐水泥孰料和适量的石膏，以及规定的混合料制成的水硬性胶凝材料。按照混合料的品种和掺量，其分为硅酸盐水泥、普通硅酸盐水泥、矿渣硅酸盐水泥、火山灰质硅酸盐水泥、粉煤灰硅酸盐水泥和复合硅酸盐水泥。

目前在道路桥梁工程中常用的是通用硅酸盐水泥，其中以硅酸盐水泥和普通硅酸盐水泥为主。故本节着重对硅酸盐水泥的矿物组成及主要性能进行详细的阐述，对其他水泥仅作一般介绍。

一、硅酸盐水泥

硅酸盐水泥是指由硅酸盐水泥熟料、0%～5%石灰石或粒化高炉矿渣、适量石膏磨细制成的水硬性胶凝材料，根据混合材料掺量分为两种类型，不掺加混合材料的称Ⅰ型硅酸盐水泥，代号为P·Ⅰ；掺加不超过水泥质量5%的混合材料的水泥称Ⅱ型硅酸盐水泥，代号为P·Ⅱ。

由硅酸盐水泥熟料、6%～15%混合材料、适量石膏磨细制成的水硬性胶凝材料，称为普通硅酸盐水泥，简称普通水泥，代号为P·O。掺活性混合材料时，最大掺量不得超过15%，其中允许用不超过水泥质量5%的窑灰或不超过水泥质量10%的非活性混合材料代替；掺非活性混合材料时，最大掺量不得超过水泥质量的10%。

1. 硅酸盐水泥的生产和矿物组成

(1)硅酸盐水泥生产工艺

① 硅酸盐水泥生产原料

硅酸盐水泥原料主要是石灰质原料和黏土质原料两大类。常用石灰质原料为石灰石、白垩、石灰质凝灰岩等物质，它们主要提供CaO成分。黏土质原料一般为黏土、黏土质页岩、黄土等物质，主要提供SiO_2、Al_2O_3及少量Fe_2O_3。有时还要加入适量的铁矿粉，如黄铁矿渣等。为了改善水泥的煅烧条件，常常加入少量的矿化剂，如萤石等。生产硅酸盐水泥原料的化学组成见表3-3所列。

表3-3 硅酸盐水泥原料的化学组成

氧化物名称	化学成分	常用缩写	大致含量(%)
氧化钙	CaO	C	62～67
氧化硅	SiO_2	S	19～24
氧化铝	Al_2O_3	A	4～7
氧化铁	Fe_2O_3	F	2～5

② 硅酸盐水泥的生产过程

A. 把几种原材料按适当比例配合在磨机中磨成生料。

B. 将制备好的生料入窑进行煅烧，至1450℃左右生成以硅酸钙为主要成分的硅酸盐水泥“熟料”。

C. 为调节水泥的凝结速度，在烧成的熟料中加入 3%左右的石膏共同磨细，即硅酸盐水泥。

因此，硅酸盐水泥生产工艺概括起来为“两磨一烧”。

其生产流程示意如图 3-1 所示。

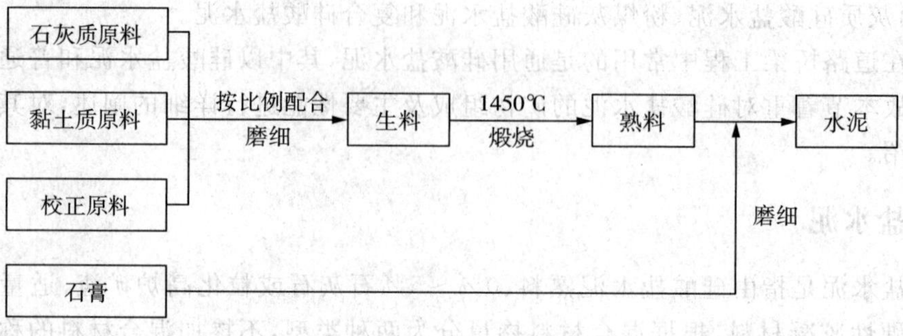

图 3-1　水泥生产流程图

(2)硅酸盐水泥熟料的矿物组成

① 熟料的四种主要矿物

水泥“熟料”主要由下面四种矿物组成：

硅酸三钙($3CaO \cdot SiO_2$)，简式为 C_3S；

硅酸二钙($2CaO \cdot SiO_2$)，简式为 C_2S；

铝酸三钙($3CaO \cdot Al_2O_3$)，简式为 C_3A；

铁铝酸四钙($4CaO \cdot Al_2O_3 \cdot Fe_2O_3$)，简式为 C_4AF。

在硅酸盐水泥中，这四种矿物组成占 95%以上，其中 C_3S 和 C_2S 含量占 75%左右，C_3A和 C_4AF 含量约 22%，另外，还有少量的游离氧化钙 f-CaO 和方镁石结晶(结晶氧化镁)等含碱矿物。

② 四种矿物的特性

A. 硅酸三钙(C_3S)

C_3S 是硅酸盐水泥中最主要的矿物组分，含量在 50%左右，对水泥的技术性质，特别是强度有着重要的影响。当水泥与水接触时，C_3S 开始迅速水化，产生较多的热量，其水化产物早期强度高，且强度增进率较大，28d 强度可达一年强度的 70%～80%。就 28d 或一年的强度来说，在四种矿物中是最高的。

B. 硅酸二钙(C_2S)

C_2S 是硅酸盐水泥的主要矿物，含量在 20%左右。C_2S 的水化速度及凝结硬化过程较为缓慢，水化热很低，它的水化产物对水泥早期强度贡献较小，但对水泥后期强度起主要作用。C_2S 有着相当长期的活性，其水化物强度可在一年后超过 C_3S 的水化物。当水泥中C_2S含量较多时，水泥抗化学侵蚀性较好，干缩性较小。

C. 铝酸三钙(C_3A)

在四种矿物中 C_3A 是遇水反应速度最快，水化热最高的矿物，因此，C_3A 是影响硅酸盐水泥早期强度及凝结速率的主要矿物。其水化产物强度在 3d 内就能充分发挥出来，早期强度较高，但强度绝对值较小，后期强度不再增加。C_3A 含量高的水泥浆体干缩变形大，抗硫酸盐侵蚀性能差。

D. 铁铝酸四钙(C_4AF)

C_4AF的水化速度介于C_3A和C_3S之间，其早期强度虽不如C_3A，但水化硬化较为迅速，在28d后强度还能继续增长，对后期强度有利。C_4AF对水泥抗折强度和抗冲击强度起重要作用，其水化产物的耐化学侵蚀性好，干缩性小。

③ 主要矿物技术特性的比较

A. 水化程度

铝酸三钙水化速度最快，硅酸三钙和铁铝酸四钙次之，硅酸二钙最慢。水泥水化24h后，大约有65%的C_3A已经水化；C_3S水化50%左右；C_4AF水化40%左右；C_2S水化约30%。到90d时，四种矿物的水化程度已经接近。

B. 水化热

水泥在水化过程中释放出的热量称为水泥的水化热。图3-2所示是四种矿物在不同龄期的水化热，测定结果表明：C_3A的水化热与释热速率最大；C_3S与C_4AF次之；C_2S的水化热最小，释热速率也最慢。

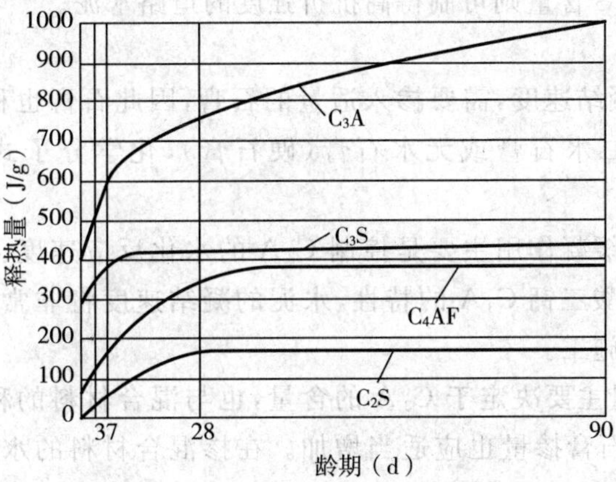

图3-2 四种矿物的水化热与龄期关系

C. 强度

图3-3所示为四种矿物强度与龄期的关系，C_3S的早期强度最高；C_2S的早期强度较低，但后期强度增进较快；C_3A和C_4AF的强度值均较低。由于硅酸盐水泥的强度主要来自C_3S和C_2S，因此取名硅酸盐水泥。

D. 干缩性

以C_3A干缩性最大，其次为C_3S、C_4AF和C_2S。

E. 耐化学腐蚀性

在四种矿物中，以C_4AF的抗化学腐蚀性最好；其次为C_3S和C_2S；C_3A最差。

硅酸盐水泥熟料中四种矿物的主要技术特性归纳见表3-4所列。

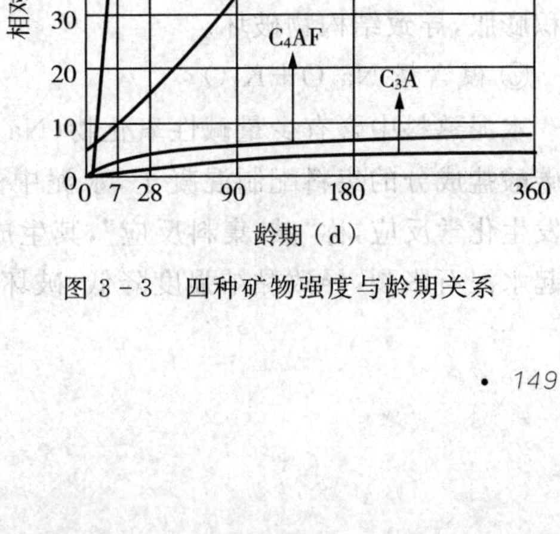

图3-3 四种矿物强度与龄期关系

表 3-4　硅酸盐水泥主要矿物组成与特性

矿物组成		硅酸三钙 (C_3S)	硅酸二钙 (C_2S)	铝酸三钙 (C_3A)	铁铝酸四钙 (C_4AF)
与水反应速度		中	慢	快	中
水化热		中	低	高	中
水化物的强度	早期	高	低	低	中
	后期	高	高	低	低
耐化学侵蚀		中	良	差	优
干缩性		中	小	大	小

硅酸盐水泥是由多种矿物组分组成的，改变各矿物组分的含量比例，水泥的性质将发生相应的变化。例如，提高 C_3S 含量可制得高强度水泥；降低 C_3S、C_3A 含量，可制得低热水泥；提高 C_4AF 和 C_3S 含量则可制得高抗折强度的道路水泥。

(3)石膏

为了调节水泥的凝结速度，需要掺入适量的石膏，因此石膏也称水泥的缓凝剂。用于水泥中的石膏一般是二水石膏或无水石膏（硬石膏），化学分子式为 $CaSO_4 \cdot 2H_2O$ 或 $CaSO_4$。

在水泥中，石膏的缓凝作用主要是控制 C_3A 的水化反应速度。若直接将磨细的水泥熟料与水拌和，由于铝酸三钙 C_3A 的特性，水泥的凝结速度将非常迅速，水泥将会发生瞬时凝结现象，无法正常施工。

水泥中的石膏掺量主要决定于 C_3A 的含量，也与混合材料的种类和数量有关。一般来说，熟料中 C_3A 多，石膏掺量也应适当增加。在掺混合材料的水泥中，石膏掺量应较硅酸盐水泥中石膏掺量高些。石膏的掺量过少，不能起到合理调节凝结时间的作用；石膏掺量过多，则可能会引起水泥体积安定性不良。

(4)水泥中的有害成分及其危害

① 氧化镁 MgO

在水泥熟料中，常含有少量未与其他矿物结合的游离氧化镁，这种游离的氧化镁是高温时形成的方镁石结晶，其水化速度很慢，通常要经历几个月甚至几年才明显水化，生成物氢氧化镁体积膨胀，在水泥石内产生膨胀应力。

② 三氧化硫 SO_3

三氧化硫主要来自石膏，或生产水泥的矿化剂。三氧化硫的存在会引起硬化后水泥石体积膨胀，导致结构物破坏。

③ 碱含量 Na_2O+K_2O

水泥熟料中含有少量碱性氧化物（Na_2O 及 K_2O），若选用含有活性二氧化硅 SiO_2 或活性碳酸盐成分的集料配制混凝土，水泥中的碱性氧化物会与集料中活性 SiO_2 或活性碳酸盐发生化学反应，称“碱-集料反应”，其生成物附着在集料与水泥石的界面上，且遇水膨胀，引起水泥石胀裂，导致黏结强度降低，破坏混凝土结构。

2. 硅酸盐水泥的凝结和硬化

新拌水泥浆体中的水泥熟料矿物与水反应，生成各种水化生成物，随着各种水化产物的增多，水泥浆体变稠失去流动性，随后强度增大并逐渐发展成为坚硬的水泥石，这个过程称为水泥的凝结与硬化。

(1)水泥熟料矿物的水化反应及其水化生成物

水泥颗粒与水接触，其表面的熟料矿物立即与水发生水解及化合作用，生成各种水化物并放出热量。

① 硅酸三钙 C_3S

C_3S 的水化反应过程用式(3-5)表示，水化生成物是水化硅酸钙 $x\mathrm{CaO}\cdot\mathrm{SiO_2}\cdot y\mathrm{H_2O}$ 和氢氧化钙 $\mathrm{Ca(OH)_2}$。水化硅酸钙几乎不溶解于水，生成后立即以胶体颗粒析出并凝聚成为凝胶(C-S-H)，附着于水泥颗粒表面。

$$C_3S+H_2O \longrightarrow x\mathrm{CaO}\cdot\mathrm{SiO_2}\cdot y\mathrm{H_2O}+\mathrm{Ca(OH)_2} \tag{3-5}$$

② 硅酸二钙 C_2S

C_2S 的水化过程用式(3-6)表示，其水化生成物与 C_3S 相似，但水化反应速度比 C_3S 慢得多。

$$C_2S+H_2O \longrightarrow x\mathrm{CaO}\cdot\mathrm{SiO_2}\cdot y\mathrm{H_2O}+\mathrm{Ca(OH)_2} \tag{3-6}$$

③ 铝酸三钙 C_3A

C_3A 在纯水和石膏溶液中的生成物有所不同。

在纯水中，C_3A 与水反应生成含有不同结晶水的水化铝酸钙(C_4AH_{13}、C_4AH_{19}、C_3AH_6、…)，见式(3-7)所列，其中 C_4AH_{13}、C_4AH_{19} 极不稳定，当温度升高时，转化为 C_3AH_6。

在石膏溶液中，C_3A 的水化物为三硫型水化硫铝酸钙($3\mathrm{CaO}\cdot\mathrm{Al_2O_3}\cdot3\mathrm{CaSO_4}\cdot32\mathrm{H_2O}$)，又称钙矾石，以 AFt 表示，钙矾石中的铝可被铁置换成为铁铝的三硫酸盐。当石膏耗尽后，C_4AH_{13} 将与钙矾石反应生成单硫型水化硫铝酸钙($3\mathrm{CaO}\cdot\mathrm{Al_2O_3}\cdot\mathrm{CaSO_4}\cdot12\mathrm{H_2O}$)，以 AFm 表示。上述水化反应过程见式(3-8)～式(3-10)所列。

在纯水中：

$$C_3A+H_2O \longrightarrow (C_4AH_{13}、C_4AH_{19}、C_3AH_6、\cdots) \tag{3-7}$$

在石膏溶液中：

$$C_3A+\mathrm{Ca(OH)_2}+H_2O \longrightarrow C_4AH_{13} \tag{3-8}$$

$$C_4AH_{13}+\mathrm{CaSO_4}\cdot2\mathrm{H_2O}+\mathrm{H_2O} \longrightarrow 3\mathrm{CaO}\cdot\mathrm{Al_2O_3}\cdot3\mathrm{CaSO_4}\cdot32\mathrm{H_2O} \tag{3-9}$$

当石膏耗尽后：

$$C_4AH_{13}+\text{钙矾石} \longrightarrow 3\mathrm{CaO}\cdot\mathrm{Al_2O_3}\cdot\mathrm{CaSO_4}\cdot12\,\mathrm{H_2O} \tag{3-10}$$

④ 铁铝酸四钙 C_4AF

C_4AF 水化过程及水化生成物与铝酸三钙极为相似，水化物有三硫型水化硫铁铝酸钙和单硫型水化硫铁铝酸钙。

表 3-5 所列为硅酸盐水泥熟料矿物及石膏在水化过程中的主要水化产物及大致含量。

表 3-5　硅酸盐水泥的主要水化产物

水化产物名称	化学组成	常用缩写	大致含量(%)
水化硅酸钙	$x\mathrm{CaO}\cdot\mathrm{SiO_2}\cdot y\mathrm{H_2O}$	C-S-H	70
氢氧化钙	$\mathrm{Ca(OH)_2}$	CH	20
水化铝酸钙	$\mathrm{4CaO\cdot Al_2O_3\cdot 13H_2O}$	$\mathrm{C_4AH_{13}}$	少量
水化铁酸钙	$\mathrm{4CaO\cdot Fe_2O_3\cdot 13H_2O}$	$\mathrm{C_4FH_{13}}$	少量
三硫型水化硫铝酸钙	$\mathrm{3CaO\cdot Al_2O_3\cdot 3CaSO_4\cdot 32H_2O}$	$\mathrm{C_3A3CS\cdot H_{32}}$ 或 AFt	7
单硫型水化硫铝酸钙	$\mathrm{3CaO\cdot Al_2O_3\cdot CaSO_4\cdot 12H_2O}$	$\mathrm{C_3ACS\cdot H_{12}}$ 或 AFm	
三硫型水化硫铁铝酸钙	$\mathrm{3CaO(Al_2O_3\cdot Fe_2O_3)\cdot 3CaSO_4\cdot 32H_2O}$	$\mathrm{C_3(A,F)3CS\cdot H_{32}}$	少量
单硫型水化硫铁铝酸钙	$\mathrm{3CaO(Al_2O_3\cdot Fe_2O_3)\cdot CaSO_4\cdot 12H_2O}$	$\mathrm{C_3(A,F)CS\cdot H_{12}}$	少量

2. 水泥的凝结硬化过程

水泥加水后，立即发生水解和水化反应，几分钟后，就可以在电子显微镜下观察到水泥颗粒表面生成的立方片状氢氧化钙晶体 CH、无定型水化硅酸钙凝胶 C-S-H、针状晶体钙矾石 AFt、单硫型水化硫铝酸钙 AFm 及单硫型水化硫铁酸钙。

图 3-4 所示为水泥凝结硬化过程示意图。在水泥与水的反应初期，由于水化物尚不多，吸附有水化物的水泥颗粒之间还是分离着，相互间引力较小。随着时间的推移，附着于水泥颗粒的水化物增多，C-S-H 形成长纤维凝胶，与 AFt 及其他水化物晶体在水泥颗粒之间形成絮凝结构。原来水泥颗粒间被水所占的空间逐渐减小，水泥浆体开始失去塑性，并初具强度，进入凝结过程。随着各种水化物的显著增加，水泥核心中未水化颗粒越来越小。水泥浆体内部的孔隙不断缩小，强度也开始不断增加，水泥浆体开始硬化形成水泥石，进入硬化期。水泥的硬化期可以延续很长时间，甚至可持续几年。上述水泥凝结硬化的各个过程是交错进行的，各阶段并无明显划分。

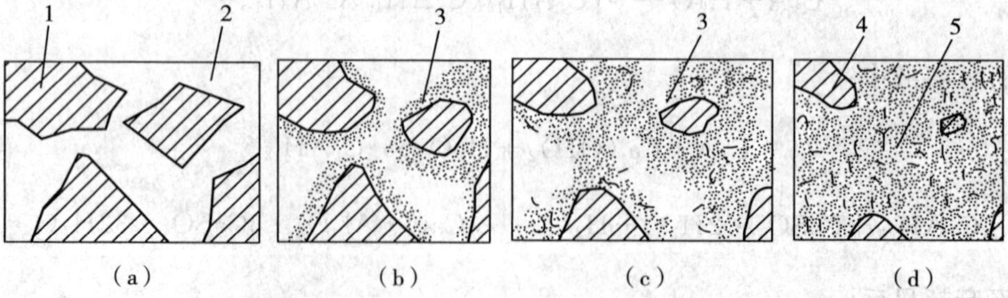

图 3-4　水泥凝结硬化过程示意图

1—水泥颗粒；2—水分；3—凝胶；4—水泥颗粒半水化内核；5—毛细孔

(3)石膏的缓凝作用

水泥中的铝酸三钙 C_3A 水化速度极快，在很短时间内即生成大量薄片状水化铝酸钙，呈松散多孔结构，这些水化物分散在水泥浆体中，使水泥很快失去流动性而凝结。加入石膏后，石膏可与 C_3A 生成难溶于水的钙矾石，其溶解度很小，呈稳定的针状晶体析出，它的迁移比较困难，生成后凝聚在水泥颗粒表面形成水化物薄膜，封闭了水泥的表面，阻滞水分子及离子的扩散，从而延缓了水泥颗粒特别是 C_3A 的水化速度。

随着扩散作用的进展，在水泥表面又形成细小晶体，由固相体积增加所产生的结晶压力达到一定数值时，薄膜将局部胀裂，使水化继续进行；接着新生成的晶体又将破裂处重新封闭，再使水化延缓。如此反复进行，直至溶液中的 SO_4^{2-} 离子消耗到不足以形成新的晶体后，C_3A 进一步水化生成单硫型水化硫铝酸钙、C_4AH_{13}，或其固溶体。因此石膏的缓凝作用是在水泥颗粒的表面形成一层水化硫铝酸钙保护膜，阻碍水分的移动。

3. 硅酸盐水泥的技术要求

(1)物理力学性质指标

① 细度

细度是表示水泥颗粒粗细程度或水泥分散度的指标，它对水泥的水化硬化速度、水泥需水量、和易性、放热速率和强度都有影响。由于水泥与水的反应是从水泥颗粒表面开始的，颗粒愈细，水泥与水发生反应的表面积愈大，水化愈充分，水化速度愈快。所以相同矿物组成的水泥，细度愈大，凝结速度愈快，早期强度愈高。实践表明，细度提高，可使水泥混凝土的强度提高，工作性能得到改善。但是，水泥细度提高，在空气中硬化时收缩率较大，且粉磨能耗增加，成本提高，因此，水泥细度应控制在合理范围内。

根据我国现行行业标准《公路工程水泥及水泥混凝土试验规程》(JTG E30—2005)规定，水泥的细度采用筛析法和比表面积法检测。筛析法是以 80μm 方孔筛上的筛余百分率表示水泥的细度。筛析法有负压筛法和水筛法两种，当有争议时，以负压筛法为准。普通水泥、矿渣水泥、火山灰质水泥、粉煤灰水泥及道路水泥的细度用筛析法检验，要求在 80μm 方孔筛上筛余量不大于 10%。比表面积法以每千克水泥的总表面积表示水泥的细度，我国现行标准《通用硅酸盐水泥》(GB 175—2007)规定，硅酸盐水泥的细度采用勃压透气法比表面积仪进行检验，要求其比表面积不小于 $300m^2/kg$。

② 标准稠度

为使水泥凝结时间和安定性检测结果具有可比性，在此两项测定时必须采用标准稠度水泥净浆。我国现行行业标准《公路工程水泥及水泥混凝土试验规程》(JTG E30—2005)规定，水泥净浆标准稠度的标准测定方法为试杆法，以标准试杆沉入净浆，并距离底板 6±1mm 时的水泥净浆为标准稠度净浆，其拌和用水为该水泥标准稠度用水量，按水泥质量百分比计；以试锥法(调整用水量和不变用水量)为代用法。

③ 凝结时间

水泥的凝结时间以标准试针沉入标准稠度水泥净浆至一定深度所需时间表示，分为初凝时间和终凝时间。初凝时间是指从水泥全部加入水中至初凝状态所经历的时间，以“min”计。初凝状态是指试针自由沉入标准稠度水泥净浆试件至底板 4±1mm 时的稠度状态；终凝时间是指从水泥全部加入水中到终凝状态所经历的时间，以“min”计。终凝状态是指试针沉入0.5mm，且其环形附件不能在试件表面留下痕迹时的稠度状态。我国现行标准《通用硅酸盐水泥》(GB 175—2007)规定，硅酸盐水泥初凝不小于45min，终凝不大于390min。

水泥的凝结时间对水泥混凝土的施工有重要的意义。初凝时间太短，将影响混凝土的搅拌、运输、浇捣等施工工序的正常进行。而一旦施工完毕则要求混凝土尽快硬化，并具有一定的强度，以加快模具的周转，缩短养护时间。所以，水泥的初凝时间不宜过短，终凝时间不宜过长。

水泥的凝结时间受水泥品种和水泥浆体含水量的影响。掺加混合材料水泥的凝结时间一般较长。若水泥浆体的含水量高于标准试验的规定值，其凝结时间相应要延长，在实际工程中，水泥混凝土和水泥砂浆的凝结时间往往比标准稠度水泥净浆的凝结时间长得多。凝结时间还受周围环境温度的影响，温度升高时，水化反应速度加快，凝结时间缩短。

④ 体积安定性

安定性用于表征水泥浆体硬化后，是否发生不均匀体积变化的性能指标。现行行业标准《公路工程水泥及水泥混凝土试验规程》(JTG E30—2005)规定，水泥体积安定性的标准法为雷氏法，以试饼法为代用法。有矛盾时以标准法为准。

水泥体积安定性不良是由于水泥中某些有害成分的影响。这些成分在水泥浆体硬化后继续与水或周围介质发生化学反应，其生成物体积增加，引起水泥石内部的不均匀体积变化，在结构物中产生应力。当应力超过材料强度时，则会引起结构开裂、崩裂等问题。这种应力即使未超过水泥石的强度，也会因内部应力集中，破坏水泥石内部结构，形成缺陷，形成严重的隐患。引起水泥体积安定性不良的主要原因是在水泥熟料中游离氧化钙或氧化镁含量过高，或由于石膏掺量过多而导致的水泥中的三氧化硫含量偏高。

⑤ 强度

水泥强度是评价水泥质量、确定水泥标号的重要指标，也是水泥混凝土和砂浆配合比设计的重要计算参数。水泥强度除了与水泥熟料矿物组成和细度有关外，还与水灰比、试件制作方法、养护条件和时间等有关。根据现行行业标准《公路工程水泥及水泥混凝土试验规程》(JTG E30—2005)规定，水泥强度检验是将水泥和中国ISO标准砂以1∶3的比例混合后，以水灰比0.5拌制成一组塑性胶砂，用标准方法制成40mm×40mm×160mm的标准试件。在标准条件(20℃±1℃，相对湿度不小于90%或水中)下养护，达到规定龄期(3d、28d)时，测定其抗折强度和抗压强度。

A. 水泥的强度等级

水泥的强度等级是根据规定龄期测定的抗压强度和抗折强度满足要求时按28d抗压强度划分的。按国家标准《通用硅酸盐水泥》(GB 175—2007)规定，硅酸盐水泥的强度等级分为42.5、42.5R、52.5、52.5R、62.5和62.5R六种；普通硅酸盐水泥的强度等级分为42.5、42.5R、52.5和52.5R四种。

B. 水泥的型号

根据3d强度，水泥分为普通型和早强型(或称R型)两类。早强型水泥的3d抗压强度可达28d抗压强度的50%左右，并较同强度等级的普通型水泥3d强度提高10%以上。

(2)水泥的化学品质指标

① 有害成分含量

水泥中氧化镁 MgO、三氧化硫 SO_3 或碱含量过高，会对水泥的技术性能产生不利影响。为了保证水泥使用质量，要求这些化合物的含量不得超过规定的限量。

② 不溶物

水泥中的不溶物来自原料中的黏土和 SiO_2，由于煅烧不佳、化学反应不充分而未参与形成熟料矿物。这些物质将影响水泥的有效成分含量。

③ 烧失量

水泥中烧失量的大小，一定程度上反映水泥熟料煅烧质量，同时也反映混合材料掺量是否适当，以及水泥受潮的情况。

(3)硅酸盐水泥的技术标准

我国现行标准《通用硅酸盐水泥》(GB 175—2007)规定，检验结果符合不溶物、烧失量、氧化镁、三氧化硫、氯离子、初凝时间、终凝时间、安定性及强度的规定为合格品。检验结果不符合上述规定中的任何一项技术要求为不合格品。

4. 硬化水泥石的腐蚀和防止

(1)水泥石的腐蚀

在正常环境条件下，水泥石的强度会不断增长。然而在某些使用环境中，一些侵蚀性液体或气体却能引起水泥石强度的降低，严重的甚至引起混凝土结构的破坏，这种现象称为水泥石的腐蚀。通常，穿越海湾、沼泽，跨越污染河流的路面混凝土结构，或沿线桥涵墩台混凝土结构处于河水、海水、地下水、矿泉水、沼泽水或工业污水的环境中，由此引发的水泥石腐蚀情况有以下几种。

① 氢氧化钙 $Ca(OH)_2$ 的溶失

A. 溶析性侵蚀

溶析性侵蚀是指硬化水泥石中的水化物被淡水溶解并带走的一种侵蚀现象，又称淡水侵蚀或溶出侵蚀。在水泥石的各种水化物中，$Ca(OH)_2$ 溶解度最大，在淡水中会首先被溶出。当水量不多，或在静水、无压水的情况下，水中 $Ca(OH)_2$ 浓度很快达到饱和程度，溶出作用也就中止。但在大量或流动的水中，水流会不断地将 $Ca(OH)_2$ 带走，并继续溶出 $Ca(OH)_2$。

B. 镁盐侵蚀

在海水、地下水或矿泉水中，常含有较多的镁盐，一般以氯化镁、硫酸镁形态存在。镁盐与水泥石中的 $Ca(OH)_2$ 起置换作用，生成松软且胶凝性较低的氢氧化镁，镁盐与水泥石中的 $Ca(OH)_2$ 反应生成无胶结能力、极易溶于水的氯化钙，或生成二水石膏导致水泥石结构破坏。

C. 碳酸侵蚀

在工业污水或地下水中常溶解有较多的二氧化碳 CO_2，CO_2 与水泥石中的 $Ca(OH)_2$ 作用，可生成碳酸钙 $CaCO_3$，$CaCO_3$ 再与水中的碳酸作用，生成可溶的重碳酸钙 $Ca(HCO_3)_2$ 而溶失。

在上述过程中，水泥石中 $Ca(OH)_2$ 的大量溶失，不仅使水泥石的密度和强度降低，而且导致水泥石的碱度降低，随之将引起水化硅酸钙(C-S-H)和水化铝酸钙不断分解。水泥石内部不断受到破坏，强度不断降低，最终将会引起整个混凝土结构物的破坏。

② 硫酸盐侵蚀

在海水、沼泽水和工业污水中常常含有硫酸盐物质，如 Na_2SO_4、K_2SO_4 等，这类硫酸盐与水泥石中的 $Ca(OH)_2$ 反应生成硫酸钙 $CaSO_4 \cdot 2H_2O$。它们再与水泥石中的水化铝酸钙反应生成钙矾石，其体积约为原来的水化铝酸钙体积的 2.5 倍，从而使硬化水泥石中的固相体积增加很多，产生相当大的结晶压力，造成水泥石开裂甚至毁坏。

(2)水泥石腐蚀的防止

根据以上分析可知，引起水泥石腐蚀的主要内因包括两个方面：第一方面是在水泥石中含有相当数量 $Ca(OH)_2$ 以及一定数量的水化铝酸钙；第二方面是水泥石中的孔隙通道使得外界腐蚀性介质易于侵入。所以，为防止或减轻水泥石的腐蚀，应在这两方面采取改善措施。

① 根据腐蚀环境特点，合理选用水泥品种。

对可能接触腐蚀介质的混凝土，选用水化物中 $Ca(OH)_2$ 含量少的水泥，以降低氢氧化钙溶失对水泥石的危害。选用 C_3A 含量低的水泥，降低硅酸盐类的腐蚀作用。

② 提高水泥石的密实程度，降低水泥石的孔隙率。

此外，改善施工工艺，降低水泥混凝土拌和用水，提高水泥的密实度；在水泥混凝土表面敷设一层耐腐蚀性强且不透水的保护层(通常可采用耐酸石料、耐酸陶瓷、玻璃、塑料或沥青等)，以杜绝或减少腐蚀性介质渗入水泥石内部等均可起到很好的防护效果。

二、普通硅酸盐水泥

普通硅酸盐水泥(简称普通水泥)，代号 P·O。我国现行标准《通用硅酸盐水泥》(GB 175—2007)规定：普通硅酸盐水泥组分中孰料和石膏：≥80%且<95%，掺量>5%且≤20%的粒化高炉矿渣、火山灰质混合料和粉煤灰等活性混合料，其中允许用不超过水泥质量 8%的非活性混合材料或不超过水泥质量 5%的窑灰代替。

普通硅酸盐水泥由于掺加混合材料的数量少，性质与不掺混合材料的硅酸盐相近。普通硅酸盐水泥的强度等级分为 42.5、42.5R、52.5、52.5R 四个强度等级。各强度等级在规定龄期的抗压与抗折强度不得低于表 3-6 所列，其他技术性能指标的要求如表 3-7 所示。

表 3-6 普通硅酸盐水泥各龄期强度表

品 种	强度等级	抗压强度(MPa)		抗折强度(MPa)	
		3d	28d	3d	28d
普通硅酸盐水泥	42.5	≥17.0	≥42.5	≥3.5	≥6.5
	42.5R	≥22.0		≥4.0	
	52.5	≥23.0	≥52.5	≥4.0	≥7.0
	52.5R	≥27.0		≥5.0	

表 3-7 普通硅酸盐水泥的技术指标

技术标准	细度[比表面积(m^2/kg)]	凝结时间(min)		安定性(沸煮法)	强度(MPa)	不溶物(质量分数)	MgO(质量分数)	SO_3(质量分数)	烧失量(质量分数)	碱含量(按 Na_2O+0.658K_2O计)(质量分数)	氯离子(质量分数)
		初凝	终凝								
指标	≥300	≥45	≤600	必须合格	见表2-9	—	≤5.0①	≤3.5	≤5.0	0.60②	≤0.06③
试验方法	GB/T 8074—2008	GB/T 1346—2011		GB/T 1346—2011	GB/T 17671—1999	GB/T 176—2008					

注:① 如果水泥经蒸压安定性试验合格,则水泥中 MgO 含量允许放宽到 6.0%。
② 水泥中碱含量为选择性指标,用 Na_2O+0.658K_2O 计算值来表示,若使用活性集料,用户要求低碱水泥时,水泥中的碱含量不得大于 0.6%或由供需双方商定。
③ 当有更低要求时,该指标由买卖双方确定。

三、掺混合材料的硅酸盐水泥

1. 水泥混合材料及其特性

(1)非活性混合材料

磨细的石英砂、石灰石、黏土及慢冷矿渣等属于非活性混合材料,它们与水泥成分不起化学作用或化学作用很小。将非活性材料掺入水泥中的目的是提高水泥产量、调节水泥标号、降低水化热和改善新拌混凝土和易性等作用。

(2)活性混合材料

活性混合材料是一种矿物材料,磨细的活性混合材料本身不具备水硬性,但与水泥或石灰(或石灰和石膏)拌和在一起,加水后既能在水中硬化又能在空气中硬化。水泥生产中常用的混合材料主要有粒化高炉矿渣、火山灰质混合材料和粉煤灰等工业废渣。

① 粒化高炉矿渣

粒化高炉矿渣是对炼铁高炉的熔融渣进行水淬急冷处理后得到多孔、粒状的疏松颗粒。粒化高炉矿渣中的主要化学成分是氧化物,如 CaO、SiO_2、Al_2O_3,另外还有少量的 MgO、Fe_2O_3和一些硫化物(MnS、CaS 和 FeS 等)。粒化高炉矿渣磨成细粉后,其活性氧化硅 SiO_2和活性氧化铝 Al_2O_3可以与 $Ca(OH)_2$化合,生成具有胶凝性的水化产物。

② 火山灰质混合材料

火山灰质混合材料是指天然的或人工的以 SiO_2 和 Al_2O_3为主要成分的矿物质原料。火山灰质矿物材料按其成因,分为天然和人工的两大类。天然的有:火山灰、凝灰岩、浮石、沸石岩、硅藻土和硅藻石等;人工的有煤矸石、烧页岩、烧黏土、煤渣和硅质渣等。虽然这些火山灰质矿物材料的物理状态不同,但化学组成却很相似,均含有大量的 SiO_2和 Al_2O_3(含量在 75%、85%),并含有少量的 CaO、MgO 和 Fe_2O_3等。天然火山灰质材料的化学活性与岩浆喷出的急冷条件有关,若喷出岩浆的骤冷条件好,能形成大量的玻璃态物质,化学潜能就较大,活性就较好。

③ 粉煤灰

在火力发电厂,煤粉在炉膛中燃烧后大部分以灰的形式随烟气一起流动,通过静电收尘器收集的粉末为粉煤灰。从化学组成的角度，粉煤灰属于火山灰质混合材料。由于粉煤灰使用数量较大，且在颗粒形态和性能方面与其他火山灰质混合材料有所不同，因而单独列出。粉煤灰通常呈灰白色或黑色，其化学活性主要取决于活性 SiO_2、Al_2O_3 和 Fe_2O_3 含量，也与 CaO 含量有关。CaO 对粉煤灰的活性极为有利，根据 CaO 含量的高低可分为低钙粉煤灰(CaO 含量小于 10%)和高钙粉煤灰(CaO 含量高于 15%)。当粉煤灰中圆滑的玻璃微珠颗粒占多数时，其活性高，需水量少，反之亦然。

2. 掺混合材料水泥品种及其技术性质

(1)掺混合材料水泥品种

① 矿渣硅酸盐水泥，简称矿渣水泥，代号为 P·S

矿渣水泥是指由硅酸盐水泥、20%～70%(按水泥质量计)的粒化高炉矿渣、适量石膏磨细制成的水硬性胶凝材料。允许用石灰、窑灰、粉煤灰和火山灰质混合材料中一种材料代替矿渣，代替数量不得超过水泥质量的 8%，代替后水泥中粒化高炉渣不得少于 20%。

② 火山灰质硅酸盐水泥，简称火山灰质水泥，代号为 P·P

火山灰质水泥是指由硅酸盐水泥熟料、20%～50%(按水泥质量计)火山灰质混合材料、适量石膏磨细制成的水硬性胶凝材料。

③ 粉煤灰硅酸盐水泥，简称粉煤灰水泥，代号为 P·F

粉煤灰水泥是指由硅酸盐水泥熟料、20%～40%(按水泥质量计)粉煤灰与适量石膏磨细制成的水硬性胶凝材料。

④ 复合普通硅酸盐水泥，简称复合水泥，代号为 P·C

复合硅酸盐水泥是指由硅酸盐水泥孰料、20%～50%(按水泥质量计)两种或两种以上的混合材料与适量的石膏磨细制成水硬性胶凝材料。

以上三种水泥均为掺混合材料硅酸盐水泥，在这类水泥中，石膏既要起调节凝结时间的作用，又要起硫酸盐激发剂的作用，所以，石膏掺量一般比普通硅酸盐水泥稍多。

(2)掺混合材料硅酸盐水泥的凝结硬化特征

① 活性混合材料的凝结硬化原理

矿渣水泥与水拌和后，首先是硅酸盐熟料矿物水化，水化物氢氧化钙与所掺入的石膏分别作为矿渣的碱性激发剂和硫酸盐激发剂，与矿渣中的活性 SiO_2 和活性 Al_2O_3 发生化学反应，生成不定型水化硅酸钙、水化硫铝酸钙等水化产物，这种反应也称为“火山灰反应”。随着水化反应的深入，水泥浆体逐渐失去塑性获得强度。与硅酸盐水泥相比，矿渣水泥水化物的碱度较低，$Ca(OH)_2$ 含量相对较少。从电子显微镜的观察可知，水化硅酸钙和钙矾石是硬化矿渣水泥石的主要成分，而水化硅酸钙凝胶结构比硅酸盐水泥石中的更为致密。

火山灰质水泥和粉煤灰水泥及复和水泥的水化与凝结硬化过程同矿渣水泥基本相似。

② 混合材料对水泥性质的影响

A. 水化速度慢：早期强度低，后期强度发展将超过同标号硅酸盐水泥

在掺混合材料中，水泥熟料矿物明显减少，尤其是 C_3S、C_3A 的减少，使水泥水化和凝结速度变慢，而混合材料中的 SiO_2 和 Al_2O_3 与 $Ca(OH)_2$ 溶液的反应速度较为缓慢。所以掺混合材料水泥的早期强度较低。

“火山灰反应”过程对温度和湿度条件比较敏感，当温度较高时，反应速度较快。因此

掺混合材料水泥一般都宜采用蒸汽养护。在蒸汽养护条件下，它们不但强度增长快，并且不影响后期强度的增长。

B. 化学稳定性较高：抗腐蚀(淡水、硫酸盐)

由于在“火山灰反应”中消耗掉一部分 $Ca(OH)_2$，使水泥石中 $Ca(OH)_2$ 相对含量减少。二次反应生成物(如无定型水化硅酸钙，水化铝酸钙)的碱度较低，较为稳定，抗淡水腐蚀及抗硫酸盐腐蚀性提高。但是如果所掺的混合材料为黏土质火山灰质材料，由于其水化产物中水化铝酸钙含量较大，因而不利于水泥石的抗硫酸盐腐蚀。

C. 水化热低：适应大体积工程

在掺混合材料的水泥中，C_3S 和 C_3A 相对含量减少，水化速度低，单位时间所释放水化热低于硅酸盐水泥。

D. 抗冻性差

在低温条件下，火山灰反应缓慢甚至停止。所以在低温 10℃ 以下需要强度迅速发展的工程结构中，应对水泥混凝土采用加热保温措施，否则不宜使用。

3. 掺混合材料硅酸盐水泥的技术指标及标准

(1)掺混合材料硅酸盐水泥的技术指标

掺混合材料水泥的技术指标要求与硅酸盐水泥基本相同。矿渣水泥、火山灰质水泥和粉煤灰水泥的强度等级分为 32.5、32.5R、42.5、42.5R、52.5 和 52.5R 六个等级，各强度等级的水泥在各龄期时的强度不得低于表 3-8 中的数值。

表 3-8　矿渣水泥、火山灰质水泥、粉煤灰水泥、复合水泥的强度标准(GB 175—2007)

强度等级	抗压强度(MPa)		抗折强度(MPa)	
	3d	28d	3d	28d
32.5	≥10.0	≥32.5	≥2.5	≥5.5
32.5R	≥15.0		≥3.5	
42.5	≥15.0	≥42.5	≥3.5	≥6.5
42.5R	≥19.0		≥4.0	
52.5	≥4.0	≥52.5	≥4.0	≥7.0
52.5R			≥4.5	

表 3-9　矿渣硅酸盐水泥、火山灰质硅酸盐水泥、粉煤灰硅酸盐水泥及复合硅酸盐水泥技术指标

技术性能	细度		凝结时间		安定性(沸煮法)	强度(MPa)	水泥中 MgO(质量分数)		水泥中 SO_3(质量分数)		碱含量(按 $Na_2O+0.658K_2O$ 计)(质量分数)	氯离子(质量分数)
	80μm 方孔筛筛余量(%)	45μm 方孔筛筛余量(%)	初凝(min)	终凝(min)			P·S·B	P·S·A P·P P·F P·C	P·S·A P·S·B	P·P P·F P·C		
指标	≤10	≤30	≥45	≤600	必须合格	见表 2-11	—	≤6.0①	≤4.0	≤3.5	供需双方商定②	≤0.06③

(续表)

技术性能	细度		凝结时间		安定性（沸煮法）	强度（MPa）	水泥中 MgO（质量分数）		水泥中 SO_3（质量分数）		碱含量（按 $Na_2O+0.658K_2O$ 计）（质量分数）	氯离子（质量分数）
	80μm 方孔筛筛余量（%）	45μm 方孔筛筛余量（%）	初凝（min）	终凝（min）			P·S·B	P·S·A P·P P·F P·C	P·S·A P·S·B	P·P P·F P·C		
试验方法	GB/T 1345—2005		GB/T 1346—2011		GB/T 1346—2011	GB/T 17671—1999	GB/T 176—2008					

注：① 如果水泥中 MgO 含量（质量分数）大于 6.0%时，需进行水泥压蒸安定性试验并合格。

② 水泥中碱含量为选择性指标，用 $Na_2O+0.658K_2O$ 计算值来表示，若使用活性集料，用户要求低碱水泥时，水泥中碱含量不得大于 0.60%或由供需双方商定。

③ 当有更低要求时，该指标由买卖双方确定。

(2)掺混合材硅酸盐水泥的适用性

① 矿渣硅酸盐水泥

在矿渣水泥中，硅酸盐水泥熟料含量显著减少，其水化与硬化过程较为缓慢，并对环境的温湿条件较为敏感。因此矿渣水泥凝结速度较慢，早期强度较低，但硬化后期的强度发展能够达到同标号硅酸盐水泥的强度。若能采用蒸汽养护等湿热处理方法，则能加快硬化速度，并且不影响后期强度的增长。矿渣水泥不宜用于有早强要求的工程，也不宜用于无加热保温措施的低温条件下施工的工程。由于火山灰反应的消耗，矿渣水泥浆体中的氢氧化钙及铝酸盐含量显著减少，对硫酸盐溶液及淡水腐蚀都有较强的抵抗能力，从而它有较高的化学稳定性。矿渣水泥中 C_3S 和 C_3A 的相对含量较低，水化速度缓慢，单位时间内释放的水化热比硅酸盐水泥低得多，因此适用于大体积工程。此外矿渣本身是耐火掺料，其耐热性较强，适于制作受热构件（温度不高于 200℃）。

粒化高炉矿渣有尖锐的棱角，达到标准稠度时需水量较大，且其保水能力较差，成型后大量泌水，这将在水泥石中形成众多的毛细孔通道或粗大孔隙，而且干缩性较大，如养护不当易产生裂纹。因此矿渣水泥在干湿循环部位的抗冻性、抗渗性等均不及普通水泥。

② 火山灰质硅酸盐水泥

火山灰质硅酸盐水泥的强度增长特点同矿渣水泥。在干燥环境中，水化反应会中止，且容易产生裂缝，所以在施工中应注意洒水养护。这种水泥宜用于水中及地下混凝土工程，不宜用于干燥地区和高温结构中。又因其水化热较低，宜用于大体积工程。

③ 粉煤灰硅酸盐水泥

粉煤灰水泥的凝结硬化过程与火山灰质水泥极为相似。但是由于粉煤灰的化学组成及矿物结构与其他火山灰质混合材料有所不同，因此构成了粉煤灰水泥的特点。粉煤灰呈球状颗粒，表面致密，内比表面积较小，不易水化，粉煤灰活性的发挥主要在后期。所以这种水泥的早期强度发展比矿渣水泥和火山灰质水泥更低，但后期可以赶上。由于粉煤灰表面致密，吸水能力弱，与其他掺混合材料的水泥比较，标准稠度用水量较小，干缩性也小，因而早期干缩所引起的裂纹较少。粉煤灰的适用范围与上述两种掺混合材料水泥相似，可以用于一般水泥混凝土工程，而且更适用于大体积水工建筑及水中结构和海港工程。

④ 复合硅酸盐水泥

复合硅酸盐水泥的特性取决于其所掺加的两种或两种以上的混合材料的种类、掺量及相对比例。其特性与矿渣硅酸盐水泥、火山灰质硅酸盐水泥、粉煤灰硅酸盐水泥有不同程度的相似之处，其适用范围可根据其掺入的混合材料的种类，参照上述三种水泥适用范围选用。

硅酸盐水泥、普通硅酸盐水泥、矿渣硅酸盐水泥、火山灰质硅酸盐水泥、粉煤灰硅酸盐水泥和复合硅酸盐水泥是目前土建工程中应用最广的品种，也统称六大品种水泥。表 3－10 汇总了这六种水泥技术特性和适用性。

表 3－10　通用硅酸盐水泥的主要特性及适用范围

名　称		硅酸盐水泥	普通硅酸盐水泥	矿渣硅酸盐水泥	火山灰质硅酸盐水泥	粉煤灰硅酸盐水泥	复合硅酸盐水泥
简称		硅酸盐水泥 Ⅰ型　Ⅱ型	普通水泥	矿渣水泥	火山灰水泥	粉煤灰水泥	复合水泥
密度(g/cm^3)		3.00～3.15	3.00～3.15	2.80～3.10	2.80～3.10	2.80～3.10	2.80～3.10
堆积密度(kg/m^3)		1000～1600	1000～1600	1000～1200	900～1000	900～1000	1000～1200
特性	硬化	快	较快	慢	慢	慢	慢
	早期强度	高	较高	低	低	低	低
	水化热	高	高	低	低	低	低
	抗冻性	好	好	差	差	差	差
	耐热性	差	较差	好	较差	较差	好
	干缩性	较小	较小	较大	较大	较小	较小
	抗渗性	较好	较好	差	较好	较好	较好
	耐蚀性	较差	较差	较强	除混合材料含 Al_2O_3 较多者抗硫酸盐腐蚀性较弱外，一般均较强		较强
	泌水性	较小	较小	明显	小	小	小
适用条件		1. 一般地上工程，无腐蚀、无压力水作用的工程； 2. 要求早期强度较高和低温施工无蒸汽养护的工程； 3. 有抗冻性要求的工程		1. 一般地上、地下和水中工程； 2. 有硫酸盐侵蚀的工程； 3. 大体积混凝土工程； 4. 有耐热性要求的工程； 5. 有蒸汽养护工程	除不适于有耐热性要求的工程外，其他与矿渣硅酸盐水泥相同	同火山灰水泥	1. 厚大体积混凝土结构； 2. 普通气候环境中的混凝土； 3. 在高湿度或水下的混凝土； 4. 有抗渗要求的混凝土

（续表）

名　称	硅酸盐水泥	普通硅酸盐水泥	矿渣硅酸盐水泥	火山灰质硅酸盐水泥	粉煤灰硅酸盐水泥	复合硅酸盐水泥
不适用条件	1. 大体积混凝土工程； 2. 有腐蚀作用和压力水作用的工程		1. 要求早强度高的工程； 2. 有耐冻性要求的工程	1. 与矿渣硅酸盐水泥各项相同； 2. 干热地区和耐磨性要求较高的工程	1. 与矿渣硅酸盐水泥各项相同； 2. 有抗碳化要求的工程	1. 要求快硬混凝土； 2. 有抗冻要求的混凝土工程

三、其他品种水泥

1. 道路硅酸盐水泥

以适当成分的生料烧至部分熔融，所得以硅酸钙为主要成分和较多量的铁铝酸钙的硅酸盐水泥孰料称为道路硅酸盐水泥孰料。由道路硅酸盐水泥孰料，0～10％活性混合材料和适量的石膏磨细制成的水硬性胶凝材料，称为道路硅酸盐水泥(简称道路水泥)。

各交通荷载等级公路面层水泥混凝土用水泥的成分要求、物理指标等要求应符合表3-11、表3-12。

表3-11　各交通荷载等级公路面层水泥混凝土用水泥的成分要求

水泥成分	极重、特重、重交通荷载等级	中、轻交通荷载等级	试验方法
熟料游离氧化钙含量(％)≤	1.0	1.8	GB/T 176—2008
氧化镁含量(％)≤	5.0	6.0	
铁铝酸四钙含量(％)	15.0～20.0	12.0～20.0	
铝酸三钙含量(％)≤	7.0	9.0	
三氧化硫含量(％)≤	3.5	4.0	
碱含量 $Na_2O+0.658K_2O$(％)≤	0.6	集料有碱活性时，0.6； 无碱活性集料时，1.0	
氯离子含量(％)≤	0.06	0.06	
混凝材料种类	不得掺窑灰、煤矸石、火山灰、烧黏土、煤渣，有抗盐冻要求时不得掺石灰岩粉	不得掺窑灰、煤矸石、火山灰、烧黏土、煤渣，有抗盐冻要求时不得掺石灰岩粉	水泥厂提供

表 3－12 各交通荷载等级路面水泥混凝土用水泥的物理指标要求

水泥物理性能		极重、特重、重交通荷载等级	中、轻交通荷载等级	试验方法
出磨时安定性		雷氏夹或蒸煮法检验必须合格	蒸煮法检验必须合格	JTG E 30 T 0505
凝结时间(h)	初凝≥	1.5	0.75	
	终凝≤	10	10	
标准稠度需水量(%)≤		28.0	30.0	
比表面积(m^2/kg)		300～450	300～450	JTG E30 T 0504
细度(80μm 筛余)(%)≤10.0		10.0		JTG E30 T 0502
28d 干缩率(%)≤		0.09	>0.10	JTG E30 T 0511
耐磨性(kg/m^2)≤		2.5	3.0	JTG E30 T 0510

道路硅酸盐水泥是一种强度高、特别是抗折强度高，耐磨性好，干缩性小，抗冲击性好，抗冻性和抗硫酸性比较好的专用水泥。它适用于道路路面、机场跑道、城市广场等工程。由于道路水泥具有干缩性小、耐磨性和抗冲击性强等特性，可减少水泥混凝土路面的裂缝和磨耗等病害，减少维修，延长路面使用年限，因而可获得显著的社会效益和经济效益。

2. 高铝水泥

高铝水泥(旧称矾土水泥)是铝酸盐水泥的主要品种。它是以石灰石和矾土为主要原料，配制成适当成分的生料，经熔融或烧结，所得的以铝酸一钙为主要矿物的熔块或熟料，再经磨细而成的水硬性胶凝材料。

(1)高铝水泥的主要矿物成分及特性

高铝水泥的主要矿物是铝酸一钙($CaO \cdot Al_2O_3$，CA)，其水化硬化迅速，为高铝水泥强度的主要来源；二铝酸一钙($CaO \cdot 2Al_2O_3$，CA_2)的特点是水化硬化速度较慢，但后期强度较高；其次是铝方柱石($2CaO \cdot Al_2O_3 \cdot SiO_2$，$C_2AS$)，水化反应速度极为微弱，凝结性很差，可视为惰性矿物；七铝酸十钙($10CaO \cdot 7Al_2O_3$，$C_{10}A_7$)的凝结迅速，但强度很低。

(2)高铝水泥的水化硬化

高铝水泥的水化主要是铝酸一钙(CA)的水化过程，这个反应过程受外界温度影响较大：当温度低于20℃时，主要水化物为$CaO \cdot Al_2O_3 \cdot 10H_2O$($CAH_{10}$)；温度为20℃～30℃时，主要水化物为$2CaO \cdot Al_2O_3 \cdot 8H_2O$($C_2AH_8$)；温度大于30℃时，主要水化物为$3CaO \cdot Al_2O_3 \cdot 6H_2O$($C_3AH_6$)，强度较低。所以高铝水泥不宜在30℃以上的温度条件下养护。

高铝水泥硬化迅速，5～7d后水化物的数量很少增加，强度趋向稳定，释放的水化热也比较集中。高铝水泥水化物的结合水量较高，约达水泥质量的50%，为硅酸盐水泥的二倍左右。CAH_{10}和C_2AH_8为片状或针状晶体，它们相互交织成坚强的结晶合生体骨架，所生成的氢氧化铝凝胶填塞于骨架之间，形成比较密实的结构。但CAH_{10}和C_2AH_8都是亚稳晶体，随着时间的推移有转化成比较稳定的C_3AH_6的趋势，这个转化过程随着温度的上升而加剧。单位体积CAH_{10}和C_2AH_8转化成C_3AH_6后，固相体积将缩小，同时析出一定量的水，晶型转化的结果，使水泥石孔隙增大。由于转化生成物C_3AH_6的强度较低，因而使水泥石的强度大为下降。一般浇筑5年以上的高铝水泥混凝土，剩余强度仅为初期强度的二分之一，甚至更低。

(3)高铝水泥的应用

高铝水泥以3d抗压强度确定其标号，分为425、525、625和725四个标号。

高铝水泥的强度增进较快，24h即可达其极限强度的80%，宜用于紧急抢修工程和早期强度要求较高的特殊工程。但必须估计到高铝水泥后期强度可能有较大的下降，因此永久性的、重要的工程及预应力混凝土不宜使用。

由于高铝水泥早期强度增进迅速，在冬季施工时只要开始的4～6d能够防止冰冻，即可避免冻害，故适用于寒冷地区的冬季施工工程。

高铝水泥的放热量基本上与高标号硅酸盐水泥相同，但放热速度很快，1d可放出总水化热的70%～80%，因此不宜用于大体积工程。

高铝水泥水化时不析出$Ca(OH)_2$，而且硬化后结构致密，因此它具有较好的抗硫酸盐腐蚀能力。但若产生晶型转化，空隙率增大，耐腐蚀性将下降。高铝水泥抗碱性极差，不得用于接触碱性溶液的工程，同时要避免集料中含碱性化合物。

高铝水泥是配制膨胀水泥和耐热混凝土的材料之一。

3. 快硬水泥

(1)快硬硅酸盐水泥

快硬硅酸盐水泥是以适当组成的硅酸盐水泥熟料为基础，加入适量石膏，磨细而成的一种水硬性凝胶材料，它具有硬化快、早期强度高的特点。

快硬硅酸盐水泥主要用于早期强度高的工程，如抢修工程、冬季施工等工程。若用于预制构件的生产，则有利于场地的周转和节省养护能耗。快硬硅酸盐水泥特别容易受潮变质，在运输及保管时要特别注意防潮，并应及时使用，保持时间不宜太长。从包装时算起，快硬硅酸盐水泥在一个月后使用时须重新试验，以检验其是否符合标准。

(2)快硬快凝硅酸盐水泥

快硬快凝硅酸盐水泥又称双快水泥，它是以硅酸三钙、氟铝酸钙为主的熟料，与适量石膏、粒化高炉矿渣等共同磨细而成的一种凝结快、小时强度增长快的水硬性胶凝材料。

快硬快凝水泥适用于机场跑道、桥梁、隧道和涵洞等紧急抢修，以及冬季施工、堵漏等工程。使用快硬快凝水泥时，必须根据气温高低，掺加缓凝剂。该水泥与集料干拌均匀后应立即加水拌和，禁止将拌合物放置一段时间后再加水拌和，同时要严格控制水灰比，不得随意增减用水量，要随拌随浇筑，快硬快凝水泥不得与其他任何品种的水泥混合使用。超过三个月已风化的水泥必须对其性能重新检验，合格后方可使用。

(3)早强硫铝酸盐水泥

硫铝酸盐水泥是把适当成分的生料煅烧后得到的以无水硫铝酸钙和良型硅酸二钙为主要成分的熟料，加入适量的石膏，并磨细制成的早期强度高的水硬性胶凝材料，简称早强水泥。

早强水泥适用于配制早强、抗冻、抗渗和抗硫酸盐侵蚀等用途的混凝土。可用于抢修、堵漏、冬季施工及一般工程等。施工时，特别是夏天，混凝土硬化开始后(约2～3h)，应及时保湿养护，养护期不得少于3d。该水泥中不得混入其他品种的水泥和石灰等高碱性物质，所配制的混凝土也不得与其他水泥配制的混凝土混合使用，但可以浇筑在已硬化的其他混凝土上。早强水泥不得用于耐热工程或经常处于 100℃以上的混凝土工程。

4. 膨胀水泥与自应力水泥

膨胀水泥是在硬化过程中体积发生膨胀的水泥。自应力水泥是所配制混凝土膨胀变形稳定后的自应力不小于 2MPa 的膨胀水泥。一般硅酸盐水泥所配制的混凝土。在水泥水化过程中产生一定的收缩，因而使结构或构件出现裂纹，影响结构的力学性能和耐久性。膨胀水泥或自应力水泥的膨胀机理是，水泥在硬化阶段发生了使水泥石体积膨胀的化学反应，有利于它在硬化膨胀过程中对钢筋的握裹力，使钢筋受到较大拉力，反之钢筋对混凝土作用相应的压力，其实质是利用水泥的化学能形成了预应力混凝土。膨胀水泥及自应力水泥主要品种有以下几种。

(1)硅酸盐膨胀水泥

硅酸盐膨胀水泥由硅酸盐熟料、高铝水泥和石膏组成。这种水泥的膨胀作用，主要是由于高铝水泥中的铝酸盐和石膏遇水化合，生成具有膨胀性的钙矾石晶体及水化氢氧化钙，这两者构成了硬化水泥浆体中的强度因素和膨胀因素。这些水化物的体积大于原固相的体积，因而造成硬化水泥浆体的体积膨胀。适当增加高铝水泥与石膏的比例，即可增加其膨胀值，制成自应力水泥。

(2)铝酸盐自应力水泥

铝酸盐自应力水泥是由高铝水泥熟料和二水石膏磨细而成的，其主要水化物为钙矾石和水化氢氧化铝。这种水泥具有较高的膨胀值，膨胀稳定期较长，且抗渗性、气密性均好，但成本较高。

(3)铝酸盐膨胀水泥

铝酸盐膨胀水泥是由高铝水泥、建筑石膏及高碱性铝酸钙粉末按比例混合而成，其中高碱性铝酸钙是由高铝水泥与石灰按比例加水调和，并置于较高温度下所获得的水化物(水化铝酸钙)。这种水泥产生膨胀的原因是由于高碱性水化铝酸钙遇水与硫酸钙作用，生成钙矾石导致体积膨胀。其膨胀的速度和大小，可通过调节高碱性水化铝酸钙和石膏之间的比例来控制。

5. 白色及彩色硅酸盐水泥

白色硅酸盐水泥简称白色水泥，是采用含极少量着色物质(如氧化铁、氧化锰、氧化钛、氧化铬等)的原料，如纯净的高岭土、纯石英砂、纯石灰石或白垩等，在较高的温度下煅烧成熟料，然后加入适量石膏磨细而成。白色水泥熟料矿物成分主要是硅酸盐，所以其基本性能与一般硅酸盐水泥相同。按照国家标准 GB 2051—80 规定，白色水泥的初凝时间不得小于 30min，终凝时间不得迟于 12h，按强度分为 325、425 两个标号，按白度分为一、二、三和四级。由于白色水泥对原料、工艺过程及工艺设备要求较高，因此价格较贵。

彩色硅酸盐水泥简称彩色水泥，按生产方式分为两大类：一类是在白色水泥的生料中加入少量金属氧化物直接烧成彩色水泥熟料，然后再加入适量石膏磨细而成；另一类是将白色水泥熟料、石膏和颜料共同粉磨而成。后者所用的颜料要求不溶于水且分散性好，耐碱性强，抗大气稳定性好。通常采用的颜料有：氧化铁(红、黄、褐、黑色)、二氧化锰(黑、褐色)、氧化铬(绿色)、赭石(赭色)、群青兰(蓝色)和炭黑(黑色)等。当配制红、褐、黑等较深色彩水泥时，也可以用一般硅酸盐水泥来磨制。

白色水泥和彩色水泥主要用于建筑装饰材料，现也用于彩色道路铺装。

第三节　无机胶凝材料试验实训

第一部分　石　灰

石灰中有效氧化钙是指活性游离的氧化钙。它不同于总钙量，因为有效氧化钙不包括碳酸钙、硅酸盐以及其他钙盐中的钙。石灰中有效氧化钙含量是能溶解于蔗糖溶液中，并能与蔗糖作用而生成蔗糖钙的氧化钙含量占原试样的质量百分率。原理是活性游离氧化钙与蔗糖化合成在水中溶解度较大的蔗糖钙，而其他钙盐则不与蔗糖作用，故利用不同的反应条件，用已知浓度的盐酸进行滴定（用酚酞指示剂），根据盐酸达到终点时的耗量，可以计算出有效氧化钙的含量。石灰中的氧化镁含量不容易直接测定，而是采用 EDTA 络合滴定法，先测定钙镁含量，然后测定出钙含量与钙镁含量的差值，通过计算确定氧化镁的含量。

石灰质量主要决定于有效氧化钙和氧化镁含量，它们的含量越高，则石灰黏结性越好。

一、石灰有效氧化钙含量试验

1. 目的和适用范围

石灰的质量主要取决于有效氧化钙和氧化镁的含量，它们的含量愈高，则石灰黏结力愈好。本方法适用于测定各种石灰的有效氧化钙含量。测定石灰的有效钙镁含量，是为了判定其质量好坏及所属的质量级别。

本方法适用于测定各种石灰的有效氧化钙含量。

2. 仪器设备

（1）筛子：0.15mm，1 个。

（2）烘箱：50℃～250℃，1 台。

（3）干燥器：ϕ25cm，1 个。

（4）称量瓶：ϕ30mm×50mm，10 个。

（5）瓷研钵：ϕ12～13cm，1 个。

（6）分析天平：万分之一，1 台。

（7）电子天平：感量 0.1g，1 台。

（8）电炉：1500W，1 个。

（9）石棉网：20cm×20cm，1 块。

（10）玻璃珠：ϕ3mm，一袋（0.25kg）。

（11）具塞三角瓶：250mL，20 个。

（12）漏斗：短颈，3 个。

（13）塑料洗瓶：1 个。

(14)塑料桶：20L，1个。

(15)下口蒸馏水瓶：5000mL，1个。

(16)三角瓶：300mL，10个。

(17)容量瓶：250mL、1000mL，各1个

(18)量筒：200mL、100mL、50mL、5mL，各1个。

(19)试剂瓶：250mL、1000mL，各5个。

(20)塑料试剂瓶：1L，1个。

(21)烧杯：50mL，5个；250mL(或300mL)，10个

(22)棕色广口瓶：60mL，4个；250mL，5个。

(23)滴瓶：60mL，3个。

(24)酸滴定管：50mL，2支。

(25)滴定台及滴定管夹，各一套。

(26)大肚移液管：25mL、50mL，各1支。

(27)表面皿：7cm，10块。

(28)玻璃棒：8mm×250mm及4mm×180mm各10支。

(29)试剂勺：5个。

(30)吸水管：8mm×150mm，5支。

(31)洗耳球：大、小各1个。

3. 制备试剂

(1)蔗糖(分析纯)。

(2)酚酞指示剂：称取0.5g酚酞溶于50mL 95%乙醇中。

(3)0.1%甲基橙水溶液：称取0.05g甲基橙溶于50mL蒸馏水(40℃～50℃)中。

(4)0.5%盐酸标准溶液：将42mL浓盐酸(相对密度1.19)稀释至1L，按下述方法标定其当量浓度后备用。

称取约0.8～1.0g(准确至0.0001g)已在180℃烘干2h的碳酸钠，置于250mL三角瓶中，加100mL水使其完全溶解；然后加入2～3滴0.1%甲基橙指示剂，用待标定的盐酸标准溶液滴定，至碳酸钠溶液由黄色变为橙红色；将溶液加热至沸，并保持微沸3min，然后放在冷水中冷却至室温，如此时橙红色变为黄色，则再用盐酸标准溶液滴定，至溶液出现稳定橙红色时为止。盐酸标准溶液的当量浓度按式(3-11)计算：

$$N=\frac{Q}{V\times 0.053} \tag{3-11}$$

式中：N——盐酸标准溶液当量浓度；

Q——称取碳酸钠的质量，g；

V——滴定时消耗盐酸标准溶液的体积，mL。

4. 准备试样

(1)生石灰试样

将生石灰样品打碎，使颗粒不大于1.18mm。拌和均匀后用四分法缩减至200g左右，放入瓷研钵中研细；再经四分法缩减几次至剩下20g左右。研磨所得石灰样品，使之通过

0.15mm 的筛。从此细样中均匀挑取 10 余克，置于称量瓶中于 105℃烘干 1h，贮于干燥器中，供试验用。

(2)消石灰试样

将消石灰样品用四分法缩减至 10 余克左右。如有大颗粒存在须在瓷研钵中磨细至无不均匀颗粒存在为止。置于称量瓶中于 105℃下烘干 1h，贮于干燥器中，供试验用。

5. 试验步骤

(1)称取约 0.5g(用减量法称准至 0.0001g)试样，放入干燥的 250mL 具塞三角瓶中，取 5g 蔗糖覆盖在试样表面，投入干玻璃珠 15 粒，迅速加入新煮沸并已冷却的蒸馏水 50mL，立即加塞振荡 15min(如有试样结块或黏于瓶壁现象，则应重新取样)。

(2)打开瓶塞，用水冲洗瓶塞及瓶壁，加入 2～3 滴酚酞指示剂，以 0.5%盐酸标准溶液滴定(滴定速度以每秒 2～3 滴为宜)，至溶液的粉红色显著消失并在 30s 内不再复现为终点。

6. 结果计算

(1)有效氧化钙的百分含量按式(3-12)计算：

$$X_{CaO}=\frac{0.028VN}{m}\times 100\% \tag{3-12}$$

式中：X_{CaO}——有效氧化钙的百分含量，%；

V——滴定时消耗盐酸标准溶液的体积，mL；

m——试样质量，g；

N——盐酸标准溶液当量浓度；

0.028——氧化钙毫克当量。

(2)精密度或允许误差

对同一石灰样品至少应做两个试样，进行两次测定，并取两次结果平均值代表最终结果。

二、石灰氧化镁含量试验

1. 目的和适用范围

本试验方法适用于测定各种石灰的总氧化镁含量。按氧化镁含量可将石灰划分为钙质石灰或镁质石灰。

2. 仪器设备

同有效氧化钙的测定。

3. 制备试剂

(1)(1∶10)盐酸：将 1 体积盐酸(相对密度 1.19)以 10 体积蒸馏水稀释。

(2)氢氧化铵-氯化铵缓冲溶液(pH＝10)：将 6.5g 氯化铵溶于 300mL 无二氧化碳蒸馏水中，加浓氢氧化铵(相对密度为 0.90)570mL，然后用水稀释至 1000mL。

(3)酸性铬蓝 K-萘酚绿 B(1∶2.5)混合指示剂：称取 0.3g 酸性铬蓝 K 和 0.75g 奈酚绿 B 与 50g 已于 105℃烘干的硝酸钾，混合研细，保存于棕色广口瓶中。

(4)EDTA 二钠标准溶液：将 10g EDTA 二钠溶于温热蒸馏水中，待全部溶解并冷至室温后，用水稀释至1000mL。

(5)氧化钙标准溶液：精确称取1.7848g在105℃烘干(2h)的碳酸钙(优级纯)，置于250mL烧杯中，盖上表面皿，从杯嘴缓慢滴加1∶10盐酸100mL，加热溶解。待溶液冷却后，移入1000mL的容量瓶中，用新煮沸冷却后的蒸馏水稀释至刻度摇匀。此溶液每毫升相当于1mg氧化钙。

(6)20%的氢氧化钠溶液：将20g氢氧化钠溶于80mL蒸馏水中。

(7)钙指示剂：将0.2g钙试剂羟酸钠和20g已在105℃烘干的硫酸钾混合研细，保存于棕色广口瓶中。

(8)10%酒石酸钾钠溶液：将10g酒石酸钾钠溶于90mL蒸馏水中。

(9)三乙醇胺(1∶2)溶液：将1体积三乙醇胺以2体积蒸馏水稀释摇匀。

4. 试验步骤

(1)EDTA标准溶液与氧化钙和氧化镁关系的标定

精确吸取50mL氧化钙标准溶液放于300mL三角瓶中，用水稀释至100mL左右，然后加入钙指示剂约0.1g，以20%氢氧化钠溶液调整溶液碱度到出现酒红色，再过量加3～4mL，然后以EDTA二钠标准液滴定，至溶液由酒红色变成纯蓝色时为止。

EDTA二钠标准溶液对氧化钙滴定度T_{CaO}，即1mL EDTA二钠标准溶液相当于氧化钙的毫克数，按式(3-13)计算：

$$T_{CaO}=C\times\frac{V_1}{V_2} \tag{3-13}$$

式中：C——1mL氧化钙标准溶液含有氧化钙的毫克数，等于1；

V_1——吸取氧化钙标准溶液体积，mL；

V_2——消耗EDTA标准溶液体积，mL。

EDTA二钠标准溶液对氧化镁的滴定度T_{MgO}，即1mL EDTA二钠标准液相当于氧化镁的毫克数，按式(3-14)计算：

$$T_{MgO}=T_{CaO}\times\frac{40.31}{56.08}=0.72T_{CaO} \tag{3-14}$$

(2)称取约0.5g(准确至0.0001g)试样，放入250mL烧杯中，用水湿润，加30mL 1∶10盐酸，用表面皿盖住烧杯，加热近沸并保持微沸8～10min。用水把表面皿洗净，冷却后把烧杯内的沉淀及溶液移入250mL容量瓶中，加水至刻度摇匀。待溶液沉淀后，用移液管吸取25mL溶液，放入250mL三角瓶中，加50mL水稀释后，加酒石酸钾钠溶液1mL、三乙醇胺溶液5mL，再加入铵-铵缓冲溶液10mL、酸性铬兰K-萘酚绿B指示剂约0.1g。用EDTA二钠标准溶液滴定至溶液由酒红色变为纯蓝色时即终点，记下耗用EDTA标准溶液体积V_1。

(3)再从同一容量瓶中，用移液管吸取25mL溶液，置于300mL三角瓶中，加水150mL稀释后，加三乙醇胺溶液5mL及20%氢氧化钠溶液5mL，放入约0.1g钙指示剂。用EDTA二钠标准溶液滴定，至溶液由酒红色变为纯蓝色即终点，记下耗用EDTA二钠标准溶液体积V_2。

5. 结果计算

(1)氧化镁的百分含量按式(3-15)计算：

$$X_{MgO}=\frac{T_{MgO}(V_1-V_2)\times 10}{G\times 1000}\times 100\% \tag{3-15}$$

式中：X_{MgO}——氧化镁的百分含量，%；

T_{MgO}——EDTA 二钠标准溶液对氧化镁的滴定度；

V_1——滴定钙、镁含量消耗 EDTA 二钠标准溶液体积，mL；

V_2——滴定钙消耗 EDTA 二钠标准溶液体积，mL；

10——总溶液对分取溶液的体积倍数；

G——试样质量，g。

(2)精密度或允许误差

对同一石灰样品至少应做两个试样，进行两次测定。取两次测定结果的平均值代表最终结果。

第二部分　水　泥

一、检测参数及方法

1. 化学性能

化学性能方面的检测参数有：①不溶物；②烧失量；③氧化镁；④三氧化硫；⑤氯离子；⑥碱含量。

以上参数检测均按《水泥化学分析方法》(GB 176—2008)的规定进行。

2. 物理力学性能

物理力学性能方面的检测参数有：①细度(负压筛法)；②比表面积(勃氏法)；③标准稠度用水量，凝结时间，安定性；④胶砂强度；⑤流动度。

以上参数检测均按《公路工程水泥及水泥混凝土试验规程》(JTG E30—2005)的规定进行。

二、常用参数的试验细则

(一)水泥细度试验(负压筛法)

1. 目的与适用范围

本方法规定用 80μm 筛检验水泥细度测试方法

本方法适用于硅酸盐水泥、普通硅酸盐水泥、矿渣硅酸盐水泥、粉煤灰硅酸盐水泥、火山灰硅酸盐水泥、复合硅酸盐水泥、道路硅酸盐水泥及指定采用本方法的其他品种水泥。

2. 仪器设备

(1)试验筛：孔径尺寸为 80μm 或 45μm；

(2)负压筛析仪：可调负压 4000～6000Pa；

(3)天平：称量 100g，感量不大于 0.01g。

3. 试样准备

水泥样品应充分搅拌，通过 0.9mm 方孔筛，记录筛余物情况，要防止过筛时混进其他水泥。

4. 试验步骤

(1)筛析试验前，应把负压筛放在筛座上，盖上筛盖，接通电源，检查控制系统，调节负压筛至 4000～6000Pa 范围内。

(2)将称取的水泥试样 25g，置于洁净的负压筛中放在筛座上，盖上筛盖开动筛析仪连续筛析 2min，在此期间如有试样附着在筛盖上，可轻轻地敲击，使试样落下。筛毕，用天平称量全部筛余物。

(3)当工作负压小于 4000Pa 时，应清理吸尘器内水泥，使负压恢复正常。

(4)试验筛必须保持清洁，筛孔通畅，适用 10 次后要进行清洗。金属筛框、铜丝网筛洗时应用专门清洗剂，不可使用弱酸浸泡。

5. 结果计算及修正

(1)筛分结果计算

水泥试样筛余百分数按式(3-16)计算，结果保留至 0.1%。

$$F=\frac{R_s}{m}\times 100 \tag{3-16}$$

式中：F——水泥试样的筛余百分数，%；

R_s——水泥筛余物的质量，g；

m——水泥试样的质量，g。

(2)筛余结果的修正

水泥样的筛分结果修正按式(3-17)计算。

$$F_c=C\times F \tag{3-17}$$

式中：F_c——水泥试样修正后的筛余百分数，%；

C——试验筛修正系数；

F——水泥试样修正前的筛余百分数，%。

(5)合格评定

每个样品应称取两个试样分别筛析，取筛余平均值为筛析结果。若两次相近结果绝对误差大于 0.5%时(筛余值大于 5%可放宽至 1.0%)，应再做一次试验，取两次相近结果的算术平均值，作为最终结果。

(二)水泥比表面积测定(勃氏法)

1. 目的与适用范围

本方法采用勃氏法进行水泥比表面积测定。

本方法适用于硅酸盐水泥、普通硅酸盐水泥、矿渣硅酸盐水泥、粉煤灰硅酸盐水泥、火山灰硅酸盐水泥、复合硅酸盐水泥、道路硅酸盐水泥及指定采用本方法的其他粉状物料。本方法不适用于测定多孔材料及超细粉状物料。

2. 仪器与标样

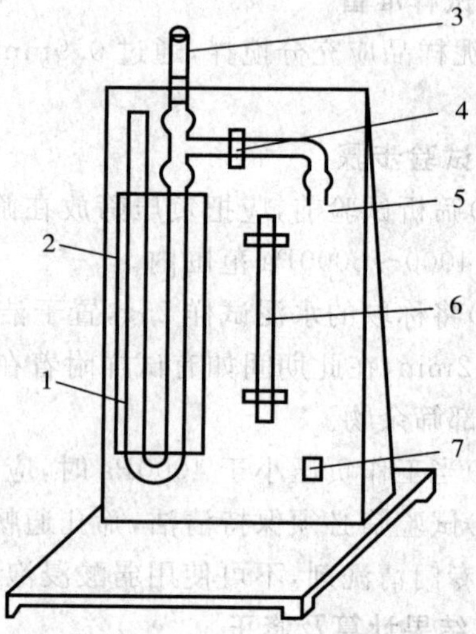

图 3-5 Blaine 透气仪示意图

1—U 形压力计；2—平面镜；3—透气圆筒；4—活塞；5—背面接微型电磁泵；6—温度计；7—开关

(1)仪具：Blaine 透气仪[由透气圆筒、压力计、抽气装置 3 部分组成(图 3-5)]；滤纸（中速定量滤纸）；天平（分度值为 0.001g)；秒表(精确到 0.01s)；烘箱。

(2)标准水泥样：由中国水泥质量监督检测中心制备。

3. 仪器校准

(1)漏气检查

将透气筒上口用橡皮塞塞紧，接到压力计上。用抽气装置从压力计一臂中抽出部分气体，关闭阀门，观察是否漏气。若漏气应用油脂加以密封。

(2)试料层体积的测定

水银排代法：将两片滤纸沿圆筒壁放入透气圆筒内，用一个略比透气筒小的细长棒往下按，直到滤纸平整放在金属的穿孔板上。然后装满水银，用一块薄玻璃板轻压水银表面，使水银面与筒口齐平，并保证在玻璃板和水银之间没有气泡或空洞存在。从筒中倒出水银，称量 P_1，精确至 0.05g。重复几次测定，直到数值基本不变为止。然后从圆筒中取出一片滤纸，试用约 3.3g 的水泥，压实水泥层。再在圆筒上部空间注入水银，同上述方法除去气泡、压平、倒出水银称量 P_2，重复几次，直到水银称量值相差小于 0.05g 为止。圆筒内的试料层体积按式(3-18)计算，精确到 $5\times10^{-9}\mathrm{m}^3$：

$$V=10^{-6}\times\frac{P_1-P_2}{\rho_{水银}} \tag{3-18}$$

式中：V——试料层体积，m^3；

P_1——未装水泥时，充满圆筒的水银质量，g；

P_2——装水泥后，充满圆筒的水银质量，g；

$\rho_{水银}$——试验温度下的水银密度，$\mathrm{g/cm}^3$。

试料层体积至少测定两次，两次数值相差不超过 $5\times10^{-9}\mathrm{m}^3$，取平均值为测定值，精确至 $10^{-10}\mathrm{m}^3$。

4. 试样准备

(1)将(110±5)℃下烘干并在干燥器中冷却到室温的标准试样，倒入 100mL 的密封瓶内，用力摇动 2min，将结块成团的试样振碎，使试样松散。静置 2min 后，打开瓶盖，轻轻搅拌，使在松散过程中落到表面的细粉，分布到整个试样中。

(2)水泥试样，先通过 0.9mm 方孔筛，再在(110±5)℃下烘干，并在干燥器中冷却至室温。

5. 确定试样量

校正试验用的标准试样量和被测定水泥质量，应达到在制备的试料层中的空隙率为

0.500±0.005(50%±0.5%),按式(3-19)计算:

$$W=\rho V(1-\varepsilon) \tag{3-19}$$

式中:W——需要的试样量,kg;

ρ——试样密度,kg/m^3;

V——试料层体积,m^3;

ε——试料层空隙率,%。

6. **试料层制备**

将穿孔板放入透气筒的突缘上,用一根直径比圆筒略小的细棒把一片滤纸送到穿孔板上,边缘压紧。称取试样量W,精确至1mg,倒入圆筒。轻敲圆筒的边,使水泥层表面平坦。再放入一片滤纸,用捣器均匀捣实试料直至捣器的支持环紧紧接触圆筒顶边并旋转两周,慢慢取出捣器。

7. **透气试验**

(1)把装有试料层的透气圆筒接到压力计上,要保证紧密连接不致漏气,并不振动所制备的试料层。

注:为避免漏气,可先在圆筒下锥面涂一层活塞油脂,然后把它插入压力计顶端锥形磨口处,旋转两周。

(2)打开微型电磁泵慢慢从压力计一臂中抽出空气,直到压力计内液面上升到扩大部下端时关闭阀门。当压力计内液体的弯月液面下降到第一个刻度线开始计时,当液面的弯月面下降到第二条刻度线时停止计时,记录液面从第一刻度线下降到第二刻度线所经历的时间,以秒表(s)记录,并记录下试验时的温度(℃)。

8. **结果整理**

(1)当被测物料的密度、试料层中空隙率与标准试样相同,试验时温差不超过±3℃时,可按式(3-20)计算:

$$S_c=\frac{S_s\sqrt{T}}{\sqrt{T_s}} \tag{3-20}$$

如试验时温差超过±3℃时,则按式(3-21)计算:

$$S_c=\frac{S_s\sqrt{T}\sqrt{\eta_s}}{\sqrt{T_s}\sqrt{\eta}} \tag{3-21}$$

式中:S_c——被测试样的比表面积,m^2/kg;

S_s——标准试样的比表面积,m^2/kg;

T——被测试样试验时,压力计中液面降落测得的时间,s;

T_s——标准试样试验时,压力计中液面降落测得的时间,s;

η——被测试样试验温度下的空气黏度,Pa·s;

η_s——标准试样试验温度下的空气黏度,Pa·s。

(2)当被测试样的试料层中空隙率与标准试样试料层中空隙率不同,试验时温差不超过±3℃时,可按式(3-22)计算:

$$S_c=\frac{S_s\sqrt{T}(1-\varepsilon_s)\sqrt{\varepsilon^3}}{\sqrt{T_s}(1-\varepsilon)\sqrt{\varepsilon_s^3}} \tag{3-22}$$

如试验时温差超过±3℃时，则按式(3-23)计算：

$$S_c=\frac{S_s\sqrt{T}(1-\varepsilon_s)\sqrt{\varepsilon^3}\sqrt{\eta^s}}{\sqrt{T_s}(1-\varepsilon)\sqrt{\varepsilon_s^3}\sqrt{\eta}} \tag{3-23}$$

式中：ε——被测试样试料层空隙率，%；

ε_s——标准试样试料层中的空隙率，%。

(3)当被测试样的密度和空隙率均与标准试样不同，试验温差不超过±3℃时，可按式(3-24)计算：

$$S_c=\frac{S_s\sqrt{T}(1-\varepsilon_s)\sqrt{\varepsilon^3}\rho_s}{\sqrt{T_s}(1-\varepsilon)\sqrt{\varepsilon_s^3}\rho} \tag{3-24}$$

当试验温差超过±3℃时，则按式(3-25)计算：

$$S_c=\frac{S_s\sqrt{T}(1-\varepsilon_s)\sqrt{\varepsilon^3}\rho_s\sqrt{\eta_s}}{\sqrt{T_s}(1-\varepsilon)\sqrt{\varepsilon_s^3}\rho\sqrt{\eta}} \tag{3-25}$$

式中：ρ——被测试样的密度，kg/m^3；

ρ_s——标准试样的密度，kg/m^3。

(4)水泥比表面积应由两次透气试验结果的平均值确定，精确至 $1m^2/kg$。若两次试验结果相差2%，应重新试验。

(三)标准稠度用水量、凝结时间、安定性试验

1. 目的与适用范围

本方法采用勃氏法进行水泥标准稠度用水量、凝结时间、安定性测定。

本方法适用于硅酸盐水泥、普通硅酸盐水泥、矿渣硅酸盐水泥、粉煤灰硅酸盐水泥、火山灰硅酸盐水泥、复合硅酸盐水泥、道路硅酸盐水泥及指定采用本方法的其他水泥品种。

2. 仪器设备

(1)水泥净浆搅拌机。

(2)维卡仪：组成和各部分尺寸如图3-6所示。

(3)水泥净浆试模。

(4)沸煮箱。

(5)雷氏夹及其测定仪：雷氏夹结构如图3-7所示，受力示意图如图3-8所示，测定仪见图3-9。

(6)天平：感量1g。

(7)量水器或量筒：分度值0.1mL，精度1%。

(8)湿气养护箱：控制温度(20±1)℃，相对湿度大于90%。

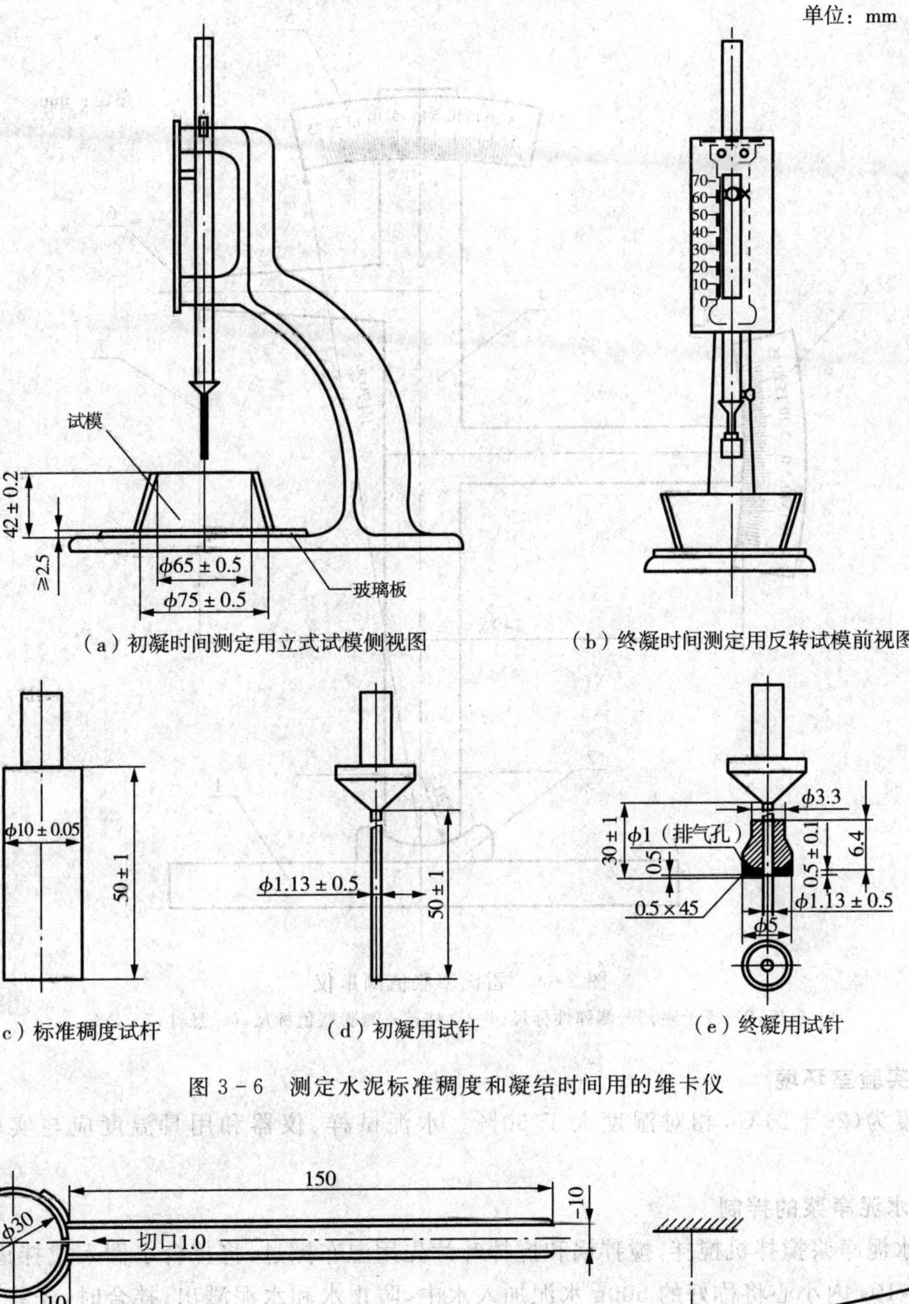

图 3－6　测定水泥标准稠度和凝结时间用的维卡仪

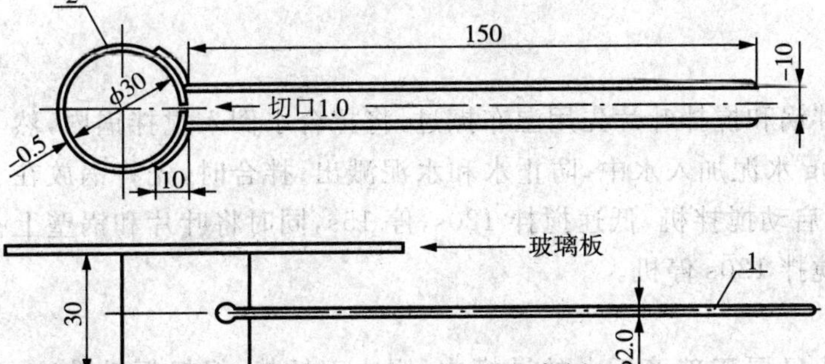

图 3－7　雷氏夹示意图(单位:mm)

1—指针;2—环境

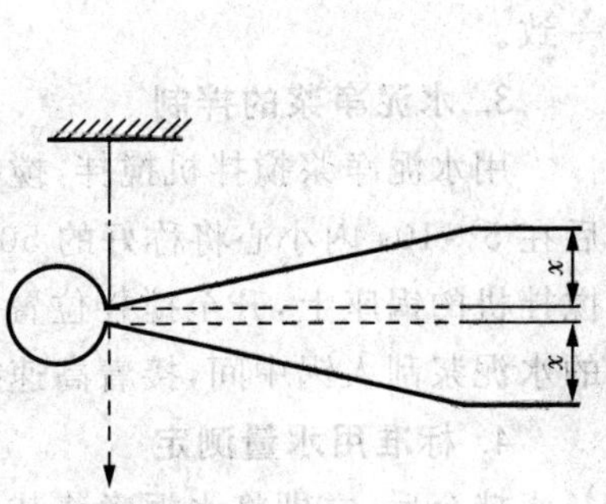

图 3－8　雷氏夹受力示意图

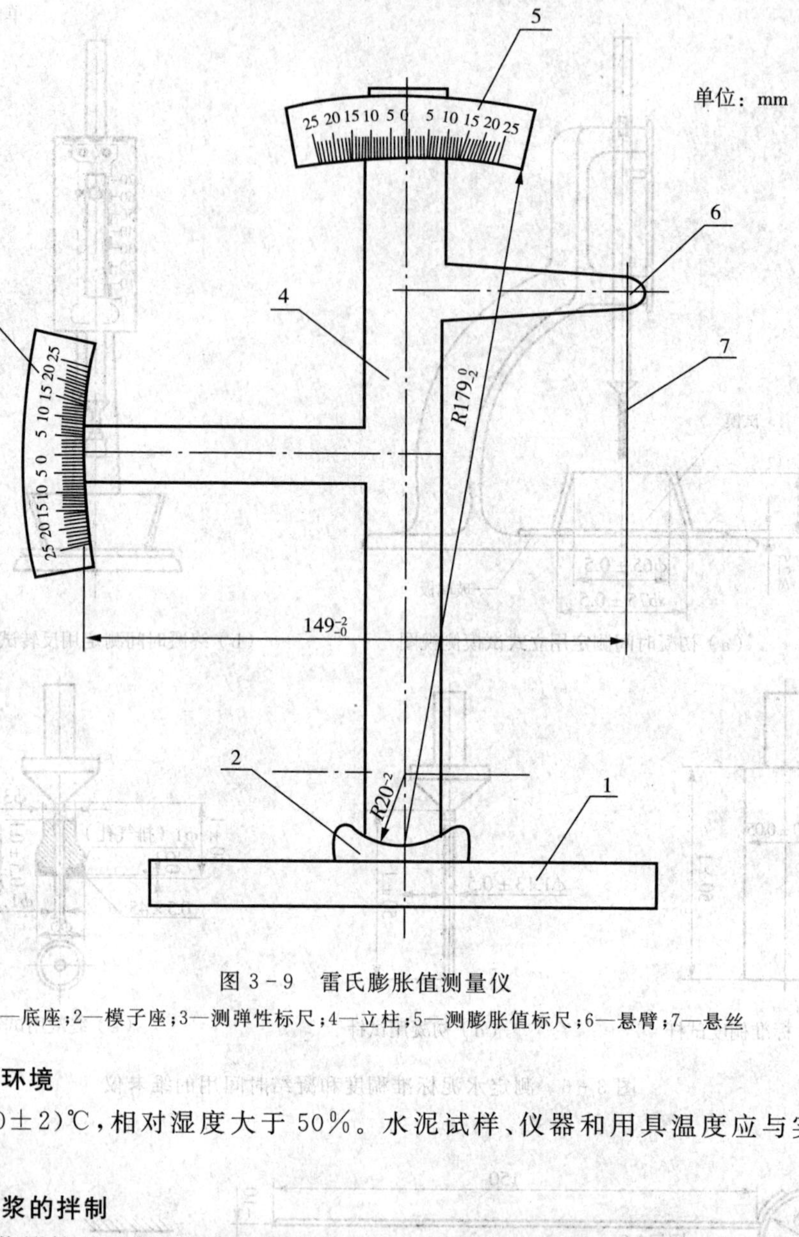

图 3-9　雷氏膨胀值测量仪

1—底座；2—模子座；3—测弹性标尺；4—立柱；5—测膨胀值标尺；6—悬臂；7—悬丝

2. 实验室环境

温度为(20±2)℃，相对湿度大于 50%。水泥试样、仪器和用具温度应与实验室内一致。

3. 水泥净浆的拌制

用水泥净浆搅拌机搅拌，搅拌锅和搅拌叶片先用湿布擦过，将拌合水倒入搅拌锅内，然后在 5～10s 内小心将称好的 500g 水泥加入水中，防止水和水泥溅出；拌合时，先将锅放在搅拌机的锅座上，升至搅拌位置，启动搅拌机，低速搅拌 120s，停 15s，同时将叶片和锅壁上的水泥浆刮入锅中间，接着高速搅拌 120s 停机。

4. 标准用水量测定

拌合后，立即将水泥净浆装入已置于玻璃板上的试模中，用小刀插捣，轻轻振动数次，刮去多余的净浆；抹平后迅速将试模和底板移至维卡仪上，并将其中心定在试杆下，降低试杆直至与水泥净浆表面接触，拧紧螺丝 1～2s 后，突然放松，使试杆垂直自由地沉入水泥净浆中。在试杆停止沉入或释放试杆 30s 时记录试杆到底板的距离，升起试杆，立即擦净；整个操作应在搅拌后 1.5min 内完成。以试杆沉入净浆并距底板(6±1)mm 的水泥净浆为标准稠度净浆。其拌和水量为该水泥的标准稠度用水量 P,按水泥质量的百分计。

5. 初凝时间测定

试件在湿气养护箱中至加水后 30min 时进行第一次测定。测定时,从湿气养护箱取出试模放到试针下,降低试针与净浆表面接触。拧紧螺丝 1～2s 后,突然放松,使试针垂直自由地沉入净浆中。观察试针停止沉入或施放试针 30s 时指针的读数。当试针沉入至底板(4±1)mm 时,为水泥达到初凝状态。由水泥全部加入水中至初凝状态的时间为水泥的初凝时间,用"min"表示。

在完成初凝时间测定后,立即将试模连同浆体以平移的方式从玻璃底板下翻转 180°,倒置在玻璃板上,再放入湿气养护箱中继续养护。

临近终凝时间时每隔 15min 测定一次,当试针沉入试件 0.5mm 时,即环形附件开始不能在试件上留下痕迹时,水泥达到终凝状态。由水泥全部加入水中至终凝状态的时间为水泥的终凝时间,用"min"表示。

测定时应注意,在最初测定的操作时应轻轻扶持金属柱,使其徐徐下降,以防试针撞弯,但结果以自由下落为准;在整个测试过程中,试针沉入的位置至少要距试模内壁 10mm,临近初凝时,每隔 5min 测定一次,临近终凝时,每隔 15min 测定一次,到达初凝或终凝时应立即重复测定一次,当两次结论相同时才能定为到达初凝或终凝状态。每次测定不能让试针落入原针孔,每次测试完毕须将试针擦净并将试模放回湿气养护箱内,整个过程要防止试模受震。

6. 安定性测定

每个试样需成型两个试件,每个雷氏夹需配备质量约为 75～85g 的玻璃板两块,凡与水泥净浆接触的玻璃板和雷氏夹内表面都要稍稍涂上一层油。

将预先准备好的雷氏夹放在已稍擦油的玻璃板上,立刻将制备好的标准净浆一次装满雷氏夹,装浆时一只手轻轻扶持雷氏夹,另一只手用宽约 10mm 的小刀插捣数次后抹平,盖上稍涂油的玻璃板,立即移至湿气养护箱内养护(24±2)h。

调整好沸煮箱内的水位,使能保证在整个沸煮过程中都超过试件,不需中途添加试验用水,同时又能保证在 30min±5min 内升至沸腾。

脱去玻璃板取下试件,先测量雷氏夹指针尖端间的距离 A,精确到 0.5mm,接着指针朝上将试件放入沸煮箱内的试件架上,在(30±5)min 内加热水至沸腾,并恒沸 180min±5min。沸煮结束后,立即放掉沸煮箱内的热水,打开箱盖,待箱体冷却至室温,取出试件进行判定。测定雷氏夹指针尖距离 C,精确到 0.5mm,计算煮后增加距离($C-A$)。当平行试验两个试件增加距离平均值不大于 5.0mm,即认为该水泥安定性合格;当两个试件的($C-A$)值相差超过 4.0mm,应重新试验,再如此,则认为该水泥为安定性不合格。

(四)胶砂强度试验

1. 目的与适用范围

本方法规定水泥胶砂强度检验基准方法的仪器、材料、胶砂组成、试验条件、操作步骤和结果计算。

本方法适用于硅酸盐水泥、普通硅酸盐水泥、矿渣硅酸盐水泥、粉煤灰硅酸盐水泥、火山灰硅酸盐水泥、复合硅酸盐水泥、道路硅酸盐水泥及石灰石硅酸盐水泥的抗折与抗压强度检验。采用其他水泥时必须研究本方法的适用性。

2. 仪器设备及材料

(1)胶砂搅拌机。

(2)振实台。

(3)试模及下料漏斗。

(4)双杠杆式抗折试验机和抗折夹具。

(5)300kN 恒压力试验机和抗压夹具。

(6)天平:感量 1g。

(7)水泥试样从取样到试验要保持 25h 以上时,应将其储存在基本装满和气密的容器中,这个容器不能和水泥反应。

(8)ISO 标准砂。

(9)试验用水为饮用水。仲裁试验时用蒸馏水。

3. 温度与相对湿度

试件成型实验室应保持温度为(20±2)℃,相对湿度大于 50%(包括强度实验室)。水泥试样、ISO 标准砂、拌和水及试模等的温度应与室温相同。养护箱控制温度(20±1)℃,相对湿度大于 90%,养护水温度(20±1)℃。

时间成型实验室空气温度和相对湿度在工作期间每天应至少记录一次。养护箱或雾室温度和相对湿度至少每 4h 记录一次。

4. 试件成型

(1)成型前将试模擦净,四周的模板与底座的接触面上应涂黄油,紧密装配,防止漏浆,内壁均匀地刷一薄层机油。

(2)水泥与 ISO 砂的质量比为 1∶3,水灰比 0.5。

(3)每成型三条试件需称量的材料用量为:水泥(450±2)g;ISO 砂(1350±5)g;水(225±1)mL。

(4)将水加入锅中,再加入水泥,把锅放在固定架上并上升至固定位置。然后立即开动机器,低速搅拌 30s 后,在第二个 30s 开始的同时均匀加入砂子,再高速搅拌 30s。

停 90s。在停拌中的第一个 15s 内用胶皮刮具将叶片和锅壁上的胶砂刮入锅中间,接着高速下继续搅拌 60s。各个阶段时间误差应在±1s 内。

(5)用振实台成型时,将空试模固定在振实台上,用适当的勺子直接从搅拌锅中将胶砂分为两层装入试模。装第一层时,每个槽里约放 300g 砂浆,用大播料器垂直架在模套顶部,沿每个槽来回将料播平,接着振实 60 次。再装第二层,用小播料器播平,再振实 60 次。移走模套,从振实台上取下试模,用刮尺以 90°的角度架在试模顶的一端,沿试模长度方向以横向锯切动作慢慢将多余胶砂刮去。并用同一直尺将试件表面抹平。

(6)在试摸上做标记或加字条标明试件的编号和试件相对于振实台的位置。两个龄期以上的试件,编号时应将同一试模中的三个试件分在两个以上龄期内。

(7)试验前或更换水泥品种时,须将搅拌锅、叶片和下料漏斗等抹擦干净。

5. 试件养护

(1)编号后,将试模放入养护箱养护,养护箱内箅板必须水平。水平放置时刮平面应朝上。对于24h龄期内，应在破型试验前20min内脱模。对于24h以上龄期的，应在成型后20～24h内脱模。脱模时要非常小心，应防止时间损伤。硬化较慢的水泥允许延期脱模，但必须记录脱模时间。

(2)试件脱模后即放入水槽中养护，试件之间间隙和试件上表面的水深不得小于5mm。每个养护池中只能养护同类水泥试件，并应随时加水，保持恒定水位，不允许养护期间全部换水。

(3)除24h龄期或延迟48h脱模试件外，任何到龄期的试件应在试验(破型)前15min从水中取出。抹去试件表面沉淀物，并用湿布覆盖。

6. 抗折强度试验

(1)以中心加荷法测定抗折强度

(2)采用杠杆式抗折试验机试验时，试件放入前，应使杠杆成水平状态，将试件成型侧面朝上放入抗折试验机内。试件放入后调整夹具，使杠杆在试件折断时尽可能地接近水平位置。

(3)启动机器，加荷速度为(50±10)N/s，直至折断，读数精确至0.01MPa。并保持两个半截棱柱体试件处于潮湿状态直至抗压强度试验。

(4)抗折试验按下式(3-26)计算

$$R_f=\frac{1.5F_f\cdot L}{b^3} \tag{3-26}$$

式中：R_f——抗折强度，MPa；

F_f——破坏荷载，N；

L——支撑圆柱中心距，mm；

b——试件断面正方形的边长，为40mm。

(5)抗折强度结果取三个试件平均值，精确至0.1MPa。当三个强度值中有超过平均值±10%的，应剔除后再平均，以平均值作为抗折强度结果。

7. 抗压强度试验

(1)抗折试验后断块应立即进行抗压试验。抗压试验必须用抗压夹具进行，试件受压面为试件成型时的两个侧面，面积为40mm×40mm。试验前应清除试件受压面与加压板间的砂粒或杂物。试件底面靠紧夹具定位销，断块试件应对准抗压夹具中心，并使夹具对准压力机压板中心，半截棱柱体中心与压力机压板中心差应在±0.5mm内，棱柱体露在压板外的部分约为10mm。

(2)压力机的加荷速度应控制在(2400±200)N/s速率范围内，在接近破坏时更应严格掌握。

(3)启动机器，压至试件破坏，记录破坏荷载，并按式(3-27)计算抗压强度值，精确至0.1MPa。

$$R_c=\frac{F_c}{A} \tag{3-27}$$

式中：R_c——抗压强度，MPa；

F_c——破坏荷载，N；

A——受压面积，$40mm \times 40mm = 1600mm^2$。

(4)抗压强度结果为一组 6 个试件的强度平均值，精确至 0.1MPa。如有一个值超过平均值的±10%，剔除该值后以剩下 5 个值的平均值作为结果。如 5 个值中再有超过平均值的±10%，则该组试件无效。

(五)常用参数试验记录表

常用参数试验记录表见表 3－12 所列。

表 3－12 ________公路水泥物理力学性能试验记录表

承包单位：　　　　　　　　　　　　　　合同号：

监理单位：　　　　　　　　　　　　　　编　号：

样品名称			
样品来源		试验日期	年　月　日
样品批号		试验用途	

1. 细度

试样质量(g)	筛余质量(g)	筛余百分比(%)	平均值(%)

2. 标准稠度

调整水量法	固定水量法
试样重：	S：
试杆距底板　　mm	$P = 33.4 - 0.185S$ =　　%
加水量：	注：S 若小于 13mm 应改用调整水量法测定
标准稠度：	

3. 凝结时间

加水时间：
针距底板(4±1)mm 时间：
针沉入净浆中＜0.5mm 时间：
初凝时间：
终凝时间：

4. 比表面积

5. 安定性试验

测试前 A_1：　mm	测试前 A_2：　mm
测试后 C_1：　mm	测试后 C_2：　mm
平均值　　mm	

6. 胶砂强度　　制件日期：

		龄期	3d	7d	28d
		试压日期			
抗折强度		强度(MPa)			
抗折强度		平均强度(MPa)			
抗压强度试验		破坏荷载(kN)			
抗压强度试验	平均	荷载(kN)			
抗压强度试验	平均	强度(MPa)			

7. 胶砂流动度

(续表)

1：　　m^2/kg	2：　　m^2/kg	平均：　m^2/kg	横向：　　mm	纵向：　　mm	平均：　　mm
结论： 试验工程师：　　　年　月　日			监理意见： 监理人员：　　　年　月　日		

试验人员：　　　　　　　　　　校核：

小　结

石灰是一种气硬性胶凝材料，其基本成分为活性氧化钙。石灰硬化后的强度主要依靠氢氧化钙的结晶以及碳化作用。氢氧化钙的溶解度较高，在潮湿的环境中，石灰遇水会溶解溃散，强度会降低，因此石灰不宜在长期潮湿的环境中或有水环境中使用。

硅酸盐水泥是一种水硬性胶凝材料，其基本成分为硅酸盐熟料。熟料的主要矿物组成是硅酸三钙、硅酸二钙、铝酸三钙和铁铝酸四钙。其中硅酸三钙和硅酸二钙对水泥的强度起主要作用；硅酸三钙和铝酸三钙对水泥的水化热贡献较大；铁铝酸四钙有助于提高水泥的抗折强度，改变矿物组成比例将会显著影响水泥的技术性质，以满足不同的使用要求。

普通水泥、矿渣水泥、火山灰质水泥、粉煤灰水泥复合水泥，与硅酸盐水泥一起统称六大品种水泥。这些水泥是在硅酸盐熟料中掺加适量混合材料，掺加混合材料的目的是为了改善水泥的某些性能，增加水泥产量。

水泥的主要技术指标是：细度、凝结时间、安定性和强度等，道路水泥还应具备一定的抗干缩性和耐磨性，并应具有较高的抗折强度。

复习思考题

3-1　简述石灰的消化和硬化机理。

3-2　什么是生石灰、消石灰和磨细生石灰？石灰质量评价的主要指标是什么？

3-3　为什么石灰不适宜单独使用于长期受潮的结构中？什么是水硬性胶结材料？什么是气硬性胶结材料？

3-4　硅酸盐水泥熟料是由哪些矿物组成的？它们对水泥的技术性能（如强度、水化反应速度和水化热等）有何影响？

3-5　什么是水泥混合材料？掺加混合材料的硅酸盐水泥应具有什么技术特性，为什么？

3－6　道路硅酸盐水泥在矿物组成上有什么特点？在技术性质方面有什么特殊要求？

3－7　评价水泥性能的主要技术指标有哪几项？各自反映水泥的什么性质？

3－8　硅酸盐水泥的强度等级是如何确定的？

3－9　为什么同强度等级的水泥要分为普通型和早强型(R 型)两种型号？道路路面选用水泥时，应优先选用哪种型号的水泥，为什么？

3－10　水泥石腐蚀的主要原因是什么？应如何防止？

3－11　高铝水泥在矿物组成和技术特性上与硅酸盐水泥的主要差异是什么？

第四章 沥青混合料

【内容提要】

本章着重阐述热拌沥青混合料的组成结构、体积特征参数、强度形成原理，沥青混合料应具备的技术性质、影响因素及评价方法，介绍普通热拌沥青混合料的组成设计方法，包括组成材料的选择和配合比设计方法，在此基础上介绍其他各类沥青混合料，如SMA混合料、常温沥青混合料的技术特性、组成材料及配合比设计的特点及要求。

沥青混合料是矿质混合料(简称矿料)与沥青结合料经拌制而成的混合料的总称，其中矿料主要起骨架作用，沥青与填料起胶结和填充作用。沥青混合料经摊铺、压实成型后成为沥青路面。沥青混合料是现代道路路面结构的主要材料之一，它具备以下特点：

① 沥青混合料具有良好的力学性质和路用性能，铺筑的路面平整无接缝，减震吸声，行车舒适。路表具有一定的粗糙度，且无强烈反光，有利于行车安全。

② 沥青路面可全部采用机械化施工，有利于施工质量控制，施工后即可开放交通。

③ 便于分期修建和再生利用。

由于上述特点，沥青混合料广泛应用于各类道路路面，尤其适合高速行车道路路面。但是沥青混合料也存在高温稳定性和低温抗裂性不足等问题。

第一节 沥青混合料的技术性质

一、沥青混合料的类型与组成结构

1. 沥青混合料的分类

沥青混合料的分类方法取决于矿质混合料的级配、集料的最大粒径、压实空隙率和沥青品种等。

(1)按矿质混合料的级配组成分类

矿料由适当比例的粗集料、细集料及填料组成，根据矿料级配组成的特点及压实后剩余空隙率水平对沥青混合料分类如下。

① 连续密级配沥青混凝土混合料

采用按连续密级配原理设计组成的矿料与沥青结合料拌和而成，如设计空隙率3%～6%(对重载道路为4%～6%；对人行道路为2%～5%)的密实式沥青混凝土混合料(以AC表示)，设计空隙率3%～6%的密级配沥青稳定碎石混合料(以ATB表示)，我国传统的AC－Ⅰ型沥青混合料也属于此类型。

② 连续半开级配沥青混合料

由适当比例的粗集料、细集料及少量填料(或不加填料)与沥青结合料拌和而成,压实后剩余空隙率在10%左右的半开式沥青混合料,也称沥青碎石混合料,以AM表示。

③ 连续开级配沥青混合料

矿料级配主要由粗集料组成,细集料及填料较少,经高黏度沥青结合料黏结形成的混合料,典型类型如排水式沥青磨耗层混合料,以OGFC表示;排水式沥青稳定碎石基层,以ATPB表示。

④ 间断级配沥青混合料

矿料级配组成中缺少一个或几个档次而形成的级配间断的沥青混合料,典型类型如沥青玛蹄脂碎石混合料SMA。

(2)按照矿料的最大粒径分类

根据行业规范《公路工程集料试验规程》(JTG F42—2005)的定义,集料的最大粒径是指通过百分率为100%的最小标准筛筛孔尺寸,集料的公称最大粒径是指全部通过或允许少量不通过(一般容许筛余量不超过10%)的最小一级标准筛筛孔尺寸,通常比最大粒径小一个粒级。例如,某种集料在26.5mm筛孔的通过率为100%,在19mm筛孔上的筛余量小于10%,则此集料的最大粒径为26.5mm,而公称最大粒径为19mm。

根据集料的公称最大粒径,沥青混合料分特粗式、粗粒式、中粒式、细粒式和砂粒式,与之对应的集料粒径尺寸见表4-1所列。

表4-1 热拌沥青混合料种类

混合料类型	密级配			开级配		半开级配	公称最大粒径(mm)	最大粒径(mm)
	连续级配		间断级配	间断级配				
	沥青混凝土	沥青稳定碎石	沥青玛蹄脂碎石	排水式沥青磨耗层	排水式沥青碎石基层	沥青碎石		
特粗式	—	ATB-40	—	—	ATPB-40	—	37.5	53.0
粗粒式	—	ATB-30	—	—	ATPB-30	—	31.5	37.5
	AC-25	ATB-25	—	—	ATPB-25	—	26.5	31.5
中粒式	AC-20	—	SMA-20	—	—	AM-20	19.0	26.5
	AC-16	—	SMA-16	OGFC-16	—	AM-16	16.0	19.0
细粒式	AC-13	—	SMA-13	OGFC-13	—	AM-13	13.2	16.0
	AC-10	—	SMA-10	OGFC-10	—	AM-10	9.5	13.2
砂粒式	AC-5	—	—	—	—	AM-5	4.8	9.5
设计空隙率(%)	3~5	3~6	3~4	>18	>18	6~12	—	—

(3)根据沥青混合料的拌和及铺筑温度分类

① 热拌热铺沥青混合料

采用黏稠沥青作为结合料,需要将沥青与矿料在热态下拌和、热态下铺筑施工的沥青混合料。

② 常温沥青混合料

采用乳化沥青或液体沥青与矿料在常温状态下拌和、铺筑的沥青混合料。

③ 再生沥青混合料

再生沥青混合料是指将废旧沥青混合料(将翻修或废弃的旧沥青路面,经翻挖、回收、破碎、筛分形成)、再生剂、新集料、新沥青等材料按一定比例采用一定的技术重新拌和,形成具有一定路用性的混合料,并用于辅筑路面面层或基层。目前拌和技术有现场冷拌再生、现场热拌再生、工厂热拌再生和温拌再生等技术。

2. 沥青混合料组成结构

沥青混合料是由粗集料、细集料、矿粉与沥青以及外加剂所组成的一种复合材料。粗集料分布在沥青与细集料形成的沥青砂中,细集料又分布在沥青与矿粉构成的沥青胶浆中,形成具有一定内摩阻力和黏结力的多级网络结构。由于各组成材料用量比例的不同,压实后沥青混合料内部的矿料颗粒的分布状态、剩余空隙率也呈现出不同的特征,形成不同的组成结构,而具有不同组成结构特征的沥青混合料在使用时则表现出不同的性能。按照沥青混合料的矿料级配组成特点,将沥青混合料分为悬浮密实结构、骨架空隙结构和骨架密实结构。

(1)悬浮密实结构

在采用连续密级配矿料配制的沥青混合料中,矿料颗粒由大到小,连续存在,粒径较大的颗粒被较小一档的颗粒挤开,不能直接接触形成嵌挤骨架结构,彼此分离悬浮于较小颗粒和沥青胶浆之间,而较小颗粒与沥青胶浆较为密实,形成了所谓悬浮密实结构,如图4-1(a)所示。按照连续密级配原理设计的AC型沥青混合料以及我国传统的AC-I型沥青混合料是典型的悬浮密实结构。悬浮密实结构的沥青混合料经压实后,密实度较大,水稳定性、低温抗裂性和耐久性较好,是使用较为广泛的沥青混合料。但这种沥青混合料结构强度受沥青性质及其状态的影响较大,在高温条件下使用时,由于沥青黏度降低,可能会导致沥青混合料强度和稳定性的下降。

(2)骨架空隙结构

当采用连续开级配矿料与沥青组成沥青混合料时,较粗集料颗粒彼此接触,形成互相嵌挤的骨架,但较细粒料数量较少,不足以充分填充骨架空隙,压实后混合料中的空隙较大,形成了所谓的骨架空隙结构,如图4-1(b)所示。沥青碎石混合料(AM)和开级配磨耗层沥青混合料(OGFC)是典型的骨架空隙结构。

在形成骨架空隙结构的沥青混合料中,粗集料之间的嵌挤力对沥青混合料的强度和稳定性起着重要作用,结构强度受沥青性质和物理状态的影响较小,因而高温稳定性较好。但由于压实后的沥青混合料中剩余空隙率较大,渗透性较大,在使用过程中,气体和水分易于进入沥青混合料内部,引发沥青老化或将沥青从集料表面剥落,因此这种结构沥青混合料的耐久性值得关注。

(3)骨架密实结构

当采用间断型密级配矿料时,在沥青混合料中既有足够数量的粗集料形成骨架,又根据粗集料骨架空隙的大小加入了足够的细集料和沥青胶浆,使之填满骨架空隙,形成较高密实度的骨架结构，如图 4－1(c)所示。这种结构兼具上述两种结构的优点，是一种较为理想的结构类型。沥青玛蹄脂碎石混合料 SMA 是一种典型的骨架密实型结构。

三种类型矿质混合料级配曲线如图 4－2 所示。

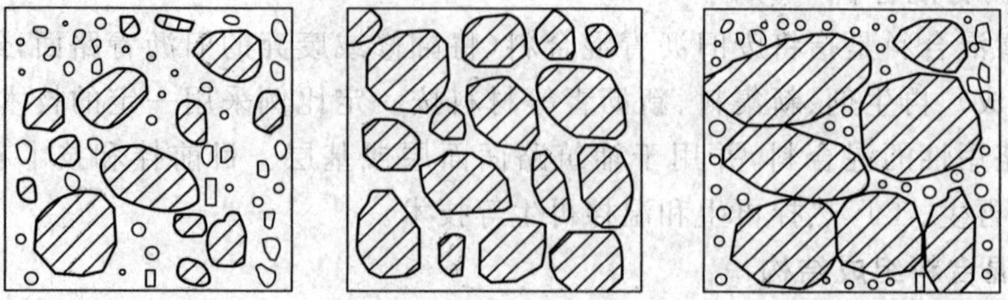

(a)密实悬浮型　　(b)骨架空隙型　　(c)密实骨架型

图 4－1　沥青混合料结构类型

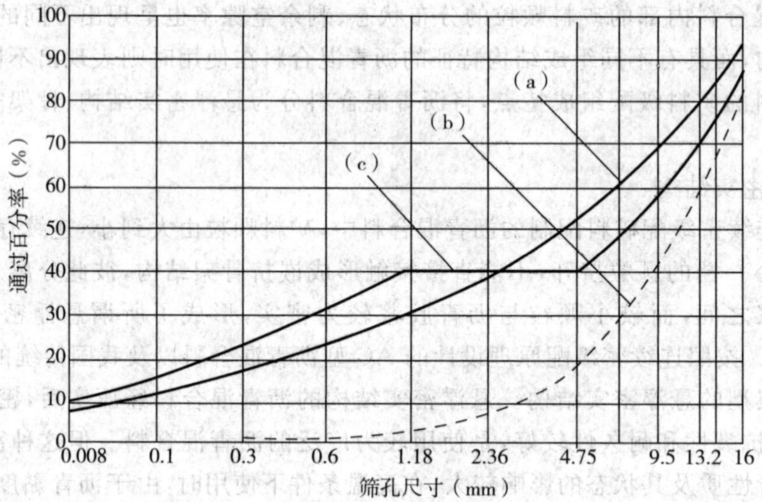

图 4－2　三种类型矿质混合料级配曲线

二、沥青混合料的结构强度及其影响因素

1. 沥青混合料结构强度的构成

在外力作用下，沥青混合料失稳破坏机理较为复杂，当采用摩尔-库伦理论分析时，认为沥青混合料不发生剪切滑移的必要条件是满足式(4－1)，即沥青混合料的结构强度由矿料颗粒之间嵌锁力(内摩阻角)以及沥青与矿料的黏结力和沥青自身的内聚力构成。

$$\tau = c + \sigma\tan\varphi \tag{4-1}$$

沥青混合料的黏结力和内摩阻角可以通过三轴剪切试验确定。在规定条件下，对沥青混合料试件实施不同的侧向应力，测试法向应力。

2. 沥青混合料结构强度的影响因素

(1)沥青结合料的黏度

沥青结合料的黏度反映沥青自身的内聚力。沥青的黏度愈大，则沥青混合料黏结力愈大，并可以保持矿质集料的相对嵌锁作用，沥青混合料的强度愈大，抗变形能力愈强。由于沥青是一种感温性材料，其黏度随温度的变化而变化，在高温条件下，沥青黏度降低，沥青混合料的黏结力也会有所降低。

(2)矿质混合料性能的影响

矿料的岩石种类、级配组成、颗粒形状和表面粗糙度等特性对沥青混合料的嵌锁力或内摩擦角影响较大。

一般来说，连续密级配的沥青混合料是悬浮密实结构，其结构强度主要依靠沥青与矿料的黏结力和沥青的内聚力，而矿料颗粒间的内摩阻力相对较小。骨架空隙结构的沥青混合料以嵌锁力为主，沥青内聚力为辅形成结构强度。而在以嵌挤原则设计的骨架密实结构中，既有以粗集料为主的嵌锁骨架，又有细集料和沥青胶浆填充空隙，形成很强的黏结力，故沥青混合料整体强度高，稳定性好。

与采用粒径较小且不均匀的矿料集料所组成的沥青混合料相比，粒径较大且均匀的矿质集料可以提高沥青混合料的嵌锁力与内摩阻角。通常砂粒式、细粒式、中粒式和粗粒式沥青混凝土的内摩阻角依次递增。有棱角且表面粗糙的集料由于颗粒间相互嵌锁紧密，要比滚圆颗粒间的摩擦作用大得多，对沥青混合料内摩阻角构成有着较大的贡献。

(3)沥青与矿料在界面上的交互作用

沥青混合料黏结力除了与沥青材料自身的内聚力有关，还取决于沥青与矿料的交互作用。矿质集料颗粒对于包裹在表面的沥青分子具有一定的化学吸附作用，这种化学吸附比矿料与沥青间的分子力吸附(即物理吸附)要强得多，并使矿料表面吸附沥青组分重新分布，形成一层吸附溶化膜，即结构沥青。结构沥青膜层较薄，黏度较高与矿料之间有着较强的黏结力。在结构沥青层之外未与矿料发生交互作用的是自由沥青，保持着沥青的初始内聚力。

由于矿料颗粒表面对沥青的化学吸附是有选择性的，所以沥青与矿料表面交互作用程度还取决于矿料的岩石学特征。试验结果表明，沥青在不同矿物组成的矿料颗粒表面形成不同成分和不同厚度的吸附溶化膜，碱性石料(如石灰石)对石油沥青的吸附性强，而酸性石料(如石英石等)对石油沥青的吸附性弱。

(4)沥青混合料中矿料比面和沥青用量的影响

根据沥青与矿料交互作用原理，沥青混合料的黏结力既取决于结构沥青的比例，也取决于矿料颗粒之间的距离。当矿料颗粒之间距离很近，并由黏度增加的结构沥青相互黏结时，沥青混合料具有较高的黏结力；反之，如果矿料颗粒以“自由沥青”相互黏结，则沥青混合料的黏结力较低。

同的矿料比面和沥青用量，将导致沥青膜厚度的不同，所产生的结构沥青和自由沥青的比例也不同。在相同的沥青用量下，与沥青发生交互作用的矿料表面积越大，所形成的沥青膜越薄，结构沥青所占比例就越大，促使矿质颗粒能够黏结牢固，构成较高的整体强度。在密实型的沥青混合料中，矿粉的表面积通常占到矿质混合料总面积的80%以上，所以矿粉的性质及数量对沥青混合料强度影响非常大。在沥青混合料中保持一定的矿粉数量，对于减小沥青膜厚度，增加结构沥青的比例有着重要作用。

当沥青用量较小时，沥青不足在集料颗粒表面形成完整的膜层，沥青混合料的整体强度较低，主要表现为黏结力较低。随着沥青用量的增加，结构沥青逐渐形成，较为完整地吸附于矿料表面，此时沥青混合料的黏结力随着沥青用量增多而增大，当沥青用量足以形成薄膜并充分黏结矿料颗粒时，沥青混合料具有最大的黏结力。随后，如果沥青用量继续增加，沥青膜增厚，在矿料颗粒之间形成未与矿料发生交互作用的自由沥青，遂将矿料颗粒推开，并对矿料颗粒间可能产生的位移起着润滑剂的作用，致使沥青混合料的黏结力降低，如图 4-3 所示。

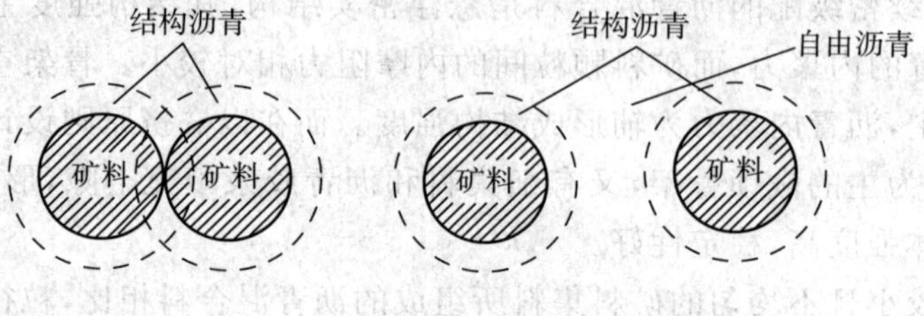

图 4-3　沥青与矿料交互作用示意图

综上所述，保证沥青混合料高强度的基本条件是：嵌挤密实的矿料骨架、高黏度的沥青结合料及适宜的用量比例，能与沥青产生化学吸附作用的活性矿料。

(5)使用条件的影响

环境温度和荷载条件是影响沥青混合料强度的主要外界因素。随着温度的升高，沥青的黏度降低，沥青混合料的黏结力也随之降低，内摩阻角同时受温度变化的影响，但变化幅度小些。

在其他条件相同的情况下，沥青混合料的黏结力与荷载作用时间或变形速率之间关系密切。由于沥青的黏度随着变形速率增加而增加，沥青混合料的黏结力也随变形速率的增加而显著提高，而内摩阻角随变形速率的变化相对较小。

三、沥青混合料的路用性能

1. 沥青路面使用性能的气候分区

沥青混合料的物理力学性质与使用环境，如气温和湿度关系密切。因此，在选择沥青胶结料等级，进行沥青混合料配合比设计，检验沥青混合料的使用性能时，应考虑沥青路面工程的环境因素，尤其是温度和湿度条件。所以，应按照不同的气候分区的特点对沥青混合料的技术性能提出相应要求。

在我国技术规范《公路沥青路面施工技术规范》(JTG F40—2004)中，提出沥青路面使用性能气候分区。

(1)气候分区指标

采用工程所在地最近 30 年内的年最热月份平均最高气温的平均值，作为反映沥青路面在高温和重载条件下出现车辙等流动变形的气候因子，并作为气候分区的一级指标。按照设计高温指标，一级区划分为 3 个区。

采用工程所在地最近 30 年内的极端最低气温，作为反映沥青路面由于温度收缩产生裂缝的气候因子，并作为气候分区的二级指标。按照设计低温指标，二级区划分为 4 个区。

采用工程所在地最近 30 年内的年降雨量的平均值，作为反映沥青路面受水影响的气候因子，并作为气候分区的三级指标。按照设计雨量指标，三级区划分为 4 个区。

(2)气候分区的确定

沥青路面使用性能气候分区由一、二、三级区划组合而成，以综合反映该地区的气候特征，见表 4-2 所列。每个气候分区用 3 个数字表示：第一个数字代表高温分区，第二个数字代表低温分区，第三个数字代表雨量分区，每个数字越小，表示气候因素对沥青路面的影响越严重。如我国上海市属于 1-3-1 气候分区，为夏炎热冬冷潮湿区，对沥青混合料的高温稳定性和水稳定性要求较高。

表 4-2　沥青路面使用性能气候分区

气候分区指标		气候分区			
按照高温指标	高温气候区	1	2	3	
	气候区名称	夏炎热区	夏热区	夏凉区	
	最热月平均最高气度(℃)	＞30	20～30	＜20	
按照低温指标	低温气候区	1	2	3	4
	气候区名称	冬严寒区	冬寒区	冬冷区	冬温区
	极端最低气温(℃)	＜－37.0	－37.0～－21.5	－21.5～－9.0	＞－9.0
按照雨量指标	雨量气候区	1	2	3	4
	气候区名称	潮湿区	湿润区	半干区	干旱区
	年降雨量(mm)	＞1000	1000～500	500～250	＜250

2. 沥青混合料的路用性能

沥青混合料作为沥青路面的面层材料，在使用过程中将承受车辆荷载反复作用以及环境因素的作用，沥青混合料应具有足够的高温稳定性、低温抗裂性、水稳定性、抗老化性、抗滑性等技术性能，以保证沥青路面优良的服务性能，经久耐用。

(1)高温稳定性

高温稳定性是指沥青混合料在高温条件下，能够抵抗车辆荷载的反复作用，不发生显著永久变形，保证路面平整度的特性。沥青混合料是典型的黏-弹-塑性材料，在高温条件下或长时间承受荷载作用时会产生显著的变形，其中不能恢复的部分成为永久变形，这种特性是导致沥青路面产生车辙、波浪及拥包等病害的主要原因。在交通量大，重车比例高和经常变速路段的沥青路面上，车辙是最严重、最有危害的破坏形式之一。

① 高温稳定性的评价方法和评价指标

我国现行标准《公路沥青路面施工技术规范》(JTG F40—2004)规定，采用马歇尔稳定度试验(包括稳定度、流值)来评价沥青混合料的高温稳定性；对于高速公路、一级公路、城市快速路、主干路用沥青混合料，还应通过车辙试验检验其抗车辙能力。

A. 马歇尔稳定度试验

马歇尔稳定度试验方法是由美国密西西比州公路局布鲁斯·马歇尔(Bruce Marshall)提出的，迄今已经历了半个多世纪。马歇尔试验设备简单、操作方便，被世界上许多国家所采用，是目前我国评价沥青混合料高温性能的主要试验之一。

马歇尔试验用于测定沥青混合料试件的破坏荷载和抗变形能力。将沥青混合料制备成规定尺寸的圆柱状试件,试验时将试件横向置于两个半圆形压模中,使试件受到一定的侧限。在规定温度和加荷速度下,对试件施加压力,主要力学指标为马歇尔稳定度和流值,稳定度是指试件受压至破坏时承受的最大荷载,以 kN 计,流值是达到最大破坏荷载时试件的垂直变形,以 0.1mm 计。

在我国沥青路面工程中,马歇尔稳定度与流值既是沥青混合料配合比设计主要指标,也是沥青路面施工质量控制的重要试验项目。然而各国的试验和实践已证明,用马歇尔试验指标预估沥青混合料性能是不够的,它是一种经验性指标,具有一定的局限性,不能确切反映沥青混合料永久变形产生的机理,与沥青路面的抗车辙能力相关性不好。

多年实践和研究表明:对于某些沥青混合料,即使马歇尔稳定度和流值都满足技术要求,也无法避免沥青路面出现车辙。因此在评价沥青混合料的高温抗车辙能力时,还需要采用其他试验方法。

B. 车辙试验

车辙试验方法首先是由英国运输与道路研究试验所开发的,并经过了法国、日本等国道路工作者的改进与完善。车辙试验是一种模拟车辆轮胎在路面上滚动形成车辙的工程试验方法,试验结果较为直观,且与沥青路面车辙深度之间有着较好的相关性。对用于高速公路、一级公路和城市快速路、主干路沥青路面的上面层和中面层的沥青混合料,在用马歇尔试验进行配合比设计时,必须采用车辙试验对沥青混合料的抗车辙能力进行检验,不满足要求时应对矿料级配或沥青用量进行调整,重新进行配合比设计。

目前我国的车辙试验是采用标准方法成型沥青混合料板块状试件,在规定的温度条件下,以一定荷载的试验轮,沿着试件表面同一轨迹上反复行走,测试试件表面在试验轮反复作用下所形成车辙深度。以产生 1mm 车辙变形所需要的行走次数,即动稳定度指标评价沥青混合料的抗车辙能力。

② 影响高温稳定性的主要因素分析

沥青混合料高温稳定性的形成主要来源于矿质集料颗粒间的嵌锁作用及沥青的高温黏度。在沥青混合料的组成材料中,矿料性质对沥青混合料高温性能影响是至关重要的。采用表面粗糙、多棱角、颗粒接近立方体的碎石集料,经压实后集料颗粒间能够形成紧密的嵌锁作用,增大沥青混合料的内摩阻角,有利于增强沥青混合料的高温稳定性。相反采用表面光滑的砾石集料拌制的沥青混合料颗粒间缺乏嵌锁力,在荷载作用下容易产生滑移,使路面出现车辙。有关研究表明,破碎细集料比破碎粗集料对改善沥青混合料的抗高温变形能力更为有利。

沥青的高温黏度越大,与集料的黏附性越好,相应的沥青混合料的抗高温变形能力就越强。可以使用合适的改性剂来提高沥青的高温黏度,降低感温性,提高沥青混合料的黏结力,从而改善沥青混合料的高温稳定性。

但是,在高温条件下,即使是采用了高黏度的改性沥青,仅仅依靠沥青还是无法承受车辆荷载对路面强大的水平剪切力作用的。根据国外研究认为,沥青混合料的高温抗车辙能力 60%依赖于矿质集料颗粒的嵌锁作用,40%取决于沥青结合料的黏结作用。通常形成粗集料嵌锁骨架结构的 SMA 混合料和 OGFC 混合料有着较高的抗车辙能力,合理的密级配混合料也有较高的高温稳定性。

就沥青混合料高温稳定性而言，沥青用量的影响可能超过沥青本身特性的影响，随着沥青用量的增加，矿料表面的沥青膜增厚，自由沥青比例增加。在高温条件下，这部分沥青在荷载作用下发生明显的流动变形，从而导致沥青混合料抗高温变形能力降低，随着沥青膜厚度的增加，车辙深度随之增加。

对于细粒式和中粒式密级配沥青混合料，适当减少沥青用量有利于抗车辙能力的提高，当采用马歇尔试验进行沥青混合料配合比设计时，沥青用量应选择最佳沥青用量范围的下限。但对于粗粒式或开级配沥青混合料，不能简单地靠采用减少沥青用量来提高抗车辙能力。

(2)沥青混合料的低温抗裂性

当冬季气温降低时，沥青面层将产生体积收缩，而在基层结构与周围材料的约束作用下，沥青混合料不能自由收缩，将在结构层中产生温度应力。由于沥青混合料具有一定的应力松弛能力，当降温速率较慢时，所产生的温度应力会随着时间逐渐松弛减小，不会对沥青路面产生较大的危害。但当气温骤降时，所产生的温度应力来不及松弛，当温度应力超过沥青混合料的容许应力值时，沥青混合料被拉裂，导致沥青路面出现裂缝造成路面的损坏。因此要求沥青混合料具备一定的低温抗裂性能，即要求沥青混合料具有较高的低温强度或较大的低温变形能力。在寒冷地区，应选用稠度较低、温度敏感性低、抗老化能力强的沥青来提高沥青混合料的低温抗裂性。

① 低温抗裂性的评价方法和评价指标

目前用于研究和评价沥青混合料低温抗裂性的方法可以分为三类：预估沥青混合料的开裂温度；评价沥青混合料的低温变形能力或应力松弛能力；评价沥青混合料断裂能。相关的试验主要包括：等应变加载的破坏试验，如间接拉伸试验、直接拉伸试验；低温收缩试验；低温蠕变弯曲试验；受限试件温度应力试验；应力松弛试验等。我国现行行业标准《公路沥青路面施工技术规范》(JTG F40—2004)中规定，采用低温弯曲试验的破坏应变指标作为评价沥青混合料低温的抗裂能力。

② 影响沥青混合料低温性能的主要因素

在低温条件下，沥青混合料的变形能力越强，抗裂性就越好，而沥青混合料的变形能力与其低温劲度模量成反比。也就是说为了提高沥青混合料的低温抗裂性，应选用低温劲度较低的混合料影响沥青混合料的低温劲度的最主要因素是沥青的低温劲度，而沥青黏度和温度敏感性是决定沥青劲度的主要指标。

(3)沥青混合料耐久性

沥青混合料的耐久性，是指其在长期的荷载作用和自然因素影响下，保持正常使用状态而不出现剥落和松散等损坏的能力，它包括沥青混合料的抗老化性、水稳定性等综合性质。

沥青混合料的老化是指其在使用过程中，受到空气中氧、水、紫外线等介质的作用，促使沥青发生诸多复杂的物理化学变化，并逐渐老化或硬化，致使沥青混合料变脆易裂，从而导致沥青路面出现各种与沥青老化有关的裂纹或裂缝。而沥青混合料的水稳定性不足是指由于水的作用，促使沥青从集料表面剥离，降低沥青混合料的黏结强度，松散的集料颗粒被滚动的车轮带走，在路表形成独立的大小不等的坑槽，即所谓的沥青路面"水损害"。

影响沥青混合物耐久性的主要因素有沥青的化学性质、矿料的矿物成分、沥青混合料的组成结构等。

沥青的化学性质和矿料的矿物成分对耐久性的影响已如前述。就沥青混合料的组成结构而言，首先是沥青混合料的空隙率。空隙率的大小与矿料的级配、沥青材料的用量以及压实程度等有关。从耐久性的角度，希望空隙率尽量减小，以防止水分渗入和日光紫外线对沥青产生老化作用等，但一般沥青混合料中均应残留一定的空隙，以备夏季沥青材料膨胀。沥青混合料的空隙率还与水稳定性有关。空隙率大且沥青与矿料黏附性差的混合料，在饱水后矿料与沥青黏附力降低，易发生剥落，引起路面早期破坏。

此外，沥青路面的使用寿命与沥青混合料中的沥青用量有很大关系。当沥青用量较正常的用量减少时，则沥青膜变薄，混合料的延伸能力降低，脆性增加；如沥青用量偏少，将使沥青混合料的空隙率增大，沥青膜暴露较多，加速了老化作用。同时增加了渗水率，加强了水对沥青的剥落作用。

(4)沥青混合料的抗滑性

用于高等级公路沥青路面的沥青混合料，其表面应具有一定的抗滑性，才能保证汽车高速行驶的安全性。

沥青混合料路面的抗滑性与矿质集料的表面性质、混合料的级配组成以及沥青用量等因素有关。为提高路面抗滑性，配料时应特别注意矿料的耐磨光性，应选择硬质有棱角的矿料。选用开级配或半开级配的沥青混合料可以使沥青路面形成较大的宏观构造深度，但这类混合料的空隙率较大、耐久性较差，在使用时应特别注意。我国现行行业标准《公路沥青路面施工技术规范》(JTG F40—2004)指明：沥青用量对抗滑性影响也非常敏感，沥青用量超过最佳用量的0.5%，即可使摩阻系数明显降低。

另外，沥青的含蜡量对沥青混合料抗滑性有明显影响，应选用含蜡量低的沥青，以免沥青表层出现滑溜现象。我国现行行业标准《公路沥青路面施工技术规范》(JTG F40—2004)的道路石油沥青技术要求中对沥青含蜡量做出了明确规定，详细内容见表2-4所列。

(5)施工和易性

沥青混合料应具备良好的施工和易性，能够在拌和、摊铺与碾压过程中，集料颗粒保持分布均匀，表面被沥青膜完整地裹覆，并能被压实到规定的密度，这是保证沥青路面使用质量的必要条件。影响沥青混合料施工和易性的因素很多，诸如沥青混合料组成材料的技术品质、用量比例，以及施工条件等。目前尚无直接评价沥青混合料施工和易性的方法和指标，一般是通过合理选择组成材料、控制施工条件等措施来保证沥青混合料的质量。

① 组成材料的影响

当组成材料确定后，沥青混合料和易性的主要影响因素是矿料级配和沥青用量。在间断级配的矿质混合料中，粗细集料的颗粒尺寸相差过大，缺乏中间尺寸颗粒，沥青混合料容易离析。如果细集料太少，沥青层就不容易均匀地分布在粗颗粒表面；而细集料过多，则使拌和困难。当沥青用量过少，或矿粉用量过多时，混合料容易产生疏松且不易压实；反之，如沥青用量过多，或矿粉质量不好，则容易使混合料黏结成团块，不易摊铺。

② 施工条件的影响

沥青混合料应在一定的温度下进行施工，以使沥青结合料能够达到要求的流动性，在拌和过程中能够充分均匀地黏附在矿料颗粒表面；在压实期间，矿料颗粒能够克服沥青的黏滞力及自身内摩阻力相互移动就位，达到规定的压实密度。然而施工温度过高既会引起沥青老化，也会严重影响沥青混合料的使用性能。

沥青混合料的施工和易性还会受到拌和时间、拌和设备、摊铺机械和压实工具等因素的影响，应结合其施工方式和施工条件考虑。

四、热拌沥青混合料的技术指标

我国现行的标准《公路沥青路面施工技术规范》(JTG F40—2004)对热拌沥青混合料的技术要求见表 4-3、表 4-4 所列。

表 4-3　密级配沥青混凝土混合料马歇尔试验技术标准(JTG F40—2004)

试验指标		单位	高速公路、一级公路			
			夏炎热区(1—1,1—2,1—3,1—4区)		夏热区及夏凉区(2—1,2—2,2—3,2—4,3—2区)	
			中轻交通	重载交通	中轻交通	重载交通
击实次数(双面)		次	75			
试件尺寸		mm	φ101.6mm×63.5mm			
空隙率 VV	深约 90mm 以内	%	3～5	4～6	2～4	3～5
	深约 90mm 以下	%	3～6	2～4	3～6	
稳定度 MS 不小于		kN	8			
流值 FL		mm	2～4	1.5～4	2～4.5	2～4
矿料间隙 VAM(%) 不小于	设计空隙率(%)		相应于以下公称粒径(mm)的最小 VAM 及 VFA 技术要求(%)			
			26.5	19	16	13.2
	2		10	11	11.5	12
	3		11	12	12.5	13
	4		12	13	13.5	14
	5		13	14	14.5	15
	6		14	15	15.5	16
沥青饱和度 VFA(%)			55～70		65～75	

注：① 对空隙率大于 5% 的夏炎热区重载交通路段，施工时应至少提高压实度 1 个百分点。

② 当设计的空隙率不是整数时，由内插确定要求的 VAM 最小值。

③ 对改性沥青混合料，马歇尔试验的流值可适当放宽。

表 4-4　沥青稳定碎石混合料马歇尔试验技术要求(JTG F40—2004)

试验指标	单位	密级配基层(ATB)		半开级配面层(AM)	排水式开级配磨耗层(OGFC)	排水式开级配基层(ATPB)
公称最大粒径	mm	26.5	≥31.5	≤26.5	≤26.5	所有尺寸
马歇尔试件尺寸	mm	φ101.6mm×63.5mm	φ152.4mm×95.3mm	φ101.6mm×63.5mm	φ101.6mm×63.5mm	φ152.4mm×95.3mm
击实次数(双面)	次	75	112	50	50	75
空隙率 VV	%	3～6		6～10	不小于 18	不小于 18
稳定度≥	KN	7.5	15	3.5	3.5	—
流值	mm	1.5～4	实测	—	—	—
沥青饱和度 VFA	%	55～70		40～70	—	—
密级配基层 ATB 的矿料间隙率 VMA(%)≥		设计空隙率(%)		ATB～40	ATB～30	ATB～25
		4		11	11.5	12
		5		12	12.5	13
		6		13	13.5	14

注:在干旱地区,可将密级配沥青稳定碎石基层的空隙率适当放宽到 8%。

第二节　普通热拌沥青混合料的组成设计

一、沥青混合料组成材料的技术要求

沥青混合料的技术性质决定于组成材料的质量品质、用量比例及沥青混合料的制备工艺等因素,其中组成材料的质量是首先需要关注的问题。

1. 沥青

沥青是沥青混合料中最重要的组成材料,其性能直接影响沥青混合料的各种技术性质。沥青路面所用沥青等级应根据气候条件和沥青混合料类型、道路等级、交通性质、路面类型、施工方法以及当地使用经验等,经技术论证后确定。

在使用条件相同的情况下,黏度较大的黏稠沥青所配制的混合料具有较高的力学强度和稳定性,但如黏度过高,则沥青混合料的低温变形能力较差,沥青路面容易产生裂缝。反之,采用黏度较低的沥青所配制的混合料在低温时具有较好的变形能力,但在夏季高温时往往会由于稳定性不足使沥青路面产生较大的变形。为此,在选择沥青等级时,必须考虑环境温度对沥青混合料的作用。一般来说,可根据当地沥青路面气候分区的温度水平参照第二章表 2-4 所列选择沥青。在夏季温度高或高温持续时间长的地区,应采用黏度高的沥青,即提高高温气候分区的温度水平来选择沥青;而在冬季寒冷的地区,则宜采用稠度低、低温劲度较小的沥青。对于日温差较大的地区还应考虑选择针入度指数较大、感温性

较低的沥青。

对于重载交通路段、高速公路等实行渠化交通的路段、山区及丘陵区上坡路段、服务区、停车场等行车速度慢的路段，为了提高沥青混合料的强度和承载能力，应选用稠度大的沥青，即提高高温气候分区的温度水平来选择沥青。对于交通量小、公路等级低的路段可选用稠度略小的沥青。

2. 粗集料

(1)粗集料的物理力学性质要求

沥青混合料用粗集料，可以采用碎石、破碎砾石、筛选砾石、矿渣等。用于高速公路、一级公路、城市快速道路、主干路沥青路面表层的粗集料应该选用坚硬、耐磨、抗冲击性好的碎石或破碎砾石，不得使用筛选砾石、矿渣及软质集料。当坚硬石料来源缺乏时，允许掺加一定比例较小粒径的普通粗集料，掺加比例根据试验确定。在以骨架原则设计的沥青混合料中不得掺加其他粗集料。

沥青混合料用粗集料应该洁净、干燥、表面粗糙、形状接近立方体，且无风化、不含杂质，并具有足够的强度、耐磨耗性。我国现行行业标准《公路沥青路面施工技术规范》(JTG F40—2004)规定粗集料的质量应符合表 4-5 所列的要求。

表 4-5　沥青混合料用粗集料质量要求(JTG F40—2004)

指　标	单位	高速公路及一级公路		其他等级公路	试验方法
		表面层	其他层次		
石料压碎值，不大于	%	25	28	30	T 0316
洛杉矶磨耗损失，不大于	%	28	30	35	T 0317
表观相对密度，不小于	—	2.60	2.50	2.45	T 0304
吸水率，不大于	%	2.0	3.0	3.0	T 0304
坚固性，不大于	%	12	12	—	T 0314
针片状颗粒含量(混合料)，不大于	%	15	18	20	T 0312
其中粒径大于 9.5mm，不大于	%	12	15	—	
其中粒径小于 9.5mm，不大于	%	18	20	—	
水洗法<0.075mm 颗粒含量，不大于	%	1	1	1	T 0310
软石含量，不大于	%	3	5	5	T 0320

注：① 坚固性试验可根据需要进行。

② 用于高速公路、一级公路时，多孔玄武岩的视密度可放宽至 $2.45t/m^3$，吸水率可放宽至 3%，但必须得到建设单位的批准，且不得用于 SMA 路面。

③ 对 S14 即 3～5 规格的粗集料，针片状颗粒含量可不予要求，<0.075mm 颗粒含量可放宽到 3%。

(2)与沥青的黏附性要求

在高速公路、一级公路、城市快速路和主干路沥青路面中，需要使用坚硬的粗集料，当使用花岗岩、石英岩等酸性岩石轧制的粗集料时，若达不到粗集料与沥青黏附性等级的要求，必须采取抗剥落措施。工程中常用的抗剥落方法包括使用高黏度沥青；在沥青中掺加抗剥落剂；用干燥的生石灰、消石灰粉或水泥作为填料的一部分，其用量宜为矿料总量的1%～2%；将粗集料用石灰浆处理后使用。

(3)粗集料的粒径规格

粗集料的粒径规格应按照表4-6所列进行生产和选用。如某一档粗集料不符合表4-6的规格，但确认与其他集料组配后的合成级配符合设计级配的要求时，也可以使用。

表4-6　沥青面层用粗集料规格

规格	公称粒径(mm)	通过下列筛孔(方孔筛，mm)的质量百分率(%)								
		37.5	31.5	26.5	19	13.2	9.5	4.75	2.36	0.6
S6	15～30	100	90～100	—	—	0～15	—	0～5		
S7	10～30	100	90～100	—	—	—	0～15	0～5		
S8	15～25		100	90～100		0～15	—	0～5		
S9	10～20			100	90～100		0～15	0～5		
S10	10～15				100	90～100	0～15	0～5		
S11	5～15				100	90～100	40～70	0～15	0～5	
S12	5～10					100	90～100	0～10	0～5	
S13	3～10					100	90～100	40～70	0～20	0～5
S14	3～5						100	90～100	0～15	0～3

3. 细集料

(1)细集料的物理力学性能要求

用于拌制沥青混合料的细集料，可以采用天然砂、机制砂或石屑。细集料应洁净、干燥、无风化、不含杂质，并有适当的级配范围。细集料的物理力学指标要求见表4-7所列。细集料应与沥青有良好的黏结能力，在高速公路、一级公路、城市快速路、主干路沥青面层使用与沥青黏结性能差的天然砂，或用花岗岩、石英岩等酸性岩石破碎的人工砂及石屑时，应采取前述粗集料的抗剥离措施对细集料进行处理。

表4-7　沥青混合料用细集料质量要求

项　目	单位	高速公路、一级公路	其他等级公路	试验方法
表观相对密度，不小于	—	2.50	2.45	T 0328
坚固性(>0.3mm 部分)，不小于	%	12	—	T 0340
含泥量(小于0.075mm的含量)，不大于	%	3	5	T 0333
砂当量，不小于	%	60	50	T 0334

（续表）

项　目	单位	高速公路、一级公路	其他等级公路	试验方法
亚甲蓝值，不大于	g/kg	25	—	T 0349
棱角性（流动时间），不小于	s	30	—	T 0345

注：坚固性试验根据需要进行。

(2)细集料的粒径规格

① 天然砂

天然砂宜采用河砂或海砂，当使用山砂时应经过清洗。天然砂的规格应符合表4-8所列的规定，经筛洗法测定的砂中小于0.075mm颗粒含量不得大于3%（高速公路、一级公路、城市快速路、主干路）和5%（其他等级道路）。

表4-8　沥青面层用天然砂规格

分类	通过各筛孔（mm）的质量百分率（%）								细度模数
	9.5	4.75	2.36	1.18	0.6	0.3	0.15	0.075	M_x
粗砂	100	90～100	65～95	35～65	15～30	5～20	0～10	0～5	3.7～3.1
中砂	100	90～100	75～90	50～90	30～60	8～30	0～10	0～5	3.0～2.3
细砂	100	90～100	85～100	75～100	60～84	15～45	0～10	0～5	2.2～1.6

② 石屑

石屑是采石场破碎石料时通过4.75mm或2.36mm的筛下部分，它与机制砂有着本质的不同，是石料加工破碎过程中表面剥落或撞下的边角，强度一般较低，且针片状含量较高，在沥青混合料的使用过程中还会进一步细化。所以在生产石屑的过程中应特别注意，避免山体覆盖层或夹层的泥土混入石屑。

石屑规格应符合表4-9所列的要求。不得使用泥土、细粉、细薄碎片颗粒含量高的石屑，砂当量应符合表4-9所列的要求。

表4-9　沥青面层用机制砂或石屑规格

规格	公称粒径（mm）	通过下列筛孔（mm）的质量百分率（%）							
		9.5	4.75	2.36	1.18	0.6	0.3	0.15	0.075
S15	0～5	100	90～100	60～90	40～75	20～55	7～40	2～20	0～10
S16	0～3	—	100	80～100	50～80	25～60	8～45	0～25	0～15

细集料的级配在沥青混合料中的适用性，应将其与粗集料及填料配制成矿质混合料后，再判定其是否符合矿料设计级配的要求。当一种细集料不能满足级配要求时，可采用两种或两种以上的细集料掺和使用。

4. 填料

填料在沥青混合料中的作用非常重要，沥青混合料主要是依靠沥青与矿粉的交互作用形成较高黏结力的沥青胶浆，将粗细集料结合成一个整体。用于沥青混合料的填料最好采用石灰岩或岩浆岩中的强基性岩石等憎水性石料经磨细得到的矿粉，生产矿粉的原石料中泥土杂质应清除。矿粉要求干燥、洁净，能自由地从石粉仓中流出，其质量应符合表 4-10 所列的要求。

表 4-10　沥青面层用矿粉质量要求

指　标		高速公路、一级公路、城市快速路、主干路	其他公路与城市道路
表观密度(t/m^3) ≥		2.50	2.45
含水量(%) ≤		1.0	1.0
粒度范围(%)	<0.6mm	100	100
	<0.15mm	90～100	90～100
	<0.075mm	75～100	70～100
外观		无团粒结块	
塑性指数		<4	
亲水系数		<1.0	

在拌和厂采用干法除尘回收的粉尘可以代替一部分矿粉使用，湿法除尘得到的回收粉尘应经干燥粉碎处理，且不得含有杂质。回收粉尘的用量不得超过填料总量的 25%，掺有回收粉尘填料的塑性指数不得大于 4%，其余质量要求与矿粉相同。

粉煤灰作为填料使用时，其烧失量应小于 12%，与矿粉混合后的塑性指数应小于 4%，其余质量要求与矿粉相同。粉煤灰的用量不宜超过填料总量的 50%，并应经试验确认与沥青有良好的黏结力，且沥青混合料的水稳性能应满足要求。高速公路、一级公路和城市快速路、主干路的沥青混凝土面层不宜采用粉煤灰作填料。

为了改善沥青混合料水稳定性，可以采用干燥的磨细生石灰粉、消石灰粉或水泥作为填料，其用量不宜超过矿料总量的 1%～2%。

三、密级配热拌沥青混合料配合比设计方法

沥青混合料的配合比设计结果与沥青路面的使用性能、材料用量及工程造价关系密切。

我国现行行业标准《公路沥青路面施工技术规范》(JTG F40—2004)规定，热拌沥青混合料配比设计是采用马歇尔试验法，适用于密级配沥青混凝土、沥青稳定碎石混合料、SMA 及 OGFC。

全过程的沥青混合料配合比设计包括三个阶段：目标配合比设计阶段、生产配合比设计阶段和生产配合比验证，即试验路试铺阶段，后两个设计阶段是在目标配合比的基础上进行的，需借助于施工单位的拌和设备、摊铺和碾压设备完成。通过三个阶段的配合比设计过程，确定沥青混合料中组成材料品种、矿质集料级配和沥青用量。本节主要介绍沥青混合料的目标配合比设计过程。

表 4-11　沥青混合料矿料级配范围

级配类型		通过下列筛孔(方孔筛,mm)的质量百分率(%)														
		53.0	37.5	31.5	26.5	19.0	16.0	13.2	9.5	4.75	2.36	1.18	0.6	0.3	0.15	0.075
密级配沥青混凝土混合料 AC																
粗粒式	AC-25			100	90～100	75～90	65～83	57～76	45～65	24～52	16～42	12～33	8～24	5～17	4～13	3～7
中粒式	AC-20				100	90～100	78～92	62～80	50～72	26～56	16～44	12～33	8～24	5～17	4～13	3～7
	AC-16					100	90～100	76～92	60～80	34～62	20～48	13～36	9～26	7～18	5～14	4～8
细粒式	AC-13						100	90～100	68～85	38～68	24～50	15～38	10～28	7～20	5～15	4～8
	AC-10							100	90～100	45～75	30～58	20～44	13～32	9～23	6～16	4～8
砂粒	AC-5								100	90～100	55～75	35～55	20～40	12～28	7～18	5～10
密级配沥青稳定碎石 ATB																
特粗	ATB-40	100	90～100	75～92	65～85	49～71	43～63	37～57	30～50	20～40	15～32	10～25	8～18	5～14	3～10	2～6
	ATB-30		100	90～100	70～90	53～72	44～66	39～60	31～51	20～40	15～32	10～25	8～18	5～14	3～10	2～6
粗粒式	ATB-25		100	90～100	60～80	48～68	42～62	32～52	20～40	15～32	10～25	8～18	5～14	3～10	2～6	
半开级配沥青稳定碎石 AM																
中粒式	AM-20				100	90～100	60～85	50～75	40～65	15～40	5～22	2～16	1～12	0～10	0～8	0～5
	AM-16					100	90～100	60～85	45～68	18～40	6～25	3～18	1～14	0～10	0～8	0～5
细粒式	AM-13						100	90～100	50～80	20～45	8～28	4～20	2～16	0～10	0～8	0～6
	AM-10							100	90～100	35～65	15～35	5～22	2～16	0～12	0～9	0～6

（续表）

级配类型		通过下列筛孔(方孔筛,mm)的质量百分率(%)														
		53.0	37.5	31.5	26.5	19.0	16.0	13.2	9.5	4.75	2.36	1.18	0.6	0.3	0.15	0.075
开级配沥青稳定碎石 ATPB																
特粗	ATPB-40	100	70～100	65～90	55～85	43～75	32～70	20～65	15～50	0～3	0～3	0～3	0～3	0～3	0～3	0～3
粗粒式	ATPB-30		100	80～100	70～95	53～85	36～80	26～75	14～60	0～3	0～3	0～3	0～3	0～3	0～3	0～3
	ATPB-25			100	80～100	60～100	45～90	30～82	16～70	0～3	0～3	0～3	0～3	0～3	0～3	0～3
开级配排水式磨耗层混合料 OGFC																
中粒式	OGFC-40					100	90～100	70～90	45～70	12～30	10～22	6～18	4～15	3～12	3～8	2～6
粗粒式	OGFC-30						100	90～100	60～80	12～30	10～22	6～18	4～15	3～12	3～8	2～6
	OGFC-25							100	90～100	50～70	10～22	6～18	4～15	3～12	3～8	2～6
沥青玛蹄脂碎石混合料 SMA																
中粒式	SMA-20	100	90～100	72～92	62～82	40～55	18～30	13～22	12～20	10～16	9～14	8～13	8～12			
	SMA-16		100	90～100	65～85	45～65	20～32	15～24	14～22	12～18	10～15	9～14	8～12			
细粒式	SMA-13			100	90～100	50～75	20～34	15～26	14～24	12～20	10～16	9～15	8～12			
	SMA-10				100	90～100	28～60	20～32	14～26	12～22	10～18	9～16	8～13			

1. **矿质混合料的组成设计**

(1)沥青混合料类型和矿料级配的确定

根据道路等级、路面结构层位等按照表 4－12 所列选择适用的沥青混合料类型，也可以根据试验研究成果选择其他类型的沥青混合料类型及相应的级配范围(表 4－11)，经技术经济论证后确定。

表 4－12　沥青面层混合料的最小压实厚度　　单位：mm

<table>
<tr><td>沥青路面
结构层类型</td><td colspan="2">道路等级</td><td colspan="4">高速公路、一级公路
城市快速路、主干路</td><td colspan="3">二级以下等级公路
一般城市道路</td><td colspan="2">行人道路</td></tr>
<tr><td rowspan="5">表面层</td><td colspan="2">沥青混合料类型</td><td>DAC</td><td colspan="2">SMA</td><td>OGFC</td><td>DAC</td><td colspan="2">SMA</td><td colspan="2">DAC</td></tr>
<tr><td rowspan="4">集料公称
最大尺寸
(mm)</td><td>4.75</td><td>×</td><td colspan="2">×</td><td>×</td><td>×</td><td colspan="2">×</td><td colspan="2">10</td></tr>
<tr><td>9.5</td><td>30</td><td colspan="2">25</td><td>20</td><td>25</td><td colspan="2">25</td><td colspan="2">20</td></tr>
<tr><td>13.2</td><td>40</td><td colspan="2">35</td><td>25</td><td>35</td><td colspan="2">35</td><td colspan="2">25</td></tr>
<tr><td>16</td><td>50</td><td colspan="2">40</td><td></td><td>45</td><td colspan="2">40</td><td colspan="2">×</td></tr>
<tr><td rowspan="7">中面层
下面层
基层</td><td colspan="2">沥青混合料类型</td><td colspan="2">DAC</td><td colspan="2">ATB</td><td>DAC</td><td>AM</td><td>ATM</td><td>DAC</td><td>AM</td></tr>
<tr><td rowspan="6">集料公称
最大尺寸
(mm)</td><td>13.2</td><td colspan="2">×</td><td colspan="2">×</td><td>35</td><td>35</td><td>×</td><td>35</td><td>35</td></tr>
<tr><td>16</td><td colspan="2">50</td><td colspan="2">×</td><td>45</td><td>40</td><td>×</td><td>40</td><td>40</td></tr>
<tr><td>19</td><td colspan="2">60</td><td colspan="2">×</td><td>60</td><td>50</td><td>×</td><td>55</td><td>×</td></tr>
<tr><td>26.5</td><td colspan="2">80</td><td colspan="2">80</td><td>×</td><td>60</td><td>80</td><td>×</td><td>×</td></tr>
<tr><td>31.5</td><td colspan="2">×</td><td colspan="2">100</td><td>×</td><td>×</td><td>90</td><td>×</td><td>×</td></tr>
<tr><td>37.5</td><td colspan="2">×</td><td colspan="2">120</td><td>×</td><td>×</td><td>100</td><td>×</td><td>×</td></tr>
</table>

(2)矿质混合料配合比计算

① 组成材料的原始数据测定

按照规定方法对实际工程使用的材料进行取样，测试粗集料、细集料及矿粉的密度，并进行筛分试验，确定各种规格集料的级配组成。

② 确定各档集料的用量比例

根据各档集料的筛分结果，采用计算法或图解法，确定各档集料的用量比例，计算矿质混合料的合成级配。矿质混合料的合成级配曲线必须符合设计级配范围的要求，不得有过多的犬牙交错。当经过反复调整仍有两个以上的筛孔超出设计级配范围时，必须对原材料进行调整或更换原材料重新设计。

通常情况下，合成级配曲线宜尽量接近设计级配中限，尤其应使 0.075mm、2.36mm、4.75mm 等筛孔的通过量尽量接近设计级配范围的中限。对于交通量大、轴载重的道路，合成级配可以考虑偏向级配范围的下限，而对于中小交通量或人行道路等，合成级配宜偏向级配范围的上限。

2. **确定沥青混合料最佳沥青用量 OAC**

沥青混合料中沥青用量的表示形式有沥青含量和油石比两种情况，沥青含量是指沥青混合料中沥青结合料质量与沥青混合料总质量的百分比；油石比是指沥青混合料中沥青质量与矿料质量的百分比。最佳沥青用量以 OAC 表示。沥青用量可以通过各种理论公式计算得到，但由于实际材料性质的差异，计算得到的最佳沥青用量，仍然要通过试验进行修正。在《公路沥青路面施工技术规范》(JTG F40—2004)中，采用马歇尔试验确定沥青混合料中的最佳沥青用量。

(1)制备试样

① 按确定的矿质混合料配合比，计算各种规格集料的用量。

② 根据经验估计一个适宜的沥青用量（或油石比）。以估计的沥青用量为中值，按 0.5%间隔变化，取五个不同的沥青用量，拌制沥青混合料。

(2)测定试件的物理力学指标

测定沥青混合料试件的密度，并计算试件的空隙率、沥青饱和度、矿料间隙率、粗集料间隙率等体积参数。在测试沥青混合料密度时，应根据沥青混合料类型及密实程度选择测试方法。在工程中，吸水率小于 0.5%的密实型沥青混合料试件应采用水中重法测定；较密实的沥青混合料试件应采用表干法测定；吸水率大于 2%的沥青混合料、沥青碎石混合料等不能用表干法测定的试件应采用蜡封法测定；空隙率较大的沥青碎石混合料、开级配沥青混合料试件可采用体积法测定。

在马歇尔试验仪上，按照标准方法测定沥青混合料试件的马歇尔稳定度和流值。

(3)最佳沥青用量的确定

以沥青用量为横坐标，以沥青混合料试件的密度、空隙率、沥青饱和度、马歇尔稳定度和流值指标为纵坐标，将试验结果绘制成关系曲线（如图 4-4 所示）。

① 确定最佳沥青用量的初始值 OAC_1

根据图 4-4，取与马歇尔稳定度和密度最大值相应的沥青用量，以及与设计要求空隙率范围中值、沥青饱和度范围的中值对应的沥青用量 α_1、α_2、α_3、α_4，代入式(4-2)，计算四者的平均值，作为最佳沥青用量的初始值 OAC_1。

$$OAC_1=\frac{(\alpha_1+\alpha_2+\alpha_3+\alpha_4)}{4} \tag{4-2}$$

② 确定沥青最佳用量的初始值 OAC_2

由图 4-4 确定沥青混合料的马歇尔试验技术标准，在图 4-4(f)上，求出各项指标均符合技术标准不含 VMA 的沥青用量范围 $OAC_{min} \sim OAC_{max}$，由式(4-3)计算沥青最佳用量的初始值 OAC_2。

$$OAC_2=\frac{OAC_{min}+OAC_{max}}{2} \tag{4-3}$$

③ 综合确定最佳沥青用量 OAC

最佳沥青用量 OAC 的确定应考虑沥青路面的工程实践经验、道路等级、交通特性、气候条件等因素。通常情况下取 OAC_1 和 OAC_2 的平均值作为计算的最佳沥青用量 OAC。检验与 OAC 对应的 VMA 是否满足 VMA 最小值的要求，且宜位于 VMA 凹形曲

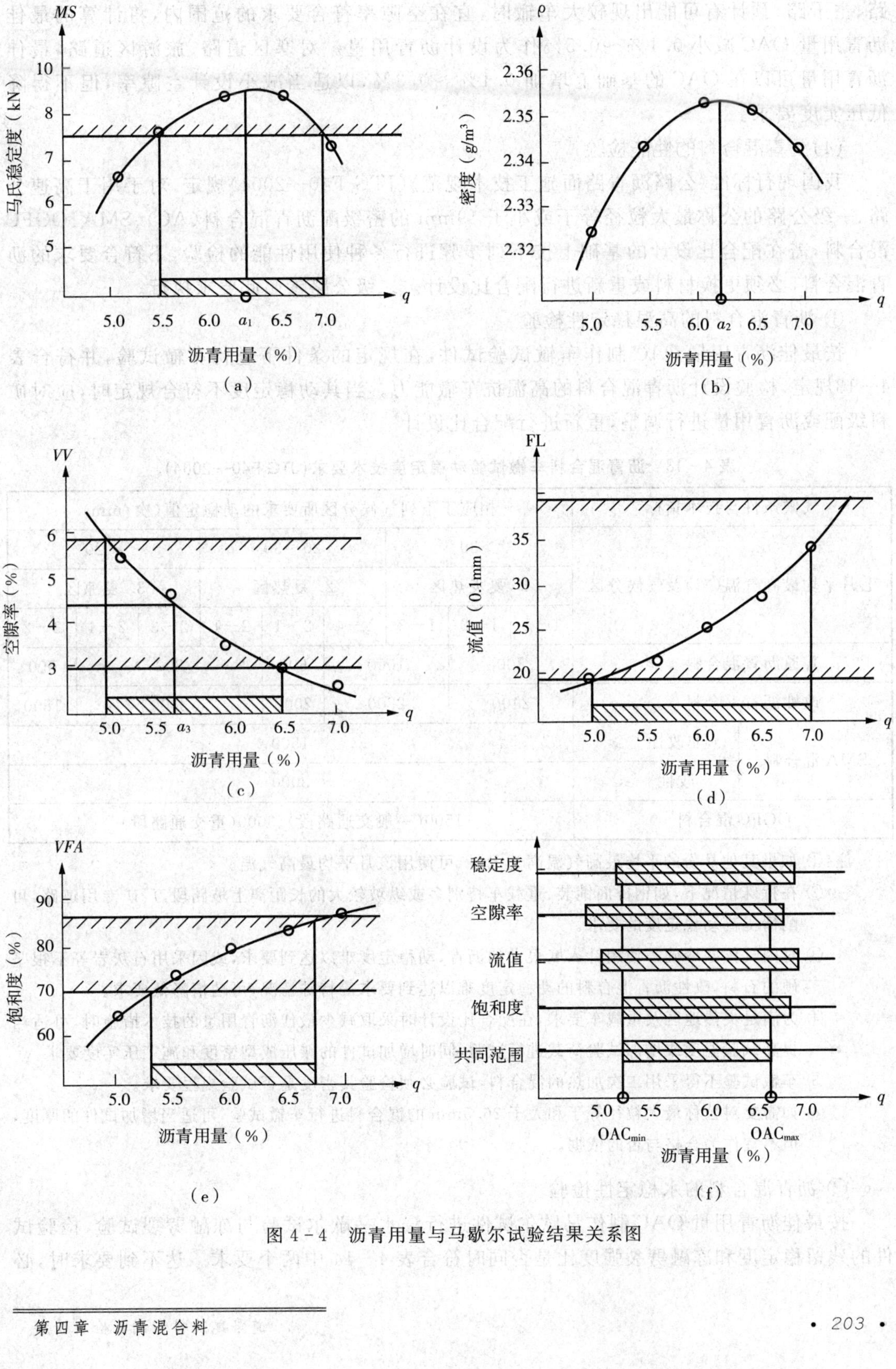

图 4－4　沥青用量与马歇尔试验结果关系图

线最小值贫油的一侧。对热区道路以及车辆渠化交通的高速公路、一级公路、城市快速路、主干路，预计有可能出现较大车辙时，宜在空隙率符合要求的范围内，将计算的最佳沥青用量 OAC 减小 0.1%～0.5%作为设计沥青用量。对寒区道路、旅游区道路，最佳沥青用量可以在 OAC 的基础上增加 0.1%～0.3%，以适当减小设计空隙率，但不得降低压实度要求。

(4)沥青混合料的性能检验

我国现行标准《公路沥青路面施工技术规范》(JTG F40—2004)规定，对于用于高速公路、一级公路的公称最大粒径等于或小于 19mm 的密级配沥青混合料(AC)、SMA、OGFC 混合料，需在配合比设计的基础上按下列步骤进行各种使用性能的检验，不符合要求的沥青混合料，必须更换材料或重新进行配合比设计。二级公路参照此要求执行。

① 沥青混合料的高温稳定性检验

按最佳沥青用量 *OAC* 制作车辙试验试件，在规定的条件下进行车辙试验，并符合表 4-13规定，检验设计沥青混合料的高温抗车辙能力。当其动稳定度不符合规定时，应对矿料级配或沥青用量进行调整，重新进行配合比设计。

表 4-13　沥青混合料车辙试验动稳定度技术要求(JTG F40—2004)

气候条件与技术指标		相应于下列气候分区所要求的动稳定值(次/mm)								
七月平均最高气温(℃)及气候分区		＞30				20～30				＜20
		1. 夏炎热区				2. 夏热区				3. 夏凉区
		1－1	1－2	1－3	1－4	2－1	2－1	2－3	2－4	3－2
普通沥青混合料　≥		800		1000		600	800			600
改姓沥青混合料　≥		2400		2800		2000	2400			1800
SMA 混合料	非改性　≥	1500								
	改性　≥	3000								
OGFC 混合料		1500(一般交通路段)、3000(重交通路段)								

注：① 如果其他月份的平均最高气温高于七月，可使用该月平均最高气温。

② 在特殊情况下，如钢桥面铺装、重载车特别多或纵坡较大的长距离上坡路段、厂矿专用道路，可酌情提高动稳定度的要求。

③ 对因气候寒冷确需使用针入度很大的沥青，动稳定度难以达到要求，或因采用石灰岩等不很坚硬的石料，改性沥青混合料的动稳定度难以达到要求等特殊情况，可酌情降低要求。

④ 为满足炎热地区及重载车要求，在配合比设计时采取减少最佳沥青用量的技术措施时，可适当提高试验温度或增加试验荷载进行试验，同时增加试件的碾压成型密度和施工压实度要求。

⑤ 车辙试验不得采用二次加热的混合料，试验必须检验其密度是否试验规程要求。

⑥ 如需要对公称最大粒径等于和大于 26.5mm 的混合料进行车辙试验，可适当增加试件的厚度，但不宜作为合格与否的依据。

② 沥青混合料的水稳定性检验

按最佳沥青用量 OAC 制作马歇尔试件进行浸水马歇尔试验与冻融劈裂试验，检验试件的残留稳定度和冻融劈裂强度比是否同时符合表 4-14 中两个要求。达不到要求时，必须按要求采取抗剥落措施，调整最佳沥青用量后再次试验。

表 4－14　沥青混合料水稳性检验技术要求(JTG F40—2004)

气候条件与技术指标		相应于下列气候分区的技术要求(%)			
年降雨量(mm)及气候分区		＞1000	500～1000	250～500	＜250
		1. 潜湿区	2. 湿润区	3. 半干区	4. 干旱区
气候条件与技术指标		相应于下列气候分区的技术要求(%)			
浸水马歇尔试验残留稳定度(%)，不小于					
普通沥青混合料		80		75	
改性沥青混合料		85		80	
SMA 混合料	普通沥青	75			
	改性沥青	80			
冻融劈裂试验的残留强化比(%)，不小于					
普通沥青混合料		75		70	
改性沥青混合料		80		75	
SMA 混合料	普通沥青	75			
	改性沥青	80			

注：调整沥青用量后，马歇尔试件成型可能达不到要求的空隙率条件。当需要添加消石灰、水泥、抗剥落剂时，需重新确定最佳沥青用量后试验。

③ 沥青混合料低温抗裂性检验

对密级配沥青混合料及增强低温抗裂性的改性沥青混合料，应按照最佳沥青用量 *OAC* 制作车辙试验试件，再用切割机将试件锯成规定尺寸的棱柱体试件，按照规定方法进行低温弯曲试验，测定破坏强度、破坏应变、破坏劲度模量，并根据应力应变曲线形状，综合评定沥青混合料的低温抗裂性。其中沥青混合料的破坏应变宜不小于表 4－15 的规定。否则应对矿料级配或沥青用量进行调整，必要时更换改性沥青品种重新进行配合比设计。

表 4－15　沥青混合料低温弯曲试验破坏应变($\mu\varepsilon$)技术要求(JTG F40—2004)

气候条件与技术指标	相应于下列气候分区所要求的破坏应变($\mu\varepsilon$)								
年极端最低气温(℃)及气候分区	＜－37.0		－21.5～－37.0			－9.0～－21.5		＞－0.9	
	1. 冬严寒区		2. 冬寒区			3. 冬冷区		4. 冬温区	
	1－1	2－1	1－2	2－2	3－2	1－3	2－3	1－4	2－4
普通沥青混合料≥	2600		2300			2000			
改性沥青混合料≥	3000		2800			2500			

④ 沥青混合料渗水检验

利用轮碾机成型的车辙试件脱膜架起进行渗水试验，并符合表 4－16 的要求。

表 4－16　沥青混合料试件渗水系数(mL/min)技术要求(JTG F40—2004)

级配类型	渗水系数要求(mL/min)
密级配沥青混凝土，不小于	120
SMA 混合料，不大于	80
OGFC 混合料，不小于	实测

四、沥青混合料配合比设计例题

[题目]

试设计某高速公路沥青混凝土面层中面层用沥青混合料的目标配合比。

[原始资料]

(1)该高速公路沥青路面为三层式结构的中面层；中面层结构设计厚度为 6cm。

(2)气候条件：7 月份平均最高温超过 30℃，年极端最低气温低于－9℃，年降水量大于 1000mm，夏季炎热冬温，多雨潮湿，气候分区为 1－4－2。

(3)材料性能

① 沥青材料：采用 SBS 聚合物改性沥青，相对密度 1.040，经检验，技术性能均符合要求。

② 矿质材料：粗、细集料均为石灰岩，集料分为 5 个档次，分别为：16～26.5m、10～16m、5～10m、3～5mm、0～3mm；各个档次集料和矿粉的主要技术指标见表 4－16 所列，筛分试验结果见表 4－17 所列。

表 4－16　集料和矿粉密度试验结果

集料规格	表观相对密度	毛体积相对密度
16～26.5mm	2.708	2.686
10～16mm	2.714	2.698
5～10mm	2.726	2.686
3～5mm	2.715	2.683
0～3mm	2.729	—
矿粉	2.718	—

表 4－17　各种集料和矿粉级配筛分试验结果

规格＼筛孔	通过下列筛孔(mm)的质量百分率(%)													
	37.5	31.5	26.5	19	16	13.2	9.5	4.75	2.36	1.18	0.6	0.3	0.15	0.075
16～26.5mm	100	100	100	48.6	14.8	0.8	0.4	0.2	0.2	0.2	0.2	0.2	0.2	0.2
10～16mm	100	100	100	100	87.0	49.1	2.4	0.6	0.6	0.6	0.6	0.6	0.6	0.6

（续表）

规格＼筛孔	通过下列筛孔(mm)的质量百分率(%)													
	37.5	31.5	26.5	19	16	13.2	9.5	4.75	2.36	1.18	0.6	0.3	0.15	0.075
5～10mm	100	100	100	100	100	100	81.6	1.8	0.8	0.6	0.6	0.6	0.6	0.6
3～5mm	100	100	100	100	100	100	99.5	68.6	5.4	1.2	0.9	0.8	0.8	0.8
0～3mm	100	100	100	100	100	100	100	100	89.7	59.2	35.2	25.4	13.8	6.5
矿粉	100	100	100	100	100	100	100	100	100	100	100	99.2	95.6	83.9

［设计要求］

(1)确定沥青混合料类型，进行矿质混合料配合比设计。

(2)根据选定的矿质混合料类型，确定相应的沥青用量范围，通过马歇尔试验，确定最佳沥青用量。

(3)根据高速公路用沥青混合料要求，检验沥青混合料的水稳定性和抗车辙能力。

［设计步骤］

1. 确定沥青混合料类型及矿质混合料的级配范围

根据设计资料，道路等级为高速公路，沥青路面中面层，选用 AC－20 型沥青混合料，满足结构厚度不小于矿料公称最大粒径的 2.5～3.0 倍的要求。相应的级配范围查规范确定，见表 4－18 所列。

表 4－18　矿质混合料的级配范围

级配类型	通过下列筛孔(mm)的质量百分率(%)											
	26.5	19	16	13.2	9.5	4.75	2.36	1.18	0.6	0.3	0.15	0.075
AC－20	100	90～100	78～92	62～80	50～72	26～56	16～44	12～33	8～24	5～17	4～13	3～7

2. 矿质混合料配合比设计

(1)拟定初试配合比

根据各组成材料的筛分试验资料，依据级配范围，设计了 3 组初选配合比，确定符合级配范围的各组成材料用量比例(表 4－19)，计算矿质混合料的合成级配。合成级配见表 4－20，级配曲线如图 4－5 所示。

表 4－19　三组矿质混合料的配合比

级配＼矿料名称	16～26.5mm 碎石(%)	10～16mm 碎石(%)	5～10mm 碎石(%)	3～5mm 碎石(%)	0～3mm 碎石(%)	矿粉 (%)
级配 1	13	24	18	15	27	3
级配 2	13	27	21	12	24	3
级配 3	13	30	24	9	21	3

表 4－20　矿质混合料合成级配表

筛孔尺寸(mm) / 级配	通过百分率(%)											
	26.5	19	16	13.2	9.5	4.75	2.36	1.18	0.6	0.3	0.15	0.075
级配 1	100	93.3	85.8	74.9	60.2	40.8	28.3	19.4	12.9	10.2	7.0	4.7
级配 2	100	93.3	85.4	73.4	56.8	35.8	25.5	17.7	11.9	9.5	6.6	4.5
级配 3	100	93.3	85.0	71.8	53.3	30.8	22.7	15.9	10.8	8.7	6.2	4.3

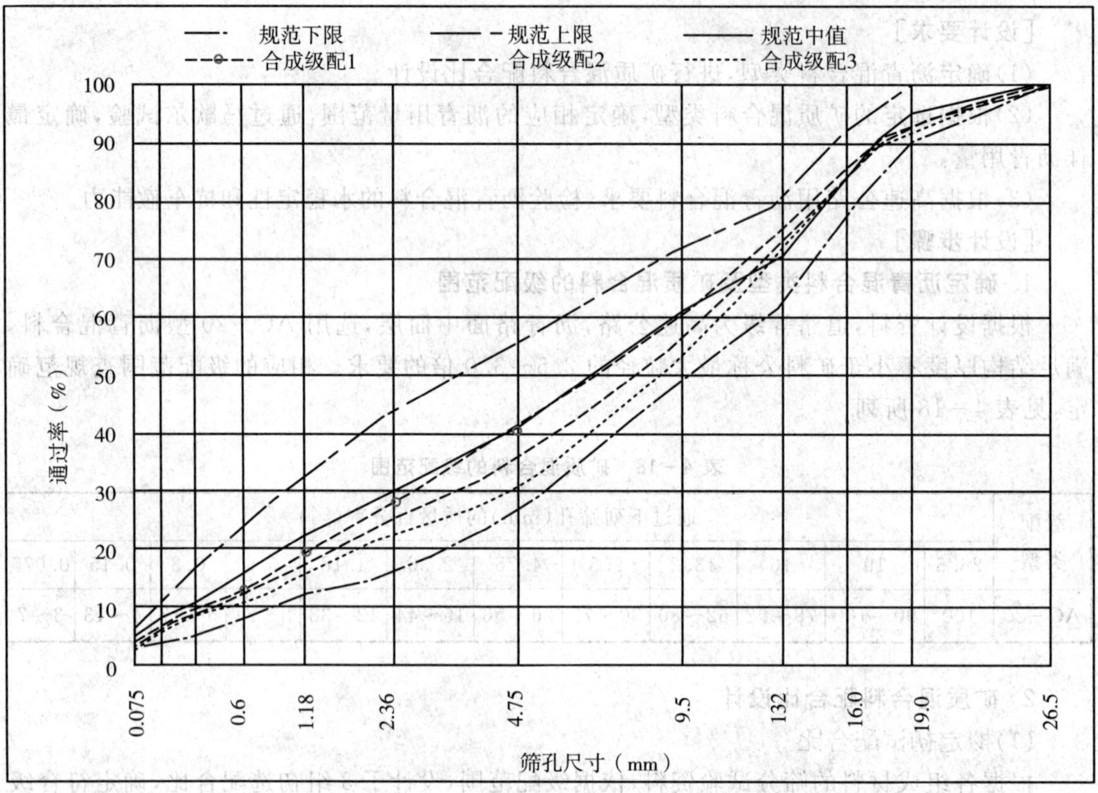

图 4－5　拟选配合比下矿质混合料级配合成曲线

(2)矿质混合料设计配合比的确定

根据使用经验，初估油石比为 4.5%（沥青用量 4.31%）。对三种级配分别计算和测定了 4.5%油石比试件的最大理论相对密度、毛体积相对密度、空隙率、矿料间隙率、有效沥青饱和度，见表 4－21 所列，根据规范要求，对三种级配进行分析可知，级配 2 和级配 3 的沥青混合料试件的空隙率与矿料间隙率偏大，且有效沥青饱和度偏小，而级配 1 的沥青混合料试件的空隙率与矿料间隙率均接近设计要求。由此确定级配 1 为设计配合比，各档集料的比例为：

16～26.5mm 碎石：10～16mm 碎石：5～10mm 碎石：3～5mm 碎石：0～3mm 碎石：矿粉＝13%：24%：18%：15%：27%：3%

表 4-21 三种级配沥青混合料马歇尔试验结果

油石比		毛体积相对密度 r_{sb}	最大理论相对密度 r_{ti}	空隙率 VV(%)	有效沥青饱和度 *VFA*(%)	矿料间隙率 *VMA*(%)
4.5%	级配 1	2.701	2.541	4.3	69.1	13.8
	级配 2	2.700	2.541	4.6	67.5	14.1
	级配 3	2.699	2.540	5.0	65.5	14.5

3. 最佳油石比的确定

(1)试件成型

按级配 1 称取矿料,根据预估最佳油石比及以往经验,按 0.5%的间隔变化(即 3.5%,4.0%,4.5%,5.0%,5.5%),依据规范要求成型五组试件

(2)试件物理力学指标的测定

按《公路工程沥青及沥青混合料试验规程》(JTG E20)的方法进行马歇尔试验,测定和计算沥青混合料的毛体积相对密度、最大理论密度、空隙率、矿料间隙率、沥青饱和度等物理指标,以及稳定度及流值等力学指标,试验结果见表 4-22 所列。

表 4-22 沥青混合料马歇尔试验结果

油石比(%)	密度	空隙率(%)	矿料间隙率(%)	饱和度(%)	稳定度(kN)	流值(mm)
3.5	2.419	6.1	13.50	54.6	8.63	2.71
4.0	2.427	5.1	13.50	62.7	9.47	3.16
4.5	2.433	4.2	13.80	69.3	10.93	3.42
5.0	2.425	3.9	14.40	73.2	10.20	3.81
5.5	2.418	3.5	15.10	76.7	9.61	4.23
标准要求	—	4～6	>13.0	65～75	>8.0	1.5～4.0

根据设计资料,该沥青路面气候分区为 2～4 夏炎热冬温区,将规范要求的沥青混合料的各项标准列于表 4-27 中供对照评定。

(3)绘制油石比与物理力学指标关系图

根据表 1-7 中马歇尔试验结果汇总,汇总油石比与毛体积相对密度、空隙率、饱和度、矿料间隙率、稳定度、流值的关系如图 4-6 所示。

(4)确定最佳油石比 OAC

① 确定最佳油石比初始值 OAC_1

由图 4-6 得,相应于密度最大值的油石比 a_1=4.5%,相应于稳定度最大值的油石比 a_2=4.5%,相应于规定空隙率范围中值的油石比 a_3=4.0%,相应于沥青饱和度范围中值的油石比 a_4=4.55%。

$$OAC_1=(a_1+a_2+a_3+a_4)/4=(4.5\%+4.5\%+4.0\%+4.55\%)/4=4.39\%$$

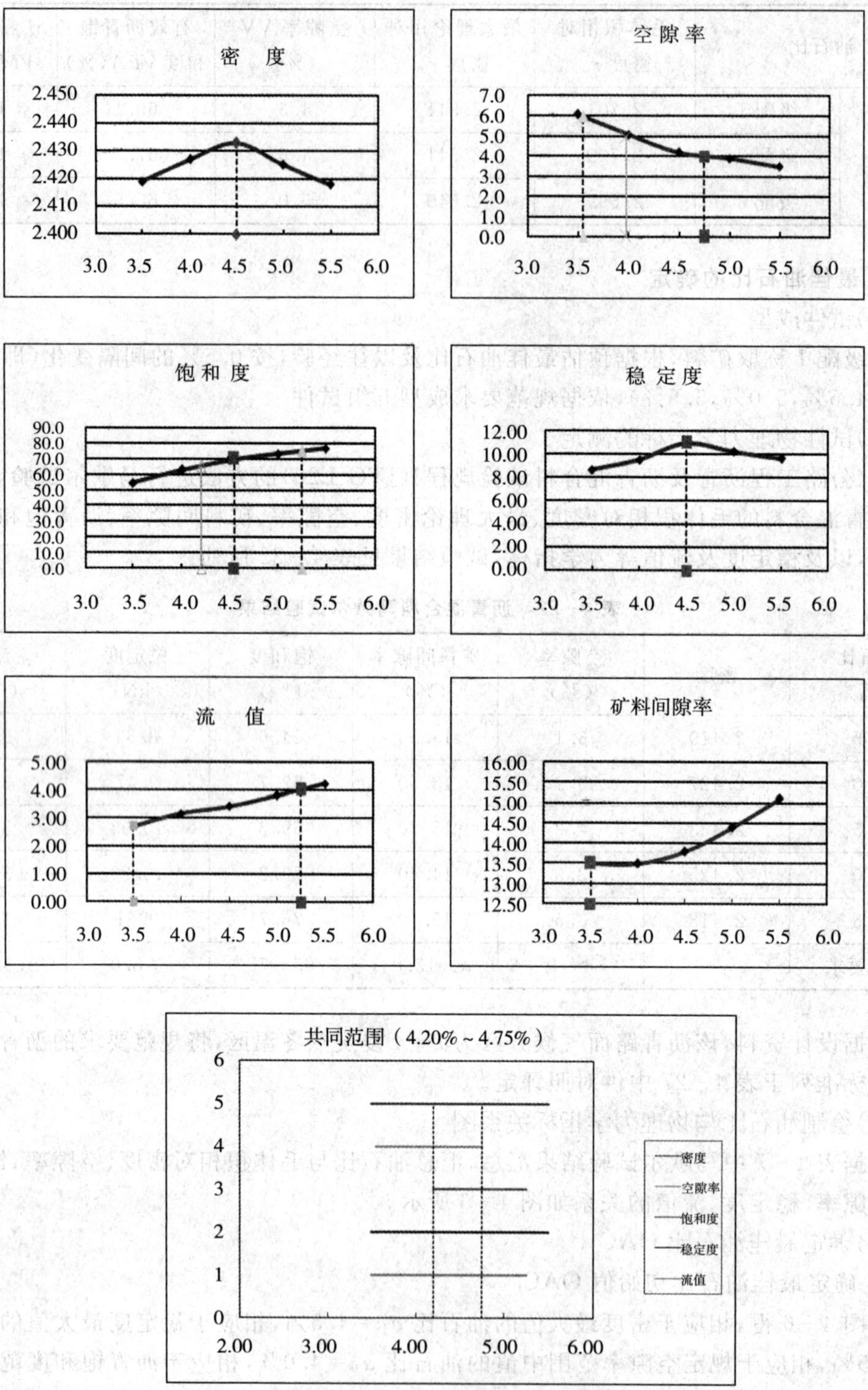

图 4－6　油石比与马歇尔试验物理力学指标关系图

② 确定最佳油石比初始值OAC_2

由图 4-6 得，各指标符合沥青混合料技术指标的沥青用量范围：

$$OAC_{min}=4.20\%，OAC_{max}=4.75\%，$$

$$OAC_2=(OAC_{min}+OAC_{max})/2=(4.20\%+4.75\%)/2=4.48\%$$

③ 综合确定最佳油石比 OAC

通常情况下取OAC_1和OAC_2的中值作为最佳油石比，即

$$OAC=(OAC_1+OAC_2)/2=(4.39\%+4.48\%)/2=4.44\%$$

综合考虑后，选定最佳油石比为 4.4%，为慎重起见又进行最佳油石比马歇尔试验，各项物理力学性能指标均满足要求，试验结果见表 4-23 所列。

表 4-23　沥青混合料中最佳油石比马歇尔试验结果

检测指标	单位	实测结果	规定值
理论最大相对密度	—	2.547	—
毛体积相对密度	—	2.427	—
稳定度	kN	10.39	≥8.0
流值	mm	3.33	1.5～4.0
空隙率	%	4.7	4～6
矿料间隙率	%	13.8	≥13.0
饱和度	—	65.9	65～75

4. 配合比设计检验

(1)高温稳定性检验

采用最佳油石比 4.4%制备沥青混合料试件，按照规定的方法进行车辙试验，动稳定度结果符合要求，试验结果见表 4-24 所示。

表 4-24　沥青混合料车辙试验结果

试验温度	油石比(%)	试验项目	规范要求	试验结果	试验方法
60℃	4.4	平均动稳定度(次/mm)	不小于 2800	4865	T0719－2011
		变异系数(%)	不大于 20	7.72	

(2)水稳定性检验

按最佳油石比 4.4%制备沥青混合料试件，进行浸水马歇尔试验和冻融劈裂试验，残留稳定度等各项指标符合要求，试验结果见表 4-25、表 4-26 所列。

表 4-25　沥青混合料浸水马歇尔试验结果

项目	油石比(%)	规范要求	试验结果	备注
残留稳定度(%)	4.4	≥85%	89.2%	

表 4-26　沥青混合料冻融劈裂试验结果

项目	油石比(%)	规范要求	试验结果	备注
残留强度比(%)	4.4	≥80%	91.7%	

(3)渗水系数检验

沥青混合料试件的渗水系数试验结果符合规范要求，见表 4-27 所列。

表 4-27　渗水系数试验结果

项目	油石比(%)	规范要求	试验结果	备注
渗水系数(mL/min)	4.4	≤120	不渗水	

5. 目标配合比设计结果

根据以上试验结果最终确定 AC-20 目标配合比如下。

(1)根据矿料筛分结果，确定沥青混合料 AC-20C 的矿料级配比例见表 4-28 所列。

(2)最佳油石比为 4.4%(沥青用量 4.21%)。

表 4-28　沥青混合料 AC-20C 的矿料级配比例

集料规格(mm)	16～26.5	10～16	5～10	3～5	0～3	矿粉
合成比例(%)	13	24	18	15	27	3

第三节　间断级配——SMA 混合料

SMA 是沥青玛蹄脂碎石混合料的缩写，是一种以沥青结合料与少量的纤维稳定剂、细集料以及较多的填料(矿粉)组成的沥青玛蹄脂，填充于间断级配的粗集料骨架间隙中组成一体所形成的沥青混合料。SMA 混合料属于骨架密实结构，具有耐磨抗滑、密实耐久、抗疲劳、抗高温车辙、减少低温开裂等优点，适用于高等级道路沥青路面的上面层使用。本节介绍 SMA 混合料的技术特性、组成材料及配合比设计方法。

一、SMA 混合料的技术特性

1. 高温稳定性

SMA 混合料由相互嵌挤的粗集料骨架和沥青玛蹄脂两个部分组成，在材料组成上，粒径≥4.75mm 的粗集料高达 70%～80%，矿粉用量为 10%左右，细集料较少。粗颗粒之间有着良好的嵌锁作用，沥青玛蹄脂起胶结作用并填充粗集料的骨架空隙，所以 SMA 混合料抵抗荷载变形的能力较强，即使在高温条件下，沥青玛蹄脂的黏度下降，对混合料抗变形能力的影响不大，因而SMA混合料有着较强的高温抗车辙能力。

2. 低温抗裂性

在低温条件下，沥青混合料的抗裂性能主要由结合料的性质决定，由于在SMA混合料中有着相当数量的沥青玛蹄脂，当温度下降混合料收缩使集料颗粒被拉开时，沥青玛蹄脂具有较高的黏结能力，它的韧性和柔性使得混合料具有良好的低温变形能力。

3. 耐久性

在SMA混合料中，粗集料骨架空隙被富含沥青的玛蹄脂密实填充，并将集料颗粒黏结在一起，沥青在集料表面形成较厚的沥青膜。此外，SMA混合料空隙率较小，沥青与水或空气的接触较少，因而SMA混合料的水稳定性和抗老化性较普通沥青混合料为好；又由于SMA混合料基本是不透水的，对中、下面层和基层有着较好的保护作用和隔水作用，使沥青路面保持较高的整体强度和稳定性。

我国现行标准《公路沥青路面施工技术规范》(JTG F40—2004)中SMA马歇尔试验技术要求见表4-29所列。

表4-29 SMA混合料马歇尔试验技术要求(JTG F40—2004)

试验项目	单位	技术要求	
		不使用改性沥青	使用改性沥青
马歇尔试件尺寸	mm	φ101.6mm×63.5mm	
马歇尔试件击实次数	—	两面击实50次	
空隙率VV	%	3～4	
矿料间隙率VMA，不小于	%	17.0	
粗集料骨架间隙率 VCA_{min}，不大于	—	VCA_{DRC}	
沥青饱和度VFA	%	75～85	
稳定度，不小于	kN	5.5	6.0
流值	mm	2～5	—
谢伦堡沥青析漏实验的结合料损失	%	不大于0.2	不大于0.1
肯塔堡飞散试验的混合料损失或浸水飞散试验	%	不大于20	不大于15

注：① 对集料坚硬不易击碎，通行重载交通的路段，也可将击实次数增加为双面75次。

② 对高温稳定性要求较高的重交通路段或炎热地区，设计空隙率允许放宽到4.5%，VMA允许放宽到16.5%(SMA-16)或(SMA-19)，VFA允许放宽到70%。

③ 试验粗集料骨架间隙率VCA的关键性筛孔，对SMA-19、SMA-16是指4.75mm，对SMA-13、SMA-10是指2.36mm。

④ 稳定度难以达到时，容许放宽到5.0kN(非改性)或5.5kN(改性)，但动稳定度检验必须合格。

4. 表面特征

SMA混合料一方面要求使用坚硬、粗糙、耐磨的高质量碎石，另一方面采用间断级配的矿料，压实后表面形成的构造深度大，一般超过1mm，这使得沥青面层具有良好的抗滑性和耐磨性能，还能减少溅水，减少噪声，提高道路行驶质量。

二、SMA 混合料的组成材料及其技术要求

由于 SMA 混合料的骨架结构特性以及对它较高的性能要求，其组成材料的质量除了应满足普通热拌沥青混合料组成材料的基本要求外，还应满足一些特殊要求。

1. 沥青结合料

在 SMA 混合料中，要求沥青具有较高的黏度，与集料有良好的黏附性。SMA 所用沥青质量必须符合我国“重交通道路沥青技术要求”，并应采用比当地常用普通热拌沥青混合料所用沥青硬一级的沥青。南方炎热地区可以采用 AH－50，中部及北方温暖地区用 AH－70，寒冷地区用 AH－70 或 AH－90。

2. 集料与填料

用于 SMA 混合料中的粗集料应是高质量的轧制碎石，其岩石应坚韧，具有较高的强度和刚度，如玄武岩、砂岩、花岗岩等石料。应严格控制集料中的针片状颗粒含量，集料的颗粒形状应接近立方体，富有棱角，纹理粗糙。

细集料最好使用坚硬的机制砂，也可以从洁净的石屑中筛取粒径为 0.5～3mm 部分作为机制砂使用。当采用普通石屑作为细集料时，宜采用石灰岩石屑，石屑中不得含有泥土类杂物。当与天然砂混用时，天然砂的含量不宜超过机制砂或石屑的比例。细集料质量除了满足普通热拌沥青混合料对细集料的要求外，棱角性最好大于 45%。

填料必须采用石灰石等碱性岩石磨细的矿粉，矿粉质量应满足普通热拌沥青混合料对矿粉的要求。粉煤灰不得作为 SMA 混合料的填料使用。回收粉尘的比例不得超过填料总量的 25%。其他要求同普通热拌沥青混合料。

3. 纤维

SMA 混合料中的常用纤维材料有：木质素纤维、矿物纤维、腈纶纤维、涤纶纤维、玻璃纤维等聚合物化学纤维。纤维在 SMA 混合料中作用是吸油、稳定、增强，并提高 SMA 混合料高温下的抗剪强度。选择纤维时主要应考虑其吸油性、耐热性、与沥青的黏附性等指标。纤维应能承受 250℃的高温条件，不变形、不变质、不脆化，化学稳定好，对环境无污染。

第四节　沥青混合料试验实训

一、试验项目和参数

1. 沥青混合料检测项目依据

检测项目依据包括《公路沥青路面设计规范》(JTG D50—2006)和《公路沥青路面施工技术规范》(JTG F40—2004)。

2. 检测参数

(1)压实沥青混合料密度试验

①表干法；②水中重法；③蜡封法；④体积法。

(2)沥青混合料理论最大相对密度试验

①真空法；②溶剂法。

(3)沥青混合料马歇尔稳定度试验

(4)沥青路面芯样马歇尔试验

(5)沥青混合料车辙试验

(6)沥青混合料弯曲试验

(7)沥青混合料饱水率试验

(8)沥青混合料中沥青含量试验

①射线法;②离心分离法;③回流式抽提仪法;④脂肪抽提器法。

(9)沥青混合料矿料级配试验

(10)沥青混合料回收沥青试验

①阿布森法;②旋转蒸发器法;

(11) 沥青混合料劈裂试验

(12) 沥青混合料的冻融劈裂试验

(13) 沥青混合料的渗水试验

(14) 沥青混合料谢伦堡沥青析漏试验

(15) 沥青混合料肯塔堡飞散试验

(16) 乳化沥青稀浆封层混合料稠度试验

(17) 乳化沥青稀浆封层混合料温轮磨耗试验

(18) 乳化沥青稀浆封层混合料初凝时间试验

(19) 乳化沥青稀浆封层混合料固化时间试验

(20) 乳化沥青稀浆封层混合料碾压试验

(21) 沥青混合料配合比设计

以上参数(1)～(21)项按《公路工程沥青及沥青混合料试验规程》(JTG E20—2011)进行检测。第(21)项按《公路沥青路面施工技术规范》(JTG F40—2004)要求进行。

二、常用参数的试验细则

(一)热拌沥青混合料取样方法

1. 目的与适用范围

本方法适用于在拌合厂及道路施工现场采集热拌沥青混合料或常温沥青混合料试样，供施工过程中的质量检验或在试验室测定沥青混合料的各项物理力学性质。所取的试样应有充分的代表性。

2. 仪具与材料

(1)铁锹

(2)手铲

(3)搪瓷盘或金属称样容器、塑料编织袋

(4)其他:温度计、标签、溶剂(煤油)、棉纱等

3. 取样数量

(1)试验数量根据试验项目决定,宜不少于试验用量的 2 倍。在现场取样(直接装入试模或盛样盒成型)时,也可等量取样。

(2)根据沥青混合料集料最大粒径，取样应不少于下列数量：

① 细粒式沥青混合料不少于 4kg；

② 中粒式沥青混合料不少于 8kg；

③ 粗粒式沥青混合料不少于 12kg；

④ 特粗型沥青混合料不少于 16kg。

(3)取样材料用于仲裁试验时，取样数量除应满足上述取样方法规定外，应保留一份代表样，直到仲裁结束。

4. 取样方法

(1)沥青混合料应是随机取样，并具有充分的代表性。用以检查拌合质量(如油石比、矿料级配)时，应从拌和机一次放料的下方或提升斗中取样，不得多次取样混合后使用。用以评定混合料质量时，必须分几次取样，拌和均匀后作为代表性试样。

(2)在沥青混合料拌和厂取样：在拌和机上取样时，宜用专用的容器(一次可装 5～8kg)装在拌和机卸料斗下方，每放一次料取一次样，顺次装入试样容器中，每次倒在清扫干净的平板上，连续几次取样，混合均匀，按四分法取样至足够数量。

在运料车上取样时，宜在汽车装料一半后，分别用铁锹从 3 个不同方向的 3 个不同高度处取样，然后混在一起用手铲适当拌和均匀，取出规定数量。在施工现场取样时，应在卸料一半后从不同方向取样，样品宜从 3 辆不同的车上取样混合使用。

注意：在运料车上取样时不得仅从满载的运料车车顶上取样，且不允许只在一辆车上取样。

(3)在道路施工现场取样：在道路施工现场取样时，应在摊铺后未碾压前，摊铺宽度两侧 1/2～1/3 位置处取样，用铁锹取该摊铺层的料。每摊铺一车料取一次样，连续 3 车取样后，混合均匀按四分法取样至足够数量。

(4)对热拌沥青混合料每次取样时，都必须用温度计测量温度，准确至 1℃。

3. 试样的保存与处理

(1)热拌热铺的沥青混合料试样需要存放时，可在温度下降至 60℃后装入塑料编织袋内．扎紧袋口，并应低温保存，应防止潮湿、淋雨等，且时间不要太长。

(2)在进行沥青混合料质量检验或进行物理力学性质试验时，当采集的试样温度下降或结成硬块不符合试验要求时，宜用微波炉或烘箱加热至符合压实的温度，通常加热时间不宜超过 4h，且只允许加热一次，不得重复加热。不得用电炉或燃气炉明火局部加热。

(二)沥青混合料马歇尔试件成型方法(击实法)

1. 沥青混合料试件的制作条件

沥青混合料试件制作时的矿料规格及试件数量应符合如下基本要求：

(1)当集料公称最大粒径小于或等于 26.5mm 时，采用标准击实法。一组试件的数量不少于 4 个。

(2)当集料公称最大粒径大于 26.5mm 时，宜采用大型击实法。一组试件的数量不少于 6 个。

(3)在试验室人工配置沥青混合料制作试件时，试件的制作步骤如下：

① 将各种规格的矿料置 105℃±5℃的烘箱中烘干至恒重(一般不少于 4～6h)。

② 将烘干分级的粗、细集料，按每个试件设计级配要求称其质量，在一金属盘中混合均匀，矿粉单独放入小盆里；然后置烘箱中加热至沥青拌和温度以上约15℃（采用石油沥青时通常为163℃；采用改性沥青时通常需要180℃）备用。一般按一组试件（每组4～6个）备料，但进行配合比设计时宜对每个试样分别备料。常温沥青混合料的矿料不应加热。

③ 将沥青试样用烘箱加热至规定的沥青混合料拌和温度，但不得超过175℃。当不得已采用燃气炉或电炉直接加热进行脱水时，必须使用石棉垫隔开。

④ 在拌和厂或施工现场采取的拌和沥青混合料制作直径试样时，将试样置于烘箱中加热或保温，在混合料中插入温度计测量温度，待混合料温度符合要求后成型。需要拌和时可倒入已加热的室内沥青混合料拌和机中适当拌和，时间不超过1min。不得在电炉或明火上加热炒拌。

2. 仪器设备

(1)自动击实仪：击实仪应具有自动计数、控制仪表、按钮设置、复位及暂停等功能。按其用途分为以下两种：

① 标准击实仪：由击实锤、Φ98.5mm±0.5mm的平圆形压实头及带手柄的导向棒组成。用机械将压实锤提升，至457.2mm±1.5mm的高度沿导向棒自由落下击实，标准击实锤的质量4536g±9g。

② 大型击实仪：由击实锤、Φ149.5mm±0.1mm平圆形压实头及带手柄的导向棒组成。用机械将压实锤举起，至457.2mm±2.5mm的高度沿导向棒自由落下击实，大型击实锤的质量(10210±10)g。

(2)试验室用沥青混合料拌和机：能保证拌和温度并充分拌和均匀，可控制拌和时间，容量不小于10L。搅拌叶自转速度70～80r/min，公转速度40～50 r/min。

(3)试模：由高碳钢或工具钢制成。

① 标准击实仪试模的内径为101.6mm±0.2mm，圆柱形金属筒高87mm，底座直径约120.6mm，套筒内径104.8mm、高70mm。

② 大型圆柱体试件的试模与套筒尺寸分别为：套筒外径165.1mm，内径165.1mm，内径155.6mm±0.3mm，总高83mm。试模内径152.4mm±0.2mm，总高115mm，底座板厚12.7mm，直径172mm。

(4)脱模器：电动或手动，应能无破损地推出圆柱体试件，备有标准圆柱体试件及大型圆柱体试件尺寸的推出环。

(5)烘箱：大、中型各一台，应有温度调节器。

(6)天平或电子秤：用于称量沥青的，感量不大于0.1g；用于称量矿料的，感量不大于0.5g。

(7)温度计：分度值为1℃。宜采用有金属插杆的插入式数显温度计，金属插杆的长度不小于150mm。量程0℃～300℃。

(8)布洛克菲尔德黏度计。

(9)其他：电炉或煤气炉、沥青融化锅、拌和铲、标准筛、滤纸（或普通纸）、胶布、卡尺、秒表、粉笔、棉纱、插刀或大螺丝起子等。

3. 确定制作沥青混合料试件的拌和温度与压实温度

试件的拌和与压实温度可按表4-30选用，并根据沥青品种和标号做适当调整。针入度小、稠度大的沥青取高限，针入度大、稠度小的沥青取低限，一般取中值。对改性沥青，应根据改性剂的品种和用量，适当提高混合料的拌和和压实温度。对大部分聚合物改性沥青，需要在基质沥青的基础上提高15℃～30℃，掺加纤维时，尚需要提高10℃左右。

表4-30　沥青混合料拌和及压实温度参数表

沥青混合料种类	拌和温度(℃)	压实温度(℃)
石油沥青	130～160	120～150
煤沥青	90～120	80～110
改性沥青	160～175	140～170

4. 成型准备工作

(1)将各种规格的矿料置(105±5)℃的烘箱中烘干至恒重(一般不少于4～6h)。根据需要，粗集料可先用水先冲洗干净后烘干。也可将粗细集料过筛后，用水冲洗再烘干备用。

(2)按规定试验方法分别测定不同粒径规格的粗、细集料及填料(矿粉)和沥青的各种密度。

(3)将烘干分级的粗细集料，按每个试件设计级配要求称其质量，在一金属盘中混合均匀，矿粉单独加热，置烘箱中预热至沥青拌和温度以上约15℃(采用石油沥青时通常为163℃；采用改性沥青时通常需180℃)备用。一般按一组试件(每组4～6个)备料，但进行配合比设计时宜对每个试件分别备料。

(4)按规定的试验方法采集沥青试样，用恒温烘箱或油浴、电热套熔化加热至规定的沥青混合料拌和温度备用，但不得超过175℃。当不得已采用燃气炉或电炉直接加热进行脱水时，必须使用石棉垫隔开。

(5)用沾有少许黄油的面纱擦拭试模、套筒及击实座等置100℃左右烘箱中加热1h备用。5、混合料拌制

(1)将沥青混合料拌和机预热至拌和温度以上10℃左右备用。

(2)将每个试件预热的粗细集料置于拌和机中，用小铲子适当混合．然后再加入需要数量的已加热至拌和温度的沥青，开动拌和机一边搅拌一边将拌和叶片插入混合料中拌和1～1.5min，然后暂停拌和，加热单独加热的矿粉，继续拌和至均匀为止，并使沥青混合料保持在要求的温度范围内。标准的总拌和时间为3min。

6. 成型方法

(1)将拌好的沥青混合料，用小铲适当拌和均匀，称取一个试件所需的用量(标准马歇尔试件约1200g，大型马歇尔试件约4050g)。当已知沥青混合料的密度时，可根据试件的标准尺寸计算并乘以1.03得到要求的混合料数量。当一次拌和几个试件时，宜将其倒入经预热的金属盘中，用小铲适当拌和均匀分成几份，分别取用。在试件制作过程中，为防止混合料温度下降，应连盘放在烘箱中保温。

(2)从烘箱中取出预热的试模及套筒，用蘸有少许黄油的棉纱擦拭套筒、底座及击实锤底面，将试模装在底座上，放一张圆形的吸油性小的纸，用小铲将混合料铲入试模中，用插刀或大螺丝刀沿周边插捣15次，中间10次。插捣后将沥青混合料表面整平。对大型击实法的试件，混合料分两次加入，每次插捣次数同上。

(3)插入温度计，至混合料中心附近，检查混合料温度。

(4)待混合料温度符合要求的压实温度后，将试模连同底座一起放在击实台上固定，在装好的混合料上面垫一张吸油性小的圆纸，再将装有击实锤及导向棒的压头插入试模中。开启电机，使击实锤从457mm的高度自由落下击实规定的次数(75次或50次)。对大型试件，击实次数为75次(相应于标准击实50次)或112次(相应于标准击实75次)。

(5)试件击实一面后，取下套筒，将试模翻面，装上套筒；然后以同样的方法和次数击实另一面。

(6)试件击实结束后，立即用镊子取掉上、下两面的纸，用卡尺量取试件离试模上口的高度并由此计算试件的高度，如高度不符合要求时，试件应作废，并按式(4-4)调整试件混合料质量，以保证高度符合63.5mm±1.3mm(标准试件)或95.3mm±2.5mm(大型试件)的要求。

$$整后混合料量=\frac{要求件高度\times原用混合料量}{所得件的高度} \tag{4-4}$$

(7)卸去套筒和底座，将装有试件的试模横向放置冷却至室温后(不少于12h)，置脱模机上脱出试件。

(8)将试件仔细置于干燥洁净的平面上，供试验用。

(三)压实沥青混合料密度试验(表干法)

1. 试验目的与适用范围

(1)表干法适用于测定吸水率不大于2%的各种沥青混合料试件，包括密级配沥青混凝土、沥青玛蹄脂碎石混合料(SMA)和沥青稳定碎石等沥青混合料试件的毛体积相对密度和毛体积密度。

(2)本方法测定的毛体积相对密度和毛体积密度适用于计算沥青混合料试件的空隙率、矿料间隙率等各项体积指标

2. 仪具与材料技术要求

(1)浸水天平或电子天平：当最大称量在3kg以下时，感量不大于0.1g；最大称量3kg以上时，感量不大于0.5g，应有测量水中重的挂钩。

(2)网篮。

(3)溢流水箱：使用洁净水，有水位溢流装置，保持试件和网篮浸入水中后的水位一定。

(4)试件悬吊装置：天平下方悬吊网篮及试件的装置，吊线应采用不吸永的细尼龙线绳，并有足够的长度。对轮碾成型机成型的板块状试件可用铁丝悬挂。

(5)秒表。

(6)毛巾。

(7)电风扇或烘箱。

3. 方法与步骤

(1)准备试件。本试验可以采用室内成型的试件，也可以采用工程现场钻芯、切割等方法获得的试件。试验前试件宜在荫凉处保存(温度不宜高于35℃)，且放置在水平的平面上，注意不要使试件产生变形。

(2)选择适宜的浸水天平或电子天平，最大称量应满足试件质量的要求。

(3)除去试件表面的浮粒，称取干燥试件的空中质量 m_a，根据选择的天平感量读数，准确至0.1g或0.5g。

(4)挂上网篮，浸入溢流水箱中，调节水位，将天平调平或复零，把试件置于网篮中(注意不要晃动水)浸入水中 3～5min，称取水中质量 m_w。若天平读数持续变化，不能很快达到稳定，说明试件吸水较严重，不适用于此法测定，应改用蜡封法测定。

(5)从水中取出试件，尽快用洁净柔软的湿毛巾拧干后轻轻擦去试件的表面水(不得吸走空隙内的水)，称取试件的表干质量 m_f。从试件拿出水面到擦拭结束不宜超过 5s，称量过程中流出的水不得再擦拭。

(6)对从路上钻取的非干燥试件可先称取水中质量 m_w 和表干质量 m_f，然后用电风扇将试件吹干至恒重(一般不少于 12h，当不需进行其他试验时，也可用 60℃±5℃烘箱烘干至恒重)，再称取空中质量 m_a。

4. 数据处理和结果评定

(1)计算试件的吸水率，取 1 位小数。

试件的吸水率即试件吸水体积占沥青混合料毛体积的百分率，按式(4－5)计算：

$$S_a=\frac{m_f-m_a}{m_f-m_w}\times 100 \tag{4-5}$$

式中：S_a——试件的吸水率，%；

m_a——干燥试件的空气中质量，g；

m_w——试件的水中质量，g；

m_f——试件的表干质量，g。

(2)按式(4－6)、式(4－7)计算试件的毛体积相对密度和毛体积密度，取 3 位小数。

$$\gamma_f=\frac{m_a}{m_f-m_w} \tag{4-6}$$

$$\rho_f=\frac{m_a}{m_f-m_w}\times\rho_w \tag{4-7}$$

式中：γ_f——试件的毛体积相对密度，无量纲；

ρ_f——用表干法测定的试件毛体积密度，g/cm^3；

ρ_w——25℃时水的密度，取 0.9971g/cm^3。

(3)试件的空隙按式(4－8)计算，取 1 位小数：

$$VV=\left(1-\frac{\gamma_f}{\gamma_t}\right)\times 100 \tag{4-8}$$

式中：VV——试件的空隙率，%。

γ_t——沥青混合料最大相对密度，当实测理论最大相对密度有困难时，也可以采用计算的理论最大相对密度。

γ_f——试件的毛体积相对密度，无量纲通常采用表干法测定；当试件吸水率 $S_a>2\%$ 时，宜采用蜡封法测定；当按规定允许采用水中重法测定时，也可采用表观相对密度代替。

(4)矿料的合成毛体积相对密度按式(4-9)计算,取3位小数:

$$\gamma_{sb}=\frac{100}{\frac{P_1}{\gamma_1}+\frac{P_2}{\gamma_2}+\cdots+\frac{P_n}{\gamma_n}} \tag{4-9}$$

式中:γ_{sb}——矿料的合成毛体积相对密度,无量纲;

$P_1,P_2,\cdots,P_n$——各种矿料占矿料总质量的百分率(%),其和为100;

$\gamma_1,\gamma_2,\cdots,\gamma_n$——各种矿料的相对密度,无量纲。

(5)计算矿料的合成表观相对密度按式(4-10)计算,取3位小数:

$$\gamma_{sa}=\frac{100}{\frac{P_1}{\gamma_1'}+\frac{P_2}{\gamma_2'}+\cdots+\frac{P_n}{\gamma_n'}} \tag{4-10}$$

式中:γ_{sa}——矿料的合成表观相对密度,无量纲;

$\gamma_1',\gamma_2',\cdots,\gamma_n'$——各种矿料的表观相对密度,无量纲。

(7)确定沥青混合料的理论最大相对密度,取3位小数。

① 对非改性的普通沥青混合料,采用真空法实测沥青混合料的理论最大相对密度γ_t。

② 对改性沥青或SMA混合料宜按式(4-11)、式(4-12)计算沥青混合料对于油石比的理论最大相对密度。

$$\gamma_t=\frac{100+P_a}{\frac{100}{\gamma_{se}}+\frac{P_a}{\gamma_b}} \tag{4-11}$$

$$\gamma_t=\frac{100+P_a+P_x}{\frac{100}{\gamma_{se}}+\frac{P_a}{\gamma_b}+\frac{P_x}{\gamma_x}} \tag{4-12}$$

式中:γ_t——计算沥青混合料对应油石比的理论最大相对密度,无量纲;

P_a——油石比,即沥青质量占矿料总质量的百分比(%),$P_a=\frac{P_b}{(100-P_b)}\times 100$;

P_x——纤维用量,即纤维质量占矿料总质量的百分率(%);

γ_x——25℃时纤维的相对密度,由厂方提供或实测得到,无量纲;

γ_{se}——合成矿料的有效相对密度,无量纲;

γ_b——25℃时沥青的相对密度,无量纲。

③ 对旧路面钻取芯样的试件缺乏材料密度、配合比及油石比的沥青混合料时,可采用真空法实测沥青混合料的理论最大相对密度γ_t。

(8)试件的空隙率VV、矿料间隙率VMA和有效沥青的饱和度VFA可按式(4-13)～式(4-15)计算,取1位小数:

$$VV=\left(1-\frac{\gamma_f}{\gamma_t}\right)\times 100 \tag{4-13}$$

$$VMA=\left(1-\frac{\gamma_f}{\gamma_{sb}}\times\frac{P_s}{100}\right)\times 100 \tag{4-14}$$

$$VFA=\frac{VMA-VV}{VMA}\times 100 \tag{4-15}$$

式中：VV——沥青混合料试件的空隙率，%；

VMA——沥青混合料试件的矿料间隙率，%；

VFA——沥青混合料试件的有效沥青的饱和度，%；

P_s——各种矿料占沥青混合料总质量的百分率之和，%，$P_s=100-P_b$；

γ_{sb}——矿料的合成毛体积相对密度，无量纲。

(9)粗集料骨架间隙率的计算：

$$P_{ca}=P_s\times\frac{PA_{4.75}}{100} \tag{4-16}$$

式中：P_{ca}——矿料中所以粗集料质量占沥青混合料总质量的百分率，%；

$PA_{4.75}$——矿料级配中4.75mm筛余量，即100减去4.75mm通过率。

$$\gamma_{ca}=\frac{P_{1e}+P_{2e}+\cdots+P_{ne}}{\frac{P_{1e}}{\gamma_{1e}}+\frac{P_{2e}}{\gamma_{2e}}+\cdots+\frac{P_{ne}}{\gamma_{ne}}} \tag{4-17}$$

式中：γ_{ca}——矿料中所以粗集料的合成毛体积相对密度，无量纲；

$P_{1e},\cdots,P_{ne}$——矿料中各种粗集料占矿料总质量的百分比，%；

$\gamma_{1e},\cdots,\gamma_{ne}$——矿料中各种粗集料的毛体积相对密度，无量纲。

粗集料骨架间隙率可按式(4-18)计算，取1位小数。

$$VCA_{mix}=100-\frac{\gamma_f}{\gamma_{ca}}\times P_{ca} \tag{4-18}$$

式中：VCA_{mix}——粗集料骨架间隙率，%。

(四)沥青混合料马歇尔稳定度试验

1. 目的与适用范围

(1)本方法适用于马歇尔稳定度试验和浸水马歇尔稳定度试验，以进行沥青混合料的配合比设计或沥青路面施工质量检验。浸水马歇尔稳定度试验(根据需要，也可进行真空饱水马歇尔试验)供检验沥青混合料受水损害时抵抗剥落的能力时使用，通过测试其水稳定性检验配合比设计的可行性。

(2)本方法适用于标准马歇尔试件圆柱体和大型马歇尔试件圆柱体。

2. 主要仪器设备

(1)马歇尔稳定度试验仪：用计算机或X-Y记录仪记录荷载-位移曲线，并具有自动测定荷载与试件垂直变形的传感器、位移计，能自动显示或打印试验结果。

(2)恒温水槽：控温准确度为1℃，深度不小于150mm。

(3)真空饱水容器：包括真空泵及真空干燥器。

(4)天平：感量不大于0.1g。

(5)其他：卡尺、温度计等。

3. 试件准备

(1)试件按击实法成型,标准马歇尔尺寸应符合直径(101.6±0.2)mm、高(63.5±1.3)mm 的要求。对大马歇尔试件,尺寸应符合(152.4±0.2)mm、高(95.3±2.5)mm 的要求。一组试件的数量最少不得少于 4 个。

(2)量测试件的直径及高度:用卡尺测量试件中部的直径,用马歇尔试件高度测定器或用卡尺在十字对称 4 个方向测量离试件边缘 10mm 处的高度,准确至 0.1mm,并以其平均值作为试件的高度。如试件高度不符合(63.5±1.3)mm 或(95.3±2.5)mm 的要求,或两侧高度差大于 2mm 时,此试件应作废。

(3)测定试件的密度,并计算空隙率、沥青体积百分率、沥青饱和度、矿料间隙率等体积指标。

(4)将恒温水槽调节至要求的试验温度,对黏稠石油沥青或烘箱养生过的乳化沥青混合料为(60±1)℃,对煤沥青混合料为(33.8±1)℃,对空气养生的乳化沥青或液体沥青混合料为(25±1)℃。

4. 操作步骤

(1)标准马歇尔试验

① 将试件置于规定温度的恒温水槽中保温,保温时间对标准马歇尔试件需 30～40min,对大型马歇尔试件需 45～60min。试件之间应有间隔,底下应垫起,距水槽底部不小于 5cm。

② 将马歇尔试验仪的上下压头放入水槽或烘箱中达到同样温度。将上下压头从水槽或烘箱中取出擦拭干净内面,为使上下压头滑动自如,可在下压头的捣棒上涂少量黄油。再将试件取出置于下压头上,盖上上压头,然后装在加载设备上。

③在上压头的球座上放妥钢球,并对准荷载测定装置的压头。

④ 当采用自动马歇尔试验仪时,将自动马歇尔试验仪的压力传感器、位移传感器与计算机或 $X-Y$ 记录仪正确连接,调整好适宜的放大比例,压力和位移传感器调零。

⑤ 当采用压力环和流值计时,将流值计安装在导棒上,使导向套管轻轻地压住上压头,同时将流值计读数调零。调整压力环中百分表,对零。

⑥ 启动加载设备,是试件承受荷载,加载速度为(50±5)mm/min。计算机或 $X-Y$ 记录仪自动记录传感器压力和试件变形曲线并将数据自动存入计算机。

⑦ 当试验荷载达到最大值的瞬间,取下流值计,同时读取压力环中百分表读数及流值计的流值读数。

⑧ 从恒温水槽中取出试件至测出最大荷载值的时间,不得超过 30s。

(2)浸水马歇尔试验方法

浸水马歇尔试验方法与标准马歇尔试验方法的不同之处在于,试件在已达到规定温度恒温水槽中的保温时间为 48h,其余步骤均与标准马歇尔试验方法相同。

(3)真空饱水马歇尔试验方法

试件真空放入真空干燥器中,关闭进水胶管,开动真空泵,使干燥器的真空度达到 97.3kPa(730mmHg)以上,维持 15min;然后打开进水胶管,靠负压进入冷水流使试件全部浸入水中,浸水 15min 后恢复常压,取出试件再放入已达到规定温度的恒温水槽中保温 48h,其余均与标准马歇尔试验方法相同。

5. **数据处理和结果评定**

$$T=\frac{MS}{FL} \tag{4-19}$$

$$MS_0=\frac{MS_1}{MS}\times 100 \tag{4-20}$$

$$MS_0'=\frac{MS_2}{MS}\times 100 \tag{4-21}$$

式中：T——试件的马歇尔模数(kN/mm)；

MS——试件的稳定度(kN)；

MS_0——试件的浸水残留稳定度(%)；

FL——试件的流值(mm)；

MS_1——试件的浸水 48h 后的稳定度(kN)；

MS_0'——试件的真空饱水残留稳定度(%)；

MS_2——试件真空饱水后浸水 48h 后的稳定度(kN)。

(五)沥青混合料中沥青含量试验(离心分离法)

1. **目的与适用范围**

(1)本方法采用离心分离法测定黏稠石油沥青拌制的沥青混合料中的沥青含量(或油石比)。

(2)本方法适用于热拌热铺沥青混合料路面施工的沥青用量检测，以评定拌合厂产品质量。此法也适用于旧路调查时检测沥青混合料的沥青用量，用此法抽提的沥青溶液可用于回收沥青，以评定沥青的老化性质。

2. **仪具与材料**

(1)离心抽提仪；

(2)圆环形滤纸；

(3)回收瓶：容量 1700mL 以上；

(4)压力过滤装置；

(5)天平(0.01g 和 0.001g 各一台)；烘箱；化学溶剂等。

3. **操作前的准备**

(1)按沥青混合料取样方法，在拌和厂从运料卡车采取沥青混合料试样，放在金属盘中适当拌和，待温度稍下降至 100℃以下时，用大烧杯取混合料试样质量 1000～1500g(粗粒式沥青混合料用高限，细粒式用低限，中粒式用中限)，准确至 0.1g。

(2)当试样是路上用钻机法或切割法取得的，应用电风扇吹风使其完全干燥，置烘箱中适当加热后成松散状态取样，不得用锤击，以防集料破碎。

4. **操作步骤**

(1)向装有试样的烧杯中注入三氯乙烯溶剂，将其浸没，浸泡 30min，用玻璃棒适当搅动混合料，使沥青充分溶解。也可直接在离心分离器中浸泡。

(2)将混合料及溶液倒入离心分离器，用少量溶剂将烧杯及玻璃棒上的黏附物全部洗入分离器中。

(3)称取洁净的圆环形滤纸质量，准确至0.01g。注意滤纸不宜多次反复使用，有破损者不能使用，有石粉黏附时应用毛刷清除干净。

(4)将滤纸垫在分离器边缘上，加盖紧固，在分离器出口处放上回收瓶，上口应注意密封，防止流出液成雾状散失。

(5)开动离心机，转速逐渐增至3000r/min，沥青溶液通过排出口注入回收瓶中，待流出停止后停机。

(6)从上盖的孔中加入新溶剂，数量大体相同，稍停3～5min后，重复上述操作，如此数次直至流出的抽提液成清澈的淡黄色为止。

(7)卸下上盖，取下圆环形滤纸，在通风橱或室内空气中蒸发干燥，然后放入105℃±5℃的烘箱中干燥，称取质量，其增重部分m_2为矿粉的一部分。

(8)将容器中的集料仔细取出，在通风橱或室内空气中蒸发后放入105℃±5℃的烘箱中烘干(一般需4h)，然后放入大干燥器中冷却至室温，称取集料质量m_1。

(9)用压力过滤器过滤回收瓶中的沥青溶液，由滤纸的增重m_3得出泄露入滤液中矿粉。无压力过滤器时也可以用燃烧法测定。

5. 数据处理

(1)沥青混合料中矿料的总质量按式(4-22)计算

$$m_a = m_1 + m_2 + m_3 \tag{4-22}$$

式中：m_a——沥青混合料中矿料部分的总质量，g；

m_1——容器中留下的集料干燥质量，g；

m_2——泄漏入抽提液中的矿粉质量，g；

m_3——圆环形滤纸在试验前后的增重，g。

(2)沥青混合料中沥青含量及油石比按式(4-23)、式(4-24)计算：

$$P_b = \frac{m - m_a}{m} \tag{4-23}$$

$$P_a = \frac{m - m_a}{m_a} \tag{4-24}$$

式中：m——沥青混合料的总量，g；

P_b——沥青混合料的沥青含量，%；

P_a——沥青混合料的油石比，%。

6. 结果评定

同一沥青混合料试样至少平行试验两次，取平均值作为试验结果。两次试验结果的差值应小于0.3%，当大于0.3%但小于0.5%时．应补充平行试验一次，以3次试验的平均值作为试验结果，3次试验值的最大值与最小值不得大于0.5%。

(六)沥青混合料车辙试验

1. 目的与适用范围

(1)本方法适用于测定沥青混合料的高温抗车辙能力，供沥青混合料配合比设计时的高温稳定性检验适用,也可用于现场沥青混合料的高温稳定性试验。

(2)车辙试验的温度与轮压(试验轮与试件的接触压强)可根据有关规定和需要选用,非经证明,试验温度为60℃,轮压为0.7MPa。根据需要,如在寒冷地区也可采用45℃,在高温条件下采用70℃等,对重载交通的轮压可增加至1.4MPa,但应在报告中注明。计算动稳定度的时间原则上为试验开始后45～60min。

(3)本方法适用于用轮碾成型机碾压成型的长300mm、宽300mm、厚50～100mm的板块状试件。根据工程需要也可采用其他尺寸的试件。本方法也适用于现场切割斑块状试件,切割试件尺寸根据现场面层的实际情况由试验确定。

2. 仪具与材料

(1)车辙试验机:主要由下列部分组成:

① 试件台:可牢固地安装两种宽度(300mm和150mm)的规定尺寸试件的试模。

② 试验轮:橡胶制的实心轮胎,外径Φ200mm,轮宽的50mm,橡胶层厚15mm。橡胶硬度(国际标准硬度)20℃时为84±4;60℃时为78±2。试验轮行走距离为(230±10)mm,往返碾压速度为(42±1)次/min(21次往返/min)的。允许采用曲柄连杆驱动试验台运动(试验轮不移动)的任一种方式。

注:轮胎橡胶硬度应注意检验,不符合要求者应及时更换。

③ 加载位置:使试验轮与试件的接触压强在60℃时为(0.7±0.05)MPa,施加的总荷载为780N左右,根据需要可以调整接触压强大小。

④ 试模:钢板制成,由底板及侧板组成,试模内侧尺寸长为300mm,宽为300mm,厚为50～100mm,也可根据需要对厚度进行调整。

⑤ 变形测量装置:自动检测车辙变形并记录曲线的装置,通常用LVDT、电测百分表或非接触位移计。位移测量范围0～130mm,精度±0.01mm。

⑥ 温度检测装置:自动检测并记录试件表面及恒温室内温度的温度传感器、温度计(精度0.5℃)。温度应能自动连续记录。

(2)恒温室:恒温室应具有足够的空间。车辙试验机必须整机安装在恒温室内,装有加热器、气流循环装置及装有自动温度控制设备,同时恒温室还应有至少能保温3块试件并进行试验的条件。保持恒温室温度60℃±1℃(试件内部温度60℃±0.5℃),根据需要也可采用其他试验温度。

(3)台秤:称量15kg,感量不大于5g。

3. 准备工作

(1)试验轮接地压强测定:测定在60℃时进行,在试验台上放置一块50mm厚的钢板,其上铺一张毫米方格纸,上铺一张新的复写纸,以规定的700N荷载后试验轮静压复写纸,即可在方格纸上得出轮压面积,并由此求得接地压强。当压强不符合0.7 MPa±0.05MPa,荷载应予适当调整。

(2)用轮碾成型法制作车辙试验试块。在试验室或工地制备成型的车辙试件,板块状试件尺寸为长300mm×宽300mm×厚50mm～100mm(厚度根据需要确定)。也可从路面切割得到需要尺寸的试件。

当直接在拌和厂取拌和好的沥青混合料样品制作车辙试验试件检验生产配合比设计

或混合料生产质量时，必须将混合料装入保温桶中，在温度下降至成型温度之前迅速送达试验室制作试件，如果温度稍有不足，可放在烘箱中稍事加热(时间不超过 30min)后成型。但不得将混合料放冷后二次加热重塑制作试件。重塑制件的试验结果仅供参考，不得用于评定配合比设计检验是否合格使用。

(3)试件成型后连同试模一起在常温条件下放置的时间不得少于 12h。对聚合物改性沥青混合料，放置的时间以 48h 为宜，使聚合物改性沥青充分固化后方可进行车辙试验，室温放置时间不得长于一周。

4. 试验步骤

(1)将试件连同试模一起，置于已达到试模温度 60℃±1℃的恒温室中，保温不少于 5h，也不得超过 12h。在试件的试验轮不行走的部位上，粘贴一个热电偶温度计(也可在试件制作时预先将热电偶导线埋入试件一角)，控制试件温度稳定在 60℃±0.5℃。

(2)将试件连同试模移至轮辙试验机的试验台上，试验轮在试件的中央部位，其行走方向须与试件碾压或行车方向一致。开动车辙变形自动记录仪，然后启动试验机，使试验轮往返行走，时间约 1h，或最大变形达到 25mm 时为止。试验时，记录仪自动记录变形曲线及试件温度。

5. 结果计算

(1)从变形曲线上读取 45min(t_1)及 60min(t_2)时的车辙变形 d_1 及 d_2，准确至 0.01mm。当变形过大，在未到 60min 变形已达 25mm 时，则以达到 25mm(d_2)时的时间为 t_2，将其前 15min 为 t_1，此时的变形量为 d_1。

(2)沥青混合料试件的动稳定度按式(4-25)计算。

$$\mathrm{DS}=\frac{t_2-t_1}{d_2-d_1}\times N\times C_1\times C_2 \qquad (4-25)$$

式中：DS——沥青混合料的动稳定度，次/mm；

d_1——对应于时间 t_1 的变形量，mm；

d_2——对应于时间 t_1 的变形量，mm；

C_1——试验机类型系数，曲柄连杆驱动加载轮往返行走方式为 1.0；

C_2——试验系数，试验室制备的宽 300mm 的试件为 1.0；

N——试验轮往返碾压速度，通常为 42 次/min。

(3)同一沥青混合料或同一路段的路面，至少平行试验 3 个试件，当 3 个试件动稳定度变异系数不大于 20%时，取平均值作为试验结果；变异系数大于 20%时应分析原因，并追加试验。如计算动稳定度值大于 6000 次/mm 时，记作“>6000 次/mm”。重复性试验动稳定度变异系数不大于 20%。

(七)沥青混合料理论最大相对密度(真空法)试验

1. 目的与适用范围

(1)本方法适用于采用真空法测定沥青混合料理论最大相对密度，供沥青混合料配合比设计、路况调查或路面施工质量管理计算空隙率、压实度等需要。

(2)本方法不适用于吸水率大于 3%的多孔性集料的沥青混合料。

2. **主要仪具**

(1)电子天平:称量 5kg 以上,感量不大于 0.1g;称量 2kg 以上,感量不大于 0.05g;

(2)负压容器;

(3)真空负压装置;

(4)振动装置;

(5)恒温水槽;

(6)温度计(100℃)、玻璃板、平底盘等。

3. **操作前的准备**

(1)按沥青混合料取样方法或从沥青路面上采取(或钻取)沥青混合料试样。试样数量不少于表 4-31 规定的数量。

表 4-31 沥青混合料理论最大相对密度试验试样数量

沥青混合料中集料最大粒径(mm)	最少试样数量(g)	沥青混合料中集料最大粒径(mm)	最少试样数量(g)
37.5	3500	13.2,16.0	1500
31.5	3000	9.5	1000
26.5	2500	4.75	500
19.0	2000	—	—

① 拌制沥青混合料,分别拌制两个平行试样,放置于平底盘中。

② 从拌和楼、运料车或者摊铺现场取样,趁热分成两个平行试样,分别放置于平底盘中。

③ 从沥青路面上钻芯取样或切割的试样,或者其他来源的冷沥青混合料,应置于 125℃±5℃烘箱中加热至变软、松散后,然后缩分成两个平行试样,分别放置于平底盘中。

(2)将平底盘中的热沥青混合料,在室温中冷却或者用电风扇吹,一边冷却一边将沥青混合料团块仔细分散,粗集料不破碎,细集料团块分散到小于 6.4mm。若混合料坚硬时可用烘箱适当加热后再分散,加热温度不超过 60℃。分散试样时可用铲子翻动、分散,在温度较低时应用手掰开,不得用锤打碎,防止集料破碎。当试样是从施工现场采取的非干燥混合料时,应用电风扇吹干至恒重后再操作。

(3)负压容器标定方法:

1)采用 A 类容器时,将容器全部浸入 25℃±0.5℃的恒温水槽中,负压容器完全浸没、恒温 10min±1min 后,称取容器的水中质量 m_1。

2)B、C 类负压容器:

(1)大端口的负压容器,需要有大于负压容器端口的玻璃板。将负压容器和玻璃板放进水槽中,注意轻轻摇动负压容器使容器内气泡排除。恒温 10min±1min 后,取出负压容器和玻璃板,向负压容器内加满 25℃±0.5℃水至液面稍微溢出,用玻璃板先盖住容器端口 1/3,然后慢慢沿容器端口水平方向移动盖住整个端口,注意查看有没有气泡。擦除负压容器四周的水,称取盛满水的负压容器质量为 m_b。

(2)小口的负压容器,需要采用中间带垂直孔的塞子,其下部为凹槽,以便于空气从孔中排除。将负压容器和塞子放进水槽中,注意轻轻摇动负压容器内气泡排除。恒温 10min±1min,在水中将瓶塞塞进瓶口,使多余的水由瓶塞上的孔中挤出。取出负压容器,将负压容器用干净的软布在瓶塞顶部擦拭一次，再迅速擦除负压容器外面的水分，最后称其质量 m_b。

4. 试验步骤

(1)将沥青混合料试样装入干燥的负压容器中，称取容器及混合料总质量，得到试样的净质量 m_a，试样质量应不小于上述规定的最小数量。

(2)在负压容器中注入(25±5)℃的水，将混合料全部浸没，并较混合料顶面高出约 2cm。

(3)将负压容器放到试验仪上，与真空泵、压力表等连接，开动真空泵，使负压容器内负压在 2min 内达到(3.7±0.3)kPa[(27.5±2.5)mmHg]时，开始计时，同时开动振动装置和抽真空，持续(15±2)min。

为使气泡容易除去，试验前可在水中加 0.01%浓度的表面活性剂(如每 100mL 水中加 0.01g 洗涤灵)。

(4) 当抽真空结束后，关闭真空装置和振动装置，打开调压阀慢慢卸压，卸压速度不得大于 8kPa/s(通过真空表读数控制)，使负压容器内压力逐渐恢复。

(5) 将盛试样的容器浸入保温至(25±0.5)℃的恒温水槽中，恒温(10±1)min 后，称取负压容器与沥青混合料的水中质量 m_2。

(6)当负压容器采用 B、C 类容器时，将装有沥青混合料试样的容器浸入保温至 25℃±0.5℃的恒温水槽中，恒温 10min±1min 后，注意容器中不得有气泡，擦净容器外的水分，称取容器、水和沥青混合料试样的总质量(m_c)。

5. 数据处理和结果评定

(1)采用 A 类容器时，沥青混合料的理论最大相对密度按式(4－26)计算：

$$\gamma_t = \frac{m_a}{m_a - (m_2 - m_1)} \tag{4-26}$$

式中：γ_t——沥青混合料的理论最大相对密度；

m_a——干燥沥青混合料试样的空气中质量，g；

m_1——负压容器在 25℃水中的质量，g；

m_2——负压容器与沥青混合料在 25℃水中的质量，g。

(2)采用 B、C 类容器作负压容器时，沥青混合料的最大相对密度按式(4－27)计算：

$$\gamma_t = \frac{m_a}{m_a + m_b - m_c} \tag{4-27}$$

式中：m_b——装满 25℃水的负压容器质量，g；

m_c——25℃时试样、水与负压容器的总质量，g。

(3)沥青混合料 25℃时的理论最大密度按式(4－28)计算：

$$\rho_t = \gamma_t \times \rho_w \tag{4-28}$$

式中：ρ_t——沥青混合料的理论最大密度，g/cm³；

ρ_w——25℃时水的密度，0.9971g/cm³。

(八)沥青混合料矿料级配试验

1. 目的与适用范围

本方法适用于测定沥青路面施工过程中沥青混合料的矿料级配、供评定沥青路面施工质量时使用。

2. 仪具与材料技术要求

(1)标准筛:根据沥青混合料级配选用相应的选筛号;

(2)电子天平;

(3)震摆摇筛机;

(4)电热恒温鼓风干燥箱;其他(样品盘、毛刷)。

3. 操作前准备

(1) 将沥青混合料试样按沥青含量的试验方法抽提沥青后,将全部矿质混合料放入样品盘中置温度(105±5)℃烘干,并冷却至室温。

(2) 按沥青混合料矿料级配设计要求,选用全部或部分需要筛孔的标准筛,作施工质量检验时,至少应包括0.075mm、2.36mm、4.75mm及集料公称最大粒径等5个筛孔,按大小顺序排列成套筛。

4. 操作步骤

(1)将抽提后的全部矿料试样称量,准确至0.1g。

(2)将标准筛带筛底置摇筛机上,并将矿质混合料置于筛内,盖妥筛盖后,压紧摇筛机,开动摇筛机筛分10min。取下套筛后,按筛孔大小顺序,在一清洁的浅盘上,再逐个进行手筛,手筛时可用手轻轻拍击筛框并经常地转动筛子,直至每分钟筛出量不超过筛上质量的0.1%时为止,但不允许用手将颗粒塞过筛孔。筛下的颗粒并入下一号筛,并和下一号筛中试样一起过筛。在筛分过程中,针对0.075mm筛的料,根据需要也可以参照《公路工程集料试验规程》(JTG E42—2005)的方法采用水筛法,或者对同一种混合料,适当进行几次干筛与湿筛的对比试验后,对0.075mm通过率进行适当的换算或修正。

(3)称量各筛上筛余颗粒的质量,准确至0.1g。并将沾在滤纸、棉花上的矿粉及抽提液中的矿粉计入矿料中通过0.075mm的矿粉含量中。所有各筛的分计筛余量和底盘中剩余质量的总和与筛分前试样总质量相比,相差不得超过总质量的1%。

5. 数据处理

(1)试样的分计筛余量按式(4-29)计算:

$$P_i = \frac{m_i}{m} \times 100 \tag{4-29}$$

式中:P_i——第i级试样的分计筛余量百分比,%;

m_i——第i级试样的分计筛余量,g;

m——试样的质量,g。

(2)累计筛分百分率:该号筛上的分计筛余百分率与大于该号筛上的分计筛余百分率之和,准确至0.1%。

(3)通过百分率:用100减去该号筛上的累计筛余百分率,准确至0.1%。

(4)以筛孔尺寸为横坐标。绘制矿料组成曲线,评定该试样的颗粒组成。

6. 结果评定

同一混合料至少取两个试样平行筛分试验两次,取平均值作为每号筛上的筛余量的试验结果,报告矿料级配能过百分率及组配曲线。

(九)常用参数试验记录表格

其记录表格分别见表4-32~表4-35所列。

表 4-32 ＿＿＿＿公路沥青混合料马歇尔稳定度试验记录表

承包单位：　　　　监理单位：　　　　合同号：　　　　编号：

样品名称		取样日期		试验日期	
混合料级配类型		沥青种类		击实温度：　　℃	
混合料理论最大相对密度		沥青相对密度		击实次数：两面各　　次	
矿料配合比				试验方法：	

试件编号	石化比（%）	试件高度（mm）					空中质量（g）	水中质量（g）	表干质量（g）	试件毛体积相对密度	试件空隙率（%）	矿料间隙率（%）	有效沥青饱和度（%）	粗集料骨架间隙率（%）	稳定度（kN）	流值（mm）	马歇尔模数（kN/mm）
	1	2	平均	3	4	5	6	7	8	9	10	11	12	13			
平均																	
标准差																	

结论：	监理意见：
试验工程师：　　　　年　　月　　日	监理人员：　　　　年　　月　　日

试验人员：　　　　校核：

表 4-33 ____________公路沥青混合料中沥青含量试验记录表(离心法)

承包单位： 合同号：

监理单位： 编　号：

<table>
<tr><td>样品名称</td><td colspan="3"></td><td>取样日期</td><td colspan="3"></td></tr>
<tr><td>样品来源</td><td colspan="3"></td><td>试验日期</td><td colspan="3"></td></tr>
<tr><td>试验用途</td><td colspan="3"></td><td>设计油石比(%)</td><td colspan="3"></td></tr>
<tr><td colspan="5">试验次数</td><td>1</td><td>2</td><td>3</td></tr>
<tr><td colspan="5">沥青混合料总质量 m(g)</td><td></td><td></td><td></td></tr>
<tr><td rowspan="10">混合料中矿料部分的总质量(%)</td><td colspan="4">容器中留下的集料干燥质量 m_1(g)</td><td></td><td></td><td></td></tr>
<tr><td rowspan="3">圆环形滤纸上的矿料质量</td><td colspan="3">圆环形滤纸在试验前的烘干质量(g)</td><td></td><td></td><td></td></tr>
<tr><td colspan="3">圆环形滤纸在试验后的烘干质量(g)</td><td></td><td></td><td></td></tr>
<tr><td colspan="3">圆环形滤纸在试验前后的增量 m_2(g)</td><td></td><td></td><td></td></tr>
<tr><td rowspan="5">泄漏入抽提液中矿粉质量(g)</td><td>过滤法</td><td colspan="2">泄漏入抽提液中矿粉质量(g)</td><td></td><td></td><td></td></tr>
<tr><td rowspan="4">燃烧法</td><td colspan="2">抽提液的总质量 V_a(mL)</td><td></td><td></td><td></td></tr>
<tr><td colspan="2">取出燃烧干燥的油提液质量 V_b(mL)</td><td></td><td></td><td></td></tr>
<tr><td colspan="2">坩埚中燃烧干燥的残渣质量 m_4(g)</td><td></td><td></td><td></td></tr>
<tr><td colspan="2">渗漏入抽提液中矿粉质量 m_5(g)</td><td></td><td></td><td></td></tr>
<tr><td colspan="4">沥青混合料中矿料部分总质量 m_6(g)</td><td></td><td></td><td></td></tr>
<tr><td rowspan="2">沥青含量(%)</td><td colspan="4">沥青混合料中沥青含量 $P_b=\frac{(m-m_a)}{m}\times100(\%)$</td><td></td><td></td><td></td></tr>
<tr><td colspan="4">沥青混合料中沥青含量平均值 P_b(%)</td><td colspan="3"></td></tr>
<tr><td rowspan="2">油石比(%)</td><td colspan="4">沥青混合料油石比 $P_a=\frac{(m-m_a)}{m_a}\times100(\%)$</td><td></td><td></td><td></td></tr>
<tr><td colspan="4">沥青混合料油石比平均值 P_a(%)</td><td colspan="3"></td></tr>
<tr><td colspan="4">结论：

试验工程师：　　年　月　日</td><td colspan="4">监理意见：

监理人员：　　年　月　日</td></tr>
</table>

试验人员： 校核：

表 4－34 公路沥青混合料理论最大相对密度试验记录表(真空法)

承包单位： 合同号：

监理单位： 编　号：

样品来源		试验日期		
级配类型		水温(℃)		
油石比(%)		试验用途		
试验内容		试样编号		
		1	2	3
干燥沥青混合料试样在空气中质量 m_a(g)				
A类	容器在水中的质量 m_1(g)			
	容器与试样在水中的总质量 m_2(g)			
B类	容器与水的总质量 m_3(g)			
	容器、水与试样的总质量 m_4(g)			
理论最大相对密度 γ_1				
理论最大相对密度 γ_1 平均值				
水在试验温度下的密度 ρ_w(g/cm^2)				
理论最大密度 $\rho_1=\rho_1\times\rho_w$(g/cm^2)				
结论： 试验工程师：　　年　月　日		监理意见： 监理人员：　　年　月　日		

试验人员： 校核：

表 4－35 ______公路沥青混合料矿料级配试验记录表

承包单位：　　　　　　　　　　　　　　　　合同号：

监理单位：　　　　　　　　　　　　　　　　编　号：

样品名称			样品来源		试验日期		
混合料配合比	材料名称					矿粉	水泥	沥青
	材料规格							
	材料产地							
	用量(%)							

混合料级配试验结果														
混合料质量(g)														
筛孔孔径(cm)	31.5	26.5	19	16	13.2	9.5	4.75	2.36	1.18	0.6	0.3	0.15	0.075	<0.075
(1)筛余(g)														
(2)筛余(g)														
(1)通过率(%)														
(2)通过率(%)														
平均通过率(%)														
设计级配范围														

沥青混合料抽提筛分级配曲线图

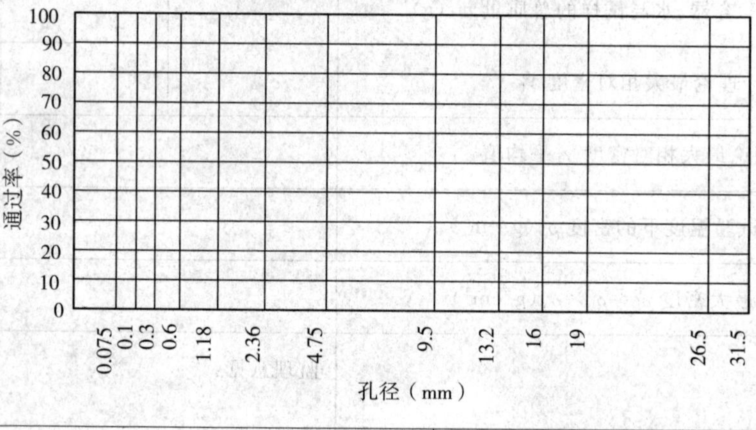

结论：

试验工程师：　　　　　　　　年　　月　　日

监理意见：

监理人员：　　　　　　年　　月　　日

试验人员：　　　　　　　　　　　　　　　　校核：

小　结

沥青混合料是由沥青和矿质混合料组成的复合材料，经过拌和、摊铺和碾压等施工工艺后形成沥青路面，广泛应用于高速公路、城市快速路、主干路和其他各类道路的面层结构。

沥青混合料按其矿料级配组成特点，可形成“密实-悬浮”结构“骨架-空隙”结构和“密实-骨架”结构，分别具有不同强度特征和稳定性。

沥青混合料强度由黏结力和内摩阻角构成，影响沥青混合料强度的内因主要为：沥青的性质、矿料颗粒形状和表面特性、矿料级配、矿料比面和沥青用量等。温度和荷载作用时间是影响沥青混合料强度的主要外界因素。

沥青混合料应具备一定的高温稳定性、低温抗裂性、水稳定性、抗老化性、抗滑性等技术性质，以适应车辆荷载及环境因素的作用。

沥青混合料组成设计包括选择原材料和配合比设计。沥青混合料组成材料质量规格应满足设计要求，并根据道路等级、交通特性、气候条件、施工方法等因素进行选择。

我国现行热拌普通沥青混合料的配合比设计方法的主要内容包括：矿质混合料配合比设计和最佳沥青用量的确定，前者可采用本书第一章中介绍的方法；沥青用量采用马歇尔试验方法确定，所设计的沥青混合料还应满足水稳性和抗车辙能力的要求。

SMA 混合料是一种间断级配的沥青混合料，具有较好的高温稳定性、低温抗裂性、水稳定性和抗滑性。在 SMA 混合料中，矿料级配组成应保证集料颗粒能形成“石-石”骨架结构，沥青玛蹄脂应能密实地填充集料骨架结构的空隙。

复习思考题

4－1　沥青混合料按其组成结构可分为哪几种类型？各种结构类型沥青混合料的路用特性是什么？

4－2　符号 AC－16、AM－20、SMA－16、OGFC－16 分别表示哪种类型的沥青混合料？

4－3　影响沥青混合料强度的主要因素有哪些？

4－4　简述沥青混合料应具备的路用性能及其主要影响因素。

4－5　简述沥青混合料高温稳定性的评定方法和评定指标。

4－6　对沥青混合料组成材料主要有哪些技术要求？这些技术要求对沥青混合料的技术性质有什么影响？

4－7　试述我国现行热拌沥青混合料配合组成的设计方法。矿质混合料的组成和沥青最佳用量是如何确定的？

4－8　采用马歇尔法设计沥青混凝土配合比时，为什么由马氏试验确定配合比后还要进行浸水稳定度和车辙试验？

4-9　与连续密级配热拌沥青混合料相比，SMA混合料材料的组成特点是什么？

4-10　试设计一级公路沥青路面面层用沥青混凝土混合料配合比组成。

［原始资料］

(1)道路等级：一级公路；路面类型：沥青混凝土；结构层位：两层式沥青混凝土的上面层，设计厚度4.5cm；气候条件：7月平均最高气温20℃～30℃，年极端最低气温＞－7℃。

(2)材料性能：沥青材料，密度1.020kg/m³，其他各项指标符合技术要求；碎石和石屑：Ⅰ级石灰岩轧制碎石，饱水抗压强度137MPa，洛杉矶磨耗率16％，黏附性5级，视密度2.71kg/m³；细集料：洁净河砂，粗度属中砂，含泥量小于1％，视密度2.68kg/m³；矿粉：石灰粉，粒度范围符合要求，无团粒结块，视密度2.58kg/m³。

［设计要求］

(1)根据道路等级、路面类型和结构层次确定沥青混凝土的类型和矿质混合料的级配范围。根据集料的筛析结果(见表4-35所列)，确定各档集料的用量比例，对矿质混合料的合成级配进行校核与调整。

表4-35　沥青混合料用集料的筛析结果

材料名称	筛孔尺寸									
	16.0	13.2	9.5	4.75	2.36	1.18	0.6	0.3	0.15	0.075
	通过百分率(％)									
碎石	100	95	18	2.0	0	0	0	0	0	0
石屑	100	100	100	82.5	36.1	15.2	3.0	0	0	0
砂	100	100	100	100	91.5	82.2	71.0	35	15	3.0
矿粉	100	100	100	100	100	100	100	100	100	87

(2)根据沥青混凝土的技术要求，通过对马歇尔试验体积参数和力学指标(见表4-36所列)分析，确定最佳沥青用量。

表4-36　马歇尔试验物理－力学指标测定结果汇总表

试件组号	沥青用量(％)	技术性质					
		表观密度 ρ_s(kg/m³)	空隙率 VV(％)	矿料间隙率 VMA(％)	沥青饱和度 VFA(％)	稳定度 MS(％)	流值 FL(0.1mm)
1	4.5	2.366	6.2	17.6	68.5	8.2	20
2	5.0	2.381	5.1	17.3	75.5	9.5	24
3	5.5	2.398	4.0	16.7	84.4	9.6	28
4	6.0	2.382	3.2	17.1	88.6	8.4	31
5	6.5	2.378	2.6	17.7	88.1	7.1	36

第五章　水泥混凝土

【内容提要】

本章介绍普通水泥混凝土的技术性能，包括新拌混凝土拌合物的施工和易性、硬化混凝土的强度、变形特性和耐久性，技术性能影响因素、评价方法与评价指标。介绍普通水泥混凝土组成材料的技术要求及混凝土的配合比设计方法。

水泥混凝土是由水泥、水与粗、细集料（碎石、砂）按适当比例配合，必要时掺加适量外加剂、掺合料或其他改性材料配制而成，其中水泥起胶凝和填充作用，集料起骨架和密实作用。水泥与水发生水化反应生成具有胶凝作用的水化物，将集料颗粒牢固地黏结成整体，经过一定凝结硬化时间后形成人造石材，常简称混凝土。

水泥混凝土用途广泛，是各种建筑物、构造物中用量最大的材料之一，它具有以下特点：

(1)工艺简单，适用性强，可以按工程结构要求浇筑成不同形状的整体结构或预制构件；

(2)混凝土与钢筋有着良好的握裹力，与钢材有着基本相同的线膨胀系数，可制作钢筋混凝土、预应力钢筋混凝土构件或整体结构；

(3)抗压强度高，耐久性好；

(4)改变组成材料品种和比例可以制得具有不同物理力学性质的混凝土，以满足不同工程的要求。

水泥混凝土铺筑的路面结构具有强度高、刚度大、使用寿命长的特点，能够承受重型车辆的作用。混凝土的主要缺点是自重大、抗拉强度低、韧性低、抗冲击能力差，可以通过配制钢筋、掺加纤维材料等方式加以改善。

目前，公路工程用水泥混凝土品种日益增多，其性能和用途也各不相同。一般可按浆料品种、混凝土用途、施工工艺及配筋方式进行分类，见表5-1所列。

表5-1　混凝土的分类情况表

分类方法		名　称	特　性
按集料分类	普通集料	碎石混凝土	可用于各种结构的混凝土，更适应于C30等级以上混凝土
		砾石混凝土	适用于强度等级低、工作性要求较高的混凝土
		碎、砾石混凝土	具有改善碎石混凝土工作性，提高砾石混凝土强度的特性
	轻集料	轻质多孔混凝土	用天然或人造轻质多孔集料，混凝土容量小于$1900kg/m^3$。依其容量大小又分为轻质结构混凝土及保温隔热混凝土
	无细集料	大孔隙混凝土	用轻粗集料或普通粗集料配制而成，混凝土容重$800\sim1850kg/m^3$。通用于做墙板或隔音墙体
	无粗集料	细粒混凝土	用水泥与砂配置而成，可用于钢丝网水泥结构

（续表）

分类方法		名　称	特　　性
按用途分类		水工混凝土	用于大坝、大体积墩台混凝土，多数为大体积工程。要求有抗冲刷、耐磨及抗大气腐蚀性，依其不同的使用条件可选用普通水泥、矿渣水泥或火山灰水泥及大坝水泥等
		海工混凝土	用于海洋工程（海岸及离岸工程）要求具有抗海水腐蚀性、抗冻性及抗渗性
		防水混凝土	能承受0.6MPa以上的水压不透水的混凝土，可分为普通防水混凝土及掺外加剂防水混凝土与膨胀水泥防水混凝土，要求有高密度性及抗渗性，多用于隧道及桥面铺装层
		道路混凝土	用于路面混凝土，要求具有足够抗弯拉强度、耐候性及耐磨性
		结构混凝土	广泛用于桥涵工程、房建以及其他建筑结构物
按施工工艺分类	现浇类	普通现浇混凝土	用一般现浇工艺施工的塑性混凝土
		喷射混凝土	用压缩空气喷射施工的混凝土，多用于隧道衬砌工程，又分为干喷及混喷两种工艺
		泵送混凝土	用混凝土泵浇灌的流动性混凝土
		真空吸水混凝土	用真空泵将混凝土中多余水分吸出，从而提高密实度的一种工艺，可用于屋面、楼板、路面、飞机跑道等工程
	预制类	振压混凝土	振动加压工艺用于制作小型混凝土板类构件
		挤压混凝土	以挤压机成型，用于长线台座法的空心楼板，T型小梁等构件
		离心混凝土	以离心机成型，用于混凝土管等管状构件
按配筋方式分类	无筋类	素混凝土	用于基础或垫层的低标号混凝土
	有筋类	钢筋混凝土	用普通钢筋加强的混凝土，其作用最广
		钢丝网混凝土	用钢丝网加强无粗集料的混凝土，又称钢丝网砂浆，可用于制作薄壳、薄壁结构
		纤维混凝土	用各种纤维加强的混凝土，常用的为钢纤维混凝土，其抗冲击、抗拉、抗弯拉性能好。可用于路面、桥面、机场跑道护面、隧道衬砌及桩头、桩帽等
		预应力混凝土	用先张法、后张法或化学方法使混凝土预压，以提高其抗拉、抗弯强度的配筋混凝土。可用于各种构筑物及建筑结构．特别是大跨径桥梁等

第一节　普通水泥混凝土的组成材料

水泥混凝土的组成材料中，水和水泥组成水泥浆（硬化后成为水泥石），以砂子和石子作为混凝土中的细集料及粗集料，所以混凝土是一种复合材料。一般情况下，细集料的外观体积应该能填满粗集料的空隙，组成较为密集的堆积体，粗、细集料也称为分散相或粒子相。而水泥浆具有胶凝作用，在混凝土中连续分布，把集料牢固地胶结成一个整体，使两相物质共同抵抗外力作用和环境对混凝土的侵蚀作用。

混凝土的结构示意图如图 5-1 所示，图中最小的黑点代表未水化的水泥粒子。

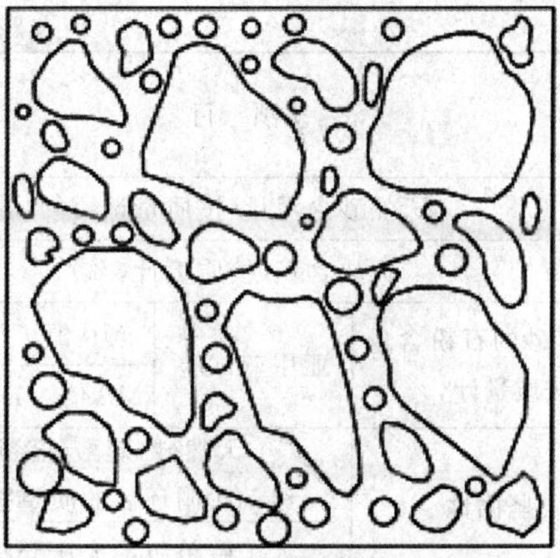

图 5-1 普通混凝土结构示意图

一、水泥

(1)水泥品种的选择：水泥在混凝土组成材料中的费用最高，所以在选择水泥的品种和强度时必须慎重。一般常根据混凝土工程的特点、所处环境、施工气候和条件等因素，按各种水泥的特性合理选择水泥品种，参见表 3-6。

(2)水泥强度等级的选择：水泥的强度等级与品种的选择，应与混凝土的设计强度等级相适应。若用低强度等级的水泥配制高强度等级的混凝土，不仅会使水泥用量过多，还会对混凝土产生不利影响。反之，用高强度等级的水泥配制低强度等级混凝土，若只考虑强度要求，会使水泥用量偏少，从而影响耐久性；若水泥用量兼顾了耐久性等要求，又会导致超强而不经济。因此，根据经验一般以选择水泥强度等级标准值为混凝土强度等级标准值的 1.5～2.0 倍为宜，如采取某些措施（如掺减水剂及活性混合料），情况则有所不同。

二、细集料

混凝土用细集料一般应采用粒径小于 4.75mm 的级配良好、质地坚硬、颗粒洁净的河砂，当河砂得不到时，可采用符合规定的其他天然砂或人工砂。一般不宜采用海砂，不得不用时，应经冲洗处理。各类砂的技术指标必须合格才能使用。

1. 有害杂质含量

集料中含有妨碍水泥水化或能降低集料与水泥石黏附性，以及能与水泥水化产物产生不良化学反应的各种物质，称为有害杂质，主要有泥土和泥块、云母、轻物质、硫酸盐和硫化物以及有机质等。根据我国现行标准《公路桥涵施工技术规范》(JTG/T F50—2011)规定应符合表 5-2 规定。

表 5-2 细集料技术指标(JTG/T F50—2011)

项 目		技术要求		
		Ⅰ类	Ⅱ类	Ⅲ类
有害物质含量	云母(按质量计,%)	≤1.0	≤2.0	≤2.0
	轻物质(按质量计,%)	≤1.0	≤1.0	≤1.0
	有机物(比色法)	合格	合格	合格
	硫化物及硫酸盐(按 SO_3 质量计,%)	≤1.0	≤1.0	≤1.0
	氯化物(以氯离子质量计,%)	<0.01	<0.02	<0.06

(续表)

项　目			技术要求		
			Ⅰ类	Ⅱ类	Ⅲ类
天然砂含泥量(按质量计,%)			≤2.0	≤3.0	≤5.0
泥块含量(按质量计,%)			≤0.5	≤1.0	≤2.0
人工砂的石粉含量(按质量计,%)	亚甲蓝试验	MB值<1.4或合格	≤5.0	≤7.0	≤10.0
		MB值≥1.4或不合格	≤2.0	≤3.0	≤5.0
坚固性	天然砂(硫酸钠溶液法经5次循环后的质量损失,%)		≤8	≤8	≤10
	人工砂单级最大压碎指标(%)		<20	<25	<30
表观密度(kg/m^3)			>2500		
松散堆积密度(kg/m^3)			>1350		
空隙率(%)			<47		
碱集料反应			经碱集料反应试验后,由砂配制的试件无裂缝、酥裂、胶体外溢现象,在规定试验龄期的膨胀率应小于0.10%		

注:① 砂按技术要求分为Ⅰ类、Ⅱ类、Ⅲ类。Ⅰ类宜用于强度等级大于C60的混凝土;Ⅱ类宜用于强度等级C30～C60及有抗冻、抗渗或其他要求的混凝土;Ⅲ类宜用于强度等级小于C30的混凝土和砌筑砂浆。

② 天然砂包括河砂、湖砂、山砂、淡化海砂,人工砂包括机制砂和混合砂。

③ 石粉含量系指粒径小于0.075mm的颗粒含量。

④ 砂中不应混有草根、树叶、树枝、塑料、煤块、炉渣等杂物。

⑤ 当对砂的坚固性有怀疑时,应做坚固性试验。

⑥ 当碱集料反应不符合表中要求时,应采取抑制碱集料反应的技术措施。

2. 压碎值和坚固性

混凝土中所用的细集料也应具有一定的强度和坚固性。人工砂进行压碎值测定,天然砂采用硫酸钠饱和溶液进行坚固性试验,经5次循环后测其质量损失。应符合表5-2规定。

3. 颗粒级配及粗度

为获得品质优良的混凝土,砂应具有高的密度和小的比表面,并符合级配范围规定的要求,以达到设计强度等级并节约水泥的目的。按照我国现行《公路桥涵施工技术规范》(JTG/T F50—2011)规定,细集料的颗粒级配应处于表5-3或图5-2所规定的任一级配区以内。

表5-3　砂的分区及级配范围

级配区	筛孔尺寸(mm)						
	9.5	4.75	2.36	1.18	0.6	0.3	0.15
	累计筛余(%)						
Ⅰ区	0	10～0	35～5	65～35	85～71	95～80	100～90

(续表)

级配区	筛孔尺寸(mm)						
	9.5	4.75	2.36	1.18	0.6	0.3	0.15
	累计筛余(%)						
Ⅱ区	0	10～0	25～0	50～10	70～41	92～70	100～90
Ⅲ区	0	10～0	15～0	25～0	40～16	85～55	100～90

注:① 表中除 4.75mm 和 600μm 筛孔外,其余各筛孔的累计筛余允许超出分界线,但其超出量不得大于 5%。

② 人工砂中 150μm 筛孔的累计筛余:Ⅰ区可放宽到 100%～85%,Ⅱ区可放宽到 100%～80%,Ⅲ区可放宽到 100%～75%。

③ Ⅰ区砂宜提高砂率配低流动性混凝土;Ⅱ区砂宜优先选用配不同强度等级的混凝土;Ⅲ区砂宜适当降低砂率保证混凝土的强度。

④ 对高性能、高强度、泵送混凝土宜选用细度模数为 2.9～2.6 的中砂。2.36mm 筛孔的累计筛余量不得大于 15%,300μm 筛孔的累计筛余量宜在 85%～92%范围内。

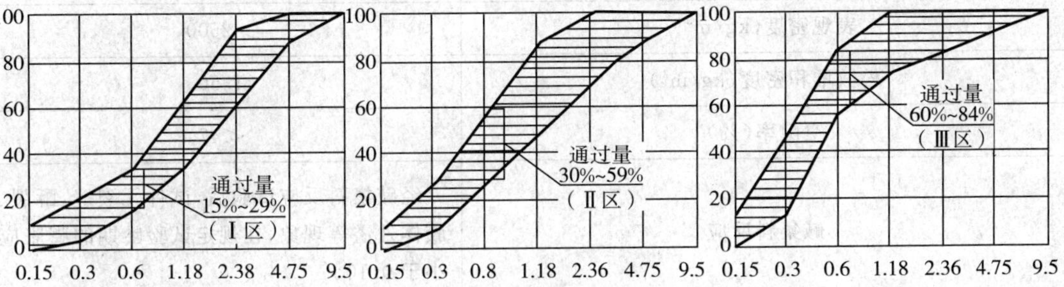

图 5-2 水泥混凝土用砂级配范围曲线

Ⅰ区砂属于粗砂范畴,用Ⅰ区砂配制混凝土时,应较Ⅱ区砂采用较大的砂率。否则,新拌混凝土的内摩阻力较大、保水差、不易捣实成型。Ⅱ区砂是由中砂和一部分偏粗的细砂组成,Ⅲ区砂是由细砂和一部分偏细的中砂组成。当应用Ⅲ区砂配制混凝土时,应较Ⅱ区砂采用较小的砂率,因应用Ⅲ区砂所配置成的新拌混凝土黏性略大,比较细软,易振捣成型,而且由于Ⅲ区砂的级配细、比表面积大,所以对新拌混凝土的工作性影响比较敏感。

三、粗集料

普通混凝土中采用的粗集料是指粒径大于 4.75mm 的碎石或卵石,其质量要求如下。

1. 强度及坚固性

(1)强度:为保证混凝土的强度,粗集料强度用压碎值指标控制。如混凝土强度等级为 C60 或以上时,用于混凝土的碎石应进行抗压强度检验。岩石抗压强度与混凝土抗压强度等级之比不应小于 1.5,且岩浆岩不宜低于 80MPa,变质岩不宜低于 60MPa,沉积岩不宜低于 30MPa。按照我国现行《公路桥涵施工技术规范》(JTG/T F50—2011)规定,混凝土粗集料用碎石和卵石压碎指标应满足表 5-4 所列。

表 5－4 粗集料技术指标(JTG/T F50—2011)

项目		技术要求		
		Ⅰ类	Ⅱ类	Ⅲ类
碎石压碎指标(%)		<10	<20	<30
卵石压碎指标(%)		<12	<16	<16
坚固性(硫酸钠溶液法经5次循环后质量损失值,%)		<5	<8	<12
吸水率(%)		<1.0	<2.0	<2.5
针片状颗粒含量(按质量计,%)		<5	<15	<25
有害物质含量	含泥量(按质量计,%)	<0.5	<1.0	<1.5
	泥块含量(按质量计,%)	0	<0.5	<0.7
	有机物含量(比色法)	合格	合格	合格
	硫化物及硫酸盐(按 SO_3 质量计,%)	<0.5	<1.0	<1.0
岩石抗压强度(水饱和状态,MPa)		火成岩>80;变质岩<60;水成岩>30		
表观密度(kg/m^3)		>2500		
松散堆积密度(kg/m^3)		1350		
空隙率(%)		<47		
碱集料反应		经碱集料反应试验后,试件无裂缝、酥裂、胶体外溢等现象,在规定试验龄期的膨胀应小于0.10%		

注:① Ⅰ类宜用于强度等级大于C60的混凝土;Ⅱ类宜用于强度等级为C30～C60及有抗冻、抗渗或其他要求的混凝土;Ⅲ类宜用于强度等级小于C30的混凝土。

② 粗集料中不应混有草根、树叶、树枝、塑料、煤块、炉渣等杂物。

③ 岩石的抗压强度除应满足表中要求外,其抗压强度与混凝土强度等级之比应不小于1.5。岩石强度首先应由生产单位提供,工程中可采用压碎值指标进行质量控制。

④ 当粗集料中含有颗粒状硫酸盐或硫化物杂质时,应进行专门检验,确认能满足混凝土耐久性要求后,方可采用。

⑤ 采用卵石破碎成砾石时,应具有两个及以上的破碎面,且其破碎面应不小于70%。

(2)坚固性:为保证混凝土的耐久性,粗集料应具有足够的坚固性,以抵抗冻融和自然因素的风化作用。其坚固性指标见表5－4所列。

2. 有害杂质

粗集料中常含有一些有害杂质,如黏土、淤泥、硫酸盐及硫化物和有机物等,它们的危害作用与在细集料中相同。其含量不应超过表5－4的规定。

3. 级配

为获得密实、高强的混凝土并节约水泥,要求矿质混合料有良好的级配。较好的级配应具备三个条件:

(1)空隙率要小,以节约水泥;

(2)总表面积要小,以减小湿润集料表面的需水量;

(3)要有适当含量的细集料,满足混合料工作性的要求。

粗细集料在适当配合比例下可使混合料的空隙率很小。试验资料表明,最小空隙率一般出现在细集料含量40%左右的时候,但随粗集料最大粒径及种类不同而有变化,其最小空隙率约为20%~28%。按照我国现行《公路桥涵施工技术规范》(JTG/T F50—2011)规定粗集料级配应满足表5-5所列。

表5-5 粗集料级配范围(JTG/T F50—2011)

级配情况	公称粒级Ⅲ(mm)	累计筛余(按质量计,%)											
		方孔筛筛孔边长尺寸(mm)											
		2.36	4.75	9.50	16.0	19.0	26.5	31.5	37.5	53.0	63.0	75.0	90.0
连续级配	5~10	95~100	80~100	0~15	0								
	5~16	95~100	85~100	30~60	0~10	0							
	5~20	95~100	90~100	40~80		0~10	0						
	5~25	95~100	90~100		30~70		0~5	0					
	5~31.5	95~100	90~100	70~90		15~45		0~5	0				
	5~40		95~100	70~90		30~65			0~5	0			
单粒级配	10~20		95~100	85~100		0~15	0						
	16~31.5		95~100		85~100			0~10	0				
	20~40			95~100		80~100			0~10	0			
	31.5~63				95~100			75~100	45~75		0~10	0	
	40~80					95~100			70~100		30~60	0~10	0

4. 最大粒径选择

粗集料公称粒级的上限称为该粒级的最大粒径。新拌混凝土随最大粒径的增大,单位用水量相应减少。在固定用水量和水灰比的条件下,加大最大粒径,可获得较好的工作性。通常在结构断面允许的条件下,尽量增大最大粒径以节约水泥(注意最大粒径增大,抗拉强度会降低)。我国现行《公路桥涵施工技术规范》(JTG/T F50—2011)规定:混凝土用粗集料,其最大颗粒粒径不得大于结构截面最小尺寸的1/4,同时不得大于钢筋间最小净距的3/4;在两层或多层密布钢筋结构中,最大颗粒粒径不得超过钢筋间最小净距的1/2,同时不得超过75.0mm;对于混凝土实心板,不得超过板厚的1/3且最大粒径不得超过37.5mm。

5. 表面特征和形状

碎石配制的混凝土具有较高强度,卵石配制的混凝土具有较好的工作性。粗集料的颗粒接近正立方体者为佳,不宜含有较多针、片状颗粒。针状颗粒指颗粒长度大于该颗粒所属粒级平均粒径的2.4倍者;片状颗粒指颗粒厚度小于该颗粒所属粒级平均粒径的0.4倍者。

四、混凝土拌和用水

清洗集料、拌和混凝土及养生用的水，不应含有影响混凝土质量的油、酸、碱、盐类、有机物等。可饮用的水一般都能拌制混凝土。非饮用水，经化验其质量符合《混凝土用水标准》(JGJ 63—2006)所列要求的也可使用，见表5-6所列。

表5-6 混凝土拌和用水质量要求

项目	素混凝土	钢筋混凝土	预应力混凝土	项目	素混凝土	钢筋混凝土	预应力混凝土
pH值不小于	4.5	4.5	5.0	氯化物(以Cl计)(mg/L)不大于	3500	1000	500
不溶物(mg/L)不大于	5000	2000	2000	硫酸盐(以SO_4^{2-}计)(mg/L)不大于	2700	2700	600
可溶物(mg/L)不大于	10000	5000	2000	碱含量(mg/L)不大于	1500	1500	1500

注：① 对于设计年限为100年的结构混凝土，氯离子含量不得超过500mg/L；对使用钢丝或热处理的预应力混凝土，氯离子含量不得超过350mg/L。

② 碱含量按$Na_2O+0.658K_2O$计算值来表示；采用非碱活性集料时，不可检验碱含量。

第二节 水泥混凝土的技术性质

一、新拌水泥混凝土的工作性质

1. 工作性的含义

混凝土拌合物的施工工作性，又称和易性，是指混凝土拌合物易于施工操作(搅拌、运输、浇筑、振捣和表面处理)，并获得质量均匀、成型密实的性能。这些性质在很大程度上制约着硬化后混凝土的技术性能，因此研究混凝土拌合物的和易性及其影响因素有着十分重要的意义。

混凝土拌合物的施工和易性是一项综合技术性质，包括流动性、捣实性、黏聚性和保水性等方面的含义。流动性是指混凝土拌合物在自重或机械振捣作用下，能产生流动，并均匀密实地填满模板的性能。捣实性是指混凝土拌合物易于振捣密实、排除所有被挟带空气的性质，在相同材料组成的条件下，经过充分捣实、成型密实的混凝土强度较高。黏聚性是指混凝土拌合物在施工过程中其组成材料之间有一定的黏聚力，不致产生分层和离析的现象。保水性是指混凝土拌合物在施工过程中具有一定的保水能力，不致产生严重的泌水现象。混凝土拌合物在施工过程中，由于保水性不足，水分逐渐析出至混凝土拌合物表面(此现象称为泌水)，同时在混凝土内部形成泌水通道，使混凝土的密实性降低，耐久性下降。

2. 施工和易性的测定方法

各国混凝土工作者对混凝土拌合物的和易性测定方法进行了大量研究工作，至今尚未有一个能够全面反映混凝土拌合物和易性的测定方法。目前的试验方法是在一定的条件下测定混凝土拌合物和易性某一方面，而不是全部的性能。常用方法是测定混凝土拌合物的流动性，辅以观察并结合经验来综合评定混凝土拌合物和易性的其他方面的性能。测定流动性最常用的方法是坍落度试验和 VB 稠度试验等。

(1)坍落度试验

坍落度试验是世界各国广泛使用的评价混凝土拌合物流动性的测试方法。按照我国行业标准《公路工程水泥混凝土试验规程》(JTG E30—2005)规定的试验方法，将搅拌好的混凝土拌合物按一定方法装入如图 5-3 所示坍落度料筒中；按规定方式插捣、刮平后，将坍落度料筒垂直平稳地向上提起，混凝土拌合物因自重产生坍落现象，量测料筒高度与坍落后混凝土拌合物试样最高点之间的高度差，即该混凝土拌合物的坍落度值，以 mm 计。坍落度越大表示混凝土拌合物的流动性越大。

为了同时评价混凝土拌合物试样的黏聚性和保水性，在测试坍落度后，用捣棒在已坍落锥体试样的一侧轻轻敲击，如锥体在轻打后渐渐下沉，表示黏聚性好。如锥体突然倒坍，或有石子离析现象，即表示黏聚性差。保水性以混凝土拌合物中水泥浆析出的程度表示，如有较多的水泥稀浆从底部析出，并引起失浆锥体试样中的集料外露，则表示此混凝土拌合物的保水性好。如仅有少量稀浆从底部析出，则表示此混凝土拌合物的保水性良好。

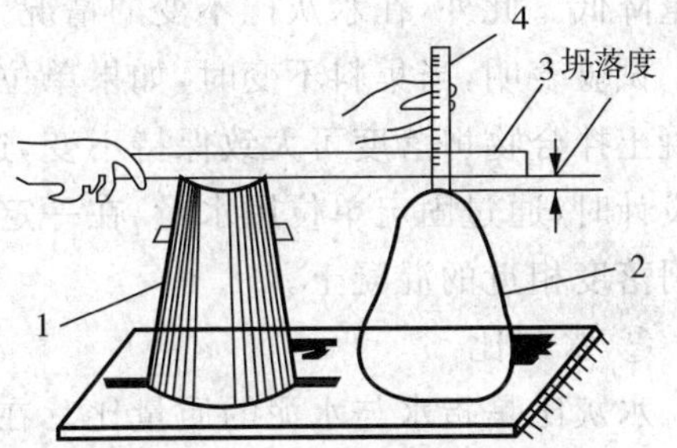

图 5-3　混凝土坍落度试验

1—坍落度筒；2—拌和物试样；3—木尺；4—钢尺

坍落度试验适用于集料公称最大粒径不大于 31.5mm，坍落度值不小于 10mm 的混凝土拌合物。

(2)VB 稠度试验

对于坍落度小于 10mm 的干硬性混凝土拌合物，常采用 VB 稠度试验来测定其流动性。VB 稠度试验仪如图 5-4 所示。按照我国行业标准(JTG E30—2005)规定的试验方法，首先按坍落度试验方法将混凝土拌合物装于 VB 稠度试验仪的容器中，把透明盘转至混凝土试样顶部，开启振动台，并计时。当透明圆盘底面被水泥浆布满的瞬间停止计时，并关闭振动台，所读秒数即该混凝土拌合物的 VB 稠度值，以 s 计。VB 稠度越大，混凝土拌合物的流动性越小。

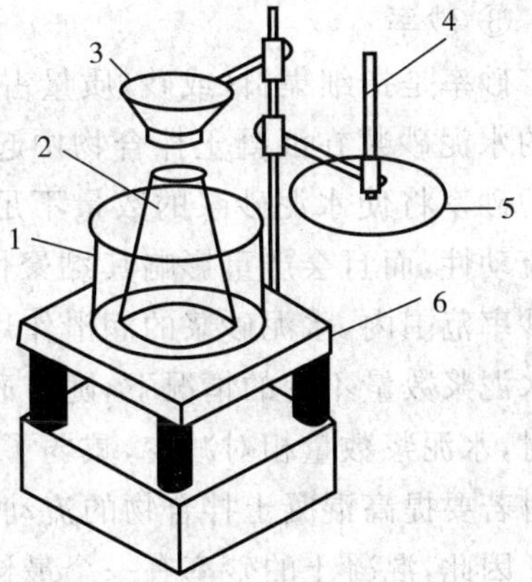

图 5-4　VB 稠度仪

1—圆柱形容器；2—坍落度筒；3—漏斗；4—测杆；5—透明圆盘；6—振动台

VB 稠度试验适用于集料公称最大粒径不大于 31.5mm，VB 稠度在 5.30s 之间的混凝土拌合物。VB 稠度试验对拌合物的流动性、黏聚性和保水性较为敏感，在 VB 稠度试验中，对试样的处理方式与现场混凝土的振捣方式相近，适合于评定用振捣方式成型的混凝土拌合物的和易性。

3. 影响混凝土拌合物和易性的主要因素分析

混凝土拌合物和易性的主要影响因素是混凝土的材料组成和施工环境因素。

(1)组成材料的影响

① 单位用水量

单位用水量实际上决定了混凝土拌合物中水泥浆的数量。在组成材料确定的情况下，混凝土拌合物的流动性随单位用水量的增加而增大。当水灰比一定时，若单位用水量过小，则水泥浆数量过少，集料颗粒间缺少足够的黏结材料，混凝土拌合物的黏聚性较差，易发生离析和崩坍，且不易成型密实；但若单位用水量过多，在混凝土拌合物流动性增加的同时，黏聚性和保水性也将随之恶化，会由于水泥浆过多而出现泌水、分层或流浆现象，致使拌合物产生离析。单位用水量过多还会导致混凝土产生收缩裂缝，使混凝土强度和耐久性严重降低。此外，在水灰比不变的情况下，水泥用量也随单位用水量的增加，显得不经济。

试验表明，当集料不变时，如果单位用水量一定，若水泥增减量不超过 50～100kg/m^3，混凝土拌合物坍落度可大致保持不变，这一规律称为固定用水量定则。在进行混凝土配合比设计时，通过固定单位用水量，在一定范围内上下浮动水泥用量，就可以配制出不同强度而坍落度相近的混凝土。

② 水灰比

水灰比是指水与水泥的质量比。在水泥、集料用量一定的情况下，水灰比的变化实际上是水泥浆稠度的变化，水灰比小，则水泥浆稠度大，混凝土拌合物的流动性小。当水灰比过小时，在一定的施工方式下就不能保证混凝土的密实成型。反之，若水灰比过大，水泥浆稠度较小，虽然混凝土拌合物的流动性增加，但可能会引起混凝土拌合物黏聚性和保水性不良；当水灰比超过某一极限值时，混凝土拌合物将产生严重的泌水、离析现象，导致混凝土强度和耐久性的降低，因此水灰比值应根据混凝土设计强度和耐久性要求合理选用。

③ 砂率

砂率是指细集料(或砂)质量占全部集料(砂、石)总质量的百分率。由细集料与水泥组成的水泥砂浆在混凝土拌合物中起着润滑作用，它可降低粗集料颗粒之间的摩擦阻力，过小的砂率将使水泥砂浆的数量不足，减弱水泥砂浆的润滑作用，不仅会降低混凝土拌合物的流动性，而且会严重影响其黏聚性和保水性，容易产生离析、流浆等现象。所以，在一定的砂率范围内，水泥砂浆的润滑作用随砂率增大而增加，混凝土拌合物的流动性随之提高。在水泥浆数量不变的情况下，随着砂率的增大，集料的总表面积随之增大，当砂率进一步增加时，水泥浆数量相对减少，减弱了水泥浆的润滑作用，导致混凝土拌合物流动性的降低。此时若要提高混凝土拌合物的流动性，必须增加水泥浆数量。

因此，混凝土的砂率有一个最佳值，采用最佳砂率时，在用水量和水泥用量不变的情况下，可使混凝土拌合物获得所要求的流动性以及良好的黏聚性与保水性。

④ 水泥品种和细度

水泥对混凝土拌合物和易性的影响主要表现在水泥的需水量上，需水量大的水泥，达到同样流动性需要较多的用水量。除石膏外，水泥的矿物组成对混凝土拌合物和易性没有明显的影响。

对于给定的混凝土拌合物，水泥细度增加时其比表面积随之增加，会使混凝土拌合物的流动性降低，这种影响对水泥用量较高的混凝土拌合物较为明显。但较细的水泥可以改善混凝土拌合物的黏聚性，减轻离析和泌水等现象。

⑤ 集料

集料在混凝土中的占有体积最大，它的特性对混凝土拌合物和易性的影响也较大，混凝土拌合物的和易性主要与集料最大粒径、级配、颗粒形状和表面粗糙程度有关。当给定水泥、水和集料用量时，集料比表面积随着最大粒径减小而增加，比表面积较大就需要较多的水泥浆润湿，所以混凝土拌合物的流动性将随着集料最大粒径减小而降低，而集料最大粒径较大时，可获得较大的流动性。集料中针片状颗粒含量较少、圆形颗粒较多、级配较好时，在同样水泥浆数量下，混凝土拌合物可获得较大的流动性，黏聚性与保水性也比较好。集料表面粗糙、具有棱角，会增加混凝土拌合物的内摩擦力，从而降低混凝土拌合物的流动性，如用河砂与卵石拌制的混凝土拌合物的流动性大于碎石混凝土拌合物。

⑥ 外加剂

外加剂对拌合物施工和易性的影响程度取决于其品种和数量。改善混凝土拌合物和易性的主要外加剂是减水剂和引气剂。

(2)外界因素的影响

① 环境因素

影响混凝土拌合物和易性的环境因素是温度、湿度和风速。对于给定的混凝土拌合物，其流动性的变化取决于水泥的水化程度和水分蒸发率，因而，从混凝土拌合物开始搅拌到捣实期间的环境条件对其流动性有着重要影响。环境温度的升高会使水泥水化速度加快、水分蒸发增加，将导致拌合物坍落度的减小。所以夏季施工时，应采取措施减少混凝土拌合物流动性的损失。同样，风速和湿度通过影响水分的蒸发速度而影响混凝土拌合物的流动性。

② 时间

混凝土拌合物在搅拌后，随着时间的增长，一部分水分被集料所吸收，一部分水分蒸发，水泥水化反应也使一些水分迁移变成水化产物结合水，所以混凝土拌合物流动性随时间的延长而逐渐减小。

4. 改善混凝土工作性的主要措施

(1)调节混凝土的材料组成。在保证混凝土强度、耐久性和经济性的前提下，适当调整混凝土组成配合比，以提高其工作性。

(2)掺加各种外加剂(如减水剂、硫化剂等)，提高混凝土拌和物的工作性，同时提高其强度和耐久性。

(3)提高振捣机械的效能。由于振捣效能的提高，可降低施工条件度混凝土拌和物工作性的要求，因而保持原有工作性，亦能达到捣实的性能。

二、硬化混凝土的强度特性

混凝土结构物主要承受各种荷载作用，必须具备足够的强度，此外，混凝土的耐久性如抗冻性、耐磨性也与混凝土强度密切相关，所以强度是水泥混凝土最重要的力学性质，也是评定混凝土质量的重要指标。

1. 混凝土的强度

(1)立方体抗压强度

按照标准方法制成150mm×150mm×150mm的立方体试件，在标准条件（温度20℃±2℃，相对湿度95%以上）下，养护至28d龄期，用标准测定方法测定其抗压强度值，即混凝土立方体抗压强度值（简称立方体抗压强度），以f_{cu}表示，按式(5-1)计算混凝土的抗压强度，以MPa计。

$$f_{cu}=\frac{F}{A} \tag{5-1}$$

式中：F——抗压试验中的极限破坏荷载，N；

A——试件的承载面积，mm^2。

以三个试件为一组，取三个试件强度的代表值作为每组试件的强度测定值。

非标准尺寸试件测得的立方体强度，应乘以试件尺寸换算系数，折算为标准试件的立方体抗压强度。

表5-7 试件尺寸换算系数

试件尺寸(mm)	100×100×100	150×150×150	200×200×200
换算系数	0.95	1.00	1.05

① 立方体抗压强度标准值 $f_{cu,k}$

混凝土的立方体抗压强度标准值$f_{cu,k}$是指按标准方法制作和养护的边长为150mm的立方体试件，在28d龄期，用标准试验方法测得的具有95%保证率的抗压强度计算，以MPa计。

② 强度等级

混凝土的强度等级是根据立方体抗压强度标准值确定的。强度等级采用符号“C”与“立方体抗压强度标准值”两项内容表示，如C20表示混凝土的立方体抗压强度标准值$f_{cu,k}$不小于20MPa。

普通水泥混凝土按立方体抗压强度标准值划分为12个强度等级：C7.5、C10、C15、C20、C25、C30、C35、C4O、C45、C50、C55、C60。

(2)轴心抗压强度 f_{cp}

混凝土的抗压强度是采用立方体试件确定的，但在实际工程中，大部分钢筋混凝土结构形式为棱柱体或圆柱体。为了较为真实地反映实际受力状况，在钢筋混凝土结构设计中，计算轴心受压构件时，均以混凝土的轴心抗压强度f_{cp}为设计指标。

轴心抗压强度是测定尺寸为150mm×150mm×300mm试件的抗压强度，在试验中该尺寸的试件将比立方体更好地反映混凝土结构的实际受力状况。试验结果表明，在立方体抗压强度为10～55MPa的范围内，轴心抗压强度与立方体抗压强度之比为0.7～0.8。

$$f_{cp}=\frac{F}{A} \tag{5-2}$$

式中：F——抗压试验中的极限破坏荷载，N；

A——试件的承载面积，mm^2。

(3)弯拉强度 f_f

在道路和机场工程中，混凝土结构主要承受荷载的弯拉作用，所以弯拉强度是混凝土结构设计和质量控制的重要指标，而将抗压强度作为参考强度指标。根据我国《公路工程水泥及水泥混凝土试验规程》(JTG E30—2005)，道路水泥混凝土的弯拉强度的标准试件为150mm×150mm×550mm的直角棱柱体小梁，在标准条件下养护28d后，按三分点加荷方式进行试验，如图5-5所示。

按式(5-3)计算混凝土的弯拉强度，以MPa计。

$$f_f=\frac{FL}{bh^2} \tag{5-3}$$

式中：f_f——混凝土的弯拉强度，MPa；

F——弯拉试验中的极限荷载，N；

L——支座间距，mm；

b——试件的宽度，mm；

h——试件的长度，mm。

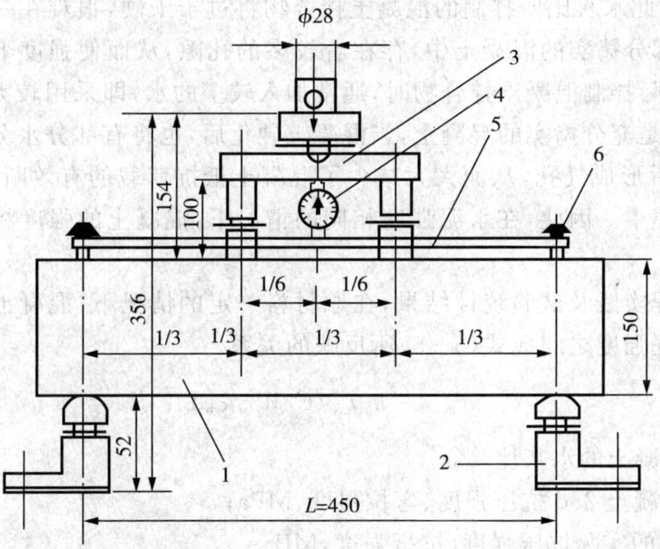

图5-5 水泥混凝土抗弯拉强度试验

1—试件；2—支座；3—加荷支座；4—千分表；5—千分表架；6—螺杆

(4)劈裂抗拉强度 f_{ts}

混凝土的抗拉强度值较低，通常为抗压强度的1/10～1/20，这个比值随混凝土抗压强度的增高而有所减小。在普通钢筋混凝土结构设计中虽不考虑混凝土承受拉力，但抗拉强度对混凝土的抗裂性起着重要作用，有时也用抗拉强度间接衡量混凝土与钢筋的黏结强度，或用于预测混凝土构件由于干缩或温缩受约束引起的裂缝。

实验表明：由于直接抗拉强度夹具附近的局部破坏及偏心受力，试件易受到弯折作用，试验结果波动较大。目前常采用劈裂抗拉试验法间接地求出混凝土的抗拉强度，称作劈裂抗拉强度，劈裂强度试验一般采用边长为150mm的立方体试件，通过垫条对混凝土试件施加荷载，当荷载增加时，试件将沿着受力平面被劈裂，劈裂抗拉强度由式(5－4)计算，以MPa计。

$$f_{ts}=\frac{2F}{\pi A}=\frac{0.637F}{A} \tag{5-4}$$

式中：f_{ts}——混凝土的劈裂抗拉强度，MPa；

F——混凝土试件的破坏荷载，N；

A——试件劈裂面面积，mm^2。

2. 影响混凝土强度的主要因素分析

(1)混凝土组成材料的影响

① 水泥强度和水灰比

混凝土的强度主要取决于其内部起胶结作用的水泥石质量，而水泥石质量又受水泥强度和水灰比大小的支配。当试验条件相同时，在相同水灰比下，水泥强度越高，则水泥石强度越高，从而使用其配制的混凝土强度也越高。

当水泥品种一定时，混凝土强度取决于水灰比。理论上，水泥充分水化所需的水灰比约为0.23，但是以此水灰比所拌制的混凝土拌合物将过于干硬，很难在一定的振捣条件下密实成型。而在部分捣实的混凝土中，存在着较多的孔隙，从而使强度下降。为了获得必要的流动性，在实际拌制混凝土拌合物时，通常加入较多的水，即采用较大的水灰比。当用水量过大时，即使是充分捣实的混凝土，当混凝土硬化后，也将有部分水分残留在混凝土中形成水泡或蒸发后形成气孔，从而大大减少了混凝土抵抗荷载的有效断面，且有可能在孔隙周围产生应力集中。因此，在水泥强度相同的情况下，混凝土的强度将随水灰比的增加而降低。

根据大量工程实践及试验统计结果，在原材料一定的情况下，混凝土28d龄期抗压强度与水灰比及水泥强度之间成式(5－5)所反映的关系。

$$f_{cu,28}=\alpha_a f_{ce}(C/W-\alpha_b) \tag{5-5}$$

式中：C/W——混凝土的水灰比，%；

$f_{cu,28}$——混凝土28d抗压强度、弯拉强度，MPa；

f_{ce}——水泥的实际抗压强度、抗折强度，MPa；

α_a，α_b——统计公式的回归系数，与集料品种有关，见表5－8所列。

表5－8 混凝土强度公式的回归系数

回归系数 集料种类	α_a	α_b
碎石	0.53	0.20
卵石	0.49	0.13

一般水泥厂为了保证水泥的出厂强度等级，其实际抗压强度往往比其强度等级要高一

些，当无法取得水泥 28d 实际抗压强度数值时，用式(5－6)计算：

$$f_{ce}=\gamma_c \cdot f_{ce,g} \tag{5-6}$$

式中：$f_{ce,g}$——水泥强度等级标准值，MPa；

γ_c——水泥强度等级的富余系数，通常 32.5 水泥取 1.12，42.5 水泥取 1.16，52.5 水泥取 1.10。

② 集料的特性

当混凝土受力时，在粗集料与砂浆界面处将产生拉应力和剪应力。若界面黏结强度有保障，粗集料颗粒所受的应力要比砂浆大；如果集料强度不足，混凝土可能因粗集料的破坏而破坏。一般来说，由于集料的强度比水泥石的强度高(轻集料除外)，因此不会直接影响混凝土的强度。但由于风化等原因使集料强度降低时，则用其配制的混凝土强度也会降低。

粗集料的颗粒形状、表面特征及表面洁净程度主要影响其与砂浆的界面黏结强度，是决定混凝土强度的一个重要因素。使用针片状颗粒含量较高的集料不仅会给施工带来不利影响，而且将增加混凝土空隙率，从而降低混凝土的强度。碎石富含棱角且表面粗糙，在水泥用量和用水量相同的情况下，用碎石拌制的混凝土拌合物流动性较差，但与水泥砂浆黏结较好，故强度较高。而卵石多为表面光滑的球形颗粒，用卵石拌制的混凝土拌合物流动性较好，但黏结强度较差。当流动性相同时，采用卵石可适当减少混凝土拌合物的单位用水量，在这种条件下，硬化后的卵石混凝土强度并不一定比用碎石混凝土低。覆盖在集料表面的杂质，如淤泥、黏土以及风化物和腐殖物会降低界面黏结强度，并影响水泥石的强度。集料形状、表面构造及洁净程度对混凝土弯拉强度的影响要大于对混凝土抗压强度的影响。

粗集料的最大粒径对混凝土抗压强度和弯拉强度均有影响，但影响程度有差别。在一定配比条件下，集料的最大粒径过大，将减小与水泥浆接触的总面积，界面强度降低，同时还会因振捣不密实而降低混凝土的强度。这种影响在水灰比较小时更为明显，而且对混凝土弯拉强度的影响大于对抗压强度的影响。

连续级配的优点是所配制的混凝土较密实，具有优良的工作性，不易发生离析现象。间断级配与之相比，配制相同强度混凝土所需的水泥量可能少些，但易产生离析。

拌制混凝土时，砂的颗粒级配与粗细程度应同时考虑。当砂中含有较多粗砂，并以适当的中砂及少量细砂填充其空隙时，砂的空隙率及总表面积均较小，是比较理想的级配，不仅水泥浆用量较少，而且还可提高混凝土的密实性与强度。

(2)养护条件

为了获得质量良好的混凝土，混凝土成形后必须在适宜的环境中进行养护，目的是保证水泥水化过程的正常进行。对于给定的混凝土，水泥的水化速度与程度、水化物结构特征都取决于养护环境的温度和湿度条件。

① 养护温度

混凝土的养护温度与混凝土强度发展有重要的关系。当养护温度较高时，可以增大水泥初期水化速度，混凝土早期强度也高。但早期养护温度越高，混凝土后期强度增进率越小，这是由于急速的早期水化反应，导致水泥水化物的不均匀分布。水化物稀少区域成为水泥石中的薄弱点，而在水化物稠密区域，水化物包裹水泥颗粒，将妨碍水泥颗粒的进一步水化，从而减少水化物数量。在相对较低的养护温度下，水泥的水化反应较为缓慢，使其水化物具有充分的扩散时间均匀地分布在水泥石中，导致混凝土后期强度提高。但如果混凝土的养护温度过低或降至冰点以下时，水泥水化反应停止，致使混凝土的强度不再发展，并可能因冰冻作用使混凝土已获得的强度受到损失。

② 养护湿度

水是水泥水化反应的必要成分，如果湿度不足，水泥水化反应不能正常进行，甚至停止，将严重降低混凝土强度，而且水泥石结构疏松，形成干缩裂缝，影响混凝土的耐久性。在不同养护湿度条件下，混凝土强度的发展趋势如图 5－6 所示。在空气中养护的混凝土，在所有龄期得到强度值都较低。因此，为了使混凝土正常硬化，在混凝土养护期间，应创造条件维持一定的潮湿环境，从而产生更多的水化产物使混凝土密实度增加。在夏季由于气温较高、水分蒸发较快，更应特别注意养护。

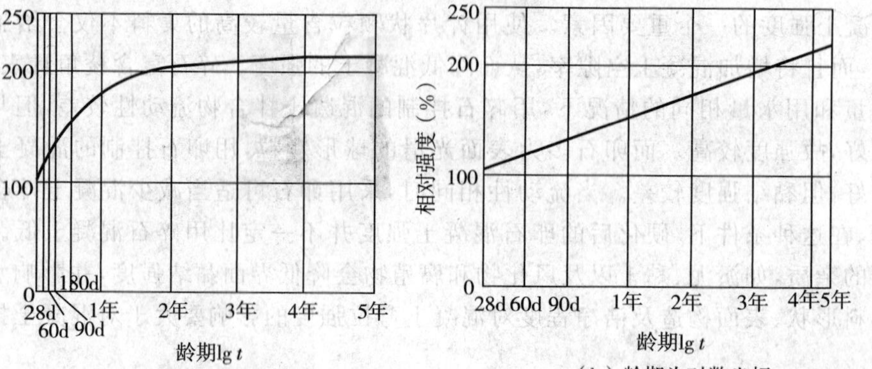

（a）龄期为常坐标　　（b）龄期为对数坐标

图 5－6　混凝土强度与龄期的对数关系

(3)龄期

图 5－6 所示反映了混凝土强度随龄期增加而增长的规律。在标准养护条件下，混凝土强度与龄期之间有着较好的相关性，通常在对数坐标上呈直线关系。在混凝土施工过程中，可根据混凝土的这种特性，由其早期强度推算后期强度，用式(5－7)表达。当混凝土早期强度不足时，可及时采取措施来保证混凝土的施工质量并避免损失。

$$f_{cu,n}=\frac{\lg n}{\lg a}f_{cu,a} \tag{5-7}$$

式中：$f_{cu,n}$——n 天龄期的混凝土抗压强度，MPa；

$f_{cu,a}$——a 天龄期的混凝土抗压强度，MPa。

除了上述因素外，影响混凝土强度的因素还有外加剂、养护方式、施工方法等。

3. 混凝土强度的提高措施

(1)采用高强度的水泥和早强型水泥

为了提高混凝土的强度，可采用强度等级高的水泥，对于紧急抢修工程、桥梁拼装接头、严寒的冬季施工以及其他要求早期强度高的结构物，则可优先选用早强型水泥配制混凝土。

(2)增加混凝土的密实度

降低水胶比,增加混凝土的密实度,则混凝土的强度明显提高。提高混凝土的密实度的措施,可采用加压(0.07MPa)脱水成型法或超声波振动法,以排除混凝土中的气泡,使混凝土更加密实。

(3)蒸汽养护和蒸压养护

蒸汽养护是将混凝土放在温度低于100℃的常压蒸汽中养护,一般混凝土经过16~20h蒸汽养护后,其强度可达到正常养护条件下养护28d强度的70%~80%。蒸汽养护最适宜的温度随水泥的品种而不同,用普通水泥时,最适宜的温度为80℃左右,而矿渣水泥和火山灰水泥时,则为90℃左右。蒸汽养护方法主要是用来提高混凝土的早期强度。

蒸压养护是将浇灌完的混凝土构件静停8~10h后,放入蒸压釜内,通入高压、高温(如大于或等于8个大气压,温度为175℃以上)饱和蒸汽养护,使水泥水化加速、硬化加快,提高混凝土的强度。

(4)掺加外加剂、矿物掺合料

在混凝土中掺加外加剂,可改善混凝土的技术性质。掺加早强剂,可提高混凝土的早期强度。掺加减水剂,在不改变流动性的条件下,可减少水胶比,从而提高混凝土的强度。此外,在混凝土中掺入高效减水剂的同时,掺入磨细的矿物掺合料,如硅灰、优质粉煤灰等,可显著提高混凝土强度,配制出超高强混凝土。

三、硬化混凝土的变形特性

1. 弹塑性变形及弹性模量

混凝土承受荷载时,应力-应变关系是非线性的,在较高的荷载下,这种非线性特征更加明显。当卸除荷载时,混凝土变形不能完全恢复,在较低的荷载水平下重复加载和卸载时,每一次卸载都会残留部分残余变形,因此混凝土不仅呈现弹性变形,还有部分塑性变形。

混凝土的弹性模量在很大程度上取决于粗集料的弹性模量,当粗集料含量较高时,弹性模量较高。此外,混凝土的弹性模量随其强度的提高而增加,但一般不呈线性关系。

2. 徐变变形

变形与荷载作用时间关系图5-7所示反映混凝土在持续荷载作用下的变形特征。由图5-7可见,在加载的瞬间,混凝土产生以弹性变形为主的瞬时变形,此后,在荷载的持续作用下,变形随时间连续增长,称为徐变变形。在较大的初始徐变变形后,徐变逐渐趋于稳定。卸除荷载后,混凝土有一瞬间恢复的变形,其后的一段时间里变形继续恢复,称为徐变恢复。在徐变恢复完成后残留下来的变形称为永久变形,又称残余变形。

混凝土的徐变变形主要是由水泥石的徐变变形所引起的,而集料所产生的徐变变形几乎可以忽略不计,因此混凝土中集料的体积率越大,混凝土的徐变变形越小。

在持续荷载作用下,混凝土的徐变可以延续若干年,其徐变应变通常会超过弹性应变,当混凝土结构承受持续荷载时,如果所承受的持续荷载较大,可能会导致混凝土结构破坏。所以在结构设计时必须考虑徐变的影响;否则,可能会导致对整个结构变形的严重估计不

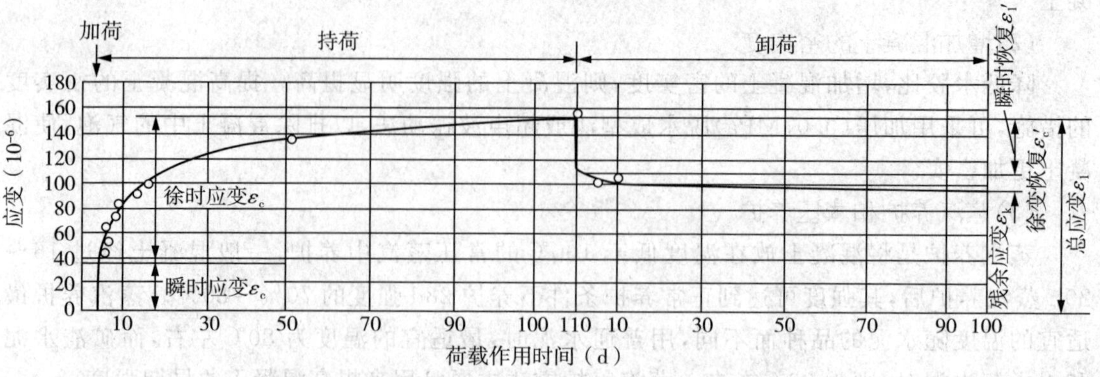

图 5－7　混凝土的变形与荷载作用时间的关系曲线

足。在预应力混凝土中，必须考虑徐变变形导致构件缩短而造成的预应力钢筋束中拉力的损失。

3. 温度变形

混凝土具有热胀冷缩的性质。混凝土的温度变形对大体积混凝土工程或在温差较大季节施工的混凝土结构极为不利。在大体积混凝土中，由于水泥水化放热，混凝土内部的温度将升高，这会使混凝土内部产生显著的体积膨胀。与此同时，混凝土外部却随气温降低而冷却收缩，结果导致外部混凝土产生很大的拉应力。当这种拉应力超过混凝土的抗拉强度时，外部混凝土就会开裂。当混凝土施工期间温差较大时，同样会出现上述问题。为了减小温度变形对混凝土性能的不利影响，应设法降低混凝土的发热量，如采用低热水泥、人工降温以及对表层混凝土加强保温、保湿等措施。

为了减小混凝土温度收缩引起的伸缩变形和挠曲变形受到约束而产生的内应力，水泥混凝土路面需要设置各种类型的接缝，把面层划分成较小尺寸的板。在较纵长的混凝土结构中，例如挡土墙也应设置温度伸缩缝。

4. 干燥收缩变形

在干燥环境中时，由于混凝土内部水分蒸发而引起的体积变化，称为干缩。

当外界环境湿度低于混凝土本身的湿度时，混凝土中水泥石内部的游离水被蒸发，毛细管壁受到压缩，混凝土开始收缩。在环境湿度低于 40％相对湿度时，水泥水化物中的凝胶水也开始蒸发，会引起更大的收缩。但当遇到潮湿环境时，已经干缩的混凝土将会膨胀，表现为混凝土体积的“湿胀”。

由于干缩变形是混凝土的固有性质，如果处理不当，会使混凝土中出现微小裂纹，影响混凝土的耐久性。混凝土的干缩主要由水泥石的干缩所致，所以混凝土的干缩程度与水泥品种及用量、单位用水量和集料用量有关。需水量大的水泥干缩性大，如矿渣水泥的干缩性大于普通水泥，细度较大的水泥干缩性较大。集料在混凝土中形成骨架，对收缩有一定的抑制作用，水泥用量多或用水量大时，混凝土收缩较大。此外，混凝土的收缩还与施工、养护条件有关。混凝土浇筑得越密实，收缩量越小。早期在水中养护或在潮湿环境中养护，可大大减小混凝土的收缩量，蒸压养护对收缩的抑制效果更为显著。综上所述，降低混凝土干缩程度的主要措施有：限制水泥用量并保证一定的集料用量，减小水灰比，充分捣实混凝土，加强混凝土早期养护。

四、硬化混凝土的耐久性

耐久性是指混凝土在使用过程中，抵抗周围环境介质作用保持其强度和使用质量的能力。大多数混凝土工程是永久性的，所以要求混凝土在使用环境条件中具有良好的耐久性。

1. **混凝土的抗渗性**

混凝土对液体或气体渗透的抵抗能力称为混凝土的抗渗性。

在混凝土的使用过程中，影响混凝土质量的主要环境因素包括：淡水溶出作用、硫酸盐化学侵蚀作用等引起水泥石强度的降低；二氧化碳、氯气及氧气等的作用导致混凝土中钢筋锈蚀；碱-集料反应引起的混凝土开裂等破坏。由于环境中的各种侵蚀介质均要通过渗透才能进入混凝土内部，所以渗透性能是影响混凝土耐久性的重要因素。

2. **混凝土的抗冻性**

混凝土的抗冻性是指混凝土抵抗冻融循环作用的能力。

在严寒地区，处于潮湿状态下的混凝土将经历冻融循环过程，由此降低混凝土的强度、密度和弹性模量，所以混凝土的抗冻性是决定耐久性的主要因素。

3. **混凝土的抗化学侵蚀性**

环境介质对混凝土的化学侵蚀有淡水的侵蚀、海水侵蚀、酸碱侵蚀等，其侵蚀机理与水泥石化学侵蚀相同。其中海水的侵蚀除了硫酸盐侵蚀外，还有反复干湿作用，盐分在混凝土内的结晶与聚集，海浪的冲击磨损、海水中氯离子对钢筋的锈蚀作用等，同样会使混凝土受到侵蚀面破坏。

综上所述，混凝土的抗渗性、抗冻性和抗化学侵蚀性之间是相互关联的，且均与混凝土的密实程度，即孔隙总量及孔隙结构特征有关。若混凝土内部的孔隙形成相互连通的渗水通道，混凝土的抗渗性差，相应的抗冻性和抗化学侵蚀性将随之降低。因此应采取有效措施改善混凝土的孔隙结构，减少混凝土内部的毛细管通道，以降低混凝土的渗透性，从而提高混凝土的抗冻性和抗化学侵蚀性。常用的方法有：采用减水剂降低水灰比提高混凝土密实度；加强养护，杜绝施工缺陷；防止由于离析、泌水而在混凝土内形成孔隙通道等。此外还可以通过掺加引气剂，在混凝土中形成均匀分布的不连通微孔，缓冲因水冻结而产生的挤压力，以改善混凝土的抗冻性；采用外部保护措施以隔离侵蚀介质不与混凝土相接触，以提高混凝土的抗化学侵蚀性，如抗酸的侵蚀等。

4. **耐磨性**

耐磨性是指混凝土抵抗表层损伤的能力。

在使用过程中，路面混凝土表层将受到车辆磨耗作用，桥梁墩台、坝面混凝土受到高速水流的冲刷作用，因此，耐磨性是道路和桥梁用混凝土结构的重要性能之一。

混凝土的耐磨性与其强度等级有密切关系，同时也与水泥品种、集料硬度有关，细集料对路面混凝土的耐磨性有较大的影响。据国外资料报道，当砂中石英含量超过 1/3 时，混凝土路面的耐磨性将明显增强。

5. **混凝土中的碱-集料反应**

当混凝土中所用水泥的碱含量较高，又同时使用某些活性集料时，在有水存在的条件下，水泥中的碱物质会与集料中的活性物质发生化学反应，其水化生成物引起混凝土的不均匀膨胀，导致混凝土胀裂，这种化学反应通常称为碱-集料反应。

(1)碱-集料反应类型

根据集料中活性物质类型，将碱-集料反应分为两种类型：碱-硅反应，活性集料中含有活性氧化硅，诸如蛋白石、玉髓、鳞石英及凝灰岩、安山岩和流纹岩等；碱-碳酸钙反应，活性集料中含有活性碳酸盐成分，如含黏土的白云石质石灰石等。

(2)碱活性检验

碱-集料反应导致混凝土强度和弹性模量下降，致使混凝土工程破坏难以修补，甚至威胁到工程的安全使用，已引起道路工程技术界的密切关注。对重要混凝土工程使用的集料应进行碱活性检验，判断集料与水泥中的碱发生反应的可能性。

岩相法用于判断集料中是否存在与碱发生反应的活性成分。若集料中含有活性氧化硅，应采用化学法和砂浆长度法进行检验；若含有活性碳酸盐的集料，应使用岩石柱法进行检验。如果用高碱水泥制成的砂浆长度膨胀率在3个月时小于0.05%，或6个月时小于0.10%，即可判为非活性集料。

当认为集料具有潜在碱-碳酸盐反应活性的，不宜作为混凝土集料，如必须使用，应以专门的混凝土试验结果做出最后的评定。潜在危害属碱-硅反应的，可采用碱含量小于0.6%的水泥，或采用能抑制碱-集料反应的掺合料等措施。当使用钾、钠离子的外加剂时，必须进行专门的试验以确定不会引起碱-集料反应。

第三节　普通水泥混凝土的配合比设计

普通水泥混凝土组成设计任务，就是要根据设计目标、施工条件，选择合适的组成材料，并确定各组成材料用量，使所配制的混凝土在比较经济的原则下，具有所期望的技术性能。这些性能包括：混凝土拌合物具有与施工条件相适应的和易性；硬化后混凝土应满足设计强度等级和耐久性的要求等。

一、普通水泥混凝土的配合比设计

1. 概述

普通水泥混凝土是由水泥、砂、石子和水组成的一种复合材料，配合比设计是根据原材料性能及对混凝土的技术要求，确定这些组成材料的质量之间的比例关系。有时还需注明外加剂用量。

(1)配比的表示方法

混凝土配合比的表示方法有下列两种：

① 单位用量表示法

以1m^3混凝土中各种材料的质量表示，例如，水泥：水：砂：石子＝330kg：185kg：598kg：1128kg。

② 相对用量表示法

以水泥质量为1来表示各项材料用量的相对关系，例如，水泥：砂：石子＝1：1.81：

3.88；水灰比 $W/C=0.56$。

(2)配合比设计的基本要求

① 满足结构设计的强度要求

不论混凝土路面或桥梁，在设计时都会对不同的结构部位提出不同的“设计强度”要求。为了保证结构的可靠性，在配制混凝土时，必须要考虑到结构物的重要性，施工单位施工管理水平等因素，采用一个比设计强度高的所谓“配制强度”，才能满足结构的设计强度要求。

② 满足施工工作性的要求

按照结构物的断面尺寸和形状、配筋的疏密以及施工方法和设备来确定工作性。

③ 满足环境耐久性的要求

根据结构物所处的环境条件，如严寒地区的路面或桥梁、桥梁墩台在水位升降范围等，为保证结构的耐久性，在设计混凝土配合比时必须考虑允许的“最大水胶比”和“最小水泥用量”。

④ 满足经济合理性的要求

在满足设计强度、工作性和耐久性保证工程质量的前提下，尽可能地节约水泥用量，尽量就地取材，以降低成本。

(3)混凝土配比设计中的三个重要参数

① 水灰比

水灰比即水和水泥的质量之比，反映水泥浆的稀和稠，在水和水泥性质固定的条件下，根据水灰比定则，水泥混凝土的强度就取决于水灰比的大小。因此水灰比的确定原则应保证混凝土的强度和耐久性前提下，尽可能选择大些，以满足工作性及经济性要求。

② 砂率

砂率即砂的质量占砂石总质量的百分率，表征砂与石之间相对含量。在砂石性质固定的条件下，矿料骨架的性能就取决于砂率，砂率大小直接决定着矿料的比表面积的大小，对混凝土的黏聚性及保水性比较敏感，因此砂率的确定原则是满足混凝土黏聚性、保水性的前提下尽可能地取小些，以节约水泥降低成本并能充分发挥骨料的骨架作用，保证强度要求。

③ 单位用水量

拌和物的性能在水泥浆与集料性质固定条件下，就取决于反映它们之间的比例，即“浆集比”，但这个比指的是体积之比。现行配比设计方法中采用的都是质量之比。在水灰比一定的前提下，水泥浆与集料之间的比例关系可以通过用水量来反映，所以现行配比设计方法采用“单位用水量”表示。单位用水量在水灰比及砂率已定情况下，其大小主要用以满足拌和物的流动性，因此单位用水量确定原则是满足流动性的前提下尽可能选择小些，以保证强度及耐久性。

(4)混凝土配比设计的步骤

① “初步配比”计算

根据现有资料，按我国现行的配合比设计方法，计算初步配合比，即水泥∶水∶细集料∶粗集料$=m_{co}:m_{wo}:m_{so}:m_{go}$。

② “基准配比”的提出

根据初步配合比，采用施工实际采用的材料，进行试拌，测定混凝土拌和物的工作性是否满足，调整材料用量提出满足工作性要求的“基准配合比”，即 $m_{ca}:m_{wa}:m_{sa}:m_{ga}$。

③ “设计配合比”的确定

按“基准配合比”，增加和减少水胶比，拟定几组适合工作性要求配合比，对混凝土进行强度复核，如有其他要求，也应做出相应的检验复核，最后确定出满足设计和施工要求且经济合理的“设计配合比”，即 $m_c:m_w:m_s:m_g$。

④ “施工配合比”换算

根据工地现场材料的实际含水量，将设计配合比换算成施工配合比，即 $m_c':m_w':m_s':m_g'$。

普通水泥混凝土是由水泥、砂、石子和水组成的一种复合材料，配合比设计是根据原材料性能及对混凝土的技术要求，确定这些组成材料的质量或体积之间的比例关系。有时还需注明外加剂用量。

混凝土配合比的表示方法有两种：一种以 $1m^3$ 混凝土中各种材料的质量表示，例如，水泥 330kg，水 185kg，砂 598kg，石子 1128kg；另一种以水泥质量为 1 来表示其他各项材料用量的相对关系，如水泥：砂：石子＝1：1.81：3.88；水灰比 $W/C=0.56$。

确定混凝土配合比的主要内容为：根据经验公式和试验参数计算各种组成材料的比例，得出“初步配合比”；按初步配合比在试验室进行试拌，考察混凝土拌合物的施工和易性，经调整后得出“基准配合比”；再按“基准配合比”，对混凝土进行强度复核，如有其他要求，也应做出相应的检验复核，最后确定出满足设计和施工要求且经济合理的“设计配合比”；在施工现场，还应根据现场砂石材料的含水量对配合比进行修正，得出“施工配合比”。

2. 普通混凝土配合比设计方法(以抗压强度为指标)

(1)初步配比的计算

① 混凝土的配制强度 $f_{cu,o}$

混凝土的设计强度等级根据结构设计确定。为了使所配制的混凝土在工程使用时具有必需的强度保证率，配合比设计时的混凝土配制强度应大于设计要求的强度等级，混凝土配制强度按照式(5-8)计算：

$$f_{cu,o} \geqslant f_{cu,k} + 1.645\sigma \tag{5-8}$$

式中：$f_{cu,o}$——混凝土配制强度，MPa；

$f_{cu,k}$——混凝土设计强度等级，MPa；

σ——混凝土强度标准差，MPa。

混凝土强度标准差宜根据施工单位同类混凝土统计资料计算确定，计算时，强度试件组数不应少于 25 组，当混凝土强度等级为 C20 或 C25 时，如强度标准差计算值小于 2.5MPa 时，计算配制强度用的标准差应取不小于 2.5MPa；当强度等级等于或大于 C30 级，如强度标准差计算值小于 3.0MPa 时，计算配制强度用的标准差应取不小于 3.0MPa；当施工单位不具有近期同一品种混凝土强度资料时，强度标准差可按表 5-9 所列取用。

表 5-9 混凝土强度标准差 σ 值

强度等级(MPa)	低于 C20	C25～C35	高于 C35
标准差 σ	4.0	5.0	6.0

② 计算水灰比(W/C)

根据配制强度 $f_{cu,o}$ 和水泥的实际强度 f_{ce} 计算水灰比。

A. 按强度要求计算水灰比

$$f_{cu,o}=\alpha_a f_{ce}(C/W-\alpha_b) \tag{5-9}$$

式中：$f_{cu,o}$——混凝土的试配强度，MPa；

C/W——混凝土所要求的灰水比，无量纲；

α_a,α_b——回归系数，无量纲；

f_{ce}——水泥的实际强度，MPa。

在无法取得水泥实际强度值时，可用式(5－10)计算。

$$f_{ce}=\gamma_c\cdot f_{ce,k} \tag{5-10}$$

式中：γ_c——水泥强度等级富余系数，应按各地区实际统计资料确定，在无统计资料时通常32.5水泥取1.12,42.5水泥取1.16,52.5水泥取1.10；

$f_{ce,k}$——水泥强度等级，MPa。

在应用公式时应注意以下几点：

A. 新出厂或出厂不久的水泥可用该式计算。

B. 出厂1～3个月的水泥按原强度等级使用。

C. 进场后因存放条件不良，或出厂超过3个月的水泥应重新鉴定强度等级后使用。

B. 按耐久性要求校核水灰比

按照强度要求计算出的水灰比，应当根据混凝土所处环境条件与满足耐久性要求所规定(表5－10)的最大水灰比值进行比较，选取较小值使用，以保证混凝土的耐久性。

表5－10　混凝土的最大水灰比、最小水泥用量及最大氯离子含量(JTG/T F50—2011)

环境类别	环境条件	最大水胶比	最小水泥用量(kg/m^3)	最低混凝土强度等级	最大氯离子含量(%)
Ⅰ	温暖或寒冷地区的大气环境、与无侵蚀的水或土接触的环境	0.5	275	C25	0.30
Ⅱ	严寒地区的大气环境、使用除冰盐环境、滨海环境	0.50	300	C30	0.15
Ⅲ	海水环境	0.45	300	C35	0.10
Ⅳ	受侵蚀性物质影响的环境	0.40	325	C35	0.10

注：① 水胶比、氯离子含量系指其与胶凝材料用量的百分比。

② 最小水泥用量，包括掺合料。当掺用外加剂用能有效地改善混凝土的和易性时，水泥用量可减少 $25kg/m^3$。

③ 严寒地区系指最冷月份平均气温低于或等于－10℃，且日平均温度低于或等于5℃的天数在145d以上的地区。

④ 预应力混凝土结构中的最大氯离子含量为0.06%，最小水泥用量为 $350kg/m^3$。

⑤ 封底、垫层及其他临时工程的混凝土，可不受本表的限制。

③ 选择单位用水量

按照集料品种、规格及施工要求的坍落度或维勃稠度选择 $1m^3$ 混凝土的用水量。一般根据本单位所用材料按经验选用,如无使用经验时可参照表 5-11 所列选用。用水量取决于集料特性以及混凝土拌合物施工和易性的要求,按以下方法选用。

A. 当水灰比为 0.4～0.8 时,其单位用水量应根据集料的品种、最大粒径及施工要求的混凝土拌合物流动性按表 5-11、表 5-12 所列选取。

B. 水灰比小于 0.4 的混凝土及采用特殊成型工艺混凝土用水量应通过试验确定。

C. 流动性和大流动性混凝土未掺外加剂时,以表 5-12 中坍落度 90mm 的用水量为基础,按坍落度每增大 20mm 用水量增加 5kg 水的原则计算混凝土的用水量。

表 5-11　干硬性混凝土的用水量　　单位:kg

拌和物稠度		卵石最大粒径(mm)			碎石最大粒径(mm)		
项　目	指　标	10	20	40	15	20	40
维勃稠度(s)	16～20	175	160	145	180	170	155
	11～15	180	165	150	185	175	160
	5～10	185	170	155	190	180	65

表 5-12　塑性混凝土的用水量　　单位:kg

拌和物稠度		卵石最大粒径(mm)				碎石最大粒径(mm)			
项　目	指　标	10	20	31.5	40	16	20	31.5	40
坍落度(mm)	10～30	190	170	160	150	200	185	175	165
	35～50	200	180	170	160	210	195	185	17
	55～70	210	190	180	170	220	205	195	185
	75～90	215	195	185	175	230	215	205	195

当掺外加剂时,混凝土用水量可按式(5-11)计算。

$$m_{w,ad}=m_{wo}(1-\beta_{ad}) \tag{5-11}$$

式中:$m_{w,ad}$——掺外加剂混凝土的单位用水量,kg/m^3;

m_{wo}——未掺外加剂混凝土的单位用水量,kg/m^3;

β_{ad}——外加剂的减水率,%,经试验确定。

④ 计算单位水泥用量

A. 按强度要求计算:由 $1m^3$ 混凝土用水量 m_{wo},根据水灰比值计算水泥用量 m_{co},即

$$m_{co}=\frac{m_{wo}}{W/C} \tag{5-12}$$

B. 按耐久性要求校核

按照强度要求计算出的水泥用量,应当根据混凝土所处环境条件与满足耐久性要求所规定的最大水灰比值进行比较,选取较大值使用,以保证混凝土的耐久性。

⑤ 砂率 β_s 的的确定

A. 坍落度在 10～60mm 范围的混凝土当无使用经验时,砂率可根据粗集料品种、最大

粒径及水灰比按表 5－13 所列选用。

表 5－13　混凝土的砂率　　单位：%

水灰比 W/C	卵石最大粒径(mm)				碎石最大粒径(mm)			
	10	20	31.5	40	16	20	31.5	40
0.40	26～32	25～31	24～30	24～30	30～35	29～34	28～33	27～32
0.50	30～35	29～34	28～33	28～33	33～38	32～37	31～36	30～35
0.60	33～38	32～37	31～36	31～36	36～41	35～40	34～39	33～38
0.70	36～41	35～40	35～39	34～39	39～44	38～43	37～42	36～41

注：① 表中数值系中砂的选用砂率，对细砂或粗砂，可相应地减少或增加砂率；

② 当只用一个单粒级的粗集料配制混凝土时，砂率值应适当增加；

③ 对薄壁混凝土构件砂率应取偏大数值；

④ 坍落度≥60mm 的混凝土应在表 5－13 的基础上，按坍落度每增大 20mm，砂率增大 1%的幅度予以调整；

⑤ 坍落度<10mm 的混凝土及使用外加剂或掺合料的混凝土应经试验确定砂率。

⑥ 计算细集料用量 m_{so} 和粗集料用量 m_{go}

A. 体积法

又称绝对体积法。该法是假定混凝土拌合物的体积等于各组成材料绝对体积和混凝土拌合物中所含的空气体积之总和。在砂率值为已知的条件下，粗、细集料的单位用量可由式(5－13)表示。

$$\begin{cases}\dfrac{m_{co}}{\rho_c}+\dfrac{m_{wo}}{\rho_w}+\dfrac{m_{so}}{\rho_s}+\dfrac{m_{go}}{\rho_g}+0.01\alpha=1\\[2ex]\dfrac{m_{so}}{m_{so}+m_{go}}\times100\%=\beta_s\end{cases}\tag{5-13}$$

式中：m_{co}——混凝土中的单位水泥用量，kg/m³；

m_{go}——混凝土中的单位粗集料用量，kg/m³；

m_{so}——混凝土中的单位细集料用量，kg/m³；

m_{wo}——混凝土中的单位用水量，kg/m³；

β_s——砂率，%；

ρ_c——水泥密度，kg/m³，可取 2900～3100kg/m³；

ρ_g——粗集料的表观密度，kg/m³；

ρ_s——细集料的表观密度，kg/m³；

ρ_w——水的密度，kg/m³，可取 1000kg/m³；

α——混凝土的含气量百分数，在不使用引气型外加剂时，可取为 1。

B. 质量法

又称假定表观密度法。该法需要首先假定一个适宜的混凝土表观密度值 m_{cp}，混凝土各组成材料的单位用量之和即混凝土的表观密度 m_{cp}，如方程组(5－14)所示的关系。

$$\begin{cases} m_{co}+m_{wo}+m_{so}+m_{go}=m_{cp} \\ \dfrac{m_{so}}{m_{so}+m_{go}}\times 100\%=\beta_s \end{cases} \tag{5-14}$$

式中：m_{co}，m_{wo}，m_{so}，m_{go}，β_s——符号意义同式(5－13)；

m_{cp}——混凝土拌合物的假定表观密度，范围 2350～2450kg/m³。

将已确定的单位用水量 m_{so}、单位水泥用量 m_{co} 和砂率 β_s 代入式(5－13)或式(5－14)，可求出粗集料用量 m_{go} 和细集料用量 m_{wo}。由此得到混凝土的初步配合比为：

$$水泥:水:砂:石子=m_{co}:m_{wo}:m_{so}:m_{go}$$

(2)试拌、工作性测定，提出基准配比

在初步配合比设计过程中，各组成材料的用量是借助于经验公式、经验表格和经验参数计算得到的，还需要通过试拌检验，经调整后得出满足施工和易性要求的混凝土“基准配合比”。

混凝土试拌时应采用实际工程使用的原材料，并采用与施工时相同的搅拌方法。首先按照“初步配合比”进行混凝土试拌，检查其拌合物的和易性。如果实测坍落度或 VB 稠度不能满足设计要求，或黏聚性和保水性能不好时，应在保持水灰比不变的条件下，调整用水量或砂率。如果坍落度低于设计要求，可保持水灰比不变，适当增加水泥浆用量，反之亦然。也可以根据砂率与流动性的关系，通过调整砂率来改善混凝土的流动性。每次调整时，应加入少量材料，反复试验直到符合要求为止。然后提出供混凝土强度试验用的“基准配合比”，即

$$水泥:水:砂:石子=m_{ca}:m_{wa}:m_{sa}:m_{ga}$$

(3)强度检验、密度校核，提出设计配比

① 强度试件的制作

按照试拌调整后的“基准配合比”准备材料，对混凝土进行强度检验。强度试验时至少应采用三个不同水灰比的配合比，其中一个是“基准配合比”中的水灰比，另外两个水灰比，分别较基准配合比增加及减少 0.05。单位用水量与基准配合比相同，根据“固定用水量定则”，水灰比的这种变化对混凝土的流动性无较大影响。混凝土强度试验时，每种水灰比下的拌合物至少应制作三块试件，并应标准养护到 28d 时进行抗压强度试验。

② 和易性检测

制作混凝土强度试件时，应检验混凝土拌合物的和易性(坍落度或 VB 稠度、黏聚性、保水性)，并测定拌合物表观密度，以此结果作为代表相应配合比的混凝土拌合物的性能。当不同水灰比的混凝土拌合物坍落度与要求值相差超过允许偏差时，可以适当增、减用水量进行调整。砂率也可酌情分别增加或减少 1%。

③ 设计配合比的确定

根据强度试验结果，建立灰水比与混凝土强度的关系，选定与混凝土配制强度($f_{cu,o}$)相对应的灰水比 C/W。然后按照下列方法确定混凝土“设计配合比”中各种材料的用量。

单位用水量 m_{wb} 应按基准配合比中的单位用水量 m_{wa}，并根据制作强度试件时测得的坍落度或维勃稠度，进行适当调整。

单位水泥用量 m_{cb} 应由单位用水量 m_{ca} 以选定出的灰水比计算确定。

细集料用量 m_{sb} 和粗集料用量 m_{gb} 应按基准配合比中的砂率，以及单位水泥用量 m_{cb} 和单位用水量 m_{wb} 代入式(5-13)和式(5-14)计算确定。

④ 混凝土组成材料用量的调整

由式(5-15)计算混凝土的表观密度，并由式(5-16)计算混凝土配合比校正系数。

$$\rho_{c,c}=m_{cb}+m_{wb}+m_{sb}+m_{gb} \tag{5-15}$$

式中：$\rho_{c,c}$——混凝土的表观密度计算值，kg/m³；

$m_{cb},m_{wb},m_{sb},m_{gb}$——混凝土设计配合比组成材料单位用量，kg/m³。

$$\delta=\frac{\rho_{c,t}}{\rho_{c,c}} \tag{5-16}$$

式中：δ——混凝土配合比校正系数；

$\rho_{c,t}$——混凝土的表观密度实测值，kg/m³；

$\rho_{c,c}$——混凝土的表观密度计算值，kg/m³。

当混凝土表观密度的实测值 $\rho_{c,t}$ 与计算值 $\rho_{c,c}$ 之差的绝对值不超过计算值的2%时，上述方法得到的各种材料用量即混凝土的设计配合比。当两者之差超过2%时，将各项材料用量乘以校正系数 δ，即确定的混凝土设计配合比：

$$水泥：水：砂：石子=m_c：m_w：m_s：m_g$$

(4)施工配合比换算

在进行混凝土配合比计算时，所有计算公式和相关参数表格中的数值均是以干燥状态集料为基准的。而工地存放的砂石材料含有一定的水分，与配合比设计时存在差异，所以工地现场各种材料的实际称量应按工地砂石材料的实际含水量进行修正，修正后的配合比称为“施工配合比”。具体方法为：当工地测出砂的含水率为 W_s、石子的含水率为 W_g 时，将上述设计配合比换算为施工配合比，每1m³中各种材料的用量为：

$$\begin{cases}水泥：m'_c=m_c\\ 砂：m'_s=m_s\times(1+W_s)\\ 碎石：m'_g=m_g\times(1+W_g)\\ 水：m'_w=m_w-m_s\cdot w_s-m_g\cdot w_g\end{cases} \tag{5-17}$$

三、普通混凝土配合比设计例题

【例题5-1】 普通混凝土配合比设计示例。

(1)组成材料

普通硅酸盐水泥32.5级，实测28d抗压强度为36.8MPa，密度 $\rho_c=3100\text{kg/m}^3$；中砂：表观密度 $\rho_s=2650\text{kg/m}^3$，施工现场砂含水率为2%；碎石：5～40mm，表观密度 $\rho_g=$

2700kg/m³，施工现场碎石含水率为1%；水：自来水。

(2)设计要求

某桥梁工程桥台用钢筋混凝土(受冰雪影响)，混凝土设计强度等级C30，要求强度保证率为95%，强度标准差计算值为5.0MPa。混凝土由机械拌和、振捣，施工要求坍落度为35~50mm。试确定该混凝土的设计配合比及施工配合比。

(3)设计计算

步骤1：初步配合比的计算

① 算配制强度 $f_{cu,o}$

根据设计要求混凝土强度等级 $f_{cu,k}=30MPa$，强度标准差 $\sigma=5.0MPa$，代入式(5-8)计算该混凝土的配制强度 $f_{cu,o}$：

$$f_{cu,o}=f_{cu,k}+1.645\sigma=30+1.645\times5.0=38.2(MPa)$$

② 算水灰比 W/C

由所给资料，水泥实测抗压强度：$f_{ce}=36.8MPa$，混凝土配制强度 $f_{cu,0}=38.2MPa$，粗集料为碎石，查表5-8得 α_a 和 α_b，代入式(5-8)，计算混凝土水灰比为：

$$W/C=\frac{0.53\times f_{ce}}{f_{cu,o}+0.53\times0.20\times f_{ce}}=\frac{0.53\times36.8}{38.2+0.53\times0.20\times36.8}=0.46$$

混凝土所处环境为受冰雪影响地区，查表5-10，得知最大水灰比为0.50。按照强度计算的水灰比结果符合耐久性要求，故取计算水灰比 $W/C=0.46$。

③ 确定单位用水量 m_{wo}

根据题意要求混凝土拌合物的坍落度为35～50mm，碎石最大粒径为40mm，查表5-12，选取混凝土的单位用水量 $m_{wo}=175kg/m^3$。

④ 计算单位水泥用量 m_{co}

根据单位用水量及计算水灰比 W/C，代入式(5-12)，计算单位水泥用量：

$$m_{co}=\frac{m_{wo}}{W/C}=\frac{175}{0.46}=380\ (kg/m^3)$$

查表5-9，符合耐久性要求的最小水泥用量为300kg/m³，所以取按强度计算的单位水泥用量 $m_{co}=380kg/m^3$。

⑤ 定砂率 β_s

由碎石的最大粒径40mm，水灰比0.46，查表5-13，取混凝土砂率 $\beta_s=32\%$。

⑥ 计算细、粗集料用量 m_{so} 和 m_{go}

按照体积法，将 m_{co}、m_{wo} 和 β_s 代入式(5-13)，α 取1。联立求解得：

砂用量 $m_{so}=594\ kg/m^3$，碎石用量 $m_{go}=1262\ kg/m^3$。

按体积法计算所得混凝土初步配合比为 $m_{co}:m_{wo}:m_{so}:m_{go}=372:175:594:1262$。

按质量法，假定混凝土表观密度为 $m_{cp}=2400kg/m^3$，将 m_{co}、m_{wo} 和 β_s 代入式(5-13)，联立求解得：砂用量 $m_{so}=590\ kg/m^3$；碎石用量 $m_{go}=1254\ kg/m^3$。

按质量法确定的混凝土初步配合比为 $m_{co}:m_{wo}:m_{so}:m_{go}=380:175:590:1254$，

计算结果与体积法相近。

步骤 2:基准配合比设计

按初步配合比试拌 0.025m^3混凝土拌合物,各种材料用量如下所示。

水泥:0.025×380=9.5kg;水:0.025×175=4.38kg;

砂:0.025×594=14.85kg;碎石:0.025×1262=31.55kg。

将混凝土拌合物搅拌均匀后,做坍落度试验,测得坍落度为 25mm,低于设计坍落度 35~50mm的要求。为此增加水泥浆用量 3%,即水泥用量增至 9.78kg,水用量增至 4.50kg。再经搅拌后测得坍落度为 40mm,黏聚性、保水性均良好。

换算成基准配合比为水泥∶水∶砂∶碎石=m_{ca}∶m_{wa}∶m_{sa}∶m_{ga}=391∶180∶594∶1262。

步骤 3:设计配合比的确定

① 强度检验

以计算水灰比 0.46 为基础,采用水灰比分别为 0.41、0.46 和 0.51,基准用水量 180kg/m^3不变,相应调整砂、碎石用量,拌制三组混凝土拌合物并成型试件,水灰比为 0.42 和 0.52 的两个配合比也经过坍落度试验调整,均满足要求。与三个水灰比相应的 28d 抗压强度实测结果分别为:45.1MPa、37.8MPa、30.1MPa。图 5-8 所示为混凝土 28d 抗压强度($f_{cu,28}$)与灰水比(C/W)的关系曲线,由图 5-8 中曲线确定与混凝土配制强度 $f_{cu,o}$= 38.2MPa 对应的灰水比 C/W 为 2.18,即水灰比 W/C 为 0.46。

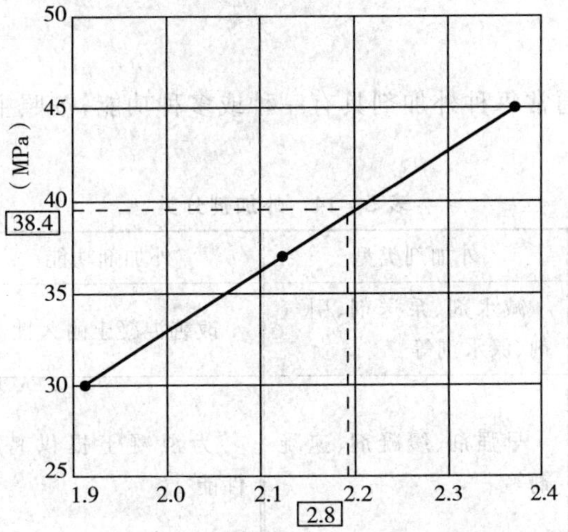

图 5-8 混凝土 28d 强度与灰水比关系

② 设计配合比的确定

按强度试验结果修正混凝土配合比,各种材料用量不变仍为基准配合比。

水泥∶水∶砂∶碎石=m_{ca}∶m_{wa}∶m_{sa}∶m_{ga}=391∶180∶594∶1262。

③ 设计配合比的调整

混凝土拌合物表观密度计算值为:$\rho_{c,c}=391+180+594+1262=2427\ (kg/m^3)$;

实测表观密度:$\rho_{c,t}=2478\ kg/m^3$,计算校正系数:$\delta=\dfrac{\rho_{c,t}}{\rho_{c,c}}=\dfrac{2478}{2427}=1.02$。

按校正系数修正后各种材料用量为

水泥：$m_c = 391 \times 1.02 = 399 (kg/m^3)$，水：$m_w = 180 \times 1.02 = 184 (kg/m^3)$；

砂：$m_s = 594 \times 1.02 = 606 (kg/m^3)$，碎石：$m_g = 1262 \times 1.02 = 1287 (kg/m^3)$；

由此，最后确定混凝土的设计配合比为 $m_c : m_w : m_s : m_g = 399 : 184 : 606 : 1287$。

步骤 4：施工配合比的计算

根据施工现场实测结果：砂含水率 W_s 为 2.0%，碎石含水率 W_g 为 1%，各种材料修正用量：

水泥：$m'_c = 399 (kg/m^3)$；

砂：$m'_s = 606 \times (1 + 2\%) = 618 (kg/m^3)$；

碎石：$m'_g = 1287 \times (1 + 1\%) = 1300 (kg/m^3)$；

水：$m'_w = 184 - (606 \times 2\% + 1287 \times 1\%) = 159 (kg/m^3)$；

所以，现场施工配合比为 $m'_c : m'_w : m'_s : m'_g = 399 : 618 : 1300 : 159$。

第四节　混凝土外加剂

一、混凝土外加剂

在水泥混凝土中，应用外加剂的工程技术经济效益显著。受到国内外工程界的普遍重视，近几十年来，外加剂发展很快，品种愈来愈多，已成为混凝土四种基本组成材料以外的第五种组分。

1. 外加剂类型

外加剂品种繁多，通常每种外加剂具有一种或多种功能，按照主要功能分类见表 5－14 所列。

表 5－14　外加剂分类

外加剂功能	外加剂类型	外加剂功能	外加剂类型
改善新拌混凝土流变性能	减水剂、泵送剂、引气剂、保水剂等	改善混凝土耐久性	引气剂、抗冻剂、阻锈剂、抗渗剂等
调节混凝土凝结、硬化速度	早强剂、缓凝剂、速凝剂等	为混凝土提供特殊性能	引气剂、膨胀剂、防水剂、泡沫剂、着色剂、碱－集料反应抑制剂
调节混凝土中含气量	引气剂、加气剂、泡沫剂、消泡剂等		

按照化学成分，外加剂分为无机化合物类和有机化合物类。无机化合物类主要是无机电解质盐类，如早强剂 $CaCl_2$ 和 Na_2SO_4 等。有机化合物外加剂包括某些有机化合物及其复盐、表面活性剂类，目前混凝土中所用的减水剂和引气剂多属于表面活性剂。

2. 常用混凝土外加剂

(1)减水剂

减水剂是指在不影响混凝土工作性的条件下，具有减水及增强作用的外加剂。

减水剂的作用机理为：水泥与水拌合后，由于水泥颗粒之间的分子引力作用，形成絮凝结构。在这种絮凝结构中，包裹了许多拌合水，从而降低了混凝土拌合物的流动性。当加入适量的减水剂后，减水剂的憎水基吸附于水泥颗粒表面，亲水基指向水溶液，使水泥颗粒表面呈相同的电性，从而加大了水泥颗粒之间的静电斥力，导致水泥颗粒相互分散，絮凝结构解体，被包裹的游离水逃逸出来，增加了拌合物的流动性。另一方面，由于减水剂对水泥的分散作用，使得水泥颗粒与水的接触面增加，水化比较充分，也会提高混凝土的强度。

减水剂适用于现浇或预制混凝土、钢筋混凝土或预应力混凝土。高效减水剂宜用于0℃以上施工的大流动性混凝土、高强混凝土和蒸养混凝土。普通减水剂不宜单独用于蒸养混凝土，在掺硬石膏或工业废料石膏的水泥中，是否能够掺用木质素磺酸盐类减水剂，需要经过试验，证明对混凝土无害后方可使用。

(2)引气剂

引气剂是指掺入混凝土拌合物后，经搅拌能在混凝土拌合物中引入大量分布均匀的微小气泡，以改善其工作性，并在混凝土硬化后能保留微小气泡以改善其抗冻融耐久性的物质。

引气剂是表面活性剂，它的主要品种有：松香热聚物类、烷基苯磺酸盐类、脂肪醇磺酸盐类。

在搅拌混凝土时，必然混入一些空气，引气剂即被吸附到空气泡表面，憎水基指向空气，亲水基指向水中，在空气与水的界面上作定向排列，降低了气泡面上水的表面张力及界面能，从而使溶液形成众多表面时所需的功能减少，同时使气泡稳定存在。

引气剂在混凝土中引入的气泡直径为0.05～1.25mm，这些微小、独立的气泡，在混凝土拌合过程中起着滚动轴承的作用，使混凝土拌合物流动性大大提高，若保持流动性不变，则可减水10%左右。这些微小气泡中断了混凝土毛细管渗水通道，使混凝土的抗渗性和抗冻性显著提高，一般可使抗冻标号提高1～2倍。另外由于气泡的存在，使得混凝土弹性模量略有降低，这对提高混凝土的抗裂性是有利的。然而由于气泡的存在，使得混凝土有效受力面积减少，从而使混凝土强度有所降低，但可以通过降低水灰比，使强度得到一定的补偿。

引气剂多用于水工混凝土，以及抗冻、防渗、抗硫酸盐混凝土，泌水严重的混凝土，贫混凝土，轻集料混凝土，对饰面有要求的混凝土，但不宜用于蒸养及预应力混凝土。长期处于潮湿和严寒环境中的混凝土，应掺用引气剂或引气减水剂。但混凝土的含气量不得超过7%，以免过多损失混凝土的强度。

(3)缓凝剂

缓凝剂是指能延缓混凝土凝结时间，并对其后期强度无不良影响的外加剂。

缓凝剂的主要品种有：糖类、木质素磺酸盐类、羟基羧基及其盐类、无机盐类、氯盐类，其中以糖蜜缓凝效果最好。

缓凝剂缓凝的机理为：当缓凝剂吸附于水泥颗粒表面后，所形成的单分子吸附膜层阻碍并抑制了水分进一步渗入水泥内部，使水泥初期水化速度变慢。另一方面，缓凝剂中大都含有糖分，糖是一种多羟基水化合物，亲水性很强，吸附于水泥后，使水泥颗粒表面的水化物膜大大增厚，使水泥颗粒间的凝聚力小于其分散作用力，从而使水泥水化延缓，产生缓凝。

缓凝剂适用于大体积混凝土、炎热季节施工的混凝土以及需长时间停放或长距离运输的混凝土。在掺硬石膏或工业废料石膏的水泥中，掺用糖类缓凝剂时应经试验验证合格后方可使用。

(4)早强剂

早强剂是指能明显提高混凝土早期强度,对后期强度无不利影响的外加剂。

早强剂的主要品种有:氯盐类、硫酸盐类及有机胺类。此外,一般的高效减水剂均能在不同的程度上提高混凝土的早期强度。

氯盐属于强电介质,溶解于水后全部电离成离子,氯离子吸附于水泥颗粒表面,增加水泥颗粒的分散度,加速水泥初期水化。氯化钙 $CaCl_2$ 与铝酸三钙 C_3A 反应生成不溶性水化氯铝酸钙等水化物;氯化钙 $CaCl_2$ 与氧化钙 CaO 反应生成不溶于 $CaCl_2$ 溶液的氧氯化钙。这些生成物使水泥浆体中的固相比例增大,促使水泥凝结硬化,有助于水泥石结构的形成。

硫酸钠 Na_2SO_4 与 $Ca(OH)_2$ 作用生成 NaOH 与高分散性的硫酸钙 $CaSO_4$。由于上述反应的进行,降低了水泥浆体中 $Ca(OH)_2$ 的浓度,促使硅酸三钙 C_3S 水化加速。其综合作用促使混凝土的早期强度得以提高。

早强剂适用于蒸养混凝土、常温、低温和负温(最低气温不小于−5℃)条件下施工的有早强或防冻要求的混凝土,但不宜单独用于在5℃以下施工且有早强要求的混凝土及蒸养混凝土。由于氯盐类早强剂中含有 Cl^- 离子,会引起混凝土中的钢筋锈蚀,在大部分钢筋混凝土工程中限制使用氯盐类早强剂。在有耐久性要求或其他特殊要求的混凝土中,使用早强剂时应通过试验确定。

第五节　路面水泥混凝土的组成设计

路面水泥混凝土是指满足混凝土路面摊铺工作性(和易性)、弯拉强度、耐久性与经济性要求的水泥混凝土材料。根据材料组成,路面水泥混凝土分为普通路面混凝土(也称素混凝土)、钢筋混凝土、预应力混凝土、钢纤维混凝土和碾压混凝土等。本节重点介绍路面普通混凝土组成材料的选择和配合比设计方法。

由于路面混凝土直接承受车辆荷载的作用,其组成材料选择、配合比设计标准均应根据路面的交通等级确定。在《公路水泥混凝土路面设计规范》(JTG D40—2011)中,按设计基准期内设计车道所承受的标准轴载累计作用次数,将路面所承受的交通轴载作用分为5级,分级范围见表5-15所列。

表5-15　水泥混凝土路面的交通荷载分级

交通荷载等级	极重	特重	重交	中	轻
设计基准期内设计车道承受设计轴载(100kN)累计作用次数 Ne(10^4)	$>10^6$	$1\times10^6\sim2000$	2000～100	100～3	<3

一、路面普通水泥混凝土

1. 路面普通混凝土组成材料的技术要求

(1)水泥品种与强度要求

水泥是路面混凝土的重要组成材料。直接影响混凝土的强度、早期干缩、温度变形和抗磨性。特重、重交通等级的水泥混凝土路面,应优先采用旋窑道路硅酸盐水泥。可使用旋窑硅酸盐水泥或普通硅酸盐水泥。中、轻交通的路面，也可采用矿渣硅酸盐水泥。冬季施工、有快凝要求的路段可采用旱强型水泥。一般情况宜采用普通型水泥。

我国现行规范《公路水泥混凝土路面施工细则》(JTG/T F30—2014)规定：路面水泥混凝土所用水泥技术要求除应满足现行《道路硅酸盐水泥》(GB 13693—2005)或《通用硅酸盐水泥》(GB 175—2007)的规定外，各龄期的实测抗折强度、抗压强度应满足表 5-16 的规定。

表 5-16　各交通等级路面水泥各龄期的强度要求(JTG/T F30—2014)

混凝土设计弯拉强度标准值(MPa)	5.5		5.0		4.5		4.0	
龄期(d)	3	28	3	28	3	28	3	28
水泥实测抗折强度(MPa)≥	5.0	8.0	4.5	7.5	4.0	7.0	3.0	6.5
水泥实测抗压强度(MPa)≥	23.0	52.5	17.0	42.5	17.0	42.5	10.0	32.5

(2)粉煤灰

使用道路硅酸盐水泥或硅酸盐水泥时，可在路面混凝土中掺入适量的粉煤灰；使用其他水泥时不应掺入粉煤灰。粉煤灰质量不应低于表 5-17 中的Ⅱ级粉煤灰的要求。不得掺入高钙粉煤灰或Ⅲ级及Ⅲ级以下低钙粉煤灰。

表 5-17　混凝土用低钙粉煤灰分级及质量标准(JTG/T F30—2014)

粉煤灰等级	细度(45μm 气流筛，筛余量)(%)	烧失量(%)	需水量(%)	含水率(%)	游离氧化钙含量(%)	SO_3(%)	混合砂浆强度活性指数①	
							7d	28d
Ⅰ	≤12.0	≤5.0	≤95.0	≤1.0	<1.0	≤3.0	≥75	≥85(75)
Ⅱ	≤25.0	≤8.0	≤105.0	≤1.0	<1.0	≤3.0	≥70	≥80(62)
Ⅲ	≤45.0	≤15.0	≤115.0	≤1.0	<1.0	≤3.0	—	—
试验方法	GB/T 1596	GB/T 176	GB/T 1596	GB/T 1596	GB/T 176	GB/T 176	GB/T 1596	

注：① 混合砂浆强度活性指数为掺粉煤灰的砂浆与水泥砂浆的抗压强度比的百分数，不带括号的数值适用于所配制混凝土强度等级不小于 C40 时；当配制的混凝土强度等级小于 C40 时，混合砂浆强度活性指数应满足 28d 括号中数值的要求。

(3)粗集料与再生粗集料

① 质量要求

粗集料应使用质地坚硬、耐久、洁净的碎石、碎卵石或卵石。极重、特重、重交通荷载等级公路面层水泥混凝土用集料质量应不低于表 5-18 中的Ⅱ级的要求；中轻交通荷载等级公路面层水泥混凝土用粗集料可使用Ⅲ级粗集料。

表 5-18　粗集料质量标准(JTG/T F30—2014)

项次	项　目	技术要求			试验方法
		Ⅰ级	Ⅱ级	Ⅲ级	
1	碎石压碎值(%)≤	18.0	25.0	30.0	JTG E42 T0316

（续表）

项次	项　目	技术要求			试验方法
		Ⅰ级	Ⅱ级	Ⅲ级	
2	卵石压碎值(%)≤	21.0	23.0	26.0	JTG E42 T0316
3	坚固性(按质量损失计)(%)≤	5.0	8.0	12.5	JTG E42 T0314
4	针片状颗粒含量(按质量计)(%)≤	8.0	15.0	20.0	JTG E42 T0311
5	含泥量(按质量计)(%)≤	0.5	1.0	2.0	JTG E42 T0310
6	泥块含量(按质量计)(%)≤	0.2	0.5	0.7	JTG E42 T0310
7	吸水率①(按质量计)(%)≤	1.0	2.0	3.0	JTG E42 T0307
8	硫化物及硫酸盐含量①(按 SO_3 质量计)(%)≤	0.5	1.0	1.0	GB/T 14685
9	洛杉矶磨耗损失③(%)≤	28.0	32.0	35.0	JTG E42 T0317
10	有机物含量(比色法)	合格	合格	合格	JTG E42 T0313
11	岩石抗压强度(MPa)②≥ 岩浆岩	100			JTG E 41 T0221
	变质岩	80			
	沉积岩	60			
12	表观密度(kg/m^3)≥	2500			JTG E42 T0308
13	松散堆积密度(kg/m^3)≥	1350			JTG E42 T0309
14	空隙率(%)≤	47			JTG E42 T0309
15	磨光值③(%)≥	35.0			JTG E42 T0321
16	碱活性反应②	不得有碱活性反应或疑似活性反应			JTG E42 T0325

注：① 有抗冰冻、抗盐冻要求时，应检验粗集料吸水率。

② 硫化物及硫酸盐含量、碱活性反应、岩石抗压强度在粗集料使用前应至少检验一次。

③ 洛杉矶磨耗损失、磨光值仅在要求制作露石水泥混凝土面层时检测。

中、轻交通荷载等级公路面层水泥混凝土可使用再生粗集料，其质量应符合表5-19的规定。再生粗集料是指利用旧结构混凝土经机械破碎筛分制得的粗集料，可单独或掺配新集料后使用，有抗冰冻、抗盐冻要求时，再生粗集料不应低于Ⅱ级；无抗冰冻、抗盐冻要求时，可使用Ⅲ级再生粗集料。再生粗集料不得用于裸露粗集料的水泥混凝土抗滑表层，不得使用出现碱活性反应的混凝土为原料破碎生产的再生粗集料。

表5-19　再生粗集料质量标准(JTG/T F30—2014)

项次	项　目	技术要求			试验方法
		Ⅰ级	Ⅱ级	Ⅲ级	
1	压碎值(%)≤	21.0	30.0	43.0	JTG E42 T0316
2	坚固性(按质量损失计)(%)≤	5.0	10.0	15.0	JTG E42 T0314

（续表）

项次	项　目	技术要求			试验方法
		Ⅰ级	Ⅱ级	Ⅲ级	
3	针片状颗粒含量(按质量计)(%)⩽	10.0	10.0	10.0	JTG E42 T0311
4	微粉含量(按质量计)(%)⩽	1.0	2.0	3.0	JTG E42 T0310
5	泥块含量(按质量计)(%)⩽	0.5	0.7	1.0	JTG E42 T0310
6	吸水率(按质量计)(%)⩽	3.0	5.0	8.0	JTG E42 T0307
7	硫化物及硫酸盐含量(按 SO_3 质量计)(%)⩽	2.0	2.0	2.0	GB/T 14685
8	氯化物含量(以氯离子质量计)(%)⩽	0.06	0.06	0.06	GB/T 14685
9	洛杉矶磨耗损失(%)⩽	35	40	45	JTG E42 T0317
10	杂物含量(按质量计)(%)⩽	1.0	1.0	1.0	JTG E42 T0313
11	表观密度(kg/m^3)⩾	2450	2350	2250	JTG E42 T0308
12	空隙率(%)⩽	47	50	53	JTG E42 T0309

注：① 当再生粗集料中碎石的岩石品种变化时，应重新检测上述指标。

② 硫化物及硫酸盐含量、氯化物含量、洛杉矶磨耗损失在再生粗集料使用前应至少检验一次。

② 公称最大粒径与级配

粗集料与再生粗集料应根据混凝土配合比的公称最大公称粒径分为 2～4 个单粒级的集料，并掺配使用。粗集料与再生粗集料的合成级配及单粒级级配范围应符合表 5－20 的要求。不得使用不分级的统料。

表 5－20　粗集料与再生粗集料的合成级配及单粒级级配范围(JTG/T F30—2014)

方孔筛尺寸(mm)		2.36	4.75	9.50	16.0	19.0	26.5	31.5	37.5	试验方法
级配类型		累计筛余(以质量计)(%)								
合成级配	4.75～16.0	95～100	85～100	40～60	0～10	—	—	—	—	JTG E42 T0302
	4.75～19.0	95～100	85～95	60～75	30～45	0～5	0	—	—	
	4.75～26.5	95～100	90～100	70～90	50～70	25～40	0～5	0		
	4.75～31.5	95～100	90～100	75～90	60～75	40～60	20～35	0～5	0	
单粒级级配	4.75～9.5	95～100	80～100	0～15	0	—	—	—	—	
	9.5～16.0	—	95～100	80～100	0～15	0	—	—	—	
	9.5～19.0	—	95～100	85～100	40～60	0～15	0	—	—	
	16.0～26.5	—	—	95～100	55～70	25～40	0～10	0	—	
	16.0～31.5	—	—	95～100	85～100	55～70	25～40	0～10	0	

各种面层水泥混凝土配合比的不同种类粗集料与再生粗集料公称最大粒径宜符合表 5－21 的要求。

表 5-21　各种面层水泥混凝土配合比不同种类粗集料与再生粗集料公称最大粒径(JTG/T F30—2014)

交通荷载等级		极重、特重、重		中、轻		试验方法
面层类型		水泥混凝土	纤维混凝土、配筋混凝土	水泥混凝土	碾压混凝土、砌块混凝土	
最大公称粒径	碎石	26.5	16.0	31.5	19.0	JTG E42 T0302
	破碎卵石	19.0	16.0	26.5	19.0	
	卵石	16.0	9.5	19.0	16.0	
	再生粗集料	—	—	26.5	19.0	

(4)细集料

① 质量要求

细集料应采用质地坚硬、耐久、洁净的天然砂或机制砂,不宜使用再生细集料。极重、特重、重交通荷载等级公路面层水泥混凝土用天然砂的质量不应低于表 5-22 中规定的Ⅱ级;中、轻交通荷载等级公路面层水泥混凝土可用Ⅲ级天然砂。

表 5-22　天然砂的质量标准(JTG/T F30—2014)

项次	项　目	技术要求			试验方法
		Ⅰ级	Ⅱ级	Ⅲ级	
1	坚固性(按质量损失计)(%)≤	6.0	8.0	10.0	JTG E42 T0340
2	含泥量(按质量计)(%)≤	1.0	2.0	3.0	JTG E42 T0333
3	泥块含量(按质量计)(%)≤	0	0.5	1.0	JTG E42 T0335
4	氯离子含量[a](按质量计)(%)≤	0.02	0.03	0.06	GB/T 14684
5	云母含量(按质量计)(%)≤	1.0	1.0	2.0	JTG E42 T0337
6	硫化物及硫酸盐含量[b](按 SO_3 质量计)(%)≤	0.5	0.5	0.5	JTG E42 T0341
7	海砂中的贝壳类物质含量(按质量计)(%)≤	3.0	5.0	8.0	JGJ 206
8	轻物质含量(按质量计)(%)≤	1.0			JTG E42 T0338
9	吸水率(%)≤	2.0			JTG E42 T0330
10	表观密度(kg/m^3)≥	2500.0			JTG E42 T0328
11	松散堆积密度(kg/m^3)≥	1400.0			JTG E42 T0331
12	空隙率(%)≤	45.0			JTG E42 T0331
13	有机物含量(比色法)	合格			JTG E42 T0336
14	碱活性反应[①]	不得有碱活性反应或疑似碱活性反应			JTG E42 T0325
15	结晶态二氧化硅含量[②](%)≥	25.0			JTG E42 T0324

注:① 碱活性反应、氯离子含量、硫化物及硫酸盐含量在天然砂使用前应至少检验一次。

② 按现行《公路工程集料试验规程》(JTG E42)T0324 岩相法,测定除隐晶质、玻璃质二氧化硅以外的结晶态二氧化硅的含量。

机制砂宜采用碎石作为原料，用专用设备生产。极重、特重、重交通荷载等级公路面层水泥混凝土用机制砂的质量应不低于表5-23规定Ⅱ级；中、轻交通荷载等级公路面层水泥混凝土可用Ⅲ级机制砂。

表5-23 机制砂的质量标准(JTG/T F30—2014)

项次	项目		技术要求			试验方法
			Ⅰ级	Ⅱ级	Ⅲ级	
1	机制砂母岩的抗压强度(MPa)≥		80.0	60.0	30.0	JTG E 41 T0221
2	机制砂母岩的磨光值≥		38.0	35.0	30.0	JTG E42 T0321
3	机制砂单粒级最大压碎指标(%)≤		20.0	25.0	30.0	JTG E42 T0350
4	坚固性(按质量损失计)(%)≤		6.0	8.0	10.0	JTG E42 T0340
5	氯离子含量①(按质量计)(%)≤		0.01	0.02	0.06	GB/T 14684
6	云母含量(按质量计)(%)≤		1.0	2.0	2.0	JTG E42 T0337
7	硫化物及硫酸盐含量①(按SO_3质量计)(%)≤		0.5	0.5	0.5	JTG E42 T0341
8	泥块含量(按质量计)(%)≤		0	0.5	1.0	JTG E42 T0335
9	石粉含量(%)<	MB值<1.40或合格	3.0	5.0	7.0	JTG E42 T0349
		MB值≥1.40或不合格	1.0	3.0	5.0	
10	轻物质含量(按质量计)(%)≤		1.0			JTG E42 T0338
11	吸水率(%)≤		2.0			JTG E42 T0330
12	表观密度(kg/m^3)≥		2500.0			JTG E42 T0328
13	松散堆积密度(kg/m^3)≥		1400.0			JTG E42 T0331
14	空隙率(%)≤		45.0			JTG E42 T0331
15	有机物含量(比色法)		合格			JTG E42 T0336
16	碱活性反应①		不得有碱活性反应或疑似碱活性反应			JTG E42 T0325

注：① 碱活性反应、氯离子含量、硫化物及硫酸盐含量在机制砂使用前应至少检验一次。

② 级配和细度

天然砂的推荐级配范围宜符合表5-24的规定，面层水泥混凝土使用的天然砂的细度模数宜在2.0～3.7之间。

表5-24 天然砂的推荐级配范围(JTG/T F30—2014)

砂分级	细度模数	方孔筛尺寸(mm)(试验方法JTG E42 T0327)							
		9.5	4.75	2.36	1.18	0.60	0.30	0.15	0.075
		通过各筛孔的质量百分率(%)							
粗砂	3.1～3.7	100	90～100	65～95	35～65	15～30	5～20	0～10	0～5
中砂	2.3～3.0	100	90～100	75～100	50～90	30～60	8～30	0～10	0～5
细砂	1.6～2.2	100	90～100	85～100	75～100	60～84	15～45	0～10	0～5

机制砂的推荐级配范围宜符合表 5－25 的规定，面层水泥混凝土使用的天然砂的细度模数宜在 2.3～3.1 之间。

表 5－25　机制砂的推荐级配范围(JTG/T F30—2014)

机制砂分级	细度模数	方孔筛尺寸(mm)(试验方法 JTG E42 T0327)						
		9.5	4.75	2.36	1.18	0.60	0.30	0.15
		水洗法通过各筛孔的质量百分率(%)						
Ⅰ级砂	2.3～3.1	100	90～100	80～95	50～85	30～60	10～20	0～10
Ⅱ、Ⅲ级砂	2.8～3.9	100	90～100	50～95	30～65	15～29	5～20	0～10

(5)外加剂

在路面混凝土中，外加剂的产品质量至少应达到一等品的要求。此外，在路面混凝土中，所使用的高效减水剂，其减水率应达到 15%；引气减水剂的减水率应达到 12%。在各交通等级路面、桥面混凝土中宜选用减水率大、坍落度损失小、可调控凝结时间的复合型减水剂。高温施工使用引气缓凝减水剂；低温施工使用引气早强减水剂。在确定外加剂品种之前，必须与所用水泥进行适应性检验。在有抗冰(盐)冻要求地区，各交通等级路面、桥面、路缘石、路肩及贫混凝土基层必须使用引气剂；在无抗冰(盐)冻要求地区，二级及二级以上公路路面混凝土中应使用引气剂。

(6)水

饮用水可以直接作为混凝土搅拌合养护用水，非饮用水应进行水质检验，并应符合表 5－6 的规定，还应与蒸馏水进行水泥凝结时间与水泥胶砂强度的对比试验。对比试验的水泥初凝与终凝时间差均不应大于 30min，水泥胶砂 3d 和 28d 强度不应低于蒸馏水配制的水泥胶砂 3d 和 28d 强度的 90%。

2. 路面普通混凝土技术性质

路面水泥混凝土既要受到车辆荷载的反复作用，又要受到大自然、气候的直接影响，因而需要具备优良的技术性质。

(1)弯拉强度

路面水泥混凝土的强度以 28d 龄期的弯拉强度控制，当混凝土浇筑 90d 内不开放交通时，可采用 90d 龄期的弯拉强度。混凝土弯拉强度标准值 f_{cm} 按其概率分布的 0.85 分位值确定。各种交通荷载等级要求的路面混凝土设计弯拉强度 f_{cm} 应符合(JTG D40—2011)的规定，见表 5－16 所列。

表 5－26　水泥混凝土弯拉强度标准值(JTG D40—2011)

交通荷载等级	极重、特重、重	中等	轻
设计弯拉强度 f_{cm}	≥5.0	4.5	4.0

(2)施工和易性

① 路面混凝土拌合物的施工方式

路面混凝土施工方式取决于施工机械，通常采用滑模摊铺机、轨道摊铺机、三辊轴机组及小型机具等对混凝土拌合物进行施工。

滑模摊铺机施工方式为：不架设边缘固定模板，通过基准线控制，采用滑模摊铺机，一次完成混凝土拌合物的摊铺、振捣密实、挤压成型、抹面修饰等功能。

轨道摊铺机施工方式为：按照路面的几何参数架设固定两边缘轨道、模板或轨模，通过轨道控制，采用轨道摊铺机摊铺出混凝土路面。

三辊轴机组施工方式为：采用密集振捣棒组和三辊轴整平机施工，在固定模板内由密集振捣棒组振实，二辊轴整平机在模板上前后滚动、振动，完成密实、整平和成型。

人工小型机具施工是一种采用固定模板控制路面几何尺寸，人工摊铺，手持振捣棒和振动板振动密实，人工辊轴、修整尺、抹刀整平混凝土路面的施工工艺。

② 路面混凝土拌合物的施工和易性要求

混凝土拌和物在施工拌和、运输浇筑、捣实和抹平等工程中不分层、不离析、不泌水，能均匀密实地填充在结构物模板内，即具有良好的工作性，符合施工要求。路面混凝土拌合物的施上和易性要求取决于施工方式，我国现行规范《公路水泥混凝土路面施工细则》(JTG/T F30—2014)规定：碎石混凝土滑模摊铺时坍落度宜为 10～30mm，卵石混凝土滑模摊铺时坍落度宜为 5～20mm，振动黏度系数宜为 200～500N·s/m^2。采用三辊轴机组摊铺时，拌和物的现场坍落度宜为 20～40mm；采用小型机具摊铺时，拌和物的现场坍落度宜为 5～20mm。拌和机出口拌和物坍落度值，应根据不同工艺摊铺时的坍落度值加上坍落度损失值确定。

轨道摊铺机、三辊轴机组、小型机具摊铺的路面混凝土的最大用水量还应符合表 5-27 的要求。

表 5-27　面层水泥混凝土最大单位用水量(kg/m^3)(JTG/T F30—2014)

施工工艺	碎石混凝土	卵石混凝土	施工工艺	碎石混凝土	卵石混凝土
滑模摊铺机摊铺	160	155	小型机具摊铺	150	145
三辊轴机组摊铺	153	148			

(3)耐久性

混凝土与大自然接触，受到干湿、冷热、水流冲刷、行车磨耗和冲击、腐蚀等作用，要求混凝土路面必须具有良好的耐久性。在进行混凝土配合比设计时，采用限制最大水灰(胶)比和最小水泥用量，来满足路面耐久性的要求，最大单位水泥用量不宜大于 420kg/m^3；使用掺合料时，最大单位胶凝材料总量不宜大于 450kg/m^3，具体见表 5-28 所列。

另外，严寒与寒冷地区面层水泥混凝土的抗冻等级不应低于表 5-29 的要求。各等级公路水泥混凝土磨损量宜符合表 5-30 的要求。

表 5-28　各级公路面层水泥混凝土最大最大水灰(胶)比和最小水泥用量(JTG/T F30—2014)

公路等级	高速、一级	二级	三、四级
最大水灰(胶)比	0.44	0.46	0.48
有抗冰冻要求时最大水灰(胶)比	0.42	0.44	0.46

（续表）

公路等级		高速、一级	二级	三、四级
有抗盐冻要求时最大水灰(胶)比①		0.40	0.42	0.44
最小单位水泥用量(kg/m³)	52.5 级	300	300	290
	42.5 级	310	310	300
	32.5 级	—	—	315
有抗冰冻、抗盐冻要求时最小单位水泥用量(kg/m³)	52.5 级	310	310	300
	42.5 级	320	320	315
	32.5 级	—	—	325
掺粉煤灰时最小单位水泥用量(kg/m³)	52.5 级	250	250	245
	42.5 级	260	260	255
	32.5 级	—	—	265
有抗冰冻、抗盐冻要求时掺粉煤灰混凝土最小单位水泥用量(kg/m³)②	52.5 级	265	260	255
	42.5 级	280	270	265

注：① 处在除冰盐、海风、酸雨或硫酸盐等腐蚀性环境中或在大纵坡等加减速车道上，最大水灰(胶)比宜比表中数值降低 0.01～0.02。

② 掺粉煤灰，并有抗冰冻、抗盐冻要求时，面层不应使用 32.5 级水泥。

表 5-29　严寒与寒冷地区面层水泥混凝土的抗冻等级(JTG/T F30—2014)

公路等级		高速、一级		二、三、四级		试验方法
试件		基准配合比	现场取芯	基准配合比	现场取芯	基准配合比按 JTG E30 T0565 进行
抗冻等级(F)≥	严寒地区	300	250	250	200	现场取芯按附录 B.1 进行
	寒冷地区	250	200	200	150	

注：严寒指当地最冷月平均气温低于 -8℃ 的地区；寒冷指当地最冷月平均气温在 -8℃～-3℃ 的地区。

表 5-30　各等级公路水泥混凝土磨损量要求(JTG/T F30—2014)

公路等级	高速、一级	二级	三、四级	试验方法
磨损量(kg/m²)≤	3.0	3.5	4.0	JTG E30 T0567

3. 路面普通水泥混凝土配合比设计

路面水泥混凝土配合比设计应满足其弯拉强度、工作性、耐久性要求，兼顾经济性。各级公路面层水泥混凝土配合比宜采用正交试验法；二级及二级以下公路可采用经验公式法。根据《公路水泥混凝土路面施工细则》(JTG/T F30—2014)，路面混凝土配合比设计应包括目标配合比设计和施工配合比设计两个阶段，现主要介绍目标配合比设计。

(1)配制弯拉强度 f_c

路面混凝土强度变异性一部分来自试验室的试验误差，另一部分来自混凝土组成的变异和施工质量控制与管理的变异，在进行配合比设计时，应考虑这两部分因素对混凝土强度的影响，因此路面普通混凝土的配制弯拉强度均值 f_c，按式(5－18)计算。

$$f_c=\frac{f_{cm}}{1-1.04C_V}+t\cdot s \tag{5-18}$$

式中：f_{cm}——混凝上的设计弯拉强度标准值(MPa)按设计确定，且不低于表 5－26 的规定；

t——保证率系数，按样本数 n 和判别概率 p 参照表 5－31 确定；

s——混凝土弯拉强度试验样本的标准差(MPa)，由试验数据时应使用试验样本的标准差，无试验数据时可按公路等级及设计弯拉强度，参考表 5－32 规定的范围确定；

C_V——混凝土弯拉强度变异系数，应按照统计数据取值，小于 0.05 时取 0.05；无统计数据时，在表 5－33 的规定范围中取值，其中高速公路、一级公路变异水平应为低，二级公路变异水平应不低于中。

表 5－31　保证率系数 t

公路等级	判别概率 p	样本数 n			
		6～8	9～14	15～19	≥20
高速公路	0.05	0.79	0.61	0.45	0.39
一级公路	0.10	0.59	0.46	0.35	0.30
二级公路	0.15	0.46	0.37	0.28	0.24
三、四级公路	0.20	0.37	0.29	0.22	0.19

表 5－32　各级公路水泥混凝土路面弯拉强度试验样本的标准差 s

公路等级	高速	一级	二级	三级	四级
目标可靠度(%)	95	90	85	80	70
目标可靠指标	1.64	1.28	1.04	0.84	0.52
样本的标准差 s(MPa)	$0.25\leqslant s\leqslant 0.50$		$0.45\leqslant s\leqslant 0.67$	$0.40\leqslant s\leqslant 0.80$	

表 5－33　变异系数范围

弯拉强度变异水平等级	低	中	高
变异系数允许范围	0.05～0.10	0.10～0.15	0.15～0.20

(2)水灰比 W/C 的计算、校核及确定

二级及二级以下公路采用经验公式法时，可按下列进行。

① 计算水灰比

无掺合料时按经验公式(5-19)和式(5-20)计算。

$$碎石(或破碎卵石)混凝土\quad \frac{W}{C}=\frac{1.5684}{f_c+1.0097-0.3595f_s} \tag{5-19}$$

$$卵石混凝土\quad \frac{W}{C}=\frac{1.2618}{f_c+1.5492-0.4709f_s} \tag{5-20}$$

式中:f_c——混凝土配制弯拉强度,MPa;

f_s——水泥 28d 实测抗折强度,MPa。

② 水胶比 $W/(C+F)$ 的计算

水胶比中的“水胶”是指水泥与粉煤灰质量之和,如果将粉煤灰作为掺合料时,应计入超量取代法中代替水泥的那一部分粉煤灰用量 F,代替砂的超量部分不计入,此时,水灰比 W/C 用水胶比 $W/(C+F)$ 代替。

③ 耐久性校核确定水灰(胶)比

按照路面混凝土的使用环境、道路等级查表 5-28,得到满足耐久性要求的最大水灰比(或水胶比)。在满足弯拉强度和耐久性要求的水灰比(或水胶比)中取小值作为路面混凝土的设计水灰比(或水胶比)。

(3)选取砂率 β_s

根据砂的细度模数和粗集料的种类,按表 5-34 选取砂率。

表 5-34　砂率选用表

砂细度模数		2.2～2.5	2.5～2.8	2.8～3.1	3.1～3.4	3.4～3.7
砂率 S_p(%)	碎石	32～34	32～36	34～38	36～40	38～42
	卵石	28～32	30～34	32～36	34～38	36～40

注:① 相同细度模数时,机制砂的砂率宜偏低限取用。

② 破碎卵石可在碎石和卵石之间内插取值。

(4)确定单位用水量 m_{wo}

① 不掺外加剂和掺合料时,单位用水量的计算

单位用水量根据选定坍落度、粗集料品种、砂率及水灰比,按照经验公式(5-21)或公式(5-22)计算,其中砂石材料质量以自然风干状态计。

$$碎石:m_{wo}=104.97+0.309S_L+11.27(C/W)+0.61\beta_s \tag{5-21}$$

$$卵石:m_{wo}=86.89+0.370S_L+11.24(C/W)+1.00\beta_s \tag{5-22}$$

式中:S_L——坍落度,mm;

β_s——砂率,%;

C/W——灰水比。

② 掺外加剂的混凝土单位用水量

掺外加剂混凝土的单位用水量按式(5-23)计算。

$$m_{w,ad}=m_{wo}(1-\beta_{ad}) \quad (5-23)$$

式中：$m_{w,ad}$——掺外加剂混凝土的单位用水量，kg/m^3；

m_{wo}——未掺外加剂时混凝土的单位用水量，kg/m^3；

β_{ad}——外加剂减水率的实测值，以小数计。

(5)单位水泥用量m_{co}的确定

单位水泥用量m_{co}按照式(5-24)计算，然后根据道路等级和环境条件，查表5-28，得到满足耐久性要求的最小水泥用量，取两者中的大值。

$$m_{co}=m_{wo}\times(C/W) \quad (5-24)$$

式中：m_{wo}——单位用水量，kg/m^3；

C/W——混凝土的灰水比。

(6)单位粉煤灰用量

路面混凝土中掺用粉煤灰时，其配合比应按照超量取代法进行，取代水泥的部分应扣除等量水泥；粉煤灰的超量部分应代替砂，并折减用砂量。Ⅰ、Ⅱ级粉煤灰的超量取代系数可按表5-35初选。代替水泥的粉煤灰掺量：Ⅰ型硅酸盐水泥≤30%；Ⅱ型硅酸盐水泥≤25%；道路水泥≤20%。粉煤灰总掺量应通过试验最终确定。

表5-35 各级粉煤灰的超量取代系数

粉煤灰等级	Ⅰ	Ⅱ	Ⅲ
超量取代系数k	1.1～1.4	1.3～1.7	1.5～2.0

(7)砂石材料用量m_{so}和m_{go}

一般道路混凝土中的砂石材料用量的计算采用体积法或密度法，将上述计算确定的单位水泥用量m_{co}、单位粉煤灰用量、单位用水量m_{wo}和砂率β_s代入方程组(5-12)或方程组(5-13)，联立求解即可确定m_{so}和m_{go}。

(8)验算单位粗集料填充体积率

经计算得到的配合比应验算单位粗集料填充体积率，且不宜小于70%。

路面混凝土的目标配合比确定后，应对该配合比进行试配、调整，确定其施工配合比，有关方法与本章普通混凝土配合比设计方法基本相同，此处不再赘述。

二、路面水泥混凝土设计例题

【例题5-2】 路面水泥混凝土设计示例

[题目]

试设计某重交通二级公路面层水泥混凝土目标配合比。

[原始资料]

(1)某重交通二级公路面层水泥混凝土（无抗冰冻性要求），要求混凝土设计弯拉强度标准值f_r为5.0MPa；施工单位混凝土弯拉强度样本的标准差s为0.5MPa；混凝土由机械搅拌并振捣，采用三辊轴机具摊铺，拌合物的现场坍落度要求为20～40mm；

(2)组成材料

普通硅酸盐水泥 42.5 级，实测水泥 28d 抗折强度 8.3MPa，水泥密度 $\rho_c = 3100kg/m^3$；中砂：表观密度 $\rho_s = 2655kg/m^3$，细度模数 3.10；碎石：4.75～26.5mm，表观密度 $\rho_g = 2760kg/m^3$，振实密度 $\rho_{gh} = 1700kg/m^3$；水：自来水。掺加 0.6%的减水剂，减水率为 12%。

［设计步骤］

(1)计算配制弯拉强度(f_c)

由表 5－31，当某重交通二级公路面层水泥混凝土样本数为 9 时，保证率系数 t 为 0.37；按表 5－33，二级公路变异水平应不低于"中"，混凝土弯拉强度变异系数 $0.10 \leqslant C_v \leqslant 0.15$，取中值 0.125。根据设计要求，$f_r = 5.0MPa$，施工单位混凝土弯拉强度样本的标准差 s 为 0.5MPa，将以上参数带入式(5－17)，混凝土配制弯拉强度为：

$$f_c = \frac{f_r}{1 - 1.04C_v} + t \times s = \frac{5.0}{1 - 1.04 \times 0.125} + 0.37 \times 0.5 = 5.93(MPa)$$

(2)确定水灰比(W/C)

按弯拉强度计算水灰比。由所给资料：水泥实测 28d 抗折强度 8.3MPa，计算得到的混凝土配制弯拉强度 $f_c = 5.93MPa$，粗集料为碎石，代入式(5－19)计算混凝土的水灰比 W/C：

碎石混凝土：

$$\frac{W}{C} = \frac{1.5684}{f_c + 1.0097 - 0.3595 \times f_s} = \frac{1.5684}{5.93 + 1.0097 - 0.3595 \times 8.3} = 0.4$$

经耐久性校核，混凝土为二级公路路面所用，无抗冰冻性要求，查表 5－28 得最大水灰比为 0.46，故按照强度计算的水灰比结果符合耐久性要求，取水灰比 $W/C = 0.40$，灰水比 $C/W = 2.50$。

(3)确定砂率 S_p

由砂的细度模数和粗集料的种类，查表 5－34 取混凝土砂率 $S_p = 36\%$。

(4)确定单位用水量 W_o

① 由坍落度要求 20～40mm，取 30mm，灰水比 $C/W = 2.50$，砂率 36%，代入式(5－21)计算单位用水量。

$$W_o = 104.97 + 0.309 \times S_L + 11.27 \times C/W + 0.61 \times S_p$$

$$= 104.97 + 0.309 \times 30 + 11.27 \times 2.50 + 0.61 \times 36 = 164(kg/m^3)$$

查表 5－27 得最大单位用水量为 $153kg/m^3$，故计算单位用水量 $164kg/m^3$ 大于最大单位用水量，应掺加水泥质量的 0.6%的减水剂降低单位用水量。减水剂的实测减水率为 12%。

② 掺减水剂的混凝土单位用水量，按式(5－23)计算。

$$W_{ow} = W_o(1 - \frac{\beta}{100}) = 164 \times (1 - 12\%) = 144(kg/m^3)$$

(5)确定单位水泥用量 $C_o(kg/m^3)$；

将单位用水量 $144kg/m^3$，灰水比 $C/W=2.50$，代入式(5-24)计算单位水泥用量：

$$C_o=W_o=144\times 2.50=360(kg/m^3)$$

查表 5-28 得满足耐久性要求的最小水泥用量为 $310kg/m^3$，由此取计算水泥用量 $360kg/m^3$。

(6)计算减水剂掺量 m_{ao}

$$m_{ao}=m_{co}\cdot\beta_a=360\times 0.6\%=2.16(kg/m^3)$$

(7)计算粗细集料用量 m_{go}、m_{so}

按密度法计算，混凝土单位质量取值为：$2430kg/m^3$，将上面的计算结果代入方程组：

解得：砂用量 $m_{so}=693kg/m^3$；碎石用量 $m_{go}=1233kg/m^3$。

(8)验算

碎石的填充体积率=72.5%，大于70%，符合要求。

由此确定路面混凝土的"目标配合比"为：$m_{co}:m_{wo}:m_{so}:m_{go}=360:144:693:1233$。

路面混凝土的目标配合比确定后，应对该配合比进行试配、调整，确定其施工配合比，有关方法与本章普通混凝土配合比设计方法相同，此处不再赘述。

第六节　水泥混凝土试验实训

一、试验项目依据

试验项目依据为：《公路桥涵施工技术规范》(JTG/T F50—2011)；《公路隧道施工技术规范》(JTG F60—2006)；《公路水泥混凝土路面施工技术细则》(JTG/T F30—2014)；《公路工程质量检验评定标准》(JTG F80/1—2004)。

二、试验检测参数

1. 水泥混凝土拌合物性能

水泥混凝土拌合物性能试验按《公路工程水泥及水泥混凝土试验规程》(JTG E30—2005)进行，包括：①稠度试验(坍落度法、维勃稠度法)；②凝结时间试验(贯入阻力法)；③泌水试验；④表观密度；⑤含气量试验(混合式气压法)；⑥配合比分析试验。

2. 混凝土力学性能

混凝土力学性能试验按《公路工程水泥及水泥混凝土试验规程》(JTG E30—2005)进行，包括：①抗压强度试验；②轴心抗压强度试验；③抗压弹性模量试验；④劈裂抗拉强度试验；⑤抗弯拉强度试验。

3. 混凝土长期性能和耐久性能

混凝土长期性能和耐久性能试验按《公路工程水泥及水泥混凝土试验规程》(JTG

E30—2005)进行，包括：①抗冻性试验；②动弹性模量试验；③抗渗性能试验；④干缩性试验；⑤耐磨性试验。

4. 混凝土配合比设计试验

(1)以抗压强度为指标的配合比设计，按《普通混凝土配合比设计规程》(JGJ 55—2011)进行。

(2)以抗弯拉强度为指标的配合比设计，按《公路水泥混凝土路面施工技术细则》(JTG/T F30—2014)进行。

三、常用参数试验细则

(一)工作性试验(坍落度法)

1. 目的、适用范围

本方法规定了采用坍落度仪测定水泥混凝土拌合物稠度的方法和步骤。

本方法适用于坍落度大于10mm，集料公称最大粒径不大于31.5mm的水泥混凝土的坍落度测定。

2. 仪器设备

(1)坍落度筒：

坍落度筒为铁板制成的截头圆锥筒，厚度应不小于1.5mm，内侧平滑，没有铆钉头之类的突出物，在筒的上方约2/3高度处安装两个把手；近下端两侧焊两个踏脚板，以保证坍落度筒可以稳定。

(2)捣棒：直径16mm，长约650mm，并具有半球形端头的钢质圆棒。

(3)其他：小铲、钢尺、喂料斗、镘刀和钢平板等。

3. 试验方法

(1)试验前将坍落度筒内冲洗净，放在水润湿过的平板上(平板吸水时应垫以塑料布)，踏紧踏脚板。

(2)将代表样分3层装入筒内：每层装入高度稍大于筒高的1/3，用捣棒在每一层的截面上均匀插捣25次，在全部面积上沿螺旋线由边缘至中心进行插捣。插捣底层时插至底部，插捣其他两层时，应插透本层并插入下层约20～30mm，插捣棒须垂直压下(边缘部分除外)，不得冲击。

在插捣顶层时，装入的混凝土应高出坍落筒，随插捣过程随时添加拌和物，当顶层插捣完毕后，用捣棒作锯和滚的动作，以清除掉多余的混凝土，用镘刀抹平筒口，刮净筒底周围的拌和物，而后立即垂直地提起坍落度筒，提筒在5～10s内完成，并使混凝土不受横向力及扭力作用。

从开始装筒至提起坍落度筒的全过程，不应超过2.5min。

(3)将坍落度筒放在锥体混凝土试样一旁，筒顶平放木尺，用小钢尺量出目标尺底面至试样顶面中心的垂直距离，即为该混凝土拌和物的坍落度，以mm计，精确至5mm。

(4)同一次拌和的混凝土拌和物，必要时，宜测两次坍落度、取其平均值作为测定值。每一次必须换新的拌和物，如两次结果相差20mm以上，需做第三次试验；如第三次结果与前两次结果均相差 20mm 以上时，则整个试验重做。

(5)坍落度试验的同时，可用目测方法评定混凝土拌和物的下列性质，并做记录。

① 棍度：

上：表示插捣容易；

中：表示插捣时稍有石子阻滞的感觉；

下：表示很难插捣。

② 含砂情况，按拌和物外观含砂多少而评定，分多、中、少三级。

多：表示用镘刀抹拌和物表面时，一两次即可使拌和物表面平整无蜂窝；

中：表示抹五六次才使表面平整无蜂窝；

少：表示抹面困难，不易抹平，有空隙及石子外露等现象。

③ 黏聚性：观测拌和物各组成成分相互黏聚情况。评定方法用捣棒在已坍落的混凝土锥体一侧轻打，如锥体在轻打后渐渐下沉，表示黏聚性良好；如锥体突然倒坍，部分崩裂或发生石子离析现象，则表示黏聚性不好。

④ 保水性：指水分从拌和物中析出情况，分多量，少量，无三级评定。

多量：表示提起坍落筒后，有较多水分从底部析出；

少量：表示提起坍落筒后，有少量水分从底部析出；

无：表示提起坍落度筒后，没有水分从底部析出。

4. 试验结果

混凝土拌合物坍落度和坍落扩展度值以毫米(mm)为单位，测量精确至 1mm，结果修约至最接近的 5mm。

(二)表观密度试验

1. 目的与适用范围

本方法规定了水泥混凝土拌合物表观密度测定的试验步骤。

本试验适用于测定混凝土拌和物捣实后的表观密度，以备修正、核实混凝土配合比计算中的材料用量。当已知所用原材料密度时，还可以算出拌合物近似含气量。

2. 仪器设备

(1)试样筒：试样筒为刚性金属圆筒，两侧装有把手，筒壁坚固且不漏水，对于集料公称最大粒径不大于 31.5mm 的拌合物采用 5L 的试样筒，其内径与内高均为 186mm±2mm，壁厚为 3mm。对于集料公称最大粒径大于 31.5mm 的拌合物所采用的试样筒，其内径与内高均应大于集料公称最大粒径的 4 倍。

(2)弹头形捣棒：同坍落度试验捣棒。

(3)磅秤：称量 100kg，感量 50g。

(4)其他：振动台、金属直尺、镘刀、玻璃板等。

3. 试验步骤

(1)试验前用湿布将量筒内外擦拭干净，称出质量(mL)，精确至 50g。

(2)当坍落度不小于 70mm 时，宜用人工捣固：

对于 5L 试样筒，可将混凝土拌合物分两层装入，每层插捣次数为 25 次。

对于大于 5L 的试样筒，每层混凝土高度不应大于 100mm，每层插捣次数按每

$10000mm^2$ 截面不小于 12 次计算。用捣棒从边缘到中心沿螺旋线均匀插捣。捣棒应垂直压下，不得冲击，捣底层应至筒底，捣上两层时，须插入其下一层约 20～30mm。每捣毕一层，应在量筒外壁拍打 5～10 次，直至拌和物表面不出现气泡为止。

(3)当坍落度小于 70mm 时，宜用振动台振实，应将试样筒在振动台上夹紧，一次将拌和物装满量筒，立即开始振动，振动过程中如混凝土低于筒口，应随时添加混凝土，振动直至拌和物出现水泥浆为止。

(4)用金属直尺齐筒口刮去多余的混凝土，仔细用镘刀抹平表面、并用玻璃板检验，而后擦净量筒外部并称其质量(m_2)，精确至 50g。

4. 结果整理

(1)按式(5-25)计算拌合物表观密度，试验结果计算精确至 $10kg/m^2$：

$$\rho_h=\frac{m_2-m_1}{V}\times 100 \tag{5-25}$$

式中：ρ_h——拌合物表观密度，kg/m^2；

m_1——试样筒质量，kg；

m_2——捣实或振实后混凝土和试样筒总质量，kg；

V——试样筒体积，L。

(2)以两次试验结果的算术平均值作为测定值，精确到 $10kg/m^3$，试样不得重复使用。

(三)凝结时间试验方法

1. 目的与适用范围

本试验规定了测定混凝土拌和物凝结时间的方法，以控制现场施工流程。

本方法适用于各类水泥和常见外加剂以及不同水泥混凝土配合比、坍落度值不为零的水泥混凝土拌合物的凝结时间测定。

2. 仪器设备

(1)贯入阻力仪：最大测量值不下于 1000N，刻度盘分度值为 10N。

(2)测针：长约 100mm，平面针头圆面积分 $100mm^2$、$50mm^2$ 和 $20mm^2$ 三种，在距离贯入端 25mm 处刻有标记。

(3)试模：上口径为 160mm，下口径为 150mm，净高 150mm 的刚性容器并配有盖子。

(4)捣棒：直径 16mm，长 650m，一端为半球形。

(5)标准筛：孔径 4.75mm。

(6)其他：铁制拌和板、吸液管和玻璃片。

3. 试样制备

(1)取混凝土拌和物代表样，用 4.75mm 筛尽快地筛出砂浆，再经人工翻拌后，装入一个试模。每批混凝土拌和物取一个试样，共取三个试样，分装三个试模。

(2)对于坍落度不大于 70mm 的混凝土宜用振动台振实砂浆，振动应持续到表面出浆为止且应避免过振；对于坍落度大于 70mm 的宜用捣棒人工捣实，沿螺旋方向由外到中心均匀插捣 25 次，然后用橡皮锤轻击试模侧面以排除在捣实过程中留下的空洞。进一步整平砂浆的表面，使其低于试模上沿约 10mm，砂浆试样桶应立即加盖。

(3)试件静置于温度20℃±2℃或尽可能与现场相同的环境中，并在以后的试验中，环境温度始终保持20℃±2℃。在整个测试过程中，除在吸取泌水或贯入试验外，试筒应始终加盖。

(4)约1h后，将试件一侧稍微垫高约20mm，使其倾斜静置约2min，用吸管吸去泌水。以后每次测试前约2min，同上步骤用吸管吸去泌水(低温或缓凝的混凝土拌和物试样，静置与吸水间隔时间可适当延长)。若在贯入测试前还有泌水，也应吸干。

4. 试验步骤

(1)将试件放人在贯入阻力仪底盘底座上，记录刻度盘上显示的砂浆和容量筒总质量。

(2)根据试样的贯入阻力大小，选择适宜的测针。一般当砂浆表面测孔边出现微裂纹时，应立即改换较小截面积的测针，按表5-36选用。

(3)先使测针端面刚刚接触砂浆表面，然后转动手轮，使测针在(10±2)s内垂直且均匀地插入试样内，深度为(25±2)mm，记下刻度盘显示的增量，精确至10N。并记下从开始加水拌和起所经历的时间(精确至1min)及环境温度(精确至0.5℃)。

测定时，测针应距试模边缘至少25mm，测针贯入砂浆各点间净距至少为所用测针直径的两倍且不小于15mm。3个试模每次各测1～2点，取其算术平均值为该时间的贯入阻力值。

(4)每个试样作贯入阻力试验应在(0.2～28)MPa间，且不少于6次。最后一次的单位面积阻力应不低于28MPa。从加水拌和时起算，常温下普通混凝土3h后开始测定，以后每隔0.5h测定一次；早强混凝土或气温较高时，宜2h后开始测定，缓凝混凝土或气温较低时，宜5h后开始测定。在邻近初凝、终凝时可增加测定次数。

表5-36 测针选用参考

单位面积贯入阻力(MPa)	0.2～0.35	3.5～20.0	20.0～28.0
平头测针面积(mm^2)	100	50	20

5. 结果整理

(1)单位面积贯入阻力按式(5-26)计算，精确至0.1MPa。

$$f_{PR}=\frac{P}{A} \tag{5-26}$$

式中：f_{PR}——单位面积贯入阻力，MPa；

P——测针贯入深度为25mm时的贯入压力，N；

A——贯入测针的截面积，mm^2。

(2)以单位面积贯入阻力为纵坐标，测试时间为横坐标，绘制单位面积贯入阻力与测试时间关系曲线。经3.5MPa及28MP画两条平行于横坐标的直线，则直线与曲线的相交点的横坐标即为初凝及终凝时间，如图5-9-1所示。

(3)凝结时间取3个试样的平均值。3个测值中的最大值或最小值，如果有一个与中间值之差超过中间值的10%，则以中间值为试验结果；如果最大值和最小值与中间值之差均超过中间值的10%时，则试验无效。凝结时间用“h:min”表示，并精确至5min。

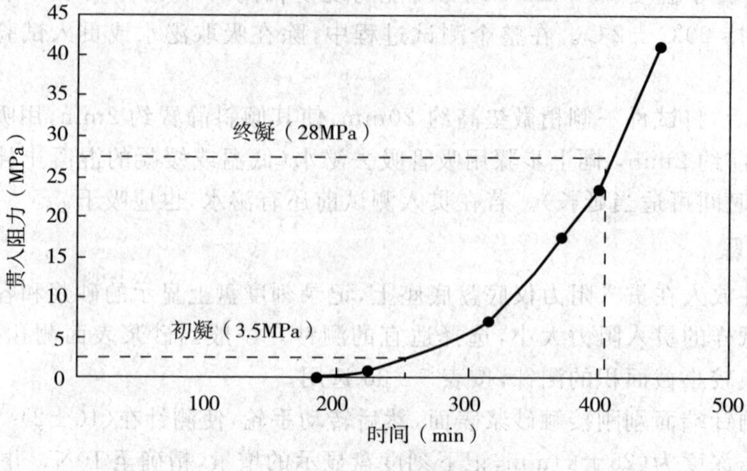

图 5-9　时间-贯入阻力曲线

(四)含气量试验方法

1. 目的与适用范围

本方法规定了采用混合式气压法测定水泥混凝土拌合物含气量的仪器设备和试验步骤。

本方法适用于集料公称最大粒径不大于 31.5mm、含气量不大于 10%且有坍落度的水泥混凝土。

2. 仪器设备

(1)混合气压法含气量测定仪:包括量钵和量钵盖,盖体与钵体之间有密封圈,如图 5-10 所示。

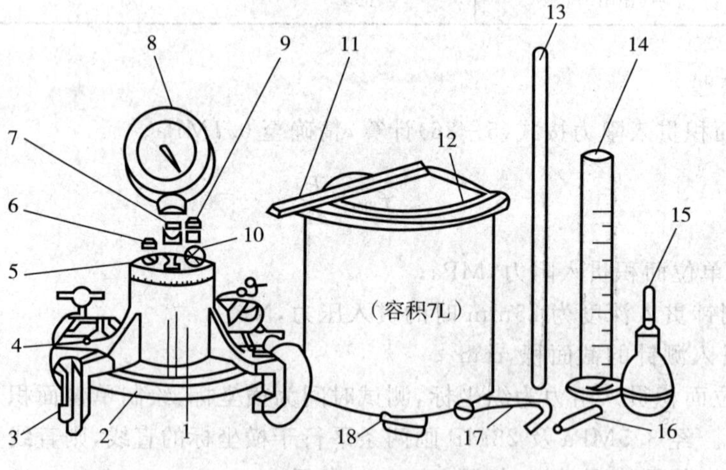

图 5-10　混合式气压法含气量测定仪

1—气室;2—上盖;3—夹子;4—小龙头;5—出水口;6—微调阀;7—排气阀;8—压力表;9—手泵;10—阀门杆;11—刮尺;12—量钵;13—捣棒;14—量筒;15—注水器;16—校正管(2);17—校正管(1);18—水平尺

(2)测定仪附件：100mL 校正管，量筒、注水器、水平尺、插捣棒。

(3)压力表：量程为 0.25MPa；分度值为 0.01MPa。

(4)台秤：量程 50kg，感量 50g。

(5)橡皮锤：应带有质量约 250g 的橡皮锤头。

3. 仪器标定

(1)量钵容积的标定。

先称量含气量测定仪量钵和玻璃板总重，然后将量钵加满水，用玻璃板沿量钵顶面平推，使量钵内盛满水且玻璃板一起称重。两次质量的差值除以该温度下水的密度即为量钵的容积 V。

(2)含气量 0%点的标定。

把量钵加满水，将校正管(2)接在钵盖下面小龙头的端部。将钵盖轻轻放在量钵上，用夹子夹紧使其气密良好并用水平仪检查仪器的水平。打开小龙头，松开排气阀，用注水器从小龙头处加水，直至排气阀出水口冒水为止。然后拧紧小龙头和排气阀，此时钵盖和钵体之间的空隙被水充满。用手泵向气室内充气，使表压稍大于 0.1MPa，然后用微调阀调整表压使其为 0.1MPa。接下阀门杆 1～2 次，使气室的压力气体进入量钵内，读取压力表读数，此时指针所示压力相当于 0%。

(3)含气量 1%～10%的标定。

含气量 0%标定后，将校正管(1)接在钵盖小龙头的上端，然后按一下阀门杆，慢慢打开小龙头，量钵中的水就通过校正管(1)流到量筒中。当量筒中的水为量钵容积的 1%时，关闭小龙头。

打开排气阀，使量钵内的压力与大气压平衡，然后重新用手泵加压，并用微调阀准确地调到 0.1MPa。按 1～2 次阀门杆，此时测得的压力表读数值相当于含气量 1%，同样的方法可测得含气量 2%、3%～10%的压力表读数值。

以压力表读数值为横坐标，含气量为纵坐标，绘制含气量与压力表读值关系曲线。

4. 混凝土拌合物含气量测定

(1)擦净量钵与钵盖内表面，并使其水平放置。将新拌混凝土拌合物均匀适量地装入量钵内，用振动台振实，振动时间 15～30s 为宜。也可用人工捣实，将拌合物分 3 层装料，每层插捣 25 次，插捣上层时捣棒应插入下层 10～20mm。

(2)刮去表面多余的混凝土拌合物，用镘刀抹平，并使其表面光滑无气泡。

(3)擦净钵体和钵盖边缘，将密封圈放于钵体边缘的凹槽内，盖上钵盖，用夹子夹紧，使之气密良好。

(4)打开小龙头和排气阀，用注水器从小龙头处往量钵中注水，直至水从排气阀出水口流出，再关紧小龙头和排气阀。

(5)关好所有的阀门，用手泵打气加压，使表压稍大于 0.1MPa，用微调阀准确地将表压调到 0.1MPa。

(6)按下阀门杆 1～2 次，待表压指针稳定后，测得压力表读数 P_{01}。

(7)开启排气阀，压力仪表应归零，对容器中试样在测定一次压力值 P_{02}。

(8)如果 P_{01}，和 P_{02} 的相对误差小于 0.2%，以两次测值的算术平均值，按压力与含气量关系曲线查得所测混凝土样品的仪器测定含气量 A_1 值(精确至 0.1%)作为试验结果;如果不满足,则应进行第三次试验,测得压力值 P_{03} 当 P 03与 P_{01}、P_{02} 中接近一个值的相对误差不大于 0.2%时,则取两值的算术平均值,按压力与含气量关系曲线查得所测混凝土样品的仪器测定含气量 A_1 值确至 0.1%)作为试验结果。当仍大于 0.2%时,须重做试验。

5. 集料含气量 C 测定

(1)在容器中先注入 1/3 高度的水,然后把集料慢慢倒入容器。水面升高 25mm 左右就应轻轻插捣 10 次,并略予搅动,以排除夹杂进去的空气;加料过程中应始终保持水面高出集料顶面;集料全部加入后应浸泡约 5min,再用橡皮锤轻敲容器外壁,排净气泡,除去水面气泡,加至水满,擦净容器上口边缘;装好密封圈,加盖拧紧螺栓。

(2)关闭操作阀和排气阀,开启进气阀,用气泵向气室内注入空气,打开操作阀,使气室内的压力略大于 0.1MPa,待压力表显示值稳定后,打开排气阀,并用操作阀调整压力至 0.1MPa,然后关紧所有阀门。

(3)开启操作阀,使气室里的压缩空气进入容器,待压力表显示稳定后记录显示值 P_{g1} 然后开启排气阀,压力仪表应归零。

(4)重复步骤(1)~步骤(3),对容器内试样再检测一次,记为 P_{g2}。

(5)如果 P_{g1} 和 P_{g2} 的相对误差小于 0.2%,以两次测值的算术平均值,按压力与含气量关系曲线查得所测混凝土样品的仪器测定含气量 C 值(精确至 0.1%)作为试验结果;如果不满足,则应进行第三次试验,测得压力值 P_{03}。当 P_{g3} 与 P_{g1}、P_{g2} 中接近一个值的相对误差不大于 0.2%时,则取两值的算术平均值,按压力与含气量关系曲线查得所测混凝土样品的仪器测定含气量 c 值(精确至 0.1%)作为试验结果。当仍大于 0.2%时,须重做试验。

6. 试验结果

含气量按式(5-27)计算,结果精确到 0.1%。

$$A=A_1-C \tag{5-27}$$

式中:A——混凝土拌合物含气量,%;

A_1——仪器测定含气量,%;

C——集料含气量,%。

(五)混凝土试件成型及养护方法

1. 拌合物取样

每组试件所用拌合物应从同一盘或同一车中取样。取拌合物的总量至少应比所需量高 20%以上,并取出少量混凝土拌合物代表样,在 5min 内进行坍落度或维勃试验,认为品质合格后,在拌制后尽量短的时间内成型,一般不宜超过 15min。制件前应将拌合物用铁锹来回拌和 3 次。

2. 试件成型

(1)插入式振捣棒(ϕ25mm)成型。适用于坍落度小于 25mm 混凝土。将混凝土拌合物一次装入试模,装料时应用抹刀沿各试模壁插捣,并使混凝土拌合物高出试模口;振捣时振捣棒距底板 10~20mm,且不要接触底板。振捣直到表面出浆为止,且应避免过振,以防止混凝土离析，一般振捣时间为20s。振捣棒拔出时要缓慢，拔出后不得留有孔洞。用刮刀刮去多余的混凝土，在邻近初凝时，用抹刀抹平。试件抹面与试模边缘高低差不得超过0.5mm。

(2)标准振动台成型。适用于坍落度大于25mm且小于70mm的混凝土。将拌合物一次装入试模，装料时应使用抹刀沿四壁插捣，并使混凝土拌合物高出试模口。将试模放在标准振动台上，振动时试模不得有任何跳动，振动应持续到表面出浆为止，振动过程中随时添加混凝土使试模常满。振动结束后，刮除试模上口多余混凝土，待混凝土临近初凝时，用抹刀抹平，试件抹面与试模边缘高低差不得超过0.5mm。

(3)人工插捣成型。适用于坍落度大于70mm混凝土。将混凝土拌合物分两次装入试模，每层装料厚度大致相等。插捣应沿螺旋线由边缘至中心，每一层均匀插捣25次。插捣深度为下层插至试模底部，上层应插透本层并插入下一层20～30mm。插捣时捣棒应保持垂直，不得倾斜，然后应用抹刀沿试壁插拔数次。用橡皮锤轻轻敲打试模外端面10～15下，以填平插捣过程中流下的孔洞。刮除试模上口多余混凝土，待混凝土临近初凝时，用抹刀抹平，试件抹面与试模边缘高低差不得超过0.5mm。

3. 试件养护

(1)试件成型后，用湿布覆盖表面(或其他保湿办法)，在室温(20±5)℃，相对湿度大于50%的环境下，静放1～2个昼夜．然后拆模并作第一次外观检查、编号，对有缺陷的试件应除去。

(2)将完好的试件放人标养室内，标养室温度(20±2)℃，相对湿度大于95%，试件应放在铁架或木架上，间距至少10～20mm，试件表面应保持一层水膜，并避免用水直接冲淋。

(3)标准养护龄期为28d(以搅拌加水开始)，非标准的龄期为1d、3d、7d、60d、90d、180d。

(六)混凝土立方体抗压强度试验

1. 目的与适用范围

本方法规定了测定水泥混凝土抗压极限强度的方法和步骤。本方法可用于确定水泥混凝土的强度等级，作为评定水泥混凝土品质的主要指标。

本方法适用于各类水泥混凝土立方体试件的极限抗压强度试验。

2. 仪器设备

(1)压力试验机：测量精度为±1%，试件破坏荷载应大于压力机全量程的20%且小于压力机全量程的80%，同时应具有加荷速度指示装置和加荷速度控制装置。

(2)球座

(3)混凝土强度等级大于等于C60时，试验机上、下压板之间应各垫一钢垫板，平面尺寸应不小于试件的承压面，其厚度至少为25mm。钢垫板应机械加工，其平面度允许偏差±0.04mm；表面硬度大于等于55HRC；硬化层厚度约5mm。试件周围应设置防崩裂网罩。

3. 试验步骤

(1)至试验龄期时，自养护室取出试件，应尽快试验，避免其湿度变化。

(2)取出试件，检查其尺寸及形状，相对两面应平行。试件各边长的尺寸的公差不得超过 1mm。

(3)在试件破型前，保持试件原有湿度，在试验时擦干试件。以成型时侧面为上下受压面，试件中心应与压力机几何对中。

(4)试验机加荷速度按表 5－37 规定执行。当试件接近破坏而开始迅速变形时，应停止调整试验机油门，直至试件破坏，记下破坏极限荷载 F(N)。

表 5－37　混凝土抗压加荷速度

混凝土强度等级	＜C30	C30～C60	＞C60
试验机加荷速度(MPa/s)	0.3～0.5	0.5～0.8	0.8～1.0

4. 试验结果整理

混凝土立方体试件抗压强度按式(5－28)计算：

$$f_{cu}=\frac{F}{A} \tag{5-28}$$

式中：f_{cu}——混凝土立方体试件抗压强度，MPa；

F——极限荷载，N；

A——受压面积，mm^2。

以 3 个试件测值的算术平均值为测定值，计算精确到 0.1MPa。3 个测值中的最大值或最小值如有一个与中间之差超过中间值的 15%，则取中间值为测定值；如最大值和最小值与中值之差超过中间值的 15%，则该组试验结果无效。

(七)混凝土抗弯拉强度试验

1. 目的与适用范围

本方法规定了测定水泥混凝土抗弯拉极限强度的方法，以提供设计参数，检查水泥混凝土施工品质和确定抗弯拉弹性模量试验加荷标准。

本方法适用于各类水泥混凝土棱柱体试件。

2. 仪器设备

(1)压力或万能试验机：测量精度为±1%，试件破坏荷载应大于压力机全量程的 20%且小于压力机全量程的 80%，同时应具有加荷速度指示装置和加荷速度控制装置。

(2)弯拉试验装置：即三分点处双点加荷和三点自由支撑式混凝土抗弯拉强度与抗弯拉弹性模量试验装置。如图 5－11 所示。

3. 试件制备和养护

(1)试件标准尺寸为 150mm×150mm×550mm，同时在试件长向中部 1/3 区段内表面不得有直径超过 5mm、深度超过 2min 的孔洞。

(2)混凝土抗弯拉强度试件应取同龄期者为一组，每组 3 根同条件件制作和养护的试件。

4. 试验步骤

(1)试件取出后，用湿毛巾覆盖并及时进行试验，保持试件干湿状态不变。在试件中部

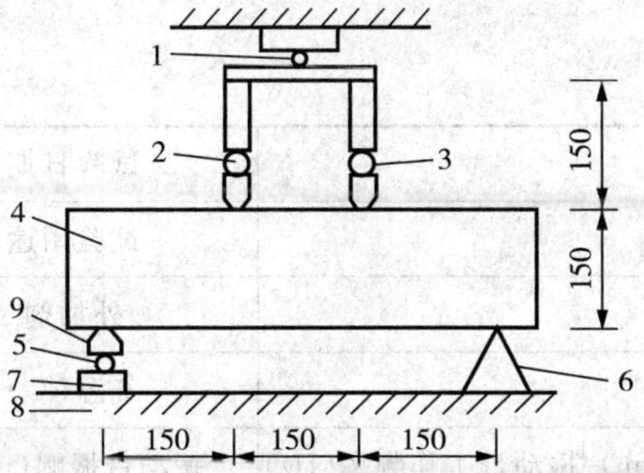

图 5－11　抗弯拉试验装置(单位:mm)

1,2—一个钢球;3,5—两个钢球;4—试件;6—固定支座;7—活动支座;8—机台;9—活动船形垫块

量出其宽度和高度,精确至 1mm。

(2)调整两个可移动支座,将试件安放在支座上．试件成型时的侧面朝上,几何对中后,务必使支座及承压面与活动船型垫块的接触面平稳、均匀,否则应垫平。

(3)加荷时,应保持均匀、连续。当混凝土的强度等级小于 C30 时,加荷速度为 0.02～0.05 MPa/s;当混凝土强度等级大于等于 C30 且小于 C60 时,加荷速度为 0.05～0.08MPa/s;当混凝土的强度等级大于 C60 时,加荷速度为 0.08～0.10MPa/s。当试件接近破坏而开始迅速变形时,不得调整试验机油门,直至试件破坏,记下破坏极限荷载 F(N)。

(4)记录下最大荷载和试件下边缘断裂的位置。

5. 试验结果整理

(1)当断面发生在两个加荷点之间时,抗弯拉强度 f_f 按式(5－9)计算。

$$f_f=\frac{FL}{bh^2} \tag{5-9}$$

式中:f_f——抗弯拉强度,MPa;

F——极限荷载,N;

b——试件宽度,mm;

h——试件高度,mm。

(2)以 3 个试件测值的算术平均值为测定值。3 个试件中最大值或最小值中,如有一个与中间值之差超过中间值的 15%,则把最大值和最小值舍去,以中间值作为试件的抗弯拉强度;如最大值和最小值与中间值之差均超过中间值 15%,则该组试验结果无效。

3 个试件中如有一个断裂面位于加荷点外侧,则混凝土抗弯拉强度按另外两个试件的试验结果计算。如果这两个测值的差值不大于这两个测值中较小值的 15%,则以两个测值的平均值为测试结果,否则结果无效。

如果有两根试件均出现断裂面位于加荷点外侧,则该组结果无效。

(八)常用参数试验记录表格

其试验记录表格分别见表 5－38～表 5－42 所列。

表 5－38 ________公路混凝土拌合物坍落度、稠度(维勃仪法)试验记录表

承包单位： 合同号：

监理单位： 编　号：

样品名称		试验日期	
样品来源		试验用途	
配合比		外加剂	
设计强度		气温(℃)	

试验号	试样最大粒径(mm)	振动台工作频率(Hz)	振动台振幅(mm)	维勃稠度(s)

试验号	坍落度(mm)			目测内容			
	1	2	平均	稠度	含砂情况	黏聚性	保水性

结论：

试验工程师： 年 月 日

监理意见：

监理人员： 年 月 日

试验人员： 校核：

表 5－39 　　公路混凝土拌合物含气量试验记录表(改良气压法)

承包单位：　　　　　　　　　　　　　　　　　　　　　　　　合同号：

监理单位：　　　　　　　　　　　　　　　　　　　　　　　　编　号：

样品名称		试验日期	
样品来源		试验用途	
含气量标定	压力表读数(MPa)	含气量(%)	
混凝土含气量测定	压力表读数(MPa)	含气量(%)	
混凝土含气量(%)			
结论： 试验工程师：　　　　年　月　日			压力表读数值(MPa)
监理意见： 监理人员：　　　　年　月　日			

试验人员：　　　　　　　　　　　　　　　　　　　　　　校核：

表 5-40 ____公路混凝土拌合物凝结时间试验记录表

承包单位： 合同号：

监理单位： 编 号：

样品名称				试验日期						
样品来源				试验用途						
[ ](5mm)湿筛				[ ]按混凝土中砂浆配合比直接称料拌合						
[ ]振动台				[ ]人工插捣						
试验次数			1	2	3	4	5	6	7	8
试样(1) F_0(N)	时间(h)									
	温度(℃)									
	$A(mm^2)$									
	F_1(N)	点 1								
		点 2								
		平均值								
	平均贯入力 $F=F_1-F_0$(N)									
	$P=F/A$(MPa)									
试样(2) F_0(N)	时间(h)									
	温度(℃)									
	$A(mm^2)$									
	F_1(N)	点 1								
		点 2								
		平均值								
	平均贯入力 $F=F_1-F_0$(N)									
	$P=F/A$(MPa)									
试样(3) F_0(N)	时间(h)									
	温度(℃)									
	$A(mm^2)$									
	F_1(N)	点 1								
		点 2								
		平均值								
	平均贯入力 $F=F_1-F_0$(N)									
	$P=F/A$(MPa)									
结论： 试验工程师： 年 月 日				监理意见： 监理人员： 年 月 日						

试验人员： 校核：

表5-41 ________公路混凝土抗压强度试验记录表

承包单位：　　　　　　　　　　　　　　　　　　　　　　　　　合同号：

监理单位：　　　　　　　　　　　　　　　　　　　　　　　　　编　号：

工程名称		试验日期	
桩号及部位		仪器名称及型号	
养护条件		制件说明	

试件编号	制作日期	试压日期	龄期(d)	试件尺寸(mm)	外观描述	破坏荷载(kN)	抗压强度(MPa)		换算抗压强度(MPa)	设计强度等级
							单值	平均值		

结论：

试验工程师：　　　　　　　　　　年　月　日

监理意见：

监理人员：　　　　　　　　　　年　月　日

试验人员：　　　　　　　　　　校核：

表 5-42 ______公路混凝土抗弯拉强度实验记录表

承包单位：　　　　　　　　　　　　　　　　　　　　　　　　合同号：

监理单位：　　　　　　　　　　　　　　　　　　　　　　　　编　号：

工程名称					试验日期				
桩号及部位					仪器名称及型号				
养护条件					制件说明				
试件编号	制作日期	试压日期	龄期(d)	试件尺寸(mm)	断面与临界支点间的距离	破坏荷载(kN)	抗弯拉强度(MPa)		设计弯拉强度
							单值	平均值	

结论：

试验工程师：　　　　　　　　　　　　年　月　日

监理意见：

监理人员：　　　　　　　　　　　　年　月　日

试验人员：　　　　　　　　　　校核：

小　结

水泥混凝土是道路路面、机场道面、桥梁工程结构及其附属构造物的重要建筑材料之一。普通水泥混凝土由水泥、水、粗集料和细集料组成，必要时掺加一定质量的外加剂。对水泥混凝土的主要技术要求是：与施工条件相匹配的和易性、符合设计要求的强度、与工程使用条件相适应的耐久性等。

水泥混凝土的施工和易性是指新拌混凝土易于施工操作，达到质量均匀密实成型的性质，包括流动性、捣实性、黏聚性和保水性等方面的含义，常采用坍落度和VB稠度试验进行判别，影响混凝土和易性的主要内因是水灰比、单位用水量和砂率等。

水泥混凝土的强度有抗压强度、抗拉强度及抗折强度等。混凝土的强度等级采用"立方体抗压强度标准值"确定；抗拉强度用于判断混凝土的抗裂性；抗折强度用于道路路面及机场道面结构设计，各种强度指标也用于水泥混凝土结构的质量评定。影响混凝土强度的主要因素为水灰比和水泥强度，这种关系也称为"水灰比定则"。

水泥混凝土的耐久性包括抗冻性、抗磨性、抗腐蚀性等，与混凝土的密实度关系显著，也与水泥用量和水灰比密切相关，因此在水泥混凝土配合比设计时，应按照水泥混凝土的使用条件对最大水灰比和最小水泥用量进行校核。

水泥混凝土的组成设计内容包括：原材料的选择及配合比的确定。在水泥混凝土组成材料中：应根据工程使用条件及混凝土的设计强度选择水泥品种和强度等级；粗集料的强度、坚固性、颗粒组成、最大粒径和形状应符合设计要求；细集料应坚固，并符合级配和细度模数的要求。粗、细集料均应限制有害杂质数量，在路面及机场道面混凝土中不得使用具有碱活性的集料。各种外加剂具有减水、增强、引气、提高混凝土耐久性等功能，使用时应遵循有关设计要求，不得对混凝土性能产生不利影响。

混凝土配合比设计的主要参数有：水灰比、单位用水量、砂率及外加剂或掺合料（如粉煤灰）数量。计算出的材料配合比，应经试拌、试配验证后方可确定。

复习思考题

5-1　混凝土拌合物施工和易性的含义是什么？影响混凝土拌合物和易性的主要因素及改善措施有哪些？

5-2　解释下列关于混凝土强度名词的含义：(1)立方体强度标准值；(2)强度等级；(3)混凝土配制强度；(4)劈裂抗拉强度；(5)抗折强度。

5-3　试述"水灰比定则"的含义，简述影响混凝土强度的主要因素及提高混凝土强度的主要途径。

5-4　水泥混凝土热胀冷缩特性对其路用性能有何影响？

5-5　普通水泥混凝土的组成材料在技术性质上有哪些主要要求？

5-6　简述普通水泥混凝土初步配合比设计步骤。经过初步计算所得的配合比，为什么还要进行试拌、调整？试拌、调整的内容是什么，如何进行？

5-7　混凝土外加剂按其功能可分为几类？试述减水剂和引气剂的作用机理和应用效果。

5-8　粉煤灰对水泥混凝土的性质有何影响？

5-9　简述路用普通水泥混凝土配合比设计步骤。

5-10　试设计某跨度6m预应力T梁用水泥混凝土的配合比。

[设计资料]水泥混凝土设计强度等级C40，工程要求的强度保证率为95%，水泥混凝土施工强度标准差6.0MPa；要求混凝土拌合物的坍落度为30～50mm。

组成材料及性质：水泥PⅠ 52.5级，实测抗压强度58.5MPa，密度$\rho_c=3150kg/m^3$；碎石用一级石灰岩轧制，最大粒径为40mm，表观密度$\rho_g'=2780kg/m^3$，振实密度$\rho_{gh}'=1736kg/m^3$；砂石为清洁河砂，细度模数=2.7，表观密度$\rho_s'=2700kg/m^3$；水为饮用水，符合混凝土拌和用水要求。

[设计要求](1)计算混凝土初步配合比(不掺减水剂和粉煤灰)，并按现场含水率折算为工地配合比；

5-11　试设计某重文通二级公路面层混凝土(无抗冻性要求)的配合比组成。

[设计资料]道面混凝土的设计弯拉强度标准值$\rho_{cm}=5.5MPa$，施工单位混凝土弯拉强度标准差$s=0.5$(样本$n=6$)，现场采用小型机具摊铺，拌合物出机坍落度要求为10～30mm。

组成材料：水泥为PⅡ型硅酸盐52.5级，实测水泥抗折强度7.86MPa，密度$\rho_c=3150kg/m^3$；碎石用一级石灰岩轧制，最大粒径为40mm，表观密度$\rho_g'=2780kg/m^3$，振实密度$\rho_{gh}'=1736kg/m^3$；砂石为清洁河砂，细度模数=2.7，表观密度$\rho_s'=2700kg/m^3$；水为饮用水，符合混凝土拌和用水要求。

[设计要求]计算该路面混凝土的初步配合比。

第六章 建筑钢材

【内容提要】

本章重点介绍了建筑钢材的抗拉性能、冲击韧性、硬度耐疲劳性能和冷弯性能等技术性能，以及桥梁建筑结构用钢材的技术要求。

建筑钢材是指在建筑工程结构中使用的各种钢材。如用于钢结构中的各种型材（圆钢、角钢、槽钢、工字钢等）、板材（厚板、中板、薄板等）及钢筋混凝土结构中的各种钢筋、钢丝钢、绞线等。

建筑钢材具有强度高、塑性及韧性好、耐冲击、性能可靠，可加工性能好等优点，因而在建筑工程结构中被广泛应用。但钢材也存在着能耗大、成本高、易锈蚀、耐火性差等缺点。

第一节 钢材的生产及分类

一、钢的冶炼

钢和铁的主要成分是铁和碳。含碳量大于2%的为生铁，含碳量小于2%的为钢。

生铁的冶炼是将铁矿石、石灰石、焦炭和少量锰矿石一起投入高炉，在高温的作用下进行还原反应和其他化学反应，铁矿石中的氧化铁形成金属铁，然后再吸收碳而成生铁。原料中是杂质和石灰石等化合成高炉矿渣。

生铁中含有较多的碳和其他杂质，故生铁硬而脆，塑性差，使用受到很大限制。生铁可用来浇铸成铸铁件，称为铸造生铁。

钢的冶炼是以铁水或生铁作为主要原料，在转炉、平炉或电炉中冶炼，与生铁的冶炼相反，是用氧化的方法来除去铁中的碳和部分杂质。

转炉炼钢现在主要是氧气转炉法。氧气顶吹转炉法炼钢是由转炉顶部吹入高压纯氧（99.5%），将铁液中多余的碳和杂质（P，S等）迅速氧化除去，其优点是冶炼时间短（25～45min），杂质含量少，质量好。可生产优质碳素钢和合金钢。

平炉法炼钢是以铁液或固体生铁、废钢铁和适量的铁矿石为原料，以煤气或重油为燃料，靠废钢铁、铁矿石中的氧或空气中的氧（或吹入的氧气），使杂质氧化而被除去。该方法冶炼时间长（4～12h），容易调整和控制成分，杂质少，质量好。但投资大，需用燃料，成本高。用平炉法炼钢可生产优质碳素钢和合金钢或有特殊要求的钢种。

电炉法炼钢则是用来冶炼优质碳素钢及特殊合金钢。但该方法炼钢产量低，质量好，成本最高，电炉炼钢以废钢为主原料。

二、钢的分类

1. 按用途划分

(1)结构钢:用于建筑结构、机械制造等,一般为低中碳钢。

(2)工具钢:用于各种工具,如金属切削刀具等,一般为高碳钢。

(3)特殊钢:具有各种特殊物理、化学性能的钢材,如不锈钢等。

2. 按质量划分

(1)普通碳素钢:磷含量≤0.045%,硫含量≤0.055%。

(2)优质碳素钢:磷含量≤0.040%,硫含量≤0.040%。

(3)高级优质碳素钢:磷含量≤0.035%,硫含量≤0.030%。高级优质钢的钢号后加“高”或“A”。

3. 按化学元素划分

(1)碳素钢:含碳量低于2.0%的铁碳合金,此外,还有锰、硅、磷、硫等杂质,同时按含碳量的多少,又分为低碳钢、中碳钢、高碳钢三个类别;

(2)合金钢:在钢中加入某些合金元素(如锰、硅、钒、钛等),使钢具有特殊力学性能。并按合金元素的含量又分为低合金钢、中合金钢和高合金钢三类。

4. 按冶炼时的脱氧程度分类

(1)沸腾钢:炼钢时仅加入锰铁进行脱氧,脱氧不完全。这种钢液铸锭时,有大量的一氧化碳气体逸出,钢液呈沸腾状,故称为沸腾钢,代号为“F”。

沸腾钢组织不够致密,成分不太均匀,硫、磷等杂质偏析较严重,钢的致密程度较差,冲击韧性和可焊性差,尤其是低温冲击韧性更差,所以质量较差。但因其成本低,产量高,故被广泛应用于一般工程。

(2)镇静钢:炼钢时采用锰铁、硅铁和铝锭等作为脱氧剂,脱氧完全。这种钢液铸锭时能平静地充满锭模并冷却凝固,故称为镇静钢,代号为“Z”。

镇静钢虽然成本较高,但其组织致密,成分均匀,含硫量较少,性能稳定,故质量好。但钢锭的收缩孔大,成品率低,成本高。镇静钢适用于预应力混凝土等重要结构工程。

(3)半镇静钢:脱氧程度介于沸腾刚和镇静钢之间,故称为半镇静钢。代号为“b”。半镇静钢是质量较好的钢。

(4)特殊镇静钢:比镇静钢脱氧程度更充分彻底的钢,故称为特殊镇静钢。代号为“TZ”。特殊镇静钢的质量最好,适用于特别重要的结构工程。

建筑上常用的主要钢种是普通碳素钢中的低碳钢和合金钢中的低合金高强度结构钢。

第二节 建筑钢材的技术性质

建筑钢材的技术性质是指钢材的抗拉性能、冲击韧性、耐疲劳性以及冷弯性能等。

一、钢材的抗拉性能

1. 低碳钢的抗拉性能

抗拉性能是钢材的主要技术性能。图6-1为低碳钢在拉伸试验中的应力—应变曲线，根据曲线特征，由屈服点、极限抗拉强度和伸长率等指标反映钢材的力学性能。由图6-1分析，低碳钢在受拉过程中经历了弹性、屈服、强化及颈缩四个阶段。

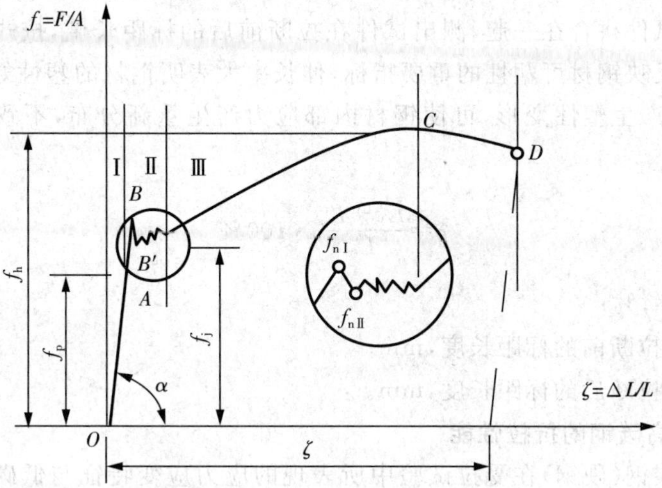

图6-1 钢筋拉伸应力-应变图

(1)弹性阶段

在图6-1中曲线上的叫作弹性阶段。此阶段荷载较小，应力和应变成比例增加，若卸去荷载试件可恢复原状，称为弹性变形。A点所对应的应力称为弹性极限，用σ_p表示。在此阶段，应力与应变的比值为一常数，称弹性模量，用E表示，$E=\sigma/\varepsilon$弹性模量反映钢材的刚度，即抗弹性变形的能力，是钢材在受力条件下计算结构变形的重要指标。

(2)屈服阶段

图6-1中的A且为屈服阶段，由A点当荷载增大时应力与应变不再成比例变化，应变增加的速度大于应力增加的速度，即开始产生塑性变形，图中$B_上$点是这一阶段的应力最高点，称为屈服上限，$B_下$点称为屈服下限。由于$B_下$点稳定易测，故一般以$B_下$点对应的应力为屈服点，用σ_s表示。

(3)强化阶段

图6-1中的BC为强化阶段，过B点后变形速度较快，随应力的提高而增加。对应于最高点C的应力称为极限抗拉强度，用σ_b表示。

钢材的屈强比用式(6-1)计算，它反映钢材可靠性和利用率。屈强比小时，钢材的可靠性大，结构安全。但屈强比过小，则钢材有效利用率太低可能造成浪费。所以应合理选用屈强比，在保证安全可靠的前提下，尽量提高钢材的利用率。

$$n=\sigma_S/\sigma_b \tag{6-1}$$

式中：n——钢材的屈强比，无量纲；

σ_S——钢材的屈服点强度，MPa；

σ_b——钢材的极限抗拉强度，MPa。

(4)颈缩阶段

图 6-1 中的 CD 为颈缩阶段，过 C 点材料的变形明显，应变迅速增加而应力反而下降，钢材被拉伸，并在某一薄弱处断面开始缩小，产生“颈缩”现象至 D 点断裂。

将拉断后的试件拼合在一起，测出试件在拉断前后的标距长度，按式(6-2)计算出伸长率。伸长率是反映钢材可塑性的重要指标，伸长率大表明钢材的塑性好。塑性良好的钢材，当偶尔超载时产生塑性变形，可使钢材内部应力产生重新分布，不致由于应力集中而断裂。

$$\delta=\frac{L_1-L_0}{L_0}\times 100\% \tag{6-2}$$

式中：δ——伸长率，%；

L_0——试件拉断前的标距长度，mm；

L_1——试件拉断后的标距长度，mm。

2. 中碳钢和高碳钢的抗拉性能

中碳钢和高碳钢(硬钢)在受拉试验中所表现的应力应变特征与低碳钢(软钢)相比有着显著的不同，与低碳钢(软钢)相比，中碳钢和高碳钢的特点是没有明显的屈服阶段，应力随应变的增加持续增加，直至断裂。

二、钢材的冲击韧性、硬度、耐疲劳性和冷弯性能

1. 钢材的冲击韧性

冲击韧性是指钢材抵抗冲击荷载作用的能力。冲击韧性是在试验机上对试件的冲击结果计算求得。将钢材制成中央 V 形槽口的试件，置于试验机上，将试验机中的摆锤扬起后，使其自由下落以冲断试件，试件单位面积上所消耗的功即为冲击韧性的指标。该指标值越大说明钢材的冲击韧性越好。

对钢材进行冲击试验，能较全面地反映钢材材质的优劣程度。钢材的冲击韧性受诸多因素的影响，诸如化学成分、冶金质量、环境温度、冷加工及时效等，其中环境温度对钢材性能的影响最为明显。当温度降低至一定程度时钢材的冲击韧性会突然显著下降且出现脆性，这种现象称为钢材的冷脆性，这时的温度称为脆性转变温度，脆性转变温度越低说明钢材的低温冲击韧性越好。

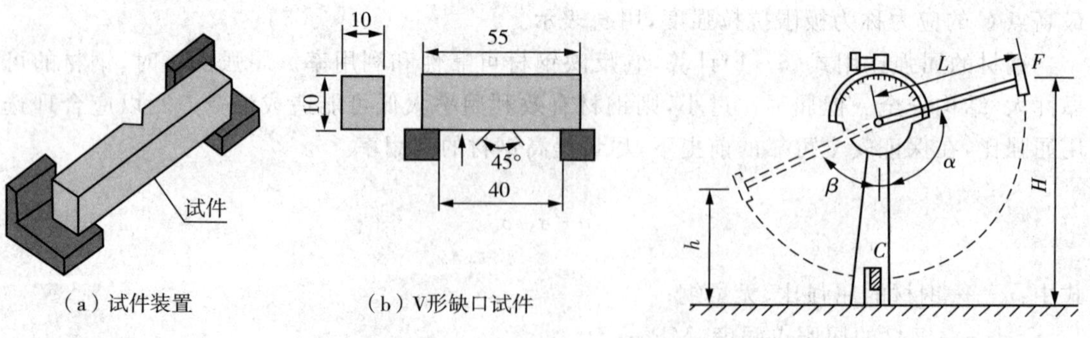

图 6-2　冲击韧性试验图

2. **钢材的硬度**

钢材表面局部体积内抵抗更硬物体压入的能力称为硬度。我国现行国家标准测定金属的硬度有:布氏硬度、洛氏硬度和维氏硬度三种。最常用的为布氏硬度和洛氏硬度。布氏硬度测定原理是用一直径为 D 的硬质钢球,在荷载 P(N)的作用下压入试件表面(图 6-3),经规定的时间卸去荷载,用读数放大镜测出压痕直径 d,以荷载 P 除以压痕面积(mm^2),即为布氏硬度 HB,HB 值越大,表示钢材越硬。

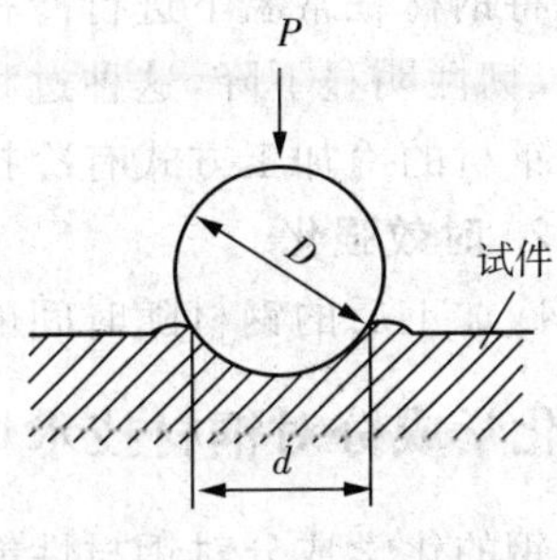

图 6-3 布氏硬度测定示意图

硬度值与强度指标和塑性指标有一定的相关性。钢材的硬度越高,表示它抵抗局部塑性变形的能力越大,钢材的强度也越高。

3. **钢材的耐疲劳性**

钢材在交变荷载反复作用下,往往会在应力远低于抗拉强度的情况下发生裂断,此现象称为疲劳破坏。在多次反复交变荷载的作用下未产生疲劳破坏时的最大应力称为疲劳强度。它是表明钢材耐疲劳性的指标。

实验验证,钢材承受交变应力越大,则钢材至断裂时所经受的交变应力的循环次数越少,反之则多。当交变应力降至一定值时,钢材可经受无数次的应力循环变化而不发生疲劳破坏。

钢材疲劳强度的高低与其内部组织状态、成分偏析、杂质含量及各种缺陷有关,钢材的表面光洁程度及受腐蚀状况等都会影响它的耐疲劳性能。

3. **钢材的冷弯性能**

冷弯性能是指钢材在常温下承受弯曲变形的能力,是钢材的重要工艺性能,冷弯性能可以反映钢材内部组织是否存在不均匀内应力和杂质等缺陷。冷弯性能是将钢材试件(圆形或板形)置于冷弯机上弯曲至规定角度(90°或 180°)观察其弯曲部位是否有裂纹、起层或断裂现象;如无,则为合格。弯曲角度越大,弯心直径对试件厚度(直径)比值越小,则表示钢材的冷弯性能越好。钢材冷弯试验示意图如图 6-4 所示。

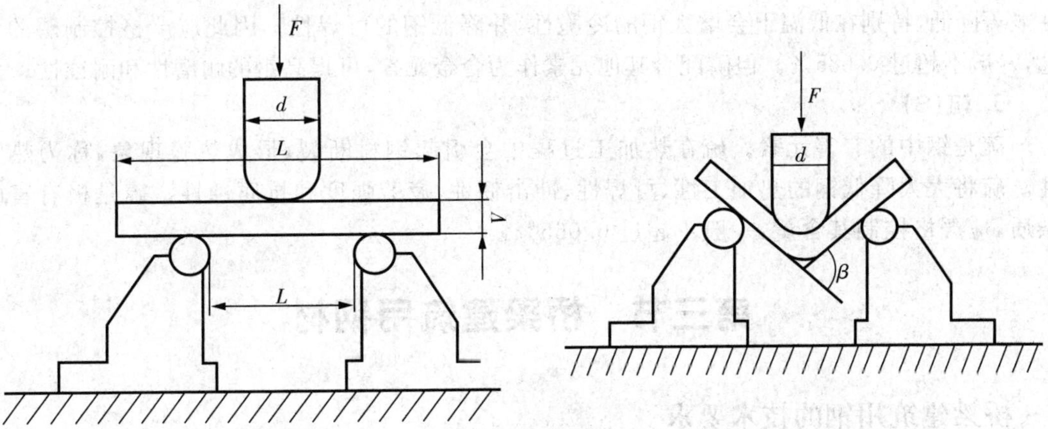

图 6-4 钢材冷弯示意图

三、钢材的冷加工与时效

1. 冷加工强化

将钢材在常温下进行冷拉、冷拔、冷轧使钢筋产生塑性变形，从而使强度和硬度提高，塑性、韧性明显下降，这种过程称为冷加工强化。

钢材的冷加工方式有冷拉、冷拔和冷轧。

2. 时效强化

冷加工后的钢材随时间的延长，强度、硬度提高，塑性、韧性下降的现象称为时效强化。

四、化学成分对钢材技术性质的影响

钢的化学成分对钢材性能有显著影响。在普通碳素钢中，除了含有碳、硅、锰主要元素外，还含有少量的硫、磷、氮、氧、氢等有害杂质。这些元素在钢中的含量是决定钢材质量和性能好坏的重要因素。

1. 碳(C)

碳是决定钢性能的重要元素。含碳量小于 0.8%的碳素钢，随着含碳量的增加，钢的抗拉强度和硬度增加，而塑性和韧性则相应降低。而当含碳量大于 0.8%时(如高碳钢)，随着含碳量的增加，钢的抗拉强度反而下降。

2. 硅(Si)

炼钢时为了脱氧去硫而加入硅。少量的硅对钢是有益的。当含硅量小于 1.0%时，能显著提高钢的强度，对钢的塑性和韧性影响不大，还可以提高钢的抗腐蚀能力，改善钢的质量。当硅含量大于 1%时，可焊性变差，冷脆性增加。

3. 锰(Mn)

锰在钢中起脱氧和去硫作用。加入锰能显著提高钢材的强度和硬度，消除钢的热脆性，改善其热加工性，几乎不降低钢的塑性和韧性。但含锰量大于 1.0%时，将降低钢的塑性、韧性和可焊性，含锰量达 11%～14%时，称为高锰钢，具有较高的耐磨性。

4. 磷(P)

磷是钢中的有害元素，对钢材起强化作用，可使钢的屈服点和抗拉强度提高，但塑性和韧性显著降低，特别在低温下会增大钢的冷脆性，并降低钢的可焊性。因此应严格控制磷的含量，一般不超过 0.085%。但磷配合其他元素作为合金元素，可提高钢的耐磨性和耐蚀性。

5. 硫(S)

硫是钢中的有害元素。硫在热加工过程中会引起钢材断裂，形成热脆现象，称为热脆性。硫将大大降低钢的热加工性、可焊性、冲击韧性、疲劳强度和抗腐蚀性。硫是极有害的杂质，应严格控制其含量，一般不超过 0.065%。

第三节　桥梁建筑用钢材

一、桥梁建筑用钢的技术要求

由于桥梁结构需要承受车辆荷载的作用，同时需要经受各种大气条件的严酷考验，对于桥梁结构用钢材要求具有良好的综合力学性能、良好的焊接性和良好的抵抗大气因素腐蚀的性能。

二、桥梁建筑用主要钢材

1. 钢筋混凝土结构用钢材

钢筋混凝土结构用钢筋和钢丝，是由碳素结构钢和低合金高强度结构钢加工而成的。主要品种有热轧钢筋、冷轧带肋钢筋、预应力混凝土用钢丝及钢绞线等。

(1)热轧钢筋

钢筋混凝土用热轧钢筋按其表面的形状分为光圆钢筋和带肋钢筋。

① 热轧光圆钢筋

热轧光圆钢筋是指经热轧成型，横截面通常为圆形，表面光滑的成品钢筋。钢筋的公称直径范围为 6～22mm。热轧光圆钢筋的牌号由 HPB 和屈服强度特征值构成，H、P、B 分别为热轧(Hot rolled)、光圆(Plain)、钢筋(Bars)三个词的英文首位字母。按照国家标准《钢筋混凝土用钢　第 1 部分：热轧光圆钢筋》(GB 1499.1—2008)及《GB 1499.1—2008〈钢筋混凝土用钢　第 1 部分：热轧光圆钢筋〉国家标准第 1 号修改单》规定热轧光圆钢筋的牌号只有有 HPB300，HPB300 级钢筋用碳素结构钢轧制，具有塑性好、伸长率高、便于弯折成形等特点，可用作中小型钢筋混凝土结构的受力钢筋或箍筋。按照《钢筋混凝土用钢　第 1 部分：热轧光圆钢筋》(GB 1499.1—2008)的规定，热轧光圆钢筋的力学性能特征值与工艺性能要求见表 6－1 所列。

表 6－1　热轧光圆钢筋的力学性能特征值与工艺性能

牌号	R_{eL} (MPa)	R_m (MPa)	A (%)	A_{gt} (%)	冷弯试验 180° d 为弯芯直径 a 为钢筋公称直径
	不小于				
HPB300	300	420	25.0	10.0	$d=a$

② 热轧带肋钢筋

热轧带肋钢筋是用低合金结构钢轧制，横截面为圆形，且表面带有两条纵肋和沿长度方向均匀分布的横肋的钢筋。横肋的纵横面呈月牙形且与纵肋不相交的钢筋称为月牙肋钢筋；横肋的纵横面高度相等且与纵肋相交的钢筋称为等高肋钢筋，如图 6－5 所示。热轧带肋钢筋的公称直径范围为 6～50mm。

根据热轧工艺，热轧带肋钢筋又分为普通热轧钢筋 HRB 和细晶粒热轧钢筋 HRBF，H、R、B 分别为热轧(Hot rolled)、带肋(Ribbed)、钢筋(Bars)三个词的英文首位字母；HRBF 中的 F 为细晶粒(Fine)英文首位字母。普通热轧钢筋牌号由 HRB 和屈服强度特征值构成，有 HRB335、HRB400、HRB500；细晶粒热轧钢筋牌号由 HRBF 和屈服强度特征值构成，有 HRBF335、HRBF400、HRBF500。HRB335 和 HRB400 钢筋的强度、塑性及焊接的综合性能较好，可用于大、中型如桥梁、水坝等构件中；HRB500 钢筋强度高，但塑性和焊接性能较差，多用于预应力钢筋。

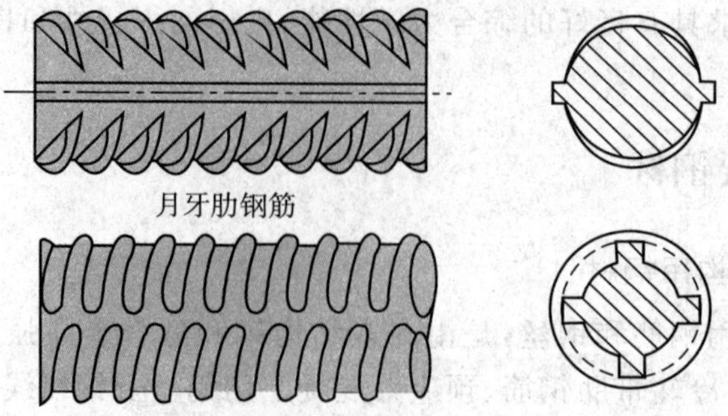

图 6-5 热轧带肋钢筋

按照《钢筋混凝土用钢　第 2 部分:热轧带肋钢筋》(GB 1499.2—2007)的规定,热轧带肋钢筋的力学性能特征值与工艺性能要求见表 6-2 所列。

表 6-2　热轧带肋钢筋的力学性能特征值与工艺性能

牌　号	公称直径 d(mm)	屈服强度(MPa)	抗拉强度(MPa)	伸长率(%)	弯心直径
		不小于			
HTB335 HRBF335	6～25	335	455	17	3d
	28～40				4d
	>40～50				5d
HTB400 HRBF400	6～25	400	540	16	4d
	28～40				5d
	>40～50				6d
HTB500 HRBF500	6～25	600	630	15	6d
	28～40				7d
	>40～50				8d

(2)冷轧带肋钢筋

冷轧带肋钢筋是由热轧圆盘条经冷轧后,在其表面带有沿长度方向均匀分布的三面或两面横肋的钢筋。根据《冷轧带肋钢筋》(GB 13788—2008)的规定,冷轧带肋钢筋的牌号由 CRB 和钢筋的抗拉强度最小值构成。C、R、B 为冷轧(Cold)、带肋(Ribbed)、钢筋(Bars)三个词的英文首位字母。冷轧带肋钢筋分为 CRB550、CRB650、CRB800、CRB970 四个牌号,钢筋的公称直径范围为 4～12mm。冷轧带肋钢筋的力学性能和工艺性能应符合表 6-3 的要求。

冷轧带肋钢筋具有强度高、塑性好、质量稳定、与混凝土黏结牢固等优点,它广泛用于中、小型预应力混凝土结构构件和普通混凝土结构构件中。CRB550 宜为普通钢筋混凝土结构用钢筋,其他牌号钢筋宜用在预应力混凝土结构中。

表 6-3 冷轧带肋钢筋力学性能和工艺性能

牌 号	屈服强度(MPa)不小于	抗拉强度(MPa)不小于	伸长率(%)不小于		弯曲试验180°	反复弯曲次数	应力松弛初始应力相当于公称抗拉强度的70%
			$A_{11.3}$	A_{100}			1000h 松弛率(%)不大于
CRB550	500	550	8.0	—	$D=3d$	—	—
CRB650	585	650	—	4.0	—	3	8
CRB800	720	800	—	4.0	—	3	8
CRB970	875	650	—	4.0	—	3	8

注：表中 D 为弯心直径，d 为钢筋公称直径。

(二)预应力混凝土用钢丝和钢绞线

1. 预应力混凝土用钢丝

预应力高强度钢丝是用优质碳素结构钢盘条，经冷加工和热处理等工艺制成。根据《预应力混凝土用钢丝》(GB/T 5223—2002)的规定，预应力钢丝按外形分为光圆钢丝(代号为 P)、刻痕钢丝(代号为 I)、螺旋肋钢丝(代号为 H)三种；按加工状态分为冷拉钢丝(WCD)、清除应力钢丝两类。清除应力钢丝按松弛性能又分为低松弛钢丝(代号为 WLR)和普通松弛级钢丝(代号为 WNR)。

预应力混凝土用钢丝产品标记为：预应力钢丝、公称直径、抗拉强度等级、加工状态代号、外形代号、标准号。例如：直径为 4.00mm，抗拉强度为 1670MPa 的冷拉光圆钢丝，其标记为：预应力钢丝 4.00-1670-WCD-P-GB/T 5223—2002。

2. 预应力混凝土用钢绞线

根据《预应力混凝土用钢绞线》(GB/T 5524—2003)规定，用于预应力混凝土的钢绞线按其结构分为 5 类，其代号为：(1×2)用两根钢丝捻制的钢绞线；(1×3)用三根钢丝捻制的钢绞线；(1×3 I)用三根刻痕钢丝捻制的钢绞线；(1×7)用七根钢丝捻制的标准型钢绞线；(1×7)C 用七根钢丝捻制又经模拔的钢绞线。产品标记为：预应力钢绞线、结构代号、公称直径、强度级别、标准号。如：公称直径为 15.20mm，强度级为 1860MPa 的七根钢丝捻制的标准型钢绞线，其标记为：预应力钢绞线 1×7-15.20-1860-GB/T5224—2003。

预应力钢丝和钢绞线强度高，并具有较好的柔韧性，质量稳定，施工方便，使用时可根据要求的长度切断。它主要适用于大荷载、大跨度、曲线配筋的预应力钢筋混凝土结构。

第四节 建筑钢筋试验实训

一、分类和牌号

热轧光圆钢筋和热轧带肋钢筋是钢筋混凝土最常用的两类普通钢筋。《钢筋混凝土用钢》(GB 1499)将钢筋按屈服强度特征值分为 235 级、300 级、335 级、400 级、500 级。钢筋牌号的构成及其含义见表 6-14 所列。

表 6-14　普通钢筋牌号含义

类　别	牌号	牌号构成	英文字母含义
热轧光圆钢筋	HPB235	由 HPB+屈服强度特征值构成	HPB——热轧光圆钢筋的英文(Hot rolled Plain Bares)缩写
	HPB300		
普通热轧带肋钢筋	HRB335	由 HRB+屈服强度特征值构成	HRB——热轧带肋钢筋的英文(Hot tolled ribbed Bares)缩写
	HRB400		
	HRB500		

二、尺寸和质量

热轧光圆钢筋的公称直径范围为 6～22mm，常见公称直径有 6mm、8mm、10mm、12mm、16mm、20mm。热轧带肋钢筋的公称直径范围为 6～50mm，常见公称直径有 6mm、8mm、10mm、12mm、16mm、20mm、25mm、32mm。

钢筋的理论密度为 7.85g/cm^3。实际质量与理论质量允许偏差应在表 6-15 规定范围内。

表 6-15　钢筋质量允许偏差

公称直径(mm)	实际质量与理论质量的偏差(%)
6～12	±7
14～20	±5
22～50	±4

三、技术要求

《钢筋混凝土用钢　第 1 部分：热扎光圆钢筋》(GB 1499.1—2008)、《钢筋混凝土用钢　第 2 部分：热扎带肋钢筋》(GB 1499.2—2007)规定的钢筋主要技术要求如下。

1. 化学成分

钢筋牌号及化学成分和碳当量符合表 6-16 要求。

表 6-16　化学成分(微量元素)

牌　号	化学成分(质量分数)(%)，不大于					
	C	Si	Mn	P	S	C_{eq}①
HPB235	0.22	0.30	0.65	0.045	0.050	—
HPB300		0.55	1.50			—
HRB335	0.25	0.80	1.60		0.045	0.52
HRB400						0.54
HRB500						0.55

注：① $C_{eq}=C+\frac{Mn}{6}+\frac{Cr+V+Mo}{5}+\frac{Cu+Ni}{15}$

2. 力学、工艺性能

钢筋的屈服强度 R_{el}、抗拉强度 R_m、断后伸长率 A 等力学性能特征值符合表 6-17 所列要求。弯曲性能按表 6-17 所规定的弯芯直径弯曲 180°后，受弯曲部位表面不得产生裂纹。

表 6-17　钢筋的主要力学、工艺性能

钢筋类型及牌号	HRB335(“3”)*		HRB335(“3”)		HRB335(“3”)		HPB235	HPB300
直径(mm)	6～25	28～40	6～25	28～40	6～25	28～40	6～22	6～22
屈服强度 R_{el}(MPa)	335		400		500		235	300
抗拉强度 R_m(MPa)	455		540		630		370	420
断后伸长率 A	17		16		15		25	25
180°冷弯芯直径	3d	4d	4d	5d	6d	7d	d	d

注：* 为牌号简写。

四、检测项目依据

建筑钢筋试验检测依据有：《钢筋混凝土用钢　第 2 部分：热扎带肋钢筋》(GB 1499.2—2007)；《钢筋混凝土用钢　第 1 部分：热扎光圆钢筋》(GB 1499.1—2008)；《钢筋焊接及验收规范》(JGJ 18—2003)；《钢筋机械连接技术规范》(JGJ 107—2003)。

五、检测参数

1. 化学成分分析

按《钢铁及合金化学分析方法》(GB/T 223)进行检测。

2. 物理力学性能

(1)拉伸试验：按《金属材料室温拉伸试验方法》(GB/T 228—2002)进行检测。

(2)弯曲试验：按《金属材料弯曲试验方法》(GB/T 232—2010)进行检测。

(3)反复弯曲试验：按《金属材料线材反复弯曲试验方法》(GB/T 238—2002)进行检测。

(4)尺寸：按产品标准的规定进行检测。

(5)表面：按产品标准的规定进行检测。

(6)质量偏差：按产品标准的规定进行检测。

3. 钢筋接头性能

(1)焊接接头弯曲和拉伸试验：按《钢筋焊接接头试验方法标准》(JGJ/T 27—2001)进行检测。

(2)机械接头试验：按《钢筋机械连接技术规程》(JGJ 107—2003)进行检测。

六、钢筋质量偏差测量

1. 试验仪具

试验仪具包括：钢筋切断机；钢直尺(量程不小于 500mm，示值不大于 1mm)；台秤(30kg，示值不大于 1g)。

2. 截取试样及称重

试样从不同的钢筋上截取，数量不少于 5 支，每支试样长度不小于 500mm。长度逐支测量，精确到 1mm。测量试样总质量时，精确到不大于总重量的 1%。

3. 计算

钢筋实际质量与理论质量的偏差(%)按公式(6-3)计算：

$$\varepsilon=\frac{g-(L-g_0)}{L\times g_0}\times 100\% \quad (6-3)$$

式中：ε——钢筋质量偏差，%；

g——试样实际质量，g；

L——试样总长度，mm；

g_0——理论质量，g/mm。

七、钢筋室内拉伸试验

1. 仪器设备和环境条件

(1)一般在室温 10℃～35℃范围内进行。

(2)万能材料试验机：量程不小于 600kN，应为Ⅰ级或优于Ⅰ级的准确度。

(3)钢筋标距仪：可连续标记一系列套叠的原始标距。

(4)游标卡尺：量程 0～300mm，分辨力应高于 0.1mm，准确至±0.25mm。

2. 试验速率的确定

(1)测定上屈服强度速率

在弹性范围至上屈服强度，试验机夹头和分离速率应尽可能保持恒定并在表 6－18 规定的应力速率的范围内。

表 6－18　应力速率范围

材料弹性模量 $E(N/mm^2)$	应力速率$[(N/mm^2)/s]$	
	最小	最大
＜150000	2	20
≥150000	6	60

(2)测定下屈服强度速率

若仅测定下屈服强度，在试样平行长度的屈服期间应变速率应为 0.00025～0.0025MPa/s。平行长度内的应变速率应尽可能保持恒定。如不能直接调节这一应变速率，应通过调节屈服即将开始前的应力速率来调整，在屈服完成之前不再调节试验机的控制。在任何情况下，弹性范围内的应力速率不得超过表 6－18 所列的最大速率。

(3)测定抗拉强度试验速率

塑性范围内平行长度的应变速率不应超过 0.008MPa/s。

3. 试样准备

(1)钢筋拉伸、弯曲、反向弯曲试验试样不允许进行车削加工，试样长度应大于夹持长度加原始标距的长度。

(2)试验机两夹头间的自由长度应足够，以使试样原始的标记与接近夹头间的距离不小于 1.5d。

(3)试样原始标距的标记和测量：钢筋采用比例试样，公称标距通常采用 5 倍的直径，个别直径较小的钢筋也可采用 10 倍直径(需在试验记录中加以说明)。用钢筋标距仪标计一系列套叠的原始标距，标距误差不超过±1%。

4. 试验步骤

(1)开启万能试验机，升降上下钳口，确认正常后对读数进行调零。调整上下夹头高度，将试样夹持在试验机的上下钳口内，试样头部被夹持的长度不得小于钳口长度的2/3。夹持面与试样接触面应尽可能对称均匀，试样轴线应绝对垂直于试验机。

(2)按表6-18所要求控制好加荷速度，不得冲击。试件断后，取下试件，对断口不能造成人为伤痕，依次排列以便测量伸长率。

(3)屈服强度的确定：从拉伸曲线图(如图6-3所示)上确定试验过程中的上、下屈服强度。无曲线图时，从读盘指针(或屏显数值)读取力值，拉伸时，指针首次停止转动的恒定力、首次回转前的最大力和不计初始瞬时效应的最小力，对应的应力为上、下屈服强度。

(4)抗拉强度的确定：试样拉至断裂，从拉伸曲线图上或测力读盘(数显屏幕)上读取最大力。

(5)断后伸长率测定：将试样断裂的部分仔细地配接在一起使其轴线处于同一直线上，用分辨率不低于0.1mm的游标卡尺量测断后标距，精确至0.25mm。

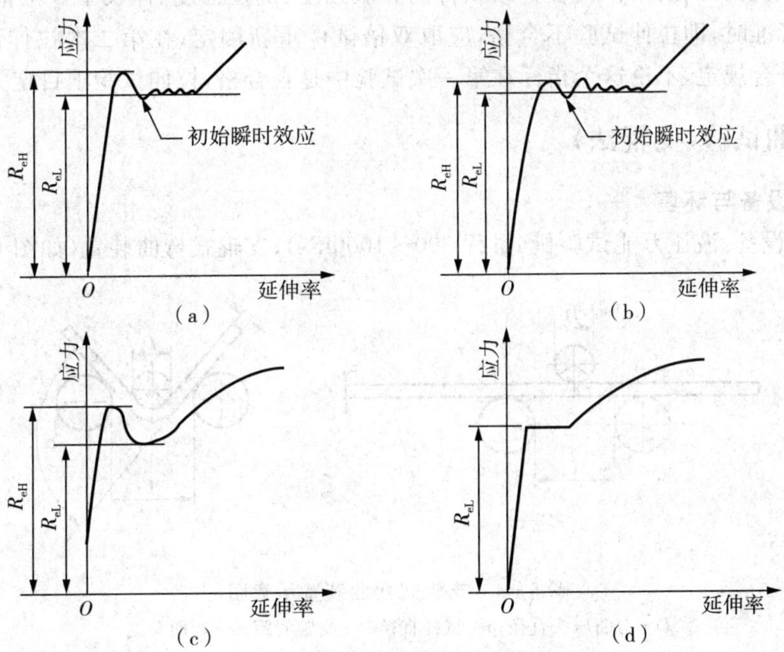

图6-3　不同类型曲线的上屈服强度和下屈服强度(R_{rH}和R_{eL})

5. 数据处理

(1)下屈服强度按式(6-4)计算：

$$R_{eL}=\frac{F_{eL}}{S_0} \tag{6-4}$$

式中：R_{eL}——下屈服强度，MPa；

F_{eL}——屈服时不计初始瞬时效应的最小力，N；

S_0——钢筋的横截面积，mm。

(2)抗拉强度按式(6-5)计算：

$$R_m=\frac{F_m}{S_0} \tag{6-5}$$

式中：R_m——抗拉强度，MPa；

F_m——拉伸过程最大力,N;

S_0——钢筋的横截面积,mm。

(3)断后伸长率按式(6-6)计算:

$$A=\frac{L_a-L_0}{L_0}\times 100\% \tag{6-6}$$

式中:A——断后伸长率,%;

L_a——断后标距,mm;

L_0——原始标距,mm。

6. 结果评定

做拉伸试验的2根试件中,任一根试件的屈服强度、抗拉强度、伸长率3个指标中有一个指标不符合标准时,即拉伸试验不合格,应取双倍试件重新测定;在第二次拉伸试验中,如有一项指标不符合规定,不论这个指标在第一次试验中是否合格,拉伸试验项目定为不合格。

八、钢筋弯曲试验(支辊法)

1. 仪器设备与环境

(1)仪器设备:液压万能试验机(量程300~1000kN);支辊式弯曲装置(如图6-4所示)。

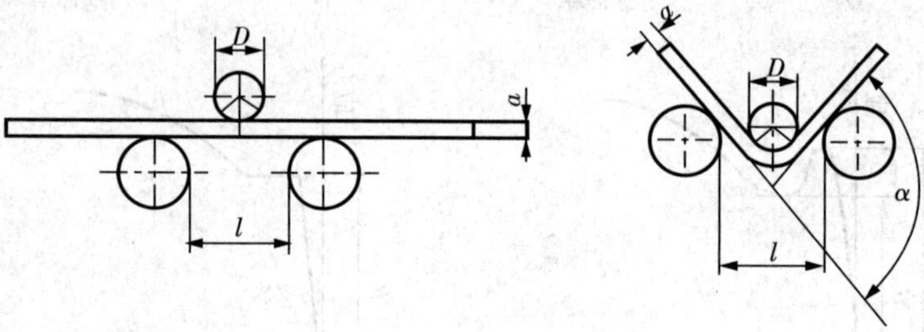

图6-4 支辊式弯曲装置示意图

D—弯曲压头直径;a—试样直径;l—支辊间距;α—弯曲角度

(2)试验环境:一般在10℃~35℃室温环境内进行。

2. 试样准备

钢筋试样的表面不得有影响检测结果的毛刺、伤痕、刻痕等缺陷。试样长度可按式(6-7)确定:

$$L=0.5\pi(D+a)+140 \tag{6-7}$$

式中:L——试样长度,m;

D——弯曲压头直径,m;

a——钢筋试样直径,m;

π——圆周率,其值取3.1。

3. 试验步骤

(1)组装万能试验机工作平台上的支辊弯曲装置,根据钢筋牌号和直径的大小选择弯曲压头直径,按式(6-8)计算支辊间距并加以调整。

$$l=(D+3a)\pm\frac{a}{2} \quad (6-8)$$

式中：l——试样长度，m；

D——弯曲压头直径，m；

a——钢筋试样直径，m。

(2)试样平放在支辊上，试样轴线应与弯曲压头轴线垂直，启动万能试验机，缓慢施加弯曲力，弯曲至试样尽可能大角度。

(3)小心取下试样，然后将试样置于两平行压板之间(如图 6-5 所示)，连续施加力压其两端，使其进一步弯曲，直至两臂平行。

(4)仔细观察试样弯曲表面有无裂纹、裂缝或裂断现象，记录下试验结果并作合格与否的判定。

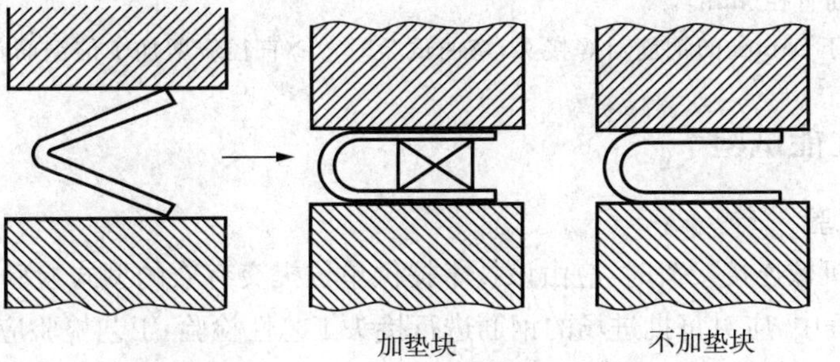

图 6-5　试样弯至两臂平行

九、焊接接头性能试验

1. 施焊前工艺性检验

在工程开工或者每批钢筋正式焊接之前，无论采用何种焊接工艺方法，均须采用与生产条件相同的条件进行焊接工艺试验，以便了解钢筋的焊接性能，选择最佳焊接参数，以及掌握担负生产的焊工的技术水平。每种牌号、每种规格钢筋至少做 1 组试件。若第一次未通过，应改进工艺，调整参数，直至合格为止。接头检验包括焊件外观质量、尺寸偏差、力学性能试验(拉伸、弯曲)等，检验结果应符合质量验收标准的要求。

2. 施工现场检验与验收

(1)现场取样规定

以 300 个同类型焊接钢筋在同一焊接条件下(同一焊工在同一班内用同一焊接参数)焊接作为一批，一周内焊接不足 300 个者，亦按一批计。取样前应先对焊件的尺寸、外观进行检验，确认合格后再从成品上截取试件，每批取最大钢筋直径焊件，3 根试件为一组进行拉伸试验，闪光对焊接头的应取最大钢筋直径焊件 3 根试件为一组进行弯曲试验。

(2)拉伸试验及评定

试验方法按《钢筋焊接接头试验方法标准》(JGJ/T 27—2001)要求执行。每根试件的焊接接头抗拉强度均应符合钢筋抗拉强度要求，至少有 2 个试件断于焊缝之外，并呈延性断裂。当试验结果有 1 个试件的抗拉强度小于上述规定值，或有 2 个试件在焊缝或热影响区发生脆性断裂时，应再取 6 个试件进行复验。复验结果中，当仍有 1 个试件抗拉强度小于规定值时，或 3 个试件断于焊缝或热影响区，呈脆性断裂，应确认该批接头为不合格品。

(3)弯曲试验及评定

闪光对焊接头弯曲试验时，应将受压面的金属毛刺和增厚部分消除，且与母材的外表齐平。弯曲试验可在万能试验机、手动或电动液压弯曲试验器上进行，焊缝应处于弯曲中心，弯心直径和弯曲角应符合表 6－19 的规定，当弯至 90°，至少有 2 个试件不得发生破断。

表 6－19　闪光对焊接头弯曲试验指标

钢筋类型及牌号		弯心直径	弯曲角(°)
热轧光圆钢筋	HPB235	$2d$	90
热轧带肋钢筋	HRB335	$4d$	90
	HRB400	$5d$	90

注：(1) d 为钢筋直径(mm)。

(2)直径大于 25mm 的钢筋对焊接头，弯曲试验时弯心直径应增加 1 倍钢筋直径。

十、机械接头性能试验

1. 工艺性试验

工程中应用机械连接接头时，应由该技术提供单位提交有效的型式检验报告。钢筋连接工程开始及施工过程中，应对每批进场的钢筋进行接头工艺性检验，工艺检验应符合如下要求：

(1)每种规格钢筋接头试件不应少于 3 根。

(2)对接头试件的钢筋母材应进行抗拉强度试验，并不应少于 3 根，且应自接头试件的同一根钢筋。

(3)3 根接头试件的抗拉强度符合表 6－20 的规定。

表 6－20　接头抗拉强度

接头等级	Ⅰ级	Ⅱ级	Ⅲ级
抗拉强度	$f^{0}_{mst} \geqslant f_{mst}$　断于钢筋 或 $\geqslant 1.10 f_{stk}$　断于接头	$f^{0}_{mst} \geqslant f_{stk}$	$f^{0}_{mst} \geqslant 1.25 f_{stk}$

注：f^{0}_{mst}——接头试件实际抗拉强度；f_{mst}——接头试件中钢筋抗拉强度实测值；f_{stk}——钢筋屈服强度标准值。

2. 施工现场检验与验收

(1)钢筋机械接头的现场检验按验收批进行。同一施工条件下采用同一批材料的同等级、同型式、同规格接头，以 500 个为一个验收批，不足 500 个亦作为一个验收批。

(2)每一验收批必须在成品中随机截取 3 个试件做单向拉伸试验，拉伸试验可在万能试验机上进行，试验结果应符合图纸要求的接头性能等级。

(3)当 3 个试件单向拉伸试验结果中，如有 1 个试件的强度不符合要求，应再取 6 个试件进行复验，复验中如仍有 1 个试件结果不符合要求，则该验收批为不合格。

(4)在现场连续检验 10 个验收批，抽样试件单向拉伸强度一次合格率为 100％时，验收批接头数量可扩大一倍。

十一、常用参数试验记录表格

其试验记录表格分别见表 6 - 21、表 6 - 22 所列。

表 6 - 21 ______公路钢材机械性能试验记录表

承包单位：　　　　　　　　　　　　　　　　　　　　　　　　合同号：

监理单位：　　　　　　　　　　　　　　　　　　　　　　　　编　号：

样品名称				试验日期			
试验用途				厂家			
样品批量				批号			
试样编号							
试件尺寸	直径(mm)						
	长度(mm)						
	重量(g)						
	截面积(mm^2)						
	标距(mm)						
拉伸荷载(kN)	屈服						
	极限						
强度(MPa)	屈服强度						
	抗拉强度						
伸长率(%)	断后标距						
	伸长率(%)						
冷弯	弯心直径(mm)						
	弯心角度(°)						
	结果						
反复弯曲	弯曲半径(mm)						
	折弯次数						
结论： 试验工程师：　　　　年　月　日							
监理意见： 监理人员：　　　　年　月　日							

试验人员：　　　　　　　　　　　　校核：

表 6－22 ________公路焊接钢材机械性能试验记录表

承包单位： 合同号：

监理单位： 编 号：

样品名称				样品来源			
试验用途				厂家			
批号				试验日期			
焊接种类				结构部位			
试验编号							
试件尺寸	直径(mm)						
	长度(mm)						
	焊口直径(mm)						
	母材截面积(mm^2)						
断口部位							
极限荷载(kN)							
极限强度(MPa)							
冷弯	弯心直径(mm)						
	弯心角度(°)						
	结果						
焊接质量评述							
结论： 试验工程师： 年 月 日							
监理意见： 监理人员： 年 月 日							

试验人员： 校核：

小 结

钢材是建筑工程中最重要的金属材料。钢材具有强度高、塑性及韧性好，可焊可铆、易于加工、便于装配等优点，被广泛应用于各领域。建筑钢材的技术性能主要包括抗拉性能、塑性、冲击韧性、冷弯性能和硬度、钢材的冷加工与时效等。低碳钢的拉伸破坏过程分为弹性、屈服、强化和颈缩四个阶段，伸长率和冷弯性能是衡量钢材塑性的指标，钢材通过冷加工时效处理，可提高其强度，但塑性和韧性下降。

建筑钢材可分为结构用型钢和钢筋混凝土用钢筋、钢丝。钢筋混凝土用钢材包括热轧钢筋、冷轧带肋钢筋、预应力混凝土用钢丝和钢绞线等。这些钢筋强度高、塑性也好。在工程实际中应合理选用钢材规格和品种。

复习思考题

6－1　钢材的力学性能包括哪些内容？

6－2　弹性模量、屈强比的含义是什么？它们反映钢材的什么性能？

6－3　影响钢材力学性能的因素有哪些？

6－4　钢筋混凝土结构用的热轧钢筋和冷轧钢筋有几种牌号？适宜何种用途？

第一章　砂石材料习题

一、单项选择题

1. 砂石作为水泥(或沥青)混凝土的集料，应严格按(　　)组成一定要求的矿质混合料。

A. 级配理论　　B. 量积法　　C. 几何比例　　D. 酸碱度

2. 石料的内部结构主要是由(　　)组成。

A. 矿质实体与开口孔隙　　B. 矿质实体与闭口孔隙

C. 矿质实体　　D. 矿质实体与开口孔隙和闭口孔隙

3. 为了反应石料的组成结构以及它与物理力学性质间的关系，通常采用(　　)来表征它。

A. 物理常数　　B. 吸水性　　C. 耐冻性　　D. 坚固性

4. 测定真实密度的规定条件是(　　)。

A. 105℃～110℃下烘干至恒重，温度20℃

B. 105℃～110℃下烘干至恒重，温度20℃±2℃

C. 105℃±5℃下烘干至恒重，温度20℃

D. 105℃±5℃下烘干至恒重，温度20℃±2℃

5. 真实密度计算中所用的体积是指(　　)。

A. 计入开口孔隙的石料体积　　B. 计入闭口孔隙的石料体积

C. 计入开口和闭口孔隙的石料体积　　D. 石料矿质实体的体积

6. 石料真实密度的测定方法，按我国现行《公路工程石料试验规程》采用(　　)。

A. 容量瓶法　　B. 封蜡法　　C. 静水称量法　　D. 量积法

7. 岩石的吸水率用采(　　)条件测定。

A. 室内常温常压　　B. 室内常温真空抽气

C. 室内煮沸条件　　D. 室内常温标准大气压

8. 毛体积密度计算中所用体积是指(　　)。

A. 石料矿质与实体的体积

B. 矿质实体与开口孔隙体积之和

C. 矿质实体与闭口孔隙体积之和

D. 矿质实体与开口孔和闭口孔隙体积之和

9. 岩石的吸水率、含水率、饱和吸水率三者的数值上有如下关系(　　)。

A. 吸水率＞含水率＞饱和吸水率　　B. 吸水率＞含水率＞饱和吸水率

C. 含水率＞吸水率＞饱和吸水率　　D. 饱和吸水率＞吸水率＞含水率

10. 岩石的饱和吸水率比吸水率____，而两者的计算方法____。

A. 大，相似　　B. 小，相似　　C. 大，不同　　D. 小，不同

11. 岩石密度试验时,密度精确至____ g/cm^3,两次平行试验误差不大于____ g/cm^3(　　)。

A. 0.001　0.02　　B. 0.01　0.02　　C. 0.01　0.05　　D. 0.001　0.01

12. 我国现行标准中采用的岩石抗冻性试验的条件为(　　)。

A. 在温度下降至－15℃冻结 4h 后,放入 20℃±5℃水中融解 4h 为冻融循环一次

B. 在温度下降至－20℃冻结 4h 后,放入 20℃±5℃水中融解 4h 为冻融循环一次

C. 在温度下降至－20℃冻结 2h 后,放入 20℃±5℃水中融解 2h 为冻融循环一次

D. 在温度下降至－25℃冻结 4h 后,放入 20℃±5℃水中融解 4h 为冻融循环一次

13. 石料的力学性质指标为(　　)。

A. 单轴抗压强度和磨耗率　　B. 单轴抗压强度和吸水率

C. 单轴抗压强度和孔隙率　　D. 单轴抗压强度和饱水率

14. 经过冻融试验后,要求冻融后石料的质量损失不大于(　　)。

A. 5%　　B. 4%　　C. 3%　　D. 2%

15. 经过冻融试验后,要求抗压强度降低不大于(　　)。

A. 15%　　B. 20%　　C. 25%　　D. 30%

16. 划分岩石等级的单轴抗压强度一般在(　　)状态下测定。

A. 干燥　　B. 潮湿　　C. 吸水饱和　　D. 冻结

17. 路用石料单轴抗压强度试验标准试件是边长为(　　)mm 的正立方体试件。

A. 200　　B. 150　　C. 100　　D. 50

18. 我国现行试验规程规定,石料的磨耗试验以(　　)为标准方法。

A. 洛杉矶磨耗试验　　B. 狄法尔式磨耗试验

C. 双筒式磨耗试验　　D. 单筒式磨耗试验

19. 石料的化学性质中按(　　)的含量多少将石料划分为酸性、碱性和中性。

A. C　　B. Si　　C. CO_2　　D. SiO_2

20. 岩石是否为酸性石料是指(　　)。

A. SiO_2含量大于 52%　　B. SiO_2含量大于 65%

C. Si 含量大于 52%　　D. Si 含量大于 65%

21. 岩石是否为中性石料是指(　　)。

A. SiO_2含量在 32%～52%之间　　B. SiO_2含量在 52%～65%之间

C. Si 含量小于 32%～52%之间　　D. Si 含量在 52%～65%之间

22. 岩石是否为碱性石料是指(　　)。

A. SiO_2含量小于 65%　　B. SiO_2含量小于 52%

C. Si 含量小于 65%　　D. Si 含量小于 52%

23. 采用蜡封法测定岩石的毛体积密度时,检查蜡封试件浸水后的质量与浸水前相比,如果超过(　　),说明试件封蜡不好。

A. 0.03g　　B. 0.04g　　C. 0.05g　　D. 0.06g

24. 粗度是评价砂粗细程度的一种指标,通常用(　　)来表示。

A. 粗度模数　　B. 粗度模量

C. 细度模数　　D. 各筛累计筛余百分率

25. 细砂是指(　　)。

A. M_X为 3.7～3.1 的砂　　B. M_X为 3.0～2.8 的砂

C. M_X为 2.8～2.3 的砂　　D. M_X为 2.2～1.6 的砂

26. 中砂是指(　　)。

A. M_X为 3.7～3.5 的砂　　B. M_X为 3.5～3.0 的砂

C. M_X为 3.0～2.3 的砂　　D. M_X为 2.2～1.6 的砂

27. 在沥青混合料中，粗集料是指粒径大于(　　)的碎石、砾石和矿渣。

A. 2.36mm　　B. 3.36mm　　C. 2.56mm　　D. 3.56mm

28. 在水泥混合料中，粗集料是指粒径大于(　　)的碎石、砾石和矿渣。

A. 2.36mm　　B. 3.36mm　　C. 5mm　　D. 5.5mm

29. 粗集料的表观密度中表观体积是指(　　)。

A. 集料矿质实体的体积

B. 集料矿质实体与开口孔隙体积之和

C. 集料矿质实体与闭口孔隙体积之和

D. 集料矿质实体与开口孔隙和闭口孔隙体积之和

30. 粗集料的毛体积是指(　　)。

A. 集料矿质实体的体积

B. 集料矿质实体与开口孔隙体积之和

C. 集料矿质实体与闭口孔隙体积之和

D. 集料矿质实体与开口孔隙和闭口孔隙体积之和

31. 松方密度计算中的体积是指(　　)。

A. 集料矿质实体、孔隙和空隙的体积

B. 集料矿质实体与开口孔隙体积之和

C. 集料矿质实体与闭口孔隙体积之和

D. 集料矿质实体与开口孔隙和闭口孔隙体积之和

32. 粗集料的各组成颗粒的级配是通过(　　)确定的。

A. 磨耗试验　　B. 筛析试验　　C. 冲击试验　　D. 击实试验

33. 粗集料的坚固性是指将规定数量的粗集料装在金属篮浸入(　　)中进行干温循环试验。

A. 饱和 NaCl 中　　B. 饱和 Na_2CO_3 中

C. 饱和 Na_2SO_4 中　　D. 饱和 Na_2HCO_3 中

34. 用(　　)指标来计算粗集料的坚固性。

A. 经 3 次循环后质量损失百分率　　B. 经 5 次循环后质量损失百分率

C. 经 8 次循环后质量损失百分率　　D. 经 10 次循环后质量损失百分率

35. 对高速公路和一级公路，磨光值不得小于(　　)。

A. 32　　B. 35　　C. 38　　D. 42

36. 矿渣分类是采用(　　)。

A. 酸碱度　　B. 耐冻性　　C. 空隙率　　D. 堆积密度

37. 矿渣的力学强度一般较高，其强度与(　　)有关。

A. 空隙率大小　　B. 耐冻性　　C. 孔隙率　　D. 堆积密度

38. 富勒级配理论认为(　　)。

A. 级配曲线为抛物线时为最大密度曲线，即 $p^2=kd$

B. 实物矿料的级配允许有一定的波动范围，即 $p=100\times\left(\frac{d}{D}\right)^n$

C. 根据路面厚度控制最大粒径可求解 $p=100(i)^{x-1}$，其中 i 为通过百分率的递减率

D. 粒子干涉理论

39. 泰波级配理论认为(　　)。

A. 级配曲线为抛物线时为最大密度曲线，即 $p^2=kd$

B. 实际矿料的级配允许有一定的波动范围，$p=100\times\left(\frac{d}{D}\right)^n$

C. 根据路面厚度控制最大粒径可求解 $p=100(i)^{x-1}$，其中 i 为通过百分率的递减率

D. 粒子干涉理论

40. 我国级配简化公式认为(　　)。

A. 级配曲线为抛物线时为最大密度曲线，即 $p^2=kd$

B. 实际矿料的级配允许有一定的波动范围，$p=100\times\left(\frac{d}{D}\right)^n$

C. 根据路面厚度控制最大粒径可求解 $p=100(i)^{x-1}$，其中 i 为通过百分率的递减率

D. 粒子干涉理论

41. 魏矛斯级配理论认为(　　)。

A. 级配曲线为抛物线时为最大密度曲线，即 $p^2=kd$

B. 实际矿料的级配允许有一定的波动范围，$p=100\times\left(\frac{d}{D}\right)^n$

C. 根据路面百度控制最大粒径可求解 $p=100(i)^{x-1}$，其中 i 为通过百分率的递减率

D. 粒子干涉理论

42. 以下矿物成分(　　)是两面性氧化物。

A. CaO　　B. MgO　　C. SiO_2　　D. Al_2O_3

43. 粗集料的表观密度的测定方法为(　　)。

A. 洛杉矶法　　B. 静水天平法　　C. 容量瓶法　　D. 网篮法

44. 细集料的表观密度的测定方法为(　　)。

A. 洛杉矶法　　B. 静水天平法　　C. 容量瓶法　　D. 网篮法

45. 石料单轴抗压强度试验中，用切石机或钻石机从岩石试样或岩石中取(　　)个试件。

A. 8　　B. 7　　C. 6　　D. 5

46. 毛体积密度试验中天平称量的精确度为(　　)。

A. 0.1g　　B. 0.01g　　C. 0.001g　　D. 1g

47. 粗集料的毛体积密度的计算公式为(　　)。

A. $\rho_h=\frac{m_5}{V_5+V_n}$　　B. $\rho_h=\frac{m_5}{V_5+V_n+V_i}$　　C. $\rho_h=\frac{m_5}{V_5+V_0+V_v}$　　D. $\rho_h=\frac{m}{V}$

48. 粗集料的表观密度的计算公式为(　　)。

A. $\rho_h=\frac{m_5}{V_5+V_n}$　　B. $\rho_h=\frac{m_5}{V_5+V_n+V_i}$　　C. $\rho_h=\frac{m_5}{V_5+V_0+V_v}$　　D. $\rho_h=\frac{m}{V}$

49. 松方密度的计算公式为(　　)。

A. $\rho_h=\frac{m_5}{V_5+V_n}$　　B. $\rho_h=\frac{m_5}{V_5+V_n+V_i}$　　C. $\rho_h=\frac{m_5}{V_5+V_0+V_v}$　　D. $\rho_h=\frac{m}{V}$

50. 石料单轴抗压强度实验所用的游标卡尺的精度为(　　)。

A. 1mm　　B. 0.1mm　　C. 0.01mm　　D. 0.001mm

51. 石料单轴抗压强度实验结果整理时取(　　)作为抗压强度测定值。

A. 6个试件试验结果中的较大值　　B. 6个试件试验结果中的较小值

C. 6个试件试验结果的算术平均值　　D. 6个试件试验结果的加权平均值

52. 有显著层理的岩石取(　　)作为试件强度的试验结果。

A. 取垂直于层理方向的试件强度的平均值

B. 取平行于层理方向的试件强度的平均值

C. 取垂直和平行于层理方向的试件强度值中较大者

D. 取垂直和平行层理方向的试件强度的平均值

53. 细集料的表观密度的结果整理应以(　　)为测定值。

A. 两次平行试验结果中较大者　　B. 两次平行试验结果中较小者

C. 两次平行试验结果的算术平均值　　D. 两次平行试验结果的加权平均值

54. 细集料的表观密度如两次的结果之差值(　　)时，应重新取样进行试验。

A. 大于0.1g/cm^3　　B. 大于0.2g/cm^3

C. 大于0.01g/cm^3　　D. 大于0.02g/cm^3

55. 细集料筛分试验中所用天平应采用(　　)。

A. 称量500g，量感不大于0.1g　　B. 称量500g，量感不大于0.5g

C. 称量1000g，量感不大于0.5g　　D. 称量1000g，量感不大于1g

56. 细度模数的计算，精确度至(　　)。

A. 0.1　　B. 0.01　　C. 0.2　　D. 0.02

57. 在进行两次平行试验时，如两次试验所得的细度模数之差大于(　　)，应重新进行试验。

A. 0.1　　B. 0.2　　C. 0.01　　D. 0.02

58. 在进行沥青路面用粗集料压碎值试验时，其所用天平应为(　　)。

A. 称量0.5～1kg，量感不大于0.1g　　B. 称量1～1.5kg，量感不大于0.2g

C. 称量1.5～2kg，量感不大于0.5g　　D. 称量2～3kg，量感不大于1g

59. 在进行沥青路面用粗集料压碎值试验中，将试件分三次倒入试筒内，每次表面整平后，用金属棒夯击(　　)次。

A. 20次　　C. 25次　　C. 30次　　D. 35次

60. 在进行水泥混凝土用粗集料压碎值试验时，其所用天平应为(　　)。

A. 称量1g，量感不大于1g　　B. 称量3g，量感不大于2g

C. 称量4g，量感不大于4g　　D. 称量5g，量感不大于5g

61. 粗集料的磨耗损失两次平行试验差值应(　　)。

A. 不大于0.2%　　B. 不大于1%　　C. 不大于1.5%　　D. 不大于2%

62. 粗集料筛分试验所用天平或台秤的感量要求为(　　)。

A. 不大于试件质量的0.01%　　B. 不大于试件质量的0.1%

C. 不大于试件质量的0.5%　　D. 不大于试件质量的1%

63. 用(　　)方法测定集料中小于0.075mm的细粉部分质量。

A. 水洗法　　B. 比重瓶法　　C. 规准仪法　　D. 蜡封法

64. 用(　　)方法测定粗集料各个粒级质量百分比。

A. 水洗法　　B. 干筛法　　C. 比重瓶法　　D. 规准仪法

二、多项选择题

1. 石料的技术性质主要包括(　　)性质。

A. 物理性质　　B. 几何性质　　C. 力学性质　　D. 化学性质

2. 石料包括(　　)。

A. 破碎混凝土块　　B. 天然石料

C. 轧制的石料　　D. 工业冶金矿渣

3. 石料的物理常数包括(　　)。

A. 真实密度　　B. 体积密度　　C. 空隙率　　D. 含水率

4. 石料的吸水性的指其(　　)。

A. 吸水率　　B. 空隙率　　C. 饱和水率　　D. 密度

5. 饱水率可以采用(　　)方法测定。

A. 沸煮法　　B. 真空抽气法　　C. 自由吸水法　　D. 标压吸水法

6. 毛体积密度计算中的体积包括(　　)。

A. 矿质实体体积　　B. 开口孔隙的体积

C. 闭口孔隙的体积将　　D. 水的体积

7. 判断岩石抗冻性能好坏的指标(　　)。

A. 孔隙率　　B. 质量损失率

C. 抗冻强度降低系数　　D. 耐冻温度

8. 岩石的力学性能指标包括(　　)。

A. 单轴抗压强度　　B. 孔隙率　　C. 磨耗率　　D. 吸水率

9. 影响石料抗压强度值的因素有(　　)。

A. 矿物组成　　B. 岩石的结构和构造

C. 裂隙的分布　　D. 试验条件

10. 我国现行试验规程,石料的磨耗试验有下列方法(　　)。

A. 洛杉矶式磨耗试验　　B. 狄法尔式磨耗试验

C. 直接磨耗试验　　D. 道瑞式磨耗试验

11. 石料分级方法应根据(　　)确定岩石名称。

A. 造岩矿物成分含量　　B. 抗压强度

C. 磨耗率　　　　　　　　　　　　D. 岩石的组织结构

12. 同名称的岩石按其(　　)指标分为 4 个等级。

A. 造岩矿物成分含量　　　　　　　B. 抗压强度

C. 磨耗率　　　　　　　　　　　　D. 岩石的组织结构

13. 路面建筑用石料制品包括(　　)。

A. 整齐块石　　B. 半整齐块石　　C. 不整齐块石　　D. 片石

14. 高级铺砌用整齐块石规定的力学指标为(　　)。

A. 抗压强度不低于 100MPa　　　　B. 洛杉矶磨耗率不大于 5%

C. 抗压强度不低于 150MPa　　　　D. 洛杉矶磨耗率不大于 3%

15. 桥梁建筑中所用石料主要制品有(　　)。

A. 片石　　B. 块石、方块石　　C. 粗料石　　D. 镶面石

16. 细集料技术性质主要包括(　　)。

A. 物理性质　　B. 化学性质　　C. 颗粒级配　　D. 密度

17. 下列参数哪些属于级配有关参数(　　)。

A. 分计筛余百分率　　B. 累计筛余百分率　　C. 通过百分率　　D. 粗度

18. 砂按来源分为(　　)。

A. 山砂　　B. 河砂　　C. 海砂　　D. 人工砂

19. 块石是指(　　)。

A. 厚度不小于 20cm　　　　　　　B. 宽度为厚度的 1.5～2.0 倍

B. 长度为厚度的 1.5～3.0　　　　C. 砌缝宽度一般不大于 25cm

20. 集料是指混合料中起骨架或填充作用的粒料，包括(　　)。

A. 砾(卵)石　　B. 砂　　C. 碎石　　D. 石屑

21. 细集料的物理常数主要有(　　)。

A. 表观密度　　B. 堆积密度　　C. 空隙率　　D. 粗度

22. 我国现行标准规定砂的粗度可分为(　　)。

A. 粗砂　　B. 中砂　　C. 细砂　　D. 粉砂

23. 粗集料的物理常数主要有(　　)。

A. 表观密度　　B. 毛体积密度　　C. 松方密度　　D. 空隙率

24. 粗集料的松方密度包括(　　)状态下的松方密度。

A. 堆积状态　　B. 振实状态　　C. 捣实状态　　D. 饱水状态

25. 粗集料的物理性质包括(　　)。

A. 物理常数　　B. 级配　　C. 坚固性　　D. 磨光值

26. 抗滑表层用集料的力学性质指标有(　　)。

A. 集料压碎值　　B. 集料磨光值　　C. 集料冲击值　　D. 集料磨耗值

27. 沥青路面用粗集料压碎值试验的条件为(　　)。

A. 粗集料试件尺寸为 13.2～16mm　　B. 试件总质量为 3kg

C. 加荷至 400kN　　　　　　　　　D. 筛孔尺寸为 2.5mm

28. 水泥混凝土用粗集料压碎值试验的条件为(　　)。

A. 粗集料试件尺寸为 10～20mm　　B. 试件总质量为 3kg

C. 加荷至 200kN　　D. 筛孔尺寸为 2.55mm

29. 冶金矿渣集料包括(　　)。

A. 高炉重矿渣　　B. 钢渣　　C. 有色金属矿渣　　D. 矿粉

30. 矿渣的化学成分随着(　　)而变化。

A. 矿物成分　　B. 燃料

C. 助熔剂　　D. 熔化金属的化学成分

31. 矿渣中的主要化学成分为(　　)。

A. SiO_2　　B. Al_2O_3　　C. NaCl　　D. CaO

32. 矿渣中的活性氧化物有(　　)。

A. CaO　　B. SiO_2　　C. P_2O_5　　D. TiO_2

33. 矿渣中的中性成分为(　　)。

A. MnO　　B. SiO_2　　C. FeS　　D. MnS

34. 矿渣中的碱性氧化物有(　　)。

A. SiO_2　　B. FeO　　C. CaO　　D. TiO_2

35. 欲使水泥混凝土和沥青混合料具备优良的路用性能，除各种矿质集料的技术性质应符合技术要求外，矿质混合料还必须满足(　　)的基本要求。

A. 最小空隙率　　B. 最大摩擦力　　C. 最大密实度　　D. 最大粒径

36. 矿质混合料的级配类型有(　　)。

A. 连续级配　　B. 间断级配　　C. 正常级配　　D. 非正常级配

37. 目前用于计算连续级配的理论有(　　)。

A. 富勒理论　　B. 泰波理论　　C. 我国简化公式　　D. 魏矛斯理论

38. 矿质混合料的组成设计内容包括(　　)。

A. 级配理论　　B. 级配范围　　C. 基本组成设计　　D. 最小空隙率

39. 确定矿质混合料配合比的设计方法主要采用(　　)。

A. 试算法　　B. 估值法　　C. 图解法　　D. 推导法

40. 进行矿质混合料配合比设计前，必须具备的已知条件有(　　)。

A. 各种集料的筛析结果　　B. 矿质混合料的级配范围

C. 矿质混合料的力学指标　　D. 矿质混合料的密度

三、判断题

1. 砂石材料是道路与桥梁建筑中用量最大的一种建筑材料，它可以直接用于道路或桥梁的圬工结构，亦可以作为水泥混凝土、沥青混合料的集料。(　　)

2. 砂石材料作为水泥(或沥青)混凝土用集料，应严格按级配理论组成一定要求的矿质混合料。(　　)

3. 石料的真实密度是指石料在 105℃±2℃下烘干至恒重，温度 25℃下烘干石料矿质单位体积的质量。(　　)

4. 石料真实密度计算中所用体积是矿质实体加闭口孔隙的体积。(　　)

5. 石料的孔隙率是指孔隙体积占石料总体积的百分率。（　）

6. 桥梁用岩石抗压强度的标准试件是边长为 3cm 的立方体试件。（　）

7. 岩石的抗压强度是以标准试件在吸水饱和和状态下单轴受压时的极限抗压强度表示的。（　）

8. 岩石的孔隙率愈大，吸水率也愈大，抗冻性亦愈差。（　）

9. 岩石的密度是指岩石在规定条件下单位实体体积的质量。（　）

10. 岩石吸水率和饱水率之比可表征耐冻性，比值愈接近 1，其耐冻性愈好。（　）

11. 岩石吸水率和饱水率指在规定条件下，岩石试样的最大吸水质量与吸水饱和岩石质量之比。（　）

12. 岩石耐候性的两项指标为抗冻性的坚固性。（　）

13. 确定岩石等级的两项性质为抗压强度和吸水率。（　）

14. 岩石饱水系数愈大，抗冻性愈差。（　）

15. 岩石软化系数愈大，耐水性愈差。（　）

16. 通常以石料饱水状态下，能经受冻融循环的次数来表示抗冻性。（　）

17. 一般要求冻融合石料的质量损失不大于 3%。（　）

18. 一般要求冻融合强度降低不大于 25%。（　）

19. 我国现行试验规程规定，石料磨耗试验以狄法尔式磨耗试验法为标准方法。（　）

20. 我国现行试验规程规定，石料磨耗试验以洛杉矶式磨耗试验法为标准方法。（　）

21. 我国现行试验规程规定，只有当不具备搁板式磨耗试验条件时，方允许用狄法尔式磨耗试验法。（　）

22. 石料的化学成分中 SiO_2 的含量大于 65% 的石料为酸性石料。（　）

23. 石料的化学成分中 SiO_2 的含量大于 52% 的石料为碱性石料。（　）

24. 在选择与沥青结合的石料时，应考虑石料的酸碱性对沥青与石料黏结的影响。（　）

25. 沥青混合料中的细集料是指粒小于 4.75mm 的天然砂、人工砂。（　）

26. 水泥混凝土中的细集料是指粒径小于 4.75mm 的天然砂、人工砂。（　）

27. 细集料的细度模数愈大，表示细集料越细。（　）

28. 粗砂是指细度模数 M_x 为 3.7～3.1 的砂。（　）

29. 细砂是指细度模数 M_x 为 3.0～2.3 的砂。（　）

30. 沥青混合料的粗集料是指粒径不大 4.75mm 的碎砾石等。（　）

31. 粗集料的表观密度计算时用的体积为矿质实体体积。（　）

32. 粗集料的毛体积密度计算时用的体积为矿质实体和孔隙的总体积。（　）

33. 粗集料的松方密度计算时用的体积为矿质实体和集料空隙的总体积。（　）

34. 在粗集料筛分试验中，0.075mm 的筛不计分计筛余。（　）

35. 粗集料坚固性试验是指选取规定数量的粗集料，装入金属网篮浸入饱和硫酸钠溶液进行干湿循环试验。（　）

36. 集料磨光值是利用加速磨光机磨光集料，并以摆式摩擦系数测定仪测定摩擦系数值来确定。 ( )

37. 石料磨光值愈高，抗滑性愈差。 ( )

38. 对高速、一级公路，磨光值不小于35。 ( )

39. 矿渣的分类是根据化学成分的构成，采用酸碱度作为分类基础。 ( )

40. 路用矿渣一般CaO、Al_2O_3含量较低，而SiO_2的含量较高者，活性较大，质量较好。 ( )

41. 矿渣的酸碱性模数$M_{be}>1$时，为碱性矿渣。 ( )

42. 矿渣的酸碱性模数$M_{ac}>1$时，为酸性矿渣。 ( )

43. 各筛的分计筛余量和底盘中剩余量的总质量与筛分前后试样总量相比，相差不得超过1%。

44. 各号筛的质量通过百分率等于100减去该号筛的累计筛余百分率，准确至0.01%。 ( )

45. 在进行细度模数的确定时，应进行两次试验，如两次试验所得细度模数之差大于0.1，应重新进行试验。 ( )

46. 粗集料重复试验的精确度，对表观密度两次结果相差不得超过0.02。 ( )

47. 粗集料重复试验的精确度，对表干相对密度两次结果相差不得超过0.01。( )

48. 粗集料重复试验精确度，对毛体积相对密度两次结果相差不得超过0.02。( )

49. 粗集料的吸水率试验中，重复试验的精密度为不得超过0.1%。 ( )

50. 可以利用水洗法测定集料中小于0.075mm的细粉部分质量。 ( )

四、简答题

1. 石料的物理、力学性质包括哪些项目？

2. 石料的主要物理常数有哪些项目？简述其含义。

3. 石料的吸水性指标有哪些？两者有何不同？

4. 简述石料抗冻性的基本概念和测定抗冻性常用的方法，有何区别？

5. 影响石料抗压强度的主要因素有哪些？

6. 石料应具备哪些力学性质，采用什么指标来反映这些性质？

7. 路用石料的技术等级怎样确定？

8. 常用的道路路面建筑用石料制品有哪些？

9. 常用的桥梁建筑用石料制品有哪些？

10. 简述集料的定义？集料是如何分类的？

11. 集料主要物理常数有哪几项？与石料的物理常数有何区别？

12. 石料和集料常用的密度概念有哪些？公式如何表示？主要用途有哪些？

13. 压碎值、磨耗值、磨光值及冲击值分别表征粗集料的什么性质，对路面工程有何实用意义？

14. 什么是集料的级配？如何确定集料的级配？有哪几项参数表示集料的级配？

15. 什么是连续级配，什么是间断级配？

16. 简述富勒级配理论的公式及公式的含义。

17. 简述我国简化公式及公式中各符号的含义。

18. 简述魏矛斯级配理论的基本内容。

19. 简述建立半对数坐标的步骤。

20. 确定矿质混合料配合比的设计方法有哪几种？

21. 确定矿质混合料的组成设计之前必须具备的已知条件是什么？

22. 简述试算法计算配合比的基本原理。

23. 简述试算法计算配合比的计算步骤。

24. 简述修正平衡面积法的设计步骤。

五、计算题

1. 工地现有砂 500g 做筛分试验，筛分结果见下表所列，计算该砂试样的细度模数，并评价粗细程度。

筛孔尺寸/mm	4.75	2.36	1.18	0.6	0.6	0.3	0.15	底盘
存留量/g	5	15	50	50	105	135	155	35

2. 现有碎石、砂和矿粉三种集料，经筛分试验各集料的分计筛余百分率，见下表所列，用试算法求各种材料所占比例。

筛孔尺寸 d_i/mm	碎石分计筛余 $\alpha_A(i)$/%	砂分计筛余 $\alpha_B(i)$/%	矿粉分计筛余 $\alpha_C(i)$/%	矿质混合料要求的级配范围/%
9.5	0.6	—	—	100
4.75	65.0	—	—	65~78
2.36	22.5	11.5	—	40~63
1.18	11.6	23.9	—	30~53
0.6	0.3	22.4	—	22~45
0.3	—	35.8	—	15~35
0.15	—	3.9	5.5	12~30
0.075	—	1.5	3.5	10~20
<0.075	—	1.0	87.8	—

3. 试用图解法设计某高速公路用细粒式（AC－10）沥青混凝土矿质混合料的配比。

【设计资料】

现有碎石、砂和矿粉三种矿料，筛分试验得到各粒径通过百分率见下表所列。

材料名称	筛孔尺寸 d_i/mm								
	13.2	9.5	4.75	2.36	1.18	0.6	0.3	0.15	0.75
	通过率/%								
碎石	100	95	40	10	2	1	0	0	0
砂	100	100	100	100	90	60	35	10	1
矿粉	100	100	100	100	100	100	100	97	88
规范要求级配范围	100	90～100	45～75	30～58	20～44	13～32	9～23	6～16	4～8
规范要求的级配中值	100	95	60	44	32	22.5	16	11	6

第二章　沥青材料习题

一、单项选择题

1. 石油沥青老化后，其延度较原沥青将(　　)。

A. 保持不变　B. 升高

C. 降低　D. 前面三种情况可能都有

2. 下列溶剂中，能将沥青中裂解出的油分完全溶解的溶剂是(　　)。

A. 乙醇　B. 乙醚　C. 石油醚　D. 乙醚和石油醚

3. 石油沥青老化后，其软化点较原沥青将(　　)。

A. 保持不变　B. 升高　C. 降低　D. 先升高后降低

4. 沥青针入度试验属于条件黏度试验，其条件为(　　)。

A. 温度　B. 时间　C. 针的质量　D. A+B+C

5. 目前，国内外测定沥青蜡含量的方法很多，但我国标准规定的是(　　)。

A 蒸馏法　B. 硫酸法　C. 组分分析法　D. 化学分析法

6. 石油沥青经老化后，其针入度值较原沥青将(　　)。

A. 保持不变　B. 升高　C. 降低　D. 变化不定

7. 影响沥青路面抗滑性能的因素是(　　)。

A. 集料耐磨光性　B. 沥青用量　C. 沥青含蜡量　D. 前三个均是

8. 沥青材料老化后其质量将(　　)。

A. 减少　B. 增加

C. 不变　D. 有的沥青减少，有的增加

9. 通常软化点较高的沥青，则其(　　)较好(含蜡量高的沥青除外)。

A. 气候稳定性　B. 温度稳定性　C. 黏结性　D. 塑性

10. 延度较大的沥青，则其(　　)较好。

A. 气候稳定性　B. 温度稳定性　C. 黏结性　D. 塑性

11. 路用优质沥青属于(　　)结构。

A. 溶胶结构　B. 凝胶结构　C. 溶-凝胶结构　D. 以上三者都不是

12. 路用沥青一般选用针入度值为(　　)的沥青。

A. $PI<-2$　B. $PI>+2$　C. $-1<PI<+1$　D. $-2<PI<+2$

13. 实验表明(　　)材料与沥青的化学吸附作用较强。

A. 碱性石料　B. 酸性石料　C. 中性石料　D. 碳水化合物

14. 沥青玛蹄脂碎石混合料简称(　　)。

A. DVFA　B. VCA　C. SMA　D. ATB

15. 一般情况下，测定的沥青密度的标准温度为(　　)。

A. 5℃　B. 15℃　C. 25℃　D. 35℃

16. 我国现行使用的黏稠沥青技术标准中,(　　)是划分沥青技术等级的主要指标。

A. 针入度　　B. 延度　　C. 软化点　　D. 劲度模量

17. 由芳香族碳氢化合物及其氧、氮和硫的衍生物所组成的沥青是(　　)。

A. 石油沥青　　B. 煤沥青　　C. 乳化沥青　　D. 天然沥青

18. 适用于各个等级的公路,适用于任何场合和层次的属于沥青等级中(　　)。

A. A 级　　B. B 级　　C. C 级　　D. 以上都不是

19. 氧化沥青属于(　　)。

A. 凝胶结构　　B. 溶胶结构　　C. 溶—凝胶结构　　D. 以上都不是

20. 当(　　)增多时,树脂含量少时,沥青的胶体结构为凝胶结构。

A. 树脂　　B. 沥青质　　C. 油脂　　D. 芳香酚

21. 用蜡质量与蜡含量关系图确定沥青的含蜡量,关系直线方向正确的应该是(　　)。

A. 零　　B. 正值　　C. 负值　　D. 可正可负

22. 石油沥青的塑性用(　　)表示。

A. 针入度　　B. 软化点　　C. 脆点　　D. 延度

23. 石油沥青的黏滞性用(　　)来表示。

A. 针入度　　B. 软化点　　C. 脆点　　D. 延度

24. 延度是将沥青试样制成“8”字形标准试模,在规定速度和温度下拉伸到断时的长度,以(　　)表示。

A. m　　B. cm　　C. mm　　D. km

25.《公路沥青路面施工技术规范》规定,A、B 级沥青采用(　　)延度评定沥青的低温塑性指标。

A. 25℃　　B. 15℃　　C. 10℃　　D. 20℃

26. 软化点(　　)表明沥青耐热性愈好,即温度稳定性好。

A. 高　　B. 低　　C. 先高后低　　D. 先低后高

27. 在工程实际应用中,要求沥青具有(　　)的软化点和(　　)脆点,否则容易发生沥青材料夏季流淌或冬季脆甚至开裂等现象。

A. 较高、较高　　B. 较低、较低　　C. 较低、较高　　D. 较高、较低

28. 闪点、燃点温度一般相差(　　)左右。

A. 5℃　　B. 15℃　　C. 6℃　　D. 10℃

29. 沥青的溶解度是指沥青在(　　)中溶解的百分率。

A. 三氯乙烯　　B. 甲苯　　C. 二硫化碳　　D. 三氯甲烷

30. 沥青膜完全保存,剥落面积百分率接近于 0,黏附性等级为(　　)。

A. 2 级　　B. 5 级　　C. 4 级　　D. 3 级

二、多项选择题

1. A、B、C、D 四种同标号沥青,老化试验结果按序(质量损失,针入度比,25℃延度)如下,请从中选出两种抗老化性能好的沥青(　　)。

A. −0.7%　42%　60cm　　　　　B. 0.8%　50%　68cm
C. 0.8%　50%　70cm　　　　　D. 0.7%　38%　50cm

2. A、B、C、D 四个检测单位对同一沥青试样按规定方法对针入度、延度和软化点进行了试验，其结果按序如下，你认为哪家结果较可信(　　)。(单位略)

A. 80 >100　42　B. 100 >100　45　C. 70 >100　40　D. 90 >100　41

3. 软化点试验时，软化点在 80℃以下和 80℃以上其加热起温度不同，分别是(　　)。

A. 室温　B. 5℃　C. 22℃　D. 32℃

4. 用乳化沥青作透层油时，要通过试洒试验确定乳化沥青的(　　)。

A. 渗透深度　B. 稠度(黏度)　C. 破乳速度　D. 单位面积洒布量

5. 针入度试验属于条件性试验，其条件主要有 3 项，即(　　)。

A. 时间　B. 温度　C. 针质量　D. 试样数量

6. 对于中轻交通量道路石油沥青除需检验常规三大指标外还需检验(　　)指标。

A. 含蜡量　B. 溶解度　C. 闪点　D. 蒸发损失试验

7. 乳化沥青的主要组成材料包括(　　)。

A. 沥青　B. 乳化剂　C. 稳定剂　D. 早强剂
E. 水

8. 引起沥青老化的直接因素包括(　　)。

A. 热的影响　B. 氧的影响　C. 光的影响　D. 水的影响

9. 乳化沥青中乳化剂包括(　　)。

A. 阳离子型　B. 阴离子型　C. 两性离子型　D. 酸液型

10. 石油沥青"三大指标"包括(　　)。

A. 针入度　B. 延度　C. 脆点　D. 软化点

11. 石油沥青胶体结构类型包括(　　)。

A. 溶胶结构　B. 密实结构　C. 凝胶结构　D. 骨架结构
E. 溶凝胶结构

12. 四组分分析法，可将沥青分为(　　)。

A. 沥青质　B. 油分　C. 饱和分　D. 胶质
E. 芳香酚

13. C,td 表示(　　)。

A. 黏度　B. 试验温度　C. 流孔直径　D. 针入度
E. 时间

14. 沥青在加热或长时间加热过程中，会发生轻质馏分(　　)等一系列物理及化学变化，使沥青化学组成及性质相应的发生变化，这种性质称为沥青热稳定性。

A. 挥发　B. 氧化　C. 裂化　D. 聚合
E. 分解

15. 沥青的劲度 S_b 与(　　)等参数有关。

A. 温度 T　B. 荷载作用时间　C. 针入度指数 PI　D. 直径 d
E. 黏度

16. 道路石油沥青分为(　　)等级。

A. E 级　　B. C 级　　C. A 级　　D. D 级

E. B 级

17. 液体石油沥青，按液体沥青的凝固速度而分为(　　)等级。

A. 快凝　　B. 缓快凝　　C. 中凝　　D. 慢凝

18. 对于液体石油沥青加热稳定性采用蒸馏试验，测定(　　)蒸馏体积的变化，蒸馏后残留物的性质。

A. 225℃前　　B. 350℃前　　C. 315℃前　　D. 300℃前

E. 360℃

19. 对于道路石油沥青加热稳定性采用(　　)。

A. 克利夫兰开口杯法　　B. 沥青薄膜加热试验

C. 脆点仪试验　　D. 旋转薄膜烘箱试验

E. 延度仪

20. 石油沥青"三大指标"单位是(　　)。

A. ℃　　B. mm　　C. 0.1mm　　D. cm

E. s

21. 石油沥青"三大指标"是分别测定石油沥青(　　)性质的。

A. 黏性　　B. 塑性　　C. 安全性　　D. 加热稳定性

E. 温度稳定性

22. 按针入度指数(PI)值可将沥青分为(　　)结构类型。

A. 凝胶结构　　B. 悬浮-密实结构

C. 溶胶结构　　D. 骨架-空隙结构

E. 溶-凝胶结构

23. 对于沥青的安全性能，必须测定沥青(　　)。

A. 软化点　　B. 脆点　　C. 闪点　　D. 燃点

E. 溶解度

24. 沥青与粗集料黏附性试验方法规定根据沥青混合料的最大粒径可分为(　　)。

A. 开口杯法　　B. 燃点　　C. 水煮法　　D. 脆点

E. 水浸法

25. 改善沥青的性能通常采用方法包括(　　)。

A. 氧化法　　B. 外加剂法　　C. 掺配法　　D. 还原法

E. 加热法

三、判断题

1. 评价黏稠石油沥青路用性能最常用的三大指标为针入度、软化点及脆点。(　　)

2. 沥青老化试验后的质量损失其计算结果可正可负。(　　)

3. 沥青针入度越大，其温度稳定性越好。(　　)

4. 沥青软化点试验时，当升温速度超过规定的升温速度时，试验结果将偏高。(　　)

5. 石油沥青的标号是根据沥青规定条约件下的针入度，延度及软化点值来确定的。 （ ）

6. 沥青延度试验中，如发现沥青细丝浮于水面，则应及时利用酒精，将水的密度调整至与试样相近后，继续进行试验。 （ ）

7. 中、轻交通量石油沥青的老化评定方法采用薄膜加热试验。 （ ）

8. 沥青老化后，其质量肯定要减少。 （ ）

9. 用现行沥青含蜡量的测定方法测的含蜡量值不随冷却过滤所取油分质量多少而变化。 （ ）

10. 为使试验结果具有代表性，在沥青取样时，应用取样器按液面上、中、下位置各取规定数量，并将取出的三个样品分别进行检验。 （ ）

11. 进行黏稠沥青性质常规检验时，沥青的取样数量不少于 1.5kg。 （ ）

12. 沥青的蒸发损失试验和薄膜加热试验除盛样容器不同外，其他试验条件完全相同。 （ ）

13. 测定沥青闪点的加热速率为 14～17℃/min 而测定燃点的升温速率为(5.5±0.5)℃/min。 （ ）

14. 与运动黏度相比，沥青针入度由于它能准确地反映沥青的零点实黏稠性而广泛应用于工程中。 （ ）

15. 沥青延度试验时，拉伸速度过规定的速度时，所测结果偏高。 （ ）

16. 沥青的闪点是受热沥青试样所挥发的油分气体，遇以规定方法与之接触的试焰，初次发生一瞬即灭闪火时的试样温度。 （ ）

17. 沥青溶解度试验的目的是检验沥青产品的纯净度。 （ ）

18. 沥青的闪点是表征其热稳定性能的一项指标。 （ ）

19. 黏稠沥青针入度≤300(0.1mm)针入度＞300(0.0mm)则为液体沥青。 （ ）

20. 道路石油沥青(包括重交通与中轻交通道路沥青)标号的划分是根据 25℃时针入度的大小来确定的。 （ ）

21. 现行含蜡量试验方法，脱蜡所用油分质量越多，测得的沥青含蜡量值越少。 （ ）

22. 沥青材料老化后其针入度值将变大。 （ ）

23. 闪点是保证沥青加热质量和施工安全的一项重要的指标。 （ ）

24. 通常沥青针入度愈小，表示沥青愈硬。 （ ）

25. 沥青的相对密度是指在规定温度下，沥青质量与同体积的水质量之比值。 （ ）

四、问答题

1. 简述沥青材料的分类。

2. 石油沥青有哪些技术性质？

3. 沥青三大指标的单位如何表示？

4. 沥青的温度稳定性用何指标评定？在工程中对温度稳定性如何考虑？

5. 简述蜡对沥青路用性能的影响。

6. 何谓沥青“老化”,说明“老化”过程?

7. 胶体结构类型是如何判定的?

8. 沥青“老化”对路面性能有何影响?

9. 道路石油沥青结构由溶胶型向凝胶型转变过程中,其针入度、延度、软化点有何变化规律?

10. 石油沥青胶体结构的胶团是如何构成的?

11. 简述道路石油沥青的化学组分与路用性能的关系?

12. 沥青和水是不相溶的,为什么乳化沥青中的沥青却能分散在水中,形成稳定体系?

13. 什么叫沥青材料的化学组分?

14. 自然因素对沥青的性能有何影响?

15. 道路石油沥青的标号是根据什么指标划分的?共有几个标号?其三大指标的变化如何?

16. 为什么煤沥青与石料的黏附力较石油沥青好?

17. 沥青材料在使用、运输、保管时应注意哪些事项?

18. 简述乳化沥青的分裂原理。

19. 沥青几乎不溶于水,为什么沥青中仍有一定的含水量?含水量的沥青性质有何影响?

20. 何谓沥青加热稳定性?用什么指标表示?规范是如何规定的?

21. 石油沥青的胶体结构有哪三种类型?各有何特点?

22. 为什么要控制沥青的加热温度和加热时间?

23. 目前沥青外加剂主要有几种?对沥青性质的作用如何?

24. 简述煤沥青与石油沥青的差异。

25. 何谓乳化沥青?有什么特点?

26. 表征黏稠石油沥青的黏滞性指标是什么?其常用试验条件是什么?

27. 黏稠沥青的三大指标是什么?它们表示沥青的什么性质?

28. 乳化沥青中的沥青为什么能高度分散在水中?

29. 沥青薄膜加热试验是如何测定的?

30. 煤沥青有哪些组分?这些组分给煤沥青带来的哪些主要性能?

31. 对沥青材料安全性能有什么要求?

32. 液体石油沥青蒸馏试验是如何测定的?

33. 石油沥青按加工方法不同,分几种?

34. 改善沥青的性能通常采用哪几种方法?

35. 简述石油沥青延度试验的试验条件及注意事项。

36. 简述沥青黏附性的测定方法。

第三章　无机胶凝材料习题

一、单项选择题

1. 消石灰又称“熟石灰”其主要的化学成分为（　　）。

A. CaO　　B. $CaCO_3$　　C. $Ca(OH)_2$　　D. CaC_{12}

2. 石灰熟化过程中的“陈伏”是为了（　　）。

A. 有利于结晶　　B. 蒸发多余水分

C. 有利于消解　　D. 强度增长

3. 生石灰的化学成分为（　　）。

A. CaO　　B. $CaCO_3$　　C. $Ca(OH)_2$　　D. CaC_{12}

4. 石灰的消化过程是（　　）过程，其体积可增大1～2.5倍。

A. 吸热反应　　B. 放热反应　　C. 水化反应　　D. 氧化反应

5. 生石灰消化后，未能消化而留在（　　）圆孔筛内的残渣质量占试样质量的百分率为未消化残渣含量。

A. 5mm　　B. 2.5mm　　C. 0.125mm　　D. 0.9mm

6. 控制石灰中CO_2的含量是为了检验石灰石在煅烧时“欠火”造成的未分解的（　　）的含量。

A. 硫酸盐　　B. 硅酸盐　　C. 碳酸盐　　D. 铝酸盐

7. 水泥熟料的主要矿物中，对水泥抗折强度起重要作用的是（　　）。

A. 硅酸三钙　　B. 硅酸二钙　　C. 碳酸三钙　　D. 铁铝酸四钙

8. 硅酸盐水泥熟料矿物中水化硬化速度最快的是（　　）。

A. C_3S　　B. C_2S　　C. C_3A　　D. C_4AF

9. 生石灰在消化过程中加入的水是理论需水量的（　　），所以对消石灰粉的游离水含量加以限制。

A. 1～2倍　　B. 2～3倍　　C. 3～4倍　　D. 5～10倍

10. 常用的各种水泥首先（　　）必须合格，才能使用，否则不宜使用。

A. 强度　　B. 凝结时间　　C. 安定性　　D. 烧失量

11. 采用试杆法测定水泥净浆标准稠度时，试杆距离底板（　　）时的水泥净浆稠度为“标准稠度”。

A. (4±1)mm　　B. (6±1)mm　　C. (8±1)mm　　D. (10±1)mm

12. 水泥凝结时间测定，临近初凝时每隔（　　）测一次，临近终凝时每隔（　　）测定一次。

A. 5min　　B. 10min　　C. 15min　　D. 20min

E. 30min　　F. 60min

13. 水泥初凝状态是指试针自由沉入标准稠度的水泥净浆，试针至底板（　　）的稠度状态。

A. (4±1)mm　　B. (5±1)mm　　C. (6±1)mm　　D. (10±1)mm

14. 普通硅酸盐水泥凝结时间的初凝不得早于(　　),终凝不得迟于(　　)。

A. 60min　　B. 45min　　C. 6.5h　　D. 10h

15. 沸煮法主要是检验水泥中是否含有过量的游离(　　)。

A. Na_2O　　B. MgO　　C. CaO　　D. SO_3

16. 用雷氏夹法测水泥的安定性,沸煮时指针朝向正确的是(　　)。

A. 朝下　　B. 水平悬空

C. 朝上　　D. 以夹子能稳定放置为准

17. 水泥安定性制作试件,做好后应立即放入(　　)养护。

A. 自然　　B. 蒸煮箱　　C. 养护箱内　　D. 养生室

18. 水泥安定性试件成型 24h 后,置于沸煮箱内,加热至沸,再连续沸煮(　　)。

A. 3h　　B. 6h　　C. 4h　　D. 8h

19. 水泥终凝状态是指试针沉入试体(　　)即环形附件开始不能在试体上留下痕迹时的稠度状态。

A. 0.5mm　　B. 1.0mm　　C. 2mm　　D. 4mm

20. 用雷氏夹法测水泥的安定性时,当两个试件沸煮后指针尖端增加距离($C-A$)的平均值不大于(　　)时,则安定性合格。

A. 3.0mm　　B. 4.0mm　　C. 5.0mm　　D. 6.0mm

21. 水泥胶砂强度检验成型试件水泥与标准砂的质量比为(　　)。

A. 1 : 2.5　　B. 1 : 2.45　　C. 1 : 30　　D. 1 : 3

22. 水泥胶砂强度检验成型试件水灰比按同种水泥固定,硅酸盐、矿渣水泥为(　　)。

A. 0.45　　B. 0.44　　C. 0.5　　D. 0.47

23. 按《水泥胶砂强度检验方法(ISO)》规定,试件在(　　)的水中养护,试件之间间隔或试件表面的水深不得小于 5mm。

A. 20℃±5℃　　B. 20℃±3℃　　C. 20℃±2℃　　D. 20℃±1℃

24. 在测定石灰的有效氧化钙试验中,滴加酚酞试剂溶液出现粉红色,滴至粉红色消失并在(　　)内不再复现即为达到滴定终点。

A. 10s　　B. 20s　　C. 30s　　D. 50s

25. 硅酸盐水泥凝结时间为初凝不得早于(　　),终凝不得迟于(　　)。

A. 60min　　B. 45min　　C. 6.5h　　D. 12h

26. 我国现行标准规定:水泥细度的检验采用(　　)筛筛析法。

A. 50μm　　B. 80μm　　C. 100μm　　D. 200μm

27. 水泥抗压强度计算是以 6 个抗压强度测定值的平均值作为结果,如 6 个测定值中有一个超出平均值的(　　),应取剩下的 5 个值的平均数为结果,如 5 个测定值中再有超出平均值的(　　),则结果作废。

A. ±10%　　B. ±15%　　C. ±20%　　D. ±30%

28. 矿渣硅酸盐水泥抗硫酸盐侵蚀能力比普通硅酸盐水泥强,其原因是矿渣水泥水化产物中(　　)含量少。

A. $Ca(OH)_2$　　B. C－S－H 凝结　　C. Aft　　D. (A＋C)

29. (　　)水泥适用于海水浸蚀混凝土工程。

A. P. L　　B. P. Ⅱ.　　C. P. O.　　D. P. S.

30. 下列水泥中(　　)需水量大，干缩大，抗冻性差，抗渗性好。

A. 矿渣水泥　　B. 火山灰水泥　　C. 粉煤灰水泥　　D. 普通水泥

31. 紧急抢修工程宜选用(　　)

A. 硅酸盐水泥　　B. 普通硅酸盐水泥　　C. 硅酸盐膨胀水泥　　D. 快硬硅酸盐水泥

32. 我国现行标准规定：水泥中有害物三氧化硫化硫含量不得超过(　　)。

A. 3%　　B. 3.5%　　C. 4%　　D. 4.5%

33. 用于耐热要求混凝土结构应优先选用(　　)。

A. 硅酸盐水泥　　B. 火山灰水泥　　C. 粉煤灰水泥　　D. 矿渣水泥

34. 按照我国现行标准的，石灰按其(　　)的含量划分为钙质石灰和镁质石灰两类。

A. CaO　　B. $CaCO_3$　　C. MgO　　D. $MgCO_3$

35. 凡由硅酸盐水泥的熟料、(　　)石灰石或粒化高炉矿渣，适量石膏磨制成的水硬性胶凝材料称为硅酸盐水泥。

A. 0%～5%　　B. 6%～15%　　C. 15%～20%　　D. 20%～50%

36. 为调节水泥的凝结速度，在熟料中加入(　　)左右的石膏磨细制得硅酸盐水泥。

A. 1%　　B. 3%　　C. 5%　　D. 10%

37. 水泥强度等级分为 42.5、42.5R、52.5、52.5R、62.5、62.5R 的水泥品种有(　　)。

A. 硅酸盐水泥　　B. 普通硅酸盐水泥　　C. 复合硅酸盐水泥　　D. 矿渣硅酸盐水泥

38. 早强型水泥 3 天的抗压强度较同强度等级的普通型强度提高 10%～24%，早强型水泥 3 天的抗压强度可达到 28 天抗压强度的(　　)。

A. 10%　　B. 24%　　C. 30%　　D. 50%

39. 水硬性胶凝材料不仅能在空气中硬化，还能更好地在水中硬化，且在水中或适宜的环境中保持并提高强度，如(　　)。

A. 石灰　　B. 石膏　　C. 水泥　　D. 水玻璃

40. 某水泥 6 个胶砂强度试件 28 天的抗压强度测值分别为 35.0，41.0，43.0，42.0，46.0，39.0(单位：MPa)，那么该水泥 28 天的强度为(　　)。

A. 43MPa　　B. 41MPa　　C. 42.2MPa　　D. 该组试件作废

41. 按《水泥胶砂强度检验方法(ISO 法)》规定，进行抗压强度说试件的受压面积为(　　)mm^2。

A. 1600　　B. 2500　　C. 3600　　D. 10000

42. 凡以硅酸盐水泥熟料和适量石膏磨细制成，以(　　)抗压强度表示强度等级的水硬性材料为快硬硅酸盐水泥。

A. 3 天　　B. 7 天　　C. 14 天　　D. 28 天

二、多项选择题

1. 石灰在空气中硬化的原因是由于(　　)的作用。

A. 水化作用　B. 氧化作用　C. 碳化作用　D. 结晶作用

2. 评价石灰质量的主要指标是(　　)。

A. 有效 CaO　B. $Ca(OH)_2$　C. MgO　D. $Mg(OH)_2$

3. 生石灰根据(　　)指标划分为优等品、一等品和合格品 3 个等级。

A. 有效 CaO 和 MgO　B. 产浆量

C. 未消化残渣含量　D. CO_2 含量

4. 硅酸盐水泥的主要矿物组成是(　　)。

A. 硅酸三钙　B. 硅酸二钙　C. 铝酸三钙　D. 铁铝酸四钙

5. 当水泥的(　　)等指标不符合要求时,该水泥判定为不合格品水泥。

A. 游离 MgO　B. 初凝时间　C. 安定性　D. CO_2 含量

6. 道路水泥的抗折强度较高,故应提高(　　)的含量。

A. 硅酸三钙　B. 硅酸二钙　C. 铝酸三钙　D. 铁铝酸四钙

7. 就同一强度等级而言,道路水泥与普通水泥相比较其优点是(　　)。

A. 抗压强度高　B. 抗折强度高　C. 耐磨性能好　D. 需水量小

8. 大坝水泥发热量低,故应提高水泥熟料中(　　)的含量,降低(　　)的含量。

A. 硅酸三钙　B. 硅酸二钙　C. 铝酸三钙　D. 铁铝酸四钙

9. 我国现行国家标准规定:凡(　　)中的一项不符合标准规定时,水泥为不合格产品。

A. 细度　B. 终凝时间　C. 不溶物或烧失量　D. 强度

10. 水泥强度等级是在一定的试验条件下按规定龄期的(　　)来确定的。

A. 抗压强度　B. 抗折强度　C. 抗剪强度　D. 抗拉强度

11. 对编号为 A、B、C、D 的四个雷氏夹进行用前标定,由下(　　)结果写出可使用的雷氏夹的编号。

A. $2x=14.8$mm　B. $2x=16.6$mm　C. $2x=17.5$mm　D. $2x=20.5$mm

12. 影响水泥安定性的因素有(　　)。

A. CaO 含量　B. SO_3 含量　C. MgO 含量　D. CO_2 含量

13. 评定水泥强度等级的指标有(　　)。

A. 抗挠度　B. 抗压强度　C. 抗剪强度　D. 抗折强度

14. 水泥胶砂强度试验,是以试件达到规定龄期(　　)的抗压、抗折强度最低值为评定水泥强度等级。

A. 3 天　B. 7 天　C. 28 天　D. 90 天

15. 硅酸盐水泥适合于(　　)工程。

A. 早期强度要求高的混凝土　C. 有抗冻性要求的混凝土

C. 大体积混凝土　D. 抗硫酸盐的混凝土

16. 水泥强度等级分为 32.5、32.5R、42.5、42.5R、52.5、52.5R 的水泥品种有(　　)。

A. 硅酸盐水泥　B. 普通硅酸盐水泥　C. 复合硅酸盐水泥　D. 火山灰水泥

17. 适用于大体积混凝土工程的水泥品种有(　　)。

A. 复合硅酸盐水泥　B. 普通硅酸盐水泥

C. 中热硅酸盐水泥　　　　　　　D. 矿渣硅酸盐水泥

18.（　　）适用于耐硫酸盐侵蚀的水工或海港工程。

A. 铝酸盐水泥　B. 粉煤灰水泥　C. 硅酸盐水泥　D. 普通水泥

19. 掺入水泥中常用的活性混合料有（　　）。

A. 粒化高炉矿渣　B. 粉煤灰　C. 石膏　D. 火山灰质材料

20.（　　）水泥和硅酸盐水泥相比，其早期强度低而后期强度高。

A. 普通水泥　B. 矿渣水泥　C. 火山灰水泥　D. 粉煤灰水泥

21. 下列指标中，判定水泥为不合格产品的指标有（　　）。

A. SO_3含量　　　　　　B. 包装标志中无水泥品种

C. 生产者名称不详　　　　D. 出厂期较长

22. 掺混合料的硅酸盐水泥品种有（　　）。

A. P.S　B. P.O　C. P.P　D. P.F

23. 目前在道路建筑中常用的水泥以（　　）为主。

A. 硅酸盐水泥　B. 普通硅酸盐水泥　C. 铝酸盐水泥　D. 膨胀水泥

三、判断题（对的打"√"，错的打"×"）

1. 石灰和水泥一般不单独使用的主要原因是防止收缩开裂。（　　）

2. 在硅酸盐水泥中，硅酸二钙支配水泥的早期强度。（　　）

3. 在硅酸盐水泥中，硅酸三钙支配水泥的后期强度。（　　）

4. 普通硅酸盐水泥比掺混合料水泥的早期强度低。（　　）

5. 无机胶凝材料按照硬化条件不同可分为水硬性胶凝材料和气硬性胶凝材料。（　　）

6. 水泥技术性质中，凡氧化镁、三氧化硫、终凝时间、体积安全性中的任一项不符合国家标准规定，则水泥为不合格品。（　　）

7. 欠火石灰因熟化缓慢，所以石灰使用时必须提前消解。（　　）

8. 安全性不合格的水泥可降低标号使用。（　　）

9. 水泥的细度达不到要求按不合格品处理。（　　）

10. 对同一水泥细度的测定，如负压筛法与比表面积法测定的结果发生争议时，应以比表面积法的结果为准。（　　）

11. 按规定方式取得的水泥样品，应将其分成两等份，一份用于检验，一份密封保管三个月，以备有疑问时复检。（　　）

12. 我国行业规范规定：石灰的有效氧化钙含量采用中和滴定法测定，氧化镁含量采用络合滴定法测定。（　　）

13. 测定水泥标准稠度用水量是为了确定水泥混凝土的拌和用水量。（　　）

14. 标准稠度用水量试验的目的是为了确定水泥混凝土的拌和用水量。（　　）

15. 水泥的初凝时间达不到要求的不得在工程中使用。（　　）

16. 水泥性能检验方法中，试验用水必须是洁净的淡水，如有争议时也可用蒸馏水。（　　）

17. 水泥强度测定是采用标准稠度的水泥净浆来制作试件。 ( )

18. 常用的硅酸盐水泥初凝时间不得迟于45min,终凝时间不得早于6.5h。 ( )

19. 普通硅酸盐水泥的物理性质初凝时间不得早于45min,终凝时间不得迟于10h。 ( )

20. 生产硅酸盐水泥时,必须掺入适量石膏,其目的防止水泥过早凝结。 ( )

21. 测定水泥的凝结时间所用仪器,用标准的稠度仪进行测定时,仪器下端装试针,净浆的试模为圆模。 ( )

22. 水泥的物理性质细度,在0.080mm,方孔筛筛余不得超过2%。 ( )

23. 用沸煮法检验水泥的安全性,主要是检验水泥中因CaO引起的体积不安定。 ( )

24. 在水泥安全性试验中,为了保证在整个煮沸过程中水一直能淹没试件,需要在煮沸过程中添补试验用水。 ( )

25. 水泥中掺入的石膏量愈大,缓凝的效果愈明显。 ( )

26. 水泥中硅酸二钙含量愈大,水泥凝结硬化愈快。 ( )

27. 水泥颗粒愈细,比表面愈大,水化愈快,强度愈高。 ( )

28. 各种水泥得到相同稠度所需要的水量是不相同的。 ( )

29. 水泥标准稠度用水量的多少与水泥细度有关,与熟料矿物成分无关。 ( )

30. 凡由硅酸盐水泥的熟料和粒化高炉矿渣,适量石膏磨制成的水硬性胶凝料称为普通硅酸盐水泥。 ( )

31. 水泥胶砂搅拌时先将称好的水泥、标准砂倒入搅拌锅内,开动搅拌机,拌和5s钟后徐徐加水,60s内加完,自开动机器起搅拌5min停机。 ( )

32. 水泥试验室的温度为17℃～25℃,相对湿度大于90%。 ( )

33. 矿渣水泥适用于耐硫酸盐侵蚀的水工或海港工程。 ( )

34. 在普通气候环境中的混凝土优选用普通水泥,也可以使用矿渣、火山灰、粉煤灰水泥。 ( )

35. 有抗渗性能要求的混凝土优先选用矿渣水泥,不宜使用火山灰水泥。 ( )

36. 矿渣水泥、火山灰水泥、粉煤灰水泥的水化热低,适用于大体积混凝土工程。 ( )

37. 水泥的安全性测定有饼法、雷氏法两种,饼法是观察水泥净浆试饼煮沸后的外形变化,雷氏法是测定水泥净浆在雷氏夹中沸煮后的膨胀值。 ( )

38. 道路水泥具有抗折强度高、耐磨性好、干缩性小、抗冲击性好,抗冻性好等特性,适用于道路工程中。 ( )

39. 硅酸盐水泥和铝酸盐水泥混合使用,可大大提高使用效果。 ( )

40. 我国现行标准将水泥分为普通型和早强型(或称R型)两个型号,在条件允许时优先选用早强型。 ( )

41. 在硅酸盐水泥熟料中掺加适量的活性混合材料是为了改善水泥的某种性能、增加产量和降低成本。 ( )

42. 粉煤灰水泥水化热低、和易性好,适用于道路水泥混凝土工程。 ( )

43. 水泥石产生腐蚀的原因是水化产物中含有 CaO。（　　）

44. 为了确保水泥在工程中的使用质量，生产厂在控制出厂水泥 28 天的抗压强度时均留有一定的富余强度。（　　）

45. 水泥强度等级是由标准试件 28 天极限抗压强度确定的。（　　）

46. 硅酸盐水泥的强度等级分为 42.5、42.5R、52.5、52.5R、62.5、62.5R 六个。（　　）

四、问答题

1. 什么是气硬性胶凝材料？什么是水硬性胶凝材料？

2. 简述石灰的消化过程。

3. 简述石灰的硬化原理。

4. 石灰在煅烧过程中会产生“过火石灰”，说明其形成的原因及危害。

5. 为什么要在石灰浆中掺入砂子来使用？

6. 简述石灰的生产过程。

7. 石灰消化后为什么要“陈伏”一段时间再使用？

8. 简述测定石灰有效氧化钙和氧化镁的意义和方法。

9. 硅酸盐水泥熟料是由哪些矿物成分组成的？它们对水泥的强度、反应速度和释热量有何影响？

10. 在生产水泥时为什么要加入适量的石膏？

11. 硅酸盐水泥生产工艺是怎样的？

12. 简述硅酸盐水泥的凝结和硬化过程。

13. 什么是水泥的初凝时间、终凝时间？凝结时间对道路与桥梁施工有何意义？

14. 何谓水泥的体积安定性？影响水泥的体积安定性的因素是什么？测定方法是什么？

15. 在水泥熟料中氧化镁、三氧化硫是如何影响水泥安定性的？

16. 什么是水泥标准稠度用水量？采用什么方法进行测定？

17. 水泥的强度等级是如何确定的？

18. 在水泥胶砂强度试验中，如何进行抗压强度和抗折强度的结果评定？

19. 为什么同强度等级的水泥要分为普通型和早强型（R 型）两种型号？道路路面选用水泥时，应优先选用哪种型号的水泥？为什么？

20. 什么是水泥的合格品、不合格品？

21. 水泥石腐蚀的主要原因是什么？

22. 为什么矿渣硅酸盐水泥的早期强度低而后期强度高？

23. 什么是活性混合材料？什么是非活性混合材料？

24. 矿渣硅酸盐水泥具有哪些特征？具有哪些适用范围？

25. 火山灰硅酸盐水泥具有哪些性能？具有哪些适用范围？

26. 粉煤灰硅酸盐水泥具有哪些性能？具有哪些适用范围？

27. 什么是道路硅酸盐水泥？其技术性质有什么特点？

28. 何谓快硬硅酸盐水泥？它的矿物组成和技术性质有什么特点？

29. 铝酸盐水泥具有哪些特性？应如何正确使用？

30. 试述膨胀水泥的自应力产生的原因。

五、计算题

1. 一组水泥砂试件，测得三个试件28天抗折强度分别为7.8、6.8、7.4(单位为MPa)，抗压破坏荷载分别为57.4、58.4、58.8、57.7、56.8、60.2(单位为kN)，抗压夹具的压板长度为40mm，试计算该组件的抗折强度与抗压强度。

2. 一组水泥胶砂试件，测得三个试件的3天抗折强度分别为3.9、3.6、3.5(单位为MPa)，抗压强度分别为16.1、18.6、16.5、17.2、16.1、16.1(单位为MPa)，试确定该组试件的抗折强度与抗压强度。

3. 下表中为硅酸盐水泥强度测试值。请确定该硅酸盐水泥的强度等级。

序号	抗折强度/MPa		抗压强工/MPa	
	3d	28d	3d	28d
1	4.0	7.4	24.5、252	55.7、56.2
2	4.1	8.0	25.6、24.7	56.1、55.2
3	4.1	7.6	24.7、24.1	54.8、54.1

4. 某单位购买一批强度等级为42.5的普通水泥，因存放期超过三个月，需试验室重新确定强度等级。已测得该水泥试件3d的抗折、抗压强度均符合强度等级为42.5的规定，又测得28d的抗折、抗压破坏荷载见下表所列，求该水泥实际强度等级是多少？

编号	抗折强度/MPa	抗压强度/MPa
1	6.55	42、44
2	6.46	44.8、45.2
3	6.51	42.4、43.2

第四章　沥青混合料习题

一、单选题

1. 在沥青混合料中，细集料是指粒径小于（　　）的天然砂、人工砂及石屑。

A. 5mm　　B. 2.36mm　　C. 4.75mm　　D. 2.5mm

2. 下列哪种沥青混合料具有较高的黏聚力，同时具有较大内摩阻角（　　）

A. AC　　B. OGFC　　C. SMA　　D. AM

3. 某地夏季炎热、冬季温暖且雨量较为充沛，则该地气候分区可能是（　　）。

A. 1-4-1　　B. 1-1-2　　C. 2-4-2　　D. 1-4-2

4. 沥青混凝土中掺入矿粉，其主要作用是（　　）。

A. 增加沥青混合料的密实度　　B. 改善混合料和易性

C. 强化沥青活性　　D. 提高沥青与矿料的黏附性

5. 高温时，由于沥青混合料（　　），引起塑性变形过大（塑性变形为不可恢复变形，随着时间产生累积），使路面产生波浪、车辙、拥包与推移等高温变形破坏。

A. 抗剪强度不足　　B. 抗压强度不足

C. 抗拉强度不足　　D. 抗弯强度不足

6. 马歇尔稳定度试验，将沥青混合料制备成规定尺寸的（　　）试件。

A. 正方体　　B. 圆柱状　　C. 长方体　　D. 小梁

7. 沥青混合料路面在低温时产生破坏，主要是由于（　　）。

A. 抗拉强度不足或变形能力较差　　B. 抗剪强度不足

C. 抗压强度不足　　D. 抗弯强度不足

8. 现规范推荐沥青混合料低温抗裂性的评价方法是（　　）。

A. 间接拉伸试验　　B. 直接拉伸试验

C. 低温蠕变弯曲试验　　D. 马歇尔稳定度试验

9. 沥青碎石混合料可能不包括（　　）。

A. 粗集料　　B. 细集料　　C. 填料　　D. 沥青

10. 沥青路面试验路铺筑属于（　　）阶段。

A. 施工准备　　B. 沥青混合料摊铺

C. 沥青混合料压实　　D. 沥青混合料运输

11. 沥青混凝土和沥青碎石的区别是（　　）。

A. 压实后剩余空隙率不同　　B. 矿粉用量不同

C. 集料最大粒径不同　　D. 油石比不同

12. 将具有密实-骨架结构的沥青混合料与其他结构的沥青混合料相比，黏聚力 C 和内摩擦角 φ 的差别为（　　）。

A. C 与 φ 均较大　　B. C 与 φ 均较小

C. C 较大 φ 较小　　　　　　　D. C 较小, φ 较大

13. 车辙试验检验沥青混合料(　　)性能。

A. 变形　　B. 抗裂　　C. 抗疲劳　　D. 热稳定

14. 大型马歇尔试件两面各击(　　)。

A. 100 次　　B. 125 次　　C. 50 次　　D. 75 次

15. 沥青混合料配合比设计中,沥青含量为以下两个质量比的百分率(　　)。

A. 沥青质量与沥青混合料的质量　　B. 沥青质量与矿料质量

C. 沥青质量与集料质量

16. 在沥青与粗集料的粘附性试验中水煮法试验宜将集料过(　　)筛,水浸法试验宜将集料过(　　)筛。

A. 13.2～19mm;9.5～13.2mm　　B. 9.5～13.2mm;13.2～19mm

C. 13.2～16mm;9.5～13.2mm　　D. 9.5～13.2mm;13.2～16mm

17. 可以测定沥青混合料水稳定性的试验是(　　)。

A. 车辙试验　　B. 沥青混合料保水率试验

C. 浸水马歇尔试验　　D. 马歇尔稳定度试验

18. SMA 的主要优点有(　　)。

A. 抗滑耐磨　　B. 空隙率小　　C. 抗疲劳　　D. 高温抗车辙

E. 低温抗开裂

19. 可以用来检测沥青混合料水稳定性的试验有(　　)。

A. 冻融劈裂试验　　B. 车辙试验

C. 马歇尔稳定度试验　　D. 饱水率试验

20. 我国现行规范采用(　　)等指标来表示沥青混合料的耐久性。

A. 空隙率、饱和度、残留稳定度　　B. 稳定度、流值和马歇尔模数

C. 空隙率、含蜡量和含水量　　D. 针入度

21. 沥青混合料稳定度试验对试件加载速度是(　　)。

A. 10mm/min　　B. 0.5mm/min　　C. 1mm/min　　D. 50mm/min

22. 沥青混合料稳定度试验温度是(　　)。

A. 50℃　　B. 60℃　　C. 65℃　　D. 80℃

23. 随沥青含量增加,沥青混合料试件密度将(　　)。

A. 保持不变　　B. 出现峰值　　C. 减少　　D. 增大

24. 随沥青含量增加,沥青混合料试件饱和度将(　　)。

A. 保持不变　　B. 先出现峰值后出现谷值

C. 减少　　D. 增大

25. 随沥青含量增加,沥青混合料试件空隙率将(　　)。

A. 增加　　B. 出现谷值　　C. 减少　　D. 保持不变

26. 离心分离法测定沥青混合料中沥青含量试验中,应考虑泄漏入抽提液中矿粉的含量,如果忽略该部分矿粉质量,则测得结果较实际值(　　)。

A. 大　　B. 小　　C. 相同　　D. 都对

27. 沥青与集料的黏附性等级评定采用水煮法和水浸法，是按(　　)大小来划分等级的，最好为5级，最差为1级。

A. 黏附面积　　B. 剥离面积

C. 黏附的沥青层厚度　　D. 都不对

28. 沥青路面试验路铺筑属于(　　)阶段。

A. 施工准备　B. 沥青混合料摊铺　C. 沥青混合料压实　D. 沥青混合料运输

29. 马歇尔稳定度(MS)是在标准试验条件下，试件破坏时的(　　)。

A. 最大应力(kN/ram^2)　　B. 最大荷载(kN)

C. 单位变形的荷载(kN/ram)　　D. 都不对

30. 沥青混合料用粗集料与细集料的分界粒径尺寸为(　　)。

A. 1.18mm　B. 2.36mm　C. 4.75mm　D. 5mm

31. 车辙试验检验沥青混合料的(　　)性能。

A. 变形　B. 抗裂　C. 抗疲劳　D. 热稳定

32. 公路工程中最常用的沥青混合料是(　　)。

A. 沥青混合料　　B. 冷拌沥青混合料

C. 再生沥青混合料　　D. 都不是

33. 沥青混合料中最理想的结构类型是(　　)。

A. 悬浮-密实结构　　B. 骨架一空隙结构

C. 骨架一密实结构

34. 流值(FL)是在标准试验条件下，试件破坏时的(　　)。

A. 最大应力(kN/mm^2)　　B. 垂直变形(mm)

C. 最大荷载(kN)　　D. 最大压强

35. 沥青混合料的高温稳定性是指混合料在(　　)的条件下，经车辆荷载长期重复作用后，不产生车辙和波浪等病害的性能。

A. 60℃　B. 100℃　C. 135℃　D. 68℃

36. 按矿质材料的级配类型沥青混合料分为连续级配沥青混合料和(　　)沥青混合料。

A. 密级配　B. 开级配　C. 间断级配　D. 都不对

37. 只有当矿料与沥青材料之间产生(　　)吸附时，混合料的水稳定性才能得到保证。

A. 物理　B. 化学　C. 不吸附　D. 吸附

38. 沥青旋转薄膜加热试验后的沥青性质试验应在(　　)内完成。

A. 72h　B. 90h　C. 63h　D. 50h

39. 对温度日差、年差大的地区宜选用(　　)的沥青。

A. 针入度指数大　B. 针入度指数小　C. 针入度大　D. 针入度小

40. 沥青混合料中使用的粉煤灰烧失量应小于(　　)。

A. 10%　B. 5%　C. 3%　D. 12%

41. 沥青混合料的粗集料要求洁净、干燥、无风化、无杂质，形状要接近(　　)且要求表面粗糙，有一定的棱角。

A. 圆柱体　B. 棱柱体　C. 正立方体　D. 球体

42. 沥青混合料的试验室配合比设计可分为矿质混合料配合组成设计和(　　)确定两部分。

A. 沥青最佳用量　B. 沥青用量　C. 沥青含量　D. 沥青比例

43. 对于高速公路、一级公路、城市快速路、主干路用沥青混合料，还应通过(　　)试验检验其抗车辙能力。

A. 马歇尔稳定度　B. 车辙　C. 针入度　D. 黏度

44.“自由沥青”过多，沥青混合料的强度会(　　)。

A. 增加　B. 减小　C. 不变　D. 先增后减

45. 沥青路面使用性能分区中第一个数字代表(　　)。

A. 高温分区　B. 低温分　C. 雨量分区　D. 稳定性分区

46. SMA 混合料中的细集料常常是(　　)。

A. 石屑　B. 天然砂　C. 河砂　D. 机制砂

47. 沥青混合料使用粉煤灰为填料时，其用量不能超过填料总量的(　　)。

A. 30%　B. 70%　C. 50%　D. 10%

48. 标准马歇尔试件的尺寸是(　　)。

A. 直径 101.6mm±0.2mm　B. 直径 100.6mm±0.1mm

C. 高 63.5mm±0.3mm　D. 高 63.5mm±0.1mm

49. 标准马歇尔试验一组试件的数量不少于(　　)个。

A. 6　B. 10　C. 4　D. 2

50. 车辙试件同试模一起，置于达到试验温度的恒温室中保温不少于(　　)h，也不多于(　　)h。

A. 1,10　B. 5,20　C. 6,10　D. 3,10

二、多选题

1. 沥青混合料的技术指标包括有(　　)。

A. 稳定度和流值　B. 残留稳定度

C. 空隙率　D. 饱和度

2. 沥青路面的优点(　　)。

A. 表面抗滑性能好　B. 施工方便

C. 经济耐久性好　D. 便于再生利用

3. 沥青混合料主要由(　　)组成。

A. 沥青　B. 粗集料　C. 细集料　D. 矿粉填料

E. 外加剂

4. 耐久性是指沥青混合料在使用过程中抵抗环境因素及行车荷载反复作用的能力，它包括沥青混合料的(　　)等综合性质。

A. 抗老化性　B. 抗疲劳性　C. 抗裂性　D. 高温稳定性

5. 马歇尔试验用于测定沥青混合料试件的破荷载和抗变形能力，得到(　　)。

A. 马歇尔稳定度　　B. 流值

C. 马歇尔模数　　D. 动稳定度

6. 沥青混合料的体积特征参数有(　　)等指标表征。

A. 密度　　B. 空隙率　　C. 矿料间隙率　　D. 饱和度

7. 密级配热拌沥青混合料配合比设计三个阶段(　　)。

A. 基准配合比　　B. 目标配合比设计阶段

C. 生产配合比设计阶段　　D. 生产配合比验证

8. 沥青混合料按其矿料级配组成特点，可形成(　　)结构，分别具有不同强度特征和稳定性。

A. 悬浮-密实结构　　B. 骨架-空隙结构

C. 骨架-密实结构　　D. 悬浮-空隙结构

9. 沥青混合料的组成结构有(　　)两种相互对立的理论。

A. 结构理论　　B. 密实理论　　C. 表面理论　　D. 胶浆理论

10. 沥青混合料的缺点是(　　)。

A. 沥青易老化　　B. 温度敏感性较差

C. 低温易发脆　　D. 噪音大

11. 最常用评价沥青混合料高温稳定性的方法是(　　)。

A. 马歇尔试验　　B. 车辙试验

C. 直接拉伸试验　　D. 应力松弛试验

12. 沥青混合料的矿料合成级配曲线宜尽量接近设计级配中值，尤其应使(　　)筛孔的通过量尽量接近设计级配范围的中限。

A. 0.075mm　　B. 2.36mm　　C. 4.75mm　　D. 13.2mm

13. 沥青混凝土混合料是由(　　)适当比例组成的符合规定级配的矿料，与沥青结合料拌和而制成的符合技术标准的混合料。

A. 粗集料　　B. 细集料　　C. 填料　　D. 水泥

14. 沥青混合料的主要技术指标有(　　)。

A. 高温稳定性　　B. 低温抗裂性　　C. 耐久性　　D. 抗滑性

15. 矿质混合料的最大密度曲线是通过试验提出的一种(　　)。

A. 实际曲线　　B. 理论曲线　　C. 理想曲线　　D. 理论直线

16. 沥青混合料密度测定方法有(　　)等。

A. 表干法　　B. 水中重法　　C. 蜡封法　　D. 体积法

17. 某地夏季炎热，冬季温暖且雨量充沛，则该地气候分区可划分为(　　)。

A. 1-4-1　　B. 1-4-2　　C. 3-1-1　　D. 3-1-2

18. 某地夏季较热，冬季严寒且干旱少雨，则该地气候分区可能是(　　)。

A. 2-1-4　　B. 2-1-3　　C. 3-2-1　　D. 2-3-1

19. 沥青混合料的施工和易性与(　　)有关。

A. 矿料级配　　B. 沥青品种　　C. 沥青用量　　D. 施工环境

20. 沥青混合料路面抗滑性与(   )有关。

A. 矿料表面性质　　B. 矿料级配

C. 沥青用量　　D. 沥青品种

三、判断题

1. 沥青混合料的空隙率越大，环境介质对沥青的作用就越强烈，其老化程度也越高。(   )

2. 沥青黏度增大，沥青混合料黏结力明显增大，内摩阻角稍有增加。(   )

3. 矿料尺寸近似立方体，粗糙，多棱角，矿料间嵌挤索结能力好，Φ 较大；采用碱性石料，混合料中矿料间黏结力大，混合料强度高。(   )

4. 沥青混合料车辙试验，测定温度应控制在 40℃±1℃。(   )

5. 根据沥青混合料中所用沥青结合料的不同，可分为石油沥青混合料和煤沥青混合料，但煤沥青对环境污染严重，一般工程中很少采用煤沥青混合料。(   )

6. 连续密级配沥青混凝土混合料空隙率较低。(   )

7. 沥青混合料的空隙率越大，环境介质对沥青的作用就越强烈，其老化程度也越高。(   )

8. 沥青黏度增大，沥青混合料黏结力明显增大，内摩阻角稍有增加。(   )

9. 沥青混合料残留稳定度指标是指试件浸水 7h 后的稳定度。(   )

10. 沥青混合料马歇尔稳定度试验，一组试件的数量最少不得少于 4 个。(   )

11. 在沥青混合料中，粗集料是指粒径大于 4.75mm 的碎石、破碎砾石、筛选砾石与矿渣等；在水泥混凝土中，粗集料是指粒径大于 5mm 的碎石、砾石、破碎砾石。(   )

12. 沥青路面既平整、表面又粗糙，有一定的粗、细纹理构造，能保证车辆高速安全行驶。(   )

13. 开级配压实空隙率较大，往往对水稳定性不利。当沥青用量不足时，即使是密级配的沥青混合料也会出现水稳定性不好的问题。(   )

14. 酸性花岗岩集料与沥青的黏附性明显低于碱性集料石灰岩与沥青的黏附性，也明显低于中性集料玄武岩与沥青的黏附性。(   )

15. 表层的粗集料应粗糙、坚硬、耐磨、抗冲击性好、磨光值小的碎石或破碎石集料。(   )

16. 路面用沥青混合料如果沥青用量过多，或矿粉质量不好，则容易使混合料结团，不易摊铺。(   )

17. 沥青混合料在低温下破坏弯拉应变越大，低温柔韧性越好，抗裂性越好。(   )

18. 随着沥青用量的增加，沥青膜增厚，自由沥青比例增加，在高温条件下，易发生明显的流动变形，从而导致沥青混合料抗高温变形能力降低。(   )

19. 马歇尔稳定度试验试件成型击实次数根据公路等级.混合料类型、气候条件选择，一般为 100 次或 50 次。(   )

20. 在我国沥青路面工程中，马歇尔稳定度与流值既是沥青混合料配合比设计主要指标，也是沥青路面施工质量控制的重要实验项目。(   )

21. 车辙实验是一种模拟车辆轮胎在路面上滚动形成车辙的工程试验方法，试验结果较为直观，与沥青路面车辙深度之间有着较好的相关性。 (　　)

22. 沥青混合料高温稳定性的形成主要来源于矿质集料颗粒间的嵌锁作用及沥青的高温黏度。 (　　)

23. 连续半开级配沥青混合料特点：空隙率较大，一般采用10%左右，粗细集料含量相对密级配要多，填料较少或不加填料。 (　　)

24. 间断级配沥青混合料特点：采用间断级配，即矿料级配组成中缺少一个或几个档次而形成的级配，粗集料和填料含量较少，中间集料含量较多。 (　　)

25. 沥青混合料的抗剪强度的内因决定于沥青混合料的内摩擦角和黏聚力，其值越大，抗剪强度越大。 (　　)

26. 沥青材料的黏结性对黏聚力的影响：沥青的黏度越大，混合料的黏滞阻力也越大，抵抗剪切变形的能力越强，则混合料的黏聚力就越大。 (　　)

27. 矿料颗粒间的联结形式对黏聚力的影响：沥青用量过少，沥青不足以包裹矿粉表面，沥青混合料的黏聚力就差。沥青用量过多，自由沥青过多，混合料的黏聚力开始逐渐降低。 (　　)

28. 混合料中矿质骨料的尺寸大，角较大。 (　　)

29. 沥青含量对内摩擦角的影响：角越大；反之亦然。形状近似正方体，有一定的棱角，表面粗糙则内摩擦沥青含量越少，矿料表面形成的沥青膜越薄，内摩擦。 (　　)

30. 沥青碎石中矿料级配有一定要求，但没有沥青混凝土的严格，其中没有或较少使用矿粉，孔隙率较小。 (　　)

31. 一般沥青路面均具有良好的受力特性；路面平整、无裂缝或接缝、柔韧舒适、货物损失率低、噪音小等优点。 (　　)

32. 矿质混合料的合成级配曲线要求必须符合设计级配范围的要求，不得有过多的犬牙交错。 (　　)

33. 矿质混合料的合成级配曲线对于交通量大、轴载重的道路，可以考虑偏向级配范围的上限，而对于中、轻交通量或人行道路等，合成级配宜于偏向级配范围下限。 (　　)

34. 沥青混合料，当空隙率较大、沥青膜较薄时水稳定性较差。 (　　)

35. 沥路面施工时，若混合料的加热温度过高或过低时，易造成沥青路面的泛油。 (　　)

36. 在用表干法测定压实沥青混合料密度试验时，水温不为25度时，沥青芯样密度应进行水温修正。 (　　)

37. 车辙试验主要是用来评价沥青混合料的低温抗裂性。 (　　)

38. 沥青混合料中矿料的有效密度应大于表观密度。 (　　)

39. 马歇尔稳定度试验时的温度越高，则稳定度愈大，流值愈小。 (　　)

40. 表干法适用于AC－Ⅱ型、ATPB型较密实吸水率小的沥青混合料试件的毛体积相对密度。 (　　)

41. 我国现行国标规定，采用马歇尔稳定度试验来评价沥青混合料的高温稳定性。 (　　)

42. 沥青混合料的试验配合比设计可分为矿质混合料组成设计和沥青最佳用量确定两部分。 ( )

43. 沥青混合料试件的高度变化不影响所测流值，仅对稳定度的试验结果有影响。 ( )

44. 沥路面施工时，若混合料的加热温度过高或过低时，易造成沥青路面的泛油。 ( )

45. 沥青混合料中粗集料是指粒径大于 2.36mm 的碎石、破碎砾石等。 ( )

46. SMA 沥青用量较高，为防止施工时混合料中沥青偏离，应向混合料中加入纤维等稳定剂。 ( )

47. 沥青混合料用集料筛分应用“干筛法”。 ( )

48. 车辙试验主要是用来评价沥青混合料的低温抗裂性。 ( )

49. 为提高高温稳定性，南方地区选用的沥青标号通常要比北方地区适当低一些。 ( )

50. 在拌制沥青混合料时优先选用碱性岩石。 ( )

51. 在拌制沥青混合料时优先选用酸性岩石。 ( )

52. 骨架空隙结构的沥青混合料，其黏聚力 C 和内摩阻角 φ 都较大。 ( )

53. 沥青混合料加入的矿粉应以酸性矿粉为好。 ( )

54. 沥青混合料空隙率愈小，愈密实，路用性能愈好。 ( )

55. 沥青混合料中，沥青含量越高，则沥青混合料的稳定度也越高，强度越大。 ( )

56. 选用道路沥青材料时，寒冷地区亦选用针入度较大，延度较大的沥青，炎热地区亦选用针入度较小，软化点较高的沥青。 ( )

57. 公路工程中最常用的沥青混合料是热拌沥青混合料。 ( )

58. 沥青混合料抗剪强度取决于黏聚力 C 和内摩阻角 φ 的大小。 ( )

四、问答题

1. 骨架-密实结构组成特点，代表类型，力学性能特点，路用性能特点是什么？

2. 骨架-空隙结构组成特点，代表类型，力学性能特点，路用性能特点是什么？

3. 悬浮-密实结构组成特点，代表类型，力学性能特点，路用性能特点是什么？

4. 矿质骨料和沥青含量如何影响沥青混合料内摩擦角？

5. 沥青和矿料颗粒对沥青混合料黏聚力的影响。

6. 沥青用量对沥青混合料剪切强度的影响。

7. 什么是高温稳定性？简述高温稳定性的意义。

8. 简述沥青用量对高温稳性的影响。

9. 试述我国现行热拌沥青混合料配合组成的设计方法。矿质混合料的组成和沥青最佳用量是如何确定的。

10. 沥青混合料的矿质混合料的合成级配曲线要求。

11. 如何根据气候条件和道路等级、交通性质、路面类型施工方法选择沥青。

12. 环境温度和荷载作用特性对混合料的强度影响。

13. 简述马歇尔稳定度试验特点、试验方法、结果。
14. 简述空隙率大小对沥青混合料性能的影响。
15. 什么是沥青混合料的耐久性？影响因素和控制指标是什么？
16. 沥青混合料的组成结构有哪两种理论。
17. 简述沥青适用性气候的分区原则、分区方法。
18. 确定沥青最佳用量的步骤。
19. 成型马歇尔试件温度控制有什么要求？
20. 确定一个标准马歇尔试件拌合物用量计算方法。
21. 简述马歇尔稳定度试验实验条件。
22. 沥青混合料车辙试验需要哪些基本试验仪具。
23. 简述沥青混合料马歇尔稳定度试验方法。

第五章　水泥混凝土习题

一、单项选择题

1. 测定混凝土强度用的标准试件尺寸是(　　)mm^3。

A. 70.7×70.7×70.7　　B. 100×100×100

C. 150×150×150　　C. 200×200×200

2. 用高强度等级水泥配制低强度混凝土时,为保证工程的技术经济要求,应采用(　　)措施。

A. 掺混合材料　　B. 减少砂率

C. 增大粗集料粒径　　D. 增加砂率

3. 设计钢筋混凝土预应力板,板厚 200mm,钢筋净距为 40mm,应选用碎石最大粒径为(　　)mm。

4. 混凝土配合比设计的三个主要技术参数是(　　)。

A. 单位用水量、水泥用量、砂率　　B. 水灰比、水泥用量、砂率

C. 水泥强度、水灰比、砂率　　D. 单位用水量、水灰比、砂率

5. 某集料在 19mm 与 16mm 筛孔的通过率均为 100%,在 13.2mm 筛孔上的筛余为 6%,在 9.5mm 筛孔上的筛余为 30%,由此集料的最大粒径及公称最大粒径分别为(　　)mm。

A. 19,16　　B. 16,13.2　　C. 19,13.2　　D. 19,9.5

6. 水泥根据其熟料成分不同而特性有所不同,其中不适用于大体积混凝土工程的是(　　)硅酸盐水泥。

A. 火山灰水泥　　B. 粉煤灰水泥

C. 普通硅酸盐水泥　　D. 矿渣硅酸盐水泥

7. 对水泥混凝土耐久性主要从(　　)两方面来控制。

A. 最大水灰比、最小水泥用量　　B. 最大水灰比、最大水泥用量

C. 最小水灰比、最小水泥用量　　D. 最小水灰比、最大水泥用量

8. 普通混凝土抗压强度测定时,若采用 100mm×100mm×100mm 的试件,试验结果应乘以尺寸换算系数(　　)。

A. 0.90　　B. 0.95　　C. 1.05　　D. 1.00

9. C30 表示的含义为混凝土(　　)。

A. 立方体抗压强度为 30MPa　　B. 立方体抗压强度标准值为 30MPa

C. 轴心抗压强度为 30MPa　　D. 抗弯拉强度为 30MPa

10. 若某硅酸盐水泥初凝时间为 40min,则该水泥应(　　)。

A. 不在工程中使用　　B. 降级使用

C. 用于大体积混凝土　　D. 进行人工养护

11. 欲设计 C30 普通混凝土，则其试配强度为(　　)。

A. 39.9MPa　　B. 38.2MPa　　C. 26.6MPa　　D. 40MPa

12. 普通混凝土抗压强度测定时，若采用 200mm×200mm×200mm 的试件，试验结果应乘以尺寸换算系数(　　)。

A. 0.90　　B. 0.95　　C. 1.05　　D. 1.00

13. 砼中细骨料最常用的是(　　)。

A. 山砂　　B. 海砂　　C. 河砂　　D. 人工砂

14. 普通砼用砂的细度模数范围一般在(　　)，以其中的中砂为宜。

A. 3.7～3.1　　B. 3.0～2.3　　C. 2.2～1.6　　D. 3.7～1.6

15. 泵送混凝土施工选用的外加剂是(　　)。

A. 早强剂　　B. 速凝剂　　C. 减水剂　　D. 缓凝剂

16. 影响混凝土拌和物流动性的主要因素是(　　)。

A. 砂率　　B. 水泥浆数量　　C. 集料的级配　　D. 水泥品种

17. 在水和水泥用量相同的情况下，用(　　)水泥拌制的混凝土拌合物的和易性最好。

A. 普通　　B. 火山灰　　C. 矿渣　　D. 粉煤灰

18. 混凝土配合比的试配调整中规定，在混凝土强度试验时至少采用三个不同的配合比，其中一个应为(　　)配合比。

A. 初步　　B. 实验室　　C. 施工　　D. 基准

19. 抗渗混凝土是指其抗渗等级等于或大于(　　)级的混凝土。

A. P4　　B. P6　　C. P8　　D. P10

20. 抗冻混凝土是指其抗冻等级等于或大于(　　)级的混凝土。

A. F25　　B. F50　　C. F100　　D. F150

21. 高强度混凝土是指混凝土强度等级为(　　)及其以上的混凝土。

A. C30　　B. C40　　B. C50　　D. C60

22. 流动性混凝土拌合物的坍落度是指坍落度在(　　)mm 的混凝土。

A. 10～40　　B. 50～90　　C. 100～150　　D. 大于 160

23. 水泥强度等级的选择一般以其强度为混凝土强度等级的(　　)倍为宜。

A. 1.0～2.0　　B. 1.5～2.0　　C. 2.0～2.5　　D. 2.5～3.0

24. 影响混凝土和易性的最主要因素为(　　)。

A. 单位体积用水量　　B. 砂率的影响　　C. 水泥细度　　D. 集料特性

25. 混凝土强度等级根据(　　)确定。

A. 棱柱体抗压强度　　B. 立方体抗压强度　　C. 抗拉强度　　D. 抗弯强度

26. 抗拉强度一般为抗压强度的(　　)。

A. 1/10～1/20　　B. 1/15～1/20　　C. 1/20～1/25　　D. 1/10～1/25

27. 检查混凝土设计强度等级的试块标准养护时间为(　　)d。

A. 28　　B. 30　　C. 21　　D. 7

28. 防水混凝土的水灰比不大于 0.55，当采用泵送混凝土时，入泵坍落度宜为(　　)。

A. 50～60mm　B. 60～80mm　C. 80～100mm　D. 100～140mm

29. 普通混凝土材料抗拉强度和抗压强度的关系通常是(　　)。

A. 抗拉强度为抗压强度的1/5～1/10　B. 抗拉强度为抗压强度的1/10～1/20

C. 抗拉强度不足抗压强度的1/20　D. 抗拉强度在抗压强度的1/5之上

30. $1m^3$的混凝土中,其各组成成分的质量比为水泥：砂：石子：水＝324：646：1255：175,其砂率为(　　)。

A. 646/(324＋646＋1255＋175)　B. (646＋1255)/(324＋646＋1255＋175)

C. 646/(646＋1255)　D. 646/1255

31. 混凝土面板施工中,混凝土振捣间距不得大于40cm,深度应达到新浇筑层底部以下(　　)。

A. 3cm　B. 4cm　C. 5cm　D. 6cm

32. 采用特细砂配制混凝土时,以下措施中不可取的是(　　)。

A. 采用较小砂率　B. 适当增加水泥用量

C. 采用较小的坍落度　D. 掺减水剂

33. 不属于混凝土耐久性的指标是(　　)。

A. 抗渗性　B. 抗冻性　C. 保温性　D. 抗浸蚀性

34. 荷载作用下的变形有(　　)。

A. 塑性收缩　B. 碳化收缩　C. 干湿变形　D. 徐变

35. 根据(　　)的抗压强度将硅酸盐水泥分为42.5、52.5、62.5三个强度等级。

A. 3天　B. 7天　C. 28天　D. 3天和28天

36. 以下关于水泥和混凝土凝结时间的叙述,正确的是(　　)。

A. 水泥浆凝结的主要原因是水分蒸发

B. 温度越高,水泥凝结得越慢

C. 混凝土的凝结时间与配制该混凝土所用水泥的凝结时间并不一致

D. 水灰比越大,凝结时间越短

37. 按国家标准《普通混凝土力学性能试验方法》养护标准条件,湿度要求为大于(　　)%。

A. 90　B. 92　C. 95　D. 98

38. 按国家标准《普通混凝土力学性能试验方法》养护标准条件,温度要求为(　　)℃。

A. 20±2　B. 18±3　C. 20±3　D. 20±5

39. Ⅰ区砂属于粗砂范畴,用Ⅰ区砂配制混凝土时,比较Ⅱ区砂采用(　　)砂率。

A. 较大的　B. 较小的　C. 一样的　D. 无法确定

40. 外加剂能使混凝土拌合物在不增加水泥用量的条件下,改善拌合物的和易性和黏聚性,降低(　　)。

A. 保水性　B. 泌水性　C. 耐久性　D. 流动性

41. 混凝土的强度等级是根据立方体抗压强度标准值来确定的,其强度划分为(　　)。

A. 10　　B. 12　　C. 14　　D. 16

42. 混凝土立方体抗压强度标准值是指，按照标准的方法制作和养护的边长为 150mm 的立方体试件，在 28d 龄期，用标准试验方法测得具有(　　)%保证率的抗压强度。

A. 90　　B. 92　　C. 95　　D. 98

43. 规范规定，混凝土立方强度等级级差为(　　)。

A. $5N/mm^2$　　B. $10N/mm^2$　　C. 5Pa　　D. 10Pa

44. 混凝土强度等级是用边长为(　　)有立方体试块确定的。

A. 50mm　　B. 100mm　　C. 150mm　　D. 75mm

45. 影响混凝土抗渗性的关键因素是(　　)。

A. 混凝土的密实度　B. 水泥品种　　C. 骨料级配　　D. 养护条件

46. C20 表示(　　)。

A. 混凝土强度为 $20N/mm^2$　　B. 砂浆强度为 $20N/mm^2$

C. 混凝土强度为 20Pa　　C. 砂浆强度为 20Pa

47. 新拌混凝土的和易性是一项综合性技术性质，包括(　　)三方面的含义。

A. 流动性、保水性、耐久性　　B. 流动性、保水性、黏聚性

C. 流动性、黏聚性、耐久性　　D. 黏聚性、耐久性、耐冻性

48. 混凝土立方体抗压强度标准值是指，按照标准的方法制作和养护的边长为 150mm 的立方体试件，在(　　)d 龄期，用标准试验方法测得的具有 95%保证率的抗压强度。

A. 14　　B. 28　　C. 7　　D. 3

49. 普通混凝土棱柱体强度 f_c 与立方体强度 f_{cu} 两者数值的关系是(　　)。

A. $f_c = f_{cu}$　　B. $f_c \approx f_{cu}$　　C. $f_c > f_{cu}$　　D. $f_c < f_{cu}$

50. 维勃稠度法测定混凝土拌合物流动性时，其值越大表示混凝土的(　　)。

A. 游动性越大　　B. 流动性越小　　C. 黏聚性越好　　D. 保水性越差

51. 试拌混凝土时，拌合物的流动性低于设计要求，宜采用的调整方法是(　　)。

A. 增加用水量　　B. 降低砂率

C. 增加水泥用量　　D. 增加水泥浆量(W/C 不变)

52. 原材料品质完全相同的 4 组混凝土试件，它们的表观密度分别为 2360、2400、2440 及 $2480kg/m^3$，通常其强度最高的是表观密度为(　　)kg/m^3 的那一组。

A. 2360　　B. 2400　　C. 2440　　D. 2480

53. 设计混凝土配合比时，单位用水量的确定原则是(　　)。

A. 根据流动性和粗骨料种类规格　　B. 根据和易性和耐久性要求

C. 根据和易性和强度要求　　D. 根据强度和耐久性要求

54. 在混凝土配合比例时，如果使混凝土的配制强度值等于混凝土的强度等级值，则混凝土的强度保证率为(　　)。

A. 95%　　B. 84%　　C. 70%　　D. 50%

55. 轻骨料混凝土与普通混凝土相比更适宜用于(　　)。

A. 有抗震要求的结构　　B. 水工建筑

C. 地下工程　　D. 防射线工程

56. 混凝土配合比设计时，确定用水量的主要依据是(　　)。

A. 骨料的品种与粗细，所要求的流动性大小

B. 骨料的品种与粗细，水灰比、砂率

C. 混凝土拌合物的流动性或水灰比、混凝土的强度

D. 骨料的品种与粗细，水泥用量

57. 影响合理砂率的主要因素是(　　)。

A. 骨料的品种与粗细、混凝土拌合物的流动性或水灰化

B. 骨料的品种与粗细、混凝土的强度

C. 混凝土拌合物的流动性或水灰比、混凝土的强度

D. 骨料的品种与粗细、水泥用量

58. 加气混凝土主要用于(　　)。

A. 承重结构　　B. 承重结构和非承重结构

C. 非承重保温结构　　D. 承重保温结构

59. 高强度混凝土工程，应优选(　　)。

A. 硅酸盐水泥　B. 矿渣水泥　C. 自应力水泥　D. 高铝水泥

60. 配制混凝土用砂的要求是尽量采用(　　)的砂。

A. 空隙率小　　B. 总表面积小

C. 总表面积大　　D. 空隙率和总表面积均较小

61. 混凝土中的水泥浆，在混凝土硬化前起(　　)作用。

A. 胶结　B. 润滑和填充　C. 保水　D. 提供早期强度

62. 用低标号水泥配制高强度混凝土时，最有效的措施是(　　)。

A. 减少砂率　　B. 增大砂率

C. 增大粗骨料的粒径　　D. 掺减水剂、降低水灰比

63. 当混凝土拌合物流动性大于设计要求时，应采用的调整方法为(　　)。

A. 保持水灰比不变，减少水泥浆量

B. 减少用水量

C. 保持砂率不变，增加砂石用量

D. 混凝土拌合物流动性越大越好，不需调整

64. 普通混凝土轴心抗压强度 f_{cp} 和立方体抗压强度 f_{cu} 之间的关系为(　　)。

A. $f_{cp}=f_{cu}$　　B. $f_{cp}>f_{cu}$

C. $f_{cp}<f_{cu}$　　D. f_{cp} 在 $1/10f_{cu}\sim1/20f_{cu}$ 之间

65. 下列哪种情况下混凝土的徐变较小(　　)?

A. 水灰比较大　　B. 水泥用量较大

C. 骨料的弹性模量较大　　D. 以上徐变均较大

66. 大体积混凝土工程，当只有硅酸盐水泥供应时，为保证工程质量，应采取除(　　)之外的技术措施。

A. 掺入一定量非活性混合材　　B. 掺入一定量的活性混合材

C. 增加拌和用水量　　D. 掺用缓凝高效减水剂

67. 普通混凝土的配制强度大小的确定，除与要求的强度等级有关外，主要与(　　)有关。

A. 强度保证率　　B. 强度保证率和强度标准差

C. 强度标准差　　C. 施工管理水平

68. 配制混凝土时，对砂的要求是(　　)。

A. 堆积空隙率小　B. 总表面积小　C. 总表面积大　D. A 和 B

69. 下列哪种情况下混凝土的徐变较大(　　)?

A. 水灰比较大　　B. 水泥用量较小

C. 骨料的弹性模量较大　　D. 荷载作用时大气湿度大

70. 混凝土碱-集料反应是指(　　)。

A. 水泥中碱性氧化物与集料中活性氧化硅之间的反应

B. 水泥中氢氧化钙与集料中活性氧化硅之间的反应

C. 水泥中 C_3S 与集料中 $CaCO_3$ 的反应

D. 水泥中 C_3S 与集料中活性氧化硅之间的反应

71. 下列哪种情况下混凝土的徐变较小(　　)?

A. 水泥用量较大　　B. 水灰比较大

C. 骨料的弹性模量较小　　D. 荷载作用时大气湿度大

72. 海水不得用于钢筋混凝土和预应力混凝土，主要是因为海水中含有大量盐，会(　　)。

A. 使混凝土腐蚀　　B. 导致水泥快速凝结

C. 导致水泥凝结变慢　　D. 促使钢筋被腐蚀

73. 下列哪种情况下混凝土的徐变较大(　　)?

A. 水灰比较小　　B. 水泥用量较小

C. 荷载作用时大气湿度大　　D. 骨料的弹性模量较小

74. 混凝土原材料中粗、细骨料每盘称量的允许偏差为(　　)。

A. ±1%　B. ±2%　C. ±3%　D. ±4%

75. 下列哪种情况下混凝土的徐变较大(　　)?

A. 水灰比较小　　B. 水泥用量较小

C. 荷载作用时大气湿度小　　D. 骨料的弹性模量较大

76. 配制混凝土时，宜优先选择级配在(　　)区的砂，使混凝土拌合物获得良好的和易性。

A. Ⅰ　B. Ⅱ　C. Ⅲ　D. Ⅳ

77. 粗集料中针状颗粒，是指卵石和碎石颗粒的长度大于该颗粒所属相应粒级的平均粒径(　　)倍者。

A. 2　B. 1.5　C. 2.4　D. 1

78. 坚固性是指卵石、碎石在自然风化和其他外界物理、化学因素作用下抵抗(　　)的能力。

A. 拉伸　B. 破裂　C. 压缩　D. 弯曲

79. 砂率是指混凝土拌合物中砂的质量占(　　)的百分数。

A. 砂、石子总质量　　　　　　　　　　B. 石子总质量
C. 混凝土总质量　　　　　　　　　　D. 水泥质量

80. 在硬化前，水泥浆与外加剂起(　　)作用。

A. 润滑　　B. 支撑　　C. 骨架　　D. 填充

81. 配制混凝土限制最大水灰比和最小水泥用量是为了满足(　　)的要求。

A. 强度　　B. 变形　　C. 耐久性　　D. 和易性

82. 混凝土和易性的三个指标是(　　)。

A. 黏聚性、抗渗性、保水性　　　　B. 流动性、黏聚性、保水性
C. 流动性、塑料、保水性　　　　　D. 流动性、连续性、均匀性

83. 轻混凝土通常干表观密度轻达(　　)kg/m^3以下。

A. 900　　B. 1900　　C. 2400　　D. 2900

84. 坍落度小于(　　)的新拌混凝土，采用维勃稠度仪测定其工作性。

A. 20mm　　B. 15mm　　C. 10mm　　D. 5mm

85. (　　)是既满足强度要求又满足工作性要求的配合比设计。

A. 初步配合比　　B. 基本配合比　　C. 试验室配合比　　D. 工地配合比

86. 立方体抗压强度标准值是混凝土抗压强度总体分布中的一个值，强度低于该值的百分率不超过(　　)。

A. 15%　　B. 10%　　C. 5%　　D. 3%

87. 在混凝土中掺入(　　)，对混凝土抗冻性有明显改善。

A. 引气剂　　B. 减水剂　　C. 缓凝剂　　D. 早强剂

二、多项选择题

1. 普通混凝土由(　　)组成。

A. 水泥　　B. 水　　C. 集料　　D. 土
E. 外加剂

2. 配制普通混凝土常用的水泥有(　　)。

A. 铝酸盐水泥　　　　　　　　　　B. 普通硅酸盐水泥
C. 矿渣硅酸盐水泥　　　　　　　　D. 硅酸盐水泥
E. 火山灰质硅酸盐水泥和粉煤灰硅酸盐水泥

3. 配制混凝土对细集料的质量要求包括(　　)。

A. 砂的坚固性　　　　　　　　　　B. 碱活性集料
C. 颗粒形状及表面特征　　　　　　D. 砂的颗粒级配及粗细程度
E. 砂的强度

4. 配制混凝土对粗集料的质量要求包括(　　)。

A. 颗粒形状及表面特征
B. 碎石和卵石中泥、黏土块和有害物质含量
C. 强度及坚固性　　　　　　　　　D. 最大粒径及颗粒级配

5. 砂按其形成环境可分为(　　)。

A. 河砂　　B. 海砂　　C. 山砂　　D. 湖砂

E. 泥砂

6. 配制普通混凝土常用的粗集料有(　　)。

A. 中石　　B. 碎石　　C. 卵石　　D. 大石

E. 石子

7. 凡在砂浆中掺入下列物质(　　),应经检验和试配符合要求后,方可使用。

A. 保水剂　　B. 有机塑化剂　　C. 缓凝剂　　D. 早强剂

E. 防冻剂

8. 混凝土原材料中每盘称量的允许偏差的规定为(　　)。

A. 水泥、掺合料±3%　　B. 水泥、掺合料±2%

C. 粗、细骨料±3%　　D. 水、外加剂±2%

9. 混凝土结构的优点是(　　)。

A. 耐久性好　　B. 抗裂性强　　C. 自重大　　D. 耐火性好

E. 维护费用低

11. 配制混凝土对粗骨料的质量要求应从如下几方面考虑(　　)。

A. 碎石、卵石中泥、黏土块和有害物质含量

B. 颗粒形状及表面特征　　C. 最大粒径及颗粒级配

D. 强度及坚固性 E、掺合料

12. 和易性是一项综合的技术性质,包括(　　)。

A. 流动性　　B. 黏聚性　　C. 保水性　　D. 稠度

E. 可塑性

13. 影响混凝土拌合物和易性的主要因素有(　　)。

A. 单位体积用水量　　B. 时间和温度和影响

C. 砂率的影响　　D. 外加剂和掺合料的影响

E. 流动性

14. 影响混凝土强度的因素有(　　)。

A. 水泥强度与水灰比　　B. 骨料

C. 养护温度和湿度　　D. 龄期

E. 粗骨料最大料径

15. 非荷载型混凝土变形有(　　)。

A. 温度变形　　B. 化学收缩　　C. 碳化收缩　　D. 干湿变形

E. 徐变

16. 混凝土外加剂其主要功能分为(　　)。

A. 改善混凝土拌合物流变性能的外加剂

B. 减水剂、引气剂和泵送剂

C. 调节混凝土凝结时间、硬化性能的外加剂

D. 改善混凝土耐久性的外加剂

E. 改善混凝土其他性能的外加剂

17. 按外加剂化学成分可分为(　　)。

A. 无机化合物　　B. 有机化合物　　C. 表面活性剂　　D. 水剂类

E. 粉剂类

18. 砂浆的和易性包括(　　)。

A. 流动性　　B. 黏聚性　　C. 保水性　　D. 泌水性

E. 离析性

19. 混凝土配合比计算中，试配强度高于混凝土的设计强度，其提高幅度取决于(　　)。

A. 混凝土强度保证率要求　　B. 施工和易性要求

C. 耐久性要求　　D. 施工控制水平

20. 混凝土流动性降低的原因可以是(　　)。

A. 拌制时间长　　B. 温度升高

C. 水泥浆数量增大　　D. 水灰比增大

E. 骨料体积增大

21. 砂率增大，则会产生下列哪些影响(　　)。

A. 集料的空隙率下降　　B. 集料的总表面积增大

C. 和易性增大　　D. 流动性增大

E. 总表面积下降

22. 影响混凝土强度的因素包括(　　)。

A. 水泥强度与水灰比　　B. 集料

C. 养护温度和湿度　　D. 龄期

E. 砂率

23. 下列混凝土变形中不属于物理及化学因素引起的变形是(　　)。

A. 徐变　　B. 短期荷载下的变形

C. 塑性收缩　　D. 干湿变形

E. 温度变形

24. 混凝土的耐久性通常包括(　　)。

A. 抗冻性　　B. 抗渗性　　C. 抗侵蚀性　　D. 抗老化性

E. 抗碱-集料反应

25. 砌筑砂浆的技术要求指标包括(　　)。

A. 流动性　　B. 保水性　　C. 强度　　D. 黏接力

E. 砂浆细度

26. 按坍落度的大小将砼拌合物分为(　　)几个级别。

A. 低塑性砼　　B. 塑性砼　　C. 流动性砼　　D. 大流动性砼

E. 普通砼

27. 按维勃稠度的大小，将砼拌合物的级别从大到小顺序排列(　　)。

A. 超干硬性砼　　B. 特干硬性砼　　C. 干硬性砼　　D. 半干硬性砼

28. 改善混凝土拌合物流变性能的外加剂有(　　)。

A. 减水剂　　B. 缓凝剂　　C. 引气剂和泵送剂　　D. 早强剂
E. 防水剂
29. 外加剂的作用是(　　)。
A. 可改善拌合物的和易性　　B. 减轻体力劳动强度
C. 有利于机械化作业　　D. 提高混凝土的强度
30. 按外加剂的化学成分可以分为(　　)外加剂。
A. 无机物类　　B. 有机物类　　C. 复合型类　　D. 离子类
E. 聚合物类
31. 混凝土的耐久性是一个综合性概念,包含(　　)等很多内容。
A. 抗渗性　　B. 抗冻性　　C. 耐腐蚀性　　D. 抗高温性
E. 抗碳化性
32. 以下各种情况下可能引起混凝土离析的是(　　)。
A. 混凝土自由下落高度为 3m　　B. 混凝土温度过高
C. 振捣时间过长　　D. 运输道路不平
E. 振捣棒慢插快拔
33. 混凝土拌合物的和易性包括以下(　　)含义。
A. 流动性　　B. 密实性　　C. 经济性　　D. 黏聚性
E. 保水性
34. 配制混凝土对细骨料的质量要求应从如下几方面考虑(　　)。
A. 砂中泥、黏土块、有害物质含量　　B. 砂的坚固性、碱活性骨料
C. 颗粒形状及表面特征　　D. 砂的颗粒级配及粗细程度
E. 外加剂
35. 影响混凝土拌合物和易性的主要因素有(　　)。
A. 标准稠度用水量　　B. 砂率
C. 掺外加剂和的掺合料　　D. 骨料的特性
E. 时间和温度
36. 施工中可能造成混凝土强度降低的因素有(　　)。
A. 水灰比过大　　B. 养护时间不足
C. 混凝土产生离析　　D. 振捣时间短
E. 洒水过多
37. 影响混凝土强度的主要因素有(　　)。
A. 水泥强度　　B. 水灰比　　C. 水泥用量　　D. 养护温湿度
E. 砂石用量
38. 对水泥混凝土耐久性主要从(　　)两方面来控制。
A. 最大水灰比　　B. 最大水泥用量
C. 最小水泥用量　　C. 最小水灰比
E. 水灰比
39. 混凝土配合比设计的三个主要技术参数是(　　)。

A. 单位用水量　B. 水泥用量　C. 水泥强度　D. 水灰比

E. 砂率

40. 分析混凝土开裂原因，正确的是（　）。

A. 因水泥水化产生体积膨胀开裂　B. 因干缩变形而开裂

C. 因水化热导致内外温差而开裂　D. 因水泥安全性不良而开裂

E. 因抵抗温度应力的钢筋配置不足而开裂

41. 进行混凝土配合比设计时，确定水灰比的根据是（　）。

A. 强度　B. 和易性　C. 耐久性　D. 坍落度

E. 集料品种

42. 配制混凝土，在条件许可时，尽量选用最大粒径大的粗集料，是为了（　）。

A. 节省细集料　B. 节省水泥

C. 节省粗集料　D. 减少混凝土干缩

E. 提高混凝土强度

43. 混凝土配合比的设计包括步骤（　）。

A. 计算"初步配合比"　B. 提出"基准配合比"

C. 确定"试验室配合比"　D. 换算"施工配合比"

E. 求解"试配配合比"

44. 混凝土拌合物的工作性选择可依据（　）。

A. 工程结构物的断面尺寸　B. 钢筋配置的疏密程度

C. 捣实的机械类型　D. 施工方法和施工水平

E. 水泥的用量

45. 混凝土配合比设计时必须按耐久性要求校核（　）。

A. 砂率　B. 单位水泥用量　C. 浆集比　D. 水灰比

三、判断题

1. 因为卵石表面光滑拌制的砼和易性好，因此在相同条件下卵石砼的强度较碎石砼高。（　）

2. 配制中等强度等级以下的砼时，在条件允许的情况下应尽量采用最大粒径的粗骨料。（　）

3. 间断级配能降低骨料的空隙率，节约水泥故在建筑工程中应用较多。（　）

4. 因水资源短缺，所以应尽可能采用污水和废水养护砼。（　）

5. 测定砼拌合物流动性时，坍落度试验比维勃稠度试验更准确。（　）

6. 水灰比在0.4～0.8范围内，且当混凝土中用水量一定时，水灰比变化对混凝土拌合物的流动性影响不大。（　）

7. 选择坍落度的原则应当是在满足施工要求的条件下，尽可能采用较小的坍落度。（　）

8. 砌筑砂浆可视为无粗骨料的混凝土，影响其强度的主要因素应于混凝土的基本相同，即水泥度和水灰比。（　）

9. 对水泥混凝土耐久性主要从最小水灰比和最大水泥用量进行控制。 ( )

10. 水泥混凝土混合料坍落度愈大，表示混合料的流动性愈大。 ( )

11. 混凝土拌和后必须保持适当温度和湿度，使水泥充分水化，以保证强度不断提高。 ( )

12. 水泥混凝土耐久性主要用最大水灰比和最小水泥用量来控制。 ( )

13. 其他条件相同，碎石拌制的混凝土比卵石拌制的混凝土强度要低。 ( )

14. C30 表示的混凝土立方体抗压强度标准值为 30MPa。 ( )

15. 混凝土的水灰比过大可使水泥浆变稀，但易产生流浆、离析，甚至影响强度。 ( )

16. 骨料粒径越大，和易性越好。 ( )

17. 混凝土应用的基本要求就是要满足强度、工作性、耐久性和经济性的要求，这些要求也是混凝土配合比设计的基本目标。 ( )

18. 混凝土的工作性仅仅是指流动性。 ( )

19. 混凝土和易性包括流动性、黏聚性和保水性三方面的含义。 ( )

20. 维勃稠度试验适用于干硬性混凝土的稠度测定。 ( )

21. 在水灰比一定的条件下，水泥浆愈多，流动性越小。 ( )

22. 在保证混凝土强度和耐久性的条件下，应根据流动性来确定单位用水量。 ( )

23. 砂率是指混凝土中砂用量与石子用量比例。 ( )

24. 砂率反映了粗细集料的相对比例，它影响混凝土骨料的空隙和总表面积。 ( )

25. 混凝土按体积密度不同，可分为特重混凝土、重混凝土、轻混凝土、特轻混凝土。 ( )

26. 水泥混凝土存在着抗拉强度低、受拉时变形能力小、容易受温度湿度变化而开裂、自重大等缺点。 ( )

27. 水泥混凝土主要是由水泥、水、砂、石集料和外加剂配制而成。 ( )

28. 配制混凝土时，宜优先选择有配在Ⅱ区的砂，使混凝土拌合物获得良好的和易性。 ( )

29. 混凝土用砂只要求砂的颗粒的总表面积要小，即砂尽可能粗即可。 ( )

30. 混凝土用砂只要求砂的颗粒间的空隙率要小。 ( )

31. 混凝土用砂的粗细程度和颗粒级配是由砂的筛分试验来进行测定的。 ( )

32. 混凝土粗骨料的基本要求是颗粒的总表面积要小和颗粒大小搭配要合理，以达到水泥的节约和逐级填充形成最大的密实度。 ( )

33. 混凝土粗骨料的最大粒径在一定程度上反映了粗骨料的平均粗细程度。拌合混凝土中粗骨料的最大粒径加大，总表面积减小，单位用水量有效减少。 ( )

34. 海水可用于拌制钢筋混凝土。 ( )

35. 流动性是指混凝土拌合物在本身自重或机械振捣作用下产生流动，能均匀密实流满模板的性能，它反映了拌合混凝土的稀稠程度及充满模板的能力。 ( )

36. 黏聚性是指混凝土拌合物的各种组成材料在施工过程中具有一定的黏聚力，能保持成分的均匀性，在运输、浇筑、振捣、养护过程中不发生离析、分层现象。它反映了混凝土

拌合物的均匀性。 (　　)

37. 保水性是指混凝土拌合物在施工过程中具有一定的保持水分的能力，不产生严重泌水的性能。 (　　)

38. 混凝土拌合物的工作性常用的测定法有坍落度试验法和维勃稠度两种。 (　　)

39. 水灰比即水和混凝土质量之比。 (　　)

40. 砂率的高低说明混凝土拌合物中细骨料所占比例的多少。 (　　)

41. 混凝土的配合比一般有单位用量表示法和相对用量表示法两种表示方法。 (　　)

42. 混凝土轴心抗压强度大于立方体抗压强度。 (　　)

43. 混凝土抗拉强度与抗压强度近似相等。 (　　)

44. 混凝土棱柱体抗压强度大于立方体抗压强度。 (　　)

45. 在水泥混凝土等级相同情况下，水灰比越小，水泥混凝土强度越高。 (　　)

46. 在水灰比相同的条件下，在达到最优浆集比后，混凝土的强度随着浆集比地的增加而提高。 (　　)

47. 混凝土配合比设计中的三个基本参数是：水灰比、砂率、单位用水量。 (　　)

48. 实验室配合比在基准配合比的基础上作强度试验时，应采用三个不同的配合比，其中一个为初步配合比中的水灰比。 (　　)

49. 徐变为非荷载作用变形。 (　　)

50. 在拌制混凝土中砂越细越好。 (　　)

四、问答题

1. 水泥混凝土的流动性是指什么？测定水泥混凝土流动性的方法有哪两种？

2. 混凝土配合比设计包括哪个步骤？

3. 混凝土应用的基本要求是什么？

4. 普通混凝土是由哪四种基本组成材料，它们各起何作用？

5. 配制混凝土时，水泥的选用主要考虑哪些因素？

6. 混凝土对砂的基本要求有哪些？

7. 混凝土对粗骨料的基本要求有哪些？这两项要求分别用什么表示？

8. 对混凝土拌合用水有何要求？混凝土拌合用水各有何适用？

9. 什么是混凝土拌合物的工作性？混凝土拌合物的工作性有哪些方面有所体现？混凝土拌合物包括哪三个方面的技术要求？

10. 如何通过坍落度试验法测定混凝土拌合物的流动性、黏聚性和保水性？

11. 什么是水灰比？水灰比的大小代表着什么？

12. 合理砂率的定义有哪两种表述形式？如何选择合理砂率？

13. 改善混凝土拌合物工作性的措施有哪些？

14. 普通混凝土受压破坏特点是什么？

15. 影响混凝土强度的因素有哪些？

16. 提高混凝土强度的措施主要有哪些？

17. 混凝土的耐久性主要由哪些性能综合评定？

18. 什么是混凝土的抗渗性？改善混凝土抗渗性的主要技术措施有哪些？

19. 什么是混凝土的碳化？提高混凝土碳化的主要技术措施有哪些？

20. 产生碱骨料反应的原因是什么？解决碱骨料反应的技术措施主要有哪些？

21. 什么是混凝土外加剂？混凝土外加剂按其主要功能可分为哪四类？

22. 什么是减水剂？减水剂的作用效果有哪些？

23. 基准配合比的搅拌量如何选取？调整的原则如何？

24. 实验室配合比在基准配合比的基础上作强度试验时，应采用哪三个不同的配合比？

25. 混凝土生产的质量控制包括哪几个方面？

26. 混凝土徐变的影响因素？

27. 砂子标准筛分曲线图中的Ⅰ区、Ⅱ区、Ⅲ区说明什么问题？三个区以外的区域又说明什么？配制混凝土时应选用哪个区的砂好些，为什么？

28. 现场浇灌混凝土时严禁施工人员随意向混凝土拌合物中加水，试从理论上分析加水对混凝土质量的危害。

29. 某工地施工人员拟采用下述方案提高混凝土拌和物的流动性，试问哪个方案可行？哪个不可行？简要说明原因。

(1)多加水

(2)保持水灰比不变，适当增加水泥浆量

(3)加入氯化钙

(4)掺和减水剂

(5)适当加强机械振捣

五、计算题

1. 某实验室求是 $1m^3$ 混凝土的各材料用量为水泥：$310kg/m^3$；砂 $682kg/m^3$；碎石 $1333kg/m^3$；水 $155kg/m^3$，若工地所用砂的含水率为 3%，碎石的含水率为 1%，求：该混凝土的施工配合比？

2. 已知混凝土 $W/C=0.50$，每立方米混凝土用水量为 180kg；砂率 32%，假定每立方米混凝土质量 2400kg。试求初步配合比。

3. 设计要求的混凝土强度等级为 C20，要求强度保证率 $P=95\%$。

(1)当强度标准差 $\sigma=5.5$MPa 时，混凝土配制强度应为多少？

(2)若提高施工质量管理水平，$\sigma=3.0$MPa 时，混凝土配制强度又为多少？

(3)若采用 42.5 级水泥、卵石、用水量 180L，试问混凝土标准差从 5.5MPa 降至 3.0MPa，每立方米混凝土可节约多少水泥？（$r_c=1.13$；$a_a=0.48$；$a_b=0.33$；$\dfrac{W}{C}=\dfrac{a_a f_{ce}}{f_{ca}+a_a a_b f_{ce}}$）

4. 混凝土拌合物经试拌调整后，和易性满足要求，试拌材料用量为：水泥 4.5kg，水 2.7kg，砂 9.9kg，碎石 18.9kg。实测混凝土拌合物体积密实度为 $2400kg/m^3$。

(1)试计算 $1m^3$ 混凝土各项材料用量为多少？

(2)假定上述配合比，可以作为试验室配合比。如施工现场砂的含水率 4%，石子含水率为 1%，求施工配合比。

5. 某混凝土的试验室配合比为 1∶2.1∶4.3(水泥∶砂∶石子)，$W/C=0.54$。已知水泥密度为 3.1g/cm^3，砂、石子的表观密度分别为 2.6g/cm^3 及 2.65g/cm^3。试计算 1m^3 混凝土中各项材料用量(不含引气剂)。

6. 试设计某桥下部基础用混凝土的配合比。

【设计资料】

(1)已知混凝土设计强度为 C20，无历史统计资料，$\sigma=5.0$MPa。坍落度为 10～30mm。

(2)组成材料。水泥：32.5 普通水泥，密度 $P_c=3.0$g/cm^3；

砂：中砂，表观密度 $P'_s=2.60$g/cm^3；

碎石：最大粒径为 40mm，表观密度 $P'_s=2.70$g/cm^3；

水：自来水。

【设计要求】

(1)算初步配合比。

(2)经试拌坍落度为 10mm，采取措施为：增加 5%水泥浆，工作性满足要求。问基准配合比为多?

[提供参数]

(1)耐久性要求$[W/C]_n=0.7$，$[mco]_n=225$kg/m^3；

(2)系数 $a=0.46$，$b=0.07$；

(3)砂率及单位用水量选用表。

表 1　砼单位用水量(kg/m^3)选用表

所需坍落度/mm	碎石最大粒径/mm			
	16	20	31.5	40
10～30	200	185	175	165
30～50	210	195	185	175
50～70	220	205	195	185
70～90	230	215	205	195

表 2　砼砂率(%)选用表

水灰比(W/C)	碎石最大粒径/mm		
	16	20	40
0.40	30～35	29～34	27～32
0.50	33～38	32～37	30～35
0.60	36～41	35～40	33～38
0.70	39～44	38～43	36～41

第六章　建筑钢材

一、判断题

1. 依据《钢筋焊接接头试验方法标准》(JGJ/T 27—2014)规定，当直径为25mm、HRB400的钢筋闪光对焊接头进行弯曲试验时，弯曲压头直径应为125mm。(　　)

2. 焊接或热切割过程中，钢筋母材因受热的影响(但未熔化)，使金属组织和力学性能发生变化的区域称为热影响区。钢筋闪光对焊接头的热影响区一般为0.5d范围。(　　)

3. 闪光对焊接头有1个试件抗拉强度小于钢筋规定强度值，或有2个试件均在焊缝或热影响区发生脆性断裂时，其抗拉强度均小于规定强度的1.10倍时，则一次性判定该批接头不合格。(　　)

4. 伸长率大的钢材，其冷弯性能一定好。(　　)

5. 钢筋牌号HRB400中400指钢筋的极限抗拉强度。(　　)

6. GB 1499.2—2007《钢筋混凝土用钢　第2部分：热轧带肋钢筋》对抗震结构用钢规定了钢筋实测屈服强度与屈服强度特征值之比不小于1.30。(　　)

7. HRB335 Φ25的钢筋做冷弯试验时其弯心直径为75mm。(　　)

8. 热轧光圆钢筋测量重量偏差时，试样应从不同根钢筋上截取，数量不小于5支，每支试样长度不小于1000mm。(　　)

9. 冲击韧性是指钢材抵抗其他较硬物体压入的能力。(　　)

10. 钢材试样在试验过程中拉力不增加仍能继续伸长的应力称为屈服强度。(　　)

11. 钢筋的屈服强度指的是上屈服强度。(　　)

12. 钢筋的屈强比越大，说明钢筋在结构中的安全性和可靠性越高。(　　)

13. 抗拉强度是钢材开始丧失对变形的抵抗能力时所承受的最大拉应力。(　　)

14. 硫是钢中的有害元素，含量高时钢具有冷脆性。(　　)

15. 钢材试验可以在任意温度下进行。(　　)

二、多选题

1. 带肋钢筋机械性能试验取样应从(　　)上取一组试样，一组试样拉力、冷弯(　　)。

A. 一根钢筋上　　B. 不同根的钢筋上

C. 各一根　　D. 各两根

2. 利用图解法测定钢筋屈服强度的方法是从力-位移曲线上读取(　　)，除以试样原始横截面积。

A. 曲线首次下降的最小力　　B. 不计初始瞬时效应时的最小力

C. 曲线首次下降的最大力　　D. 屈服平台的恒定力

3. 钢筋的一般检验项目包括(　　)。

A. 屈服强度　　B. 延伸率

C. 弯曲　　D. 极限强度

4. 预应力混凝土用钢绞线的力学性能检测有(　　)。

A. 抗拉强度　　B. 整根钢绞线的最大力

C. 规定非比例延伸力　　D. 最大力总伸长率

5. HRB400 钢筋表示(　　)。

A. 热轧带肋钢筋　　B. 冷轧带肋钢筋

C. 钢筋屈服强度最小值　　D. 钢筋抗拉强度

6. 闪光对焊钢筋接头外观检查的内容与要求(　　)。

A. 接头处不得有横向裂纹

B. 与电极接触处的钢筋表面不得有明显烧伤

C. 接头处的弯折角不得大于 3°

D. 接头处的轴线偏移不得大于钢筋直径的 0.1 倍,且不得大于 2mm

7. 钢筋闪光对焊接头的外观质量应符合(　　)要求。

A. 钢筋表面不得有明显的烧伤或裂纹

B. 接头弯折的角度不得大于 4°

C. 接头轴线的偏移不得大于 0.1d,且不得大于 2mm

D. 接头周缘应有适当的镦粗部分

8. 有明显流幅的钢筋,其性能的基本指标有(　　)。

A. 曲线首次下降的最小力　　B. 不计初始瞬时效应时的最小力

C. 曲线首次下降的最大力　　D. 屈服平台的恒定力

9. 国家标准 GB 1499.2—2007 特征值检验规则中,下列说法正确的是(　　)。

A. 当试验性能规定为最大或最小值时,15 个试样测定的所有结果应符合要求,此时,应认为该试验批符合要求

B. 当最多有两个试验结果不符合条件时,应继续进行试验,此时,应从改试验批的不同根钢筋上,另取 45 个试样进行试验,这样可得到总计 60 个试验结果,如果 60 个试验结果中最多有 2 个不符合条件,该试验批符合要求

C. 当试验性能规定为最大或最小值时,20 个试样测定的所有结果应符合要求,此时,应认为该试验批符合要求

D. 当最多有两个试验结果不符合条件时,应继续进行试验,此时,应从改试验批的不同根钢筋上,另取 50 个试样进行试验,这样可得

10. 钢筋化学成分有(　　)。

A. C　　B. Si　　C. Mg　　D. P

11. 有较高要求的抗震结构的钢筋,除满足(　　)的要求外,其他要求与相对应的。已有牌号钢筋相同。

A. 钢筋实测抗拉强度与实测屈服强度之比不小于 1.25

B. 钢筋实测屈服强度与屈服强度特性值之比不大于 1.30

C. 钢筋的最大力总伸长率不小于 9%

D. 对于没有明显屈服强度的钢,屈服强度特性值 R_{eL} 应采用规定非比例伸长应力 $R_{p0.2}$

道路建筑材料模拟试卷(A卷)

一、每空1分(共20分)

1. 水泥颗粒越细,凝结硬化速度越,早期强度。

2. 细集料的粗细程度可以用__________和__________来表示。

3. 划分石料等级的主要指标是__________含量。

4. 击实试验的目的在于求得__________和。

5. 磨耗率是指石料抵抗__________、__________和__________等综合同作用的性能。

6. 测定水泥凝结时间是以__________用水量制成的水泥净浆,从__________起至试针沉入净浆,距底板(4±1)mm时所需时间为__________时间,至试针沉入试体0.5mm时所需的时间为__________时间。

7. 若水泥砼混合料坍落度不满足要求,应保持__________不变,适当增加或减少__________的用量。

8. 按用途分类,砂浆可分为__________和。

9. 沥青与矿料之间的吸附作用有__________与。

二、选择题(每题1分,共20分)

1. 配制水泥砼时,一般情况下水泥标号为砼强度等级的(　　)倍。

A. 1.5　　B. 2　　C. 1　　D. 1.5～2.0

2. 用比重瓶法测定水泥的比重值,其计算公式该采用哪个(　　)。

A. $r=p/(V_2-V_1)$　　B. $r=p/(V_1-V_2)$

C. $r=p/V_1$　　D. $r=PV$

3. 评定水泥砼抗压,抗折强度的试件应以标准养护(　　)为准。

A. 3d　　B. 7d　　C. 14d　　D. 28d

4. 水泥砼的质量,一般以(　　)来评定。

A. 强度　　B. 抗压强度　　C. 抗弯拉强度　　D. 抗劈裂强度

5. 硅酸盐水泥的矿物成分组成的主要特性中,反应速度最快的是(　　)

A. C_3A　　B. C_2S　　C. C_3S　　D. C_4AF

6. 沥青砼路面的压实度规定值应为(　　)。

A. ≥98%　　B. ≥95%　　C. ≥93%　　D. 90%

7. 级配砾石用作基层时,集料压碎值应满足中交通道路不大于(　　)。

A. 30%　　B. 35%　　C. 40%　　D. 50%

8. 砂级配中第二级配区的砂一定是(　　)。

A. 粗砂　　B. 中砂　　C. 细砂　　D. 较粗砂

9. 在25℃时,当石油沥青的针入度大于200时,称为(　　)。

A. 黏稠沥青　　B. 渣油　　C. 液体沥青　　D. 稀释沥青

10. 土样 500g，经筛分后，0.5mm 筛的筛余量为 100g，则其分计筛余百分率为(　　)。

A. 20%　　B. 80%　　C. 5%　　D. 40%

11. 根据规范规定，普通水泥的初凝时间(　　)。

A. 不大于 45min　　B. 45min　　C. 不早于 45min　　D. 没有规定

12. 在水泥标号相同情况下，水灰比愈小，则水泥石的强度(　　)。

A. 愈大　　B. 愈小　　C. 升高　　D. 降低

13. 软土的天然含水量一般大于(　　)。

A. 塑限　　B. 液性指数　　C. 液限　　D. 塑性指数

14. 水泥砼抗压强度试验中，试件标准尺寸为 150mm×150mm×150mm，则其骨料的最大粒径为(　　)。

A. 30mm　　B. 40mm　　C. 50mm　　D. 60mm

15. 测定沥青针入度时，规定试验温度为(　　)。

A. 25℃　　B. 15℃　　C. 30℃　　D. 60℃

16. 硅酸盐水泥的矿物成分组成中，放热量最大的是(　　)。

A. C_2S　　B. C_3S　　C. C_3A　　D. C_4AF

17. 划分粗粒土的粒径界限是(　　)mm。

A. 60～200　　B. 60～0.074　　C. 0.074～0.02　　D. 0.02～0.05

18. 测定石料密度试验中，如采用 100mL 的比重瓶，则应称取的试样质量应为(　　)。

A. 10g　　B. 15g　　C. 50g　　D. 100g

19. 下列不属于石油沥青技术指标的是(　　)。

A. 黏滞度　　B. 针入度　　C. 稠度　　D. 延度

20. 测定水泥标准稠度时，用标准试杆沉入净浆，并距离底板(　　)的水泥净浆稠度为标准稠度。

A. 28mm　　B. 26mm　　C. (6±1)mm　　D. (6±2)mm

三、判断题(每题 1 分，共 20 分。正确者在括号内打"√"，错误者打"×")

1. 石料的饱水抗压系数愈大，抗冻性愈差。(　　)
2. 黏稠石油沥青的针入度越大，软化点越高，延度越大。(　　)
3. 钢材的伸长率越大，说明其抗拉性能越好。(　　)
4. 水泥砼流动性大，说明其和易性好。(　　)
5. 水泥颗粒越细，比表面积越大，水化越快，强度越高。(　　)
6. 土的最佳含水量是指最干燥状态所对应的含水量。(　　)
7. 进行砂浆抗压强度试验的目的是确定砂浆标号。(　　)
8. 集料的表观密度试验中采用的试样应是现场取用的有天然含水量的试样。(　　)
9. 沥青混合料中，宜采用碱性矿质材料。(　　)
10. 砂的 3 个级配区的划分是以 4.75mm 为控制粒径。(　　)
11. 水泥砼配合比设计时，选用水泥标号越高越好。(　　)

12. 针入度指数的大小表征沥青的感温性和胶体结构类型。 ( )

13. 在 25℃时,当石油沥青的针入度大于 200℃时,称为液体沥青。 ( )

14. 石料的抗压强度是以标准试件在干燥状态下单轴受压时的极限抗压强度表示的。 ( )

15. 在硅酸盐水泥中,C_2S 支配水泥的早期强度。 ( )

16. 毛细水在砂土中上升高度最大。 ( )

17. 水泥标号是由标准试件 28d 极限抗压强度确定的。 ( )

18. 对水泥砼的耐久性主要从最小水灰比和最大水泥用量控制。 ( )

19. 水泥砼的和易性好,说明其流动性好。 ( )

20. 选用道路沥青材料是,寒冷地区宜选用针入度较大,延度较大的沥青,较热地区宜选用针入度较小,软化点高的沥青。 ( )

四、问答题(30 分)

1. 砂的颗粒级配通过什么方法测定?如何测定?
2. 硅酸盐水泥的物理性质有哪些?
3. 水泥混凝土和易性的主要因素有哪些?
4. 沥青的胶体结构有哪 3 种类型?各有何特点?
5. 简述硅酸盐水泥的主要矿物成分及其特性。

五、计算题(10 分)

已知材料密度为 $2.7g/cm^3$,浸水饱和状态下的毛体积密度为 $2462kg/m^3$,经烘干至恒重,知道质量损失 $100kg/m^3$,试求此材料干燥状态下的毛体积密度和孔隙率。

道路建筑材料模拟试卷(B 卷)

一、填空题(每题 1 分,共 20 分)

1. 磨耗率是指石料抵抗__________、__________和__________等综合作用的性能。

2. 沥青混合料中,沥青与矿料发生吸附作用,形成扩散结构膜称为__________沥青,可改善沥青原有的__________性质。

3. 水泥混凝土配合比的设计方法有__________和__________,其中混凝土的设计标号与配制标号的关系是__________。

4. 粗集料含水率有下列两种含意:自然含水率和__________吸水率。在水泥混凝土配合比计算时,粗集料的用量是以__________状态时的质量为标准的。

5. 沥青老化的趋势是__________减少,而__________含量增多。

6. 硬化后砂浆的主要技术性质有__________、__________、__________。

7. 乳化沥青具有高度分散性与稳定性的原因是__________、__________、__________。

8. 石灰在空气中硬化的原因是由于__________和__________两种作用。

二、判断题(每题 1 分,共 20 分。将判断结果填入括号中,正确的填"√",错误的填"×")

1. 沥青的塑性通常是在一定条件下,以能够拉成细丝的长度来表示,即延度,延度愈大,塑性愈好。 (　　)

2. 其他条件相同时,集料的最大粒径愈小,则流动性愈好。 (　　)

3. 粒度分析的筛分法适用于分析大于 0.074mm 的风干土样。 (　　)

4. 石料的孔隙率是指开口空隙体积占石料总体积的百分率。 (　　)

5. 黏稠石沥青针入度越大,软化点越高,延度越大。 (　　)

6. 当针入度指数 PI 大于 2 时,为溶胶型沥青,当 PI 小于－2 时当凝胶型沥青。 (　　)

7. 水泥标号愈大,强度愈高,故工程中应尽量采用高标号水泥。 (　　)

8. 连续型密级配的沥青混合料的黏聚力和内摩阻角都较小。 (　　)

9. 水泥混凝土中当骨科总用量确定后,如砂率过小,则混合料流动越小。 (　　)

10. 选用道路沥青材料时,寒冷地区宜选用针入度较大,延度较大的沥青,较热地区宜选用针入度较小,软化点高的沥青。 (　　)

11. 马歇尔稳定度试验时的稳定度愈大,则流值愈小。 (　　)

12. 水泥混凝土流动性大说明其和易性好。 (　　)

13. 在同等条件下,矿粉比表面积越大,沥青混合料黏聚力越小。 (　　)

14. 石灰未消化残渣含量是测定石灰的有效成分。 (　　)

15. 当土为饱和状态时,土中水的体积与土粒的体积相等。 (　　)

16. 一个良好的集料级配,要求空隙率最小,总表面积也不大。 (　　)

17. 测得两种沥青的黏滞度分别为 $C^{5}60=50S$ 和 $C^{5}60=100S$，则 A 的黏结力大于 B。 （　　）

18. 在数值上，塑性指数等于液限与塑限之差，塑性指数大的具有高塑性，反之则低。 （　　）

19. 水泥颗粒愈细，比表面愈大，水化愈快，强度愈高。 （　　）

20. 石料饱水性系数愈大，抗冻性愈差。 （　　）

三、选择题（选择正确的答案，将相应的字母填入题内的括号中。每题 1 分，满分 20 分）

1. 测定细集料的表观密度时，称取试样的质量为（　　）。

A. 50g　　B. 100g　　C. 300g　　D. 500g

2. 对同一土样而言，其容重（土的密度）指标最大值是（　　）。

A. 干密度 p_a　　B. 水下密度 p'　　C. 天然密度 p　　D. 饱和密度 p_f

3. 影响混凝土强度的主要因素是（　　）。

A. 用水量　　B. 水泥用量　　C. 水灰比　　D. 砂率

4. 下列试验仪器中，用于沥青软化点试验的是（　　）。

A. 软化点仪　　B. 环球仪　　C. 容量筒　　D. 烘箱

5. 钢筋拉伸试验时，开动试验机，连续均匀地以（　　）的速度施加荷载。

A. 5MPa/s　　B. 10MPa/s　　C. 15MPa/s　　D. 40MPa/s

6. 测量水泥标准稠度用水量时，若第一次测得锥入深度为 20mm，则基标准稠度用水量 P 应为（　　）。

A. 28%　　B. 29.7%　　C. 28%±2%　　D. 142.5mL

7. 表示沥青的黏性和弹性联合效应的指标是（　　）。

A. 劲度模量　　B. 弹性模量　　C. 黏滞度　　D. 黏滞度和塑度

8. 评定水泥砼质量均匀性的重要指标是（　　）。

A. 强度平均值 R　　B. 标准差 S_0　　C. 变异系数 C_v　　D. 强度保证率

9. 试验测得一组混凝土抗压强度值为 16.1MPa、22.3MPa、22.0MPa，则这组砼抗压强度应为（　　）。

A. 16.1MPa　　B. 22.3MPa　　C. 22.0MPa　　D. 20.1MPa

10. 下列不属于硅酸盐水泥技术性质的是（　　）。

A. 水化热　　B. 强度　　C. 细度模数　　D. 标准稠度用水量

11. 沥青混合料的技术性质有 4 项，应为（　　）

A. 针入度、延度、软化点、黏滞度　　B. 温稳性、抗裂性、耐久性、和易性

C. 强度、温稳性、抗裂性、流值　　C. 耐久性、和易性、流值、强度

12. 毛细水在（　　）中上升高度最大。

A. 砾石土　　B. 砂土　　C. 粉性土　　D. 黏土

13. 某土样 500g，经筛分后，0.6mm 的筛余量为 100g，则其分计筛分百分率为（　　）

A. 20%　　B. 80%　　C. 5%　　D. 40%

14. 硅酸盐水泥的 4 种矿物分成中，与水反应速度最快的是（　　）。

A. C_3A　　B. C_2S　　C. C_3S　　D. C_4AF

15. 石油油沥青的组分中,使沥青具有黏结性和塑性的组分是(　　)。

A. 油分　　B. 树脂　　C. 沥青质　　D. 石蜡

16. 水泥混凝土混合物坍落度愈大,表示混合物(　　)愈大。

A. 塑性　　B. 黏聚性　　C. 流动性　　D. 保水性

17. 已知集料的密度试验中容量筒加试样的质量为 m_2,容量筒的质量为 m_2,其体积为 6,则此集料的密度 P_t 为(　　)kg/m³。

A. $\dfrac{m_1-m_2}{V}\times 1000$　　B. $\dfrac{m_1+m_2}{V}\times 1000$

C. $\dfrac{m_1-m_2}{m_1}\times 1000$　　D. $\dfrac{m_2-m_1}{V}\times 1000$

18. 在水泥标号相同情况下,水灰比愈小,则水泥石的强度(　　)。

A. 愈大　　B. 愈小　　C. 愈好　　D. 降低

19. 砂级配中第二级配区的砂一定是(　　)。

A. 粗砂　　B. 中砂　　C. 细砂　　D. 中粗砂

20. 无机结合稳定土中对土的要求一般规定其液限(　　),塑性指数(　　)。

A. ≥40,≥20　　B. >40,>20　　C. ≥20,<40　　D. 无具体规定

四、简答题(满分 30 分)

1. 石油沥青的胶体结构有哪 3 种类型?各有何特点?(6 分)
2. 试述提高水泥混凝土强度的方法。(4 分)
3. 试述水泥混凝土配合比的设计步骤。(7 分)
4. 试述土的击实试验中,如何进行试验结果整理。(6 分)
5. 简述道路石油沥青的化学组分与路用性能的关系。(7 分)

五、计算题(满分 10 分)

1. 水泥砼的设计强度为 30MPa,σ=5MPa,选用碎石作骨料,a_a=0.46,a_b=0.07,水泥富余系数 γ_C=1.13,水灰比 W/C=0.54,问水泥标号应选用多大?

参考文献

[1] 中华人民共和国行业标准. 公路工程技术标准:JTG B01—2014[S]. 北京:人民交通出版社,2004.

[2] 中华人民共和国行业标准. 公路工程岩石试验规程:JTGE41—2005[S]. 北京:人民交通出版社,2005.

[3] 中华人民共和国行业标准. 公路工程集料试验规程:JTGE42—2005[S]. 北京:人民交通出版社,2005.

[4] 中华人民共和国行业标准. 建筑用砂:GB/T 14681—2011[S]. 北京:中国标准出版社,2011.

[5] 中华人民共和国行业标准. 建筑用卵石、碎石:GB/T 14685—2011[S]. 北京:中国标准出版社,2011.

[6] 中华人民共和国国家标准. 通用硅酸盐水泥:GB 175—2007[S]. 北京:中国标准出版社,2009.

[7] 中华人民共和国国家标准. 水泥胶砂强度标准试验规程:ISO 法:GB/T 17671—99[S]. 北京:中国标准出版社,1999.

[8] 中华人民共和国行业标准. 公路工程无机结合料稳定材料试验规程:JTGE51—2009[S]. 北京:人民交通出版社,2009.

[9] 中华人民共和国行业标准. 公路工程水泥及水泥混凝土试验规程:JTG E30—2005[S]. 北京:人民交通出版社,2005.

[10] 中华人民共和国行业标准. 公路工程沥青与沥青混合料试验规程:JTG E20—2011[S]. 北京:人民交通出版社,2011.

[11] 中华人民共和国行业标准. 普通混凝土力学性能试验方法标准:GB/T 50081—2002[S]. 北京:人民交通出版社,2002.

[12] 中华人民共和国行业标准. 普通混凝土配合比设计规程:JGJ 55—2011[S]. 北京:人民交通出版社,2011.

[13] 中华人民共和国行业标准. 公路水泥混凝土路面施工技术细则:JTG/T F30—2014[S]. 北京:人民交通出版社,2003.

[14] 中华人民共和国国家标准. 水泥混凝土施工及验收规程:GBJ 97—94[S]. 北京:中国计划出版社,1994.

[15] 中华人民共和国行业标准. 公路水泥混凝土路面设计规范:JTG D40—2002[S]. 北京:人民交通出版社,2002.

[16] 中华人民共和国行业标准．公路钢筋混凝土及预应力混凝土桥涵设计规范:JTG D62—2004[S]. 北京:人民交通出版社,2004.
[17] 中华人民共和国行业标准．砌筑砂浆配合比设计规程:JGJ 98—2000. 北京:中国建筑工业出版社,2001.
[19] 中华人民共和国行业标准．公路沥青路面施工技术规范:JTG F40—2004[S]. 北京:人民交通出版社,2004.
[20] 中华人民共和国行业标准．沥青路面施工及验收规范 :GB 50092—1996[S]. 北京:中国计划出版社,1996.
[21] 中华人民共和国行业标准．公路桥涵施工技术规范:JTG F50—2011[S]. 北京:人民交通出版社,2011.
[22] 中华人民共和国行业标准．公路路面基层施工技术细则:JTG/T F20—2015[S]. 北京:人民交通出版社,2000.
[23] 中华人民共和国国家标准．金属材料室温拉伸试验方法:GB/T 228.1—2010[S]. 北京:中国标准出版社,2010.
[24] 中华人民共和国国家标准．金属材料弯曲试验方法:GB/T 232—2010[S]. 北京:中国标准出版社,2010.
[25] 中华人民共和国国家标准．钢筋混凝土用钢热轧光圆钢筋:GB 1499.1—2008[S]. 北京:中国标准出版社,2008.
[26] 中华人民共和国国家标准．钢筋混凝土用钢热轧带肋钢筋:GB 1499.2—2007[S]. 北京:中国标准出版社,2007.
[27] 中华人民共和国国家标准．冷轧带肋钢筋:GB 13788—2008[S]. 北京:中国标准出版社,2008.
[28] 姜志青．道路建筑材料[M]. 北京:人民交通出版社,2010.
[29] 姜志青．道路建筑材料试验实训指导[M]. 北京:人民交通出版社,2006.
[30] 王春阳．建筑材料[M]. 北京:高等教育出版社,2002.
[31] 李立寒,张南鹭．道路建筑材料[M]. 北京:人民交通出版社,2004.
[32] 林祖宏．建筑材料[M]. 北京:北京大学出版社,2008.
[33] 严家级．道路建筑材料[M]. 北京:人民交通出版社,2003.